INTERNATIONAL LAW

이창권 국제법
핵심 요약집

실전에 강해진다

서문

본서는 기존에 출간되었던 기본서 중에서 중요 내용을 최종적으로 정리하기 쉽도록 요약한 책입니다. 출제 가능성이 적은 부분은 과감히 생략했고, 그동안 출제가 자주되었던 부분은 조문과 판례를 실어서 내용을 강화했습니다. 또한 최근 출제 경향을 반영하여 지금까지 출제된 적은 없으나 출제가 예상되는 부분 또한 핵심적인 내용을 정리하였습니다.

시험과목으로서 국제법은 적절한 공부방법과 정확한 이해, 그리고 암기가 뒷받침되면 고득점이 가능한 과목입니다. 다만 많은 부분을 다루다 보니 각 영역별 특징과 내용을 단기간에 이해하고 암기하기가 쉽지 않습니다. 그래서 국제법 과목은 다른 어떤 시험과목보다도 단권화 작업이 더욱 필요한 데, 본서는 그러한 수험생의 요구를 충족시켜주기 위한 목적으로 출간되었습니다. 본서를 이용해서 핵심적인 내용을 집중적으로, 반복적으로 학습하다 보면 국제법에 대한 전반적인 체계와 내용이 이해될 것으로 기대합니다.

국제법은 많은 영역을 서로 다른 원리로 구성하고 있지만 법이라는 공통성을 기반으로 하고 있기 때문에 각 영역 간 유사점이 있습니다. 다시 말하면 일정 패턴이 보인다는 것인데 이 패턴을 이해하게 되면 공부시간을 절약할 수 있고 무엇을 이해하고 암기해야 하는지 알 수 있게 됩니다. 본서는 체계적으로 공부하는 것을 돕기 위해 패턴을 구체화하였고 그를 통해 내용을 이해하고 암기하는 데 도움이 되도록 하였습니다.

본서를 통해 국제법에 대한 체계적인 접근과 고득점을 기원합니다.

이 창 권

차례

제1장	국제법의 일반 이론	5
제2장	국제법의 법원	19
제3장	국제법의 주체	49
제4장	개인	85
제5장	국제법의 객체	120
제6장	국가관할권 및 면제 이론	157
제7장	국가책임	181
제8장	국가분쟁의 평화적 해결	197
제9장	국제경제법	213
제10장	국제환경법	259
제11장	무력충돌법	276

1

국제법의
일반이론

제1절 국제법의 개념

1. 국제법의 의미와 명칭

1) 국제법의 의미

전통적으로 국제법은 국가간의 법 또는 국가간의 권리·의무 관계를 규율하는 법이라고 인식되었다. 그러나 오늘날의 국제법은 국제사회의 법 또는 국제공동체의 법으로서 '주로' 국가 간 관계를 규율하나 국가와 국제기구는 물론 제한적이나마 개인도 직접 규율하는 법이다.

2) 국제법의 기원과 명칭

(1) 국제법의 기원

㉠ 국제법이란 용어는 로마법상의 'jus gentium'(유스 젠티움 : 萬民法)에서 유래했다.

㉡ jus gentium은 로마인과 외국인 및 외국인 상호 간에 적용되는 법이다. 본질은 로마의 국내법이지만 외국인 간의 법률관계에 공통적으로 적용되는 형식과 내용을 가지고 있어 오늘날의 국제법과 유사한 특성을 지니고 있었다.

(2) 국제법의 명칭

① 서양

㉠ 즈우치(R. Zouche) : 1650년 영국의 실정법학자인 즈우치는 jus gentium 대신 jus inter gentes(law between nations)라는 라틴어를 사용할 것을 주장했다.

㉡ 바텔(Emerich de Vattel) : 바텔은 1758년 저서 제목으로 「Le Droit des Gens」을 사용하였는데 그 후 이것은 「law of nations」로 번역되어 사용되었다.

㉢ 벤담(J. Bentham) : 벤담은 라틴어의 inter와 gentes를 합쳐 영어의 'international'이라는 단어를 만들고 jus inter gentes를 'international law'로 영역하여 사용하였다.

② 동양

㉠ 동아시아에서는 미국인 마틴(W. Martin)이 1864년 휘튼(H. Wheaton)의 'Elements of international Law'를 '만국공법'(萬國公法)이라 번역하여 사용하였으며 19세기 말까지는 '만국공법'이라는 용어가 주로 사용되었다.

㉡ 1873년 일본에서 미즈꾸리 린쇼(箕作麟祥)가 미국인 울시(Woolsey)의 'Introduction to the Study of International Law'를 '국제법'(國際法)으로 번역하여 사용한 이후 국제법이란 용어가 일반적으로 사용되었다.

3) 구별 개념

㉠ transnational law(초국내법) : ICJ 판사로 활동한 제섭(P. C. Jessup)은 국제공법, 국제사법 등 국

경을 초월하는 제 행동과 사건을 규율하는 모든 법을 포괄하여 'transnational law'라는 용어를 사용했다.

ⓛ supernational law(초국가법) : Verdross & Schwarzenberger 등은 유럽연합과 같이 그 구성국에 대하여 법적 구속력을 가진 규범을 제정할 수 있는 초국가적 조직의 법을 'supernational law'(초국가법)라고 하였다.

ⓒ 국제사법 : 국적이 다른 사인 간의 관계를 다루는 섭외사법 사건(계약, 상속, 결혼, 이혼, 상해, 사고, 민사 재판관할권의 충돌 등)에서 어느 국가의 법을 적용할 것인가를 결정하는 법으로서 이는 국내법에 해당한다.

ⓔ 국제형법 : 한 국가의 영역을 넘어 행해진 범죄에 대해 어느 국가의 형법을 적용할 것인지를 결정하는 국내법을 말한다.

2. 국제법의 법적 성질

1) 국제법 부인론

① 논거 : 중앙집권성의 결여, 강제성의 결여, 실효성의 결여

② 대표학자 : 홉스(T. Hobbes), 스피노자(B. Spinoza), 푸펜도르프(S. Pufendorf), 오스틴(J. Austin), 라손(A. Lasson)과 빈더(J. Binder), Zorn 부자, 카우프만(Kaufmann), 소믈로(Somlo) 등

2) 국제법 긍정론

(1) 국제법 부인론 비판

① 중앙집권성의 결여

ⓐ 입법기관의 문제 : 불문법은 입법기관이 없이 성립되어도 법으로 인정된다.

ⓑ 집행기관의 문제 : 법 그 자체와 법 적용은 별개의 문제이다.

ⓒ 사법기관의 문제 : 법 그 자체와 법 심판의 문제는 구별되어야 한다.

② 강제성의 결여 : 강제에는 사실상의 강제와 심리상의 강제가 있으며 국제법에는 최소한 심리적 강제는 존재한다.

③ 실효성의 결여 : 위반행위는 어느 법에서나 있으며 오히려 국내법에서 위반행위가 더 많이 발견되며, 국제법은 대외적 이미지를 위해 준수되는 경우가 훨씬 많다.

(2) 국제법의 구속력 근거[1]

① 자연법론(naturalism) : 객관주의적 접근방법

ⓐ 기본 입장 : 법제정기관의 의사보다 상위에 있는 어떤 요소에서 구속력의 기초를 찾으려는 입장으로 자연법 이론은 국제법의 시조인 그로티우스 이래 형이상학적인 보편성에서 국제법의 근거를 찾고 있다.

---

[1] 이병조·이중범, 국제법신강

ⓒ 자연법설 : 국제법이 법적 구속력을 가지는 것은 자연법의 요청에서 유래한다.
　　　　- 그로티우스(Grotius) : 자연법은 정당한 이성의 명령이다.
　　　　- 안질로티(Anzilotti) : 자연법은 절대적, 영구적, 보편적 효력을 가진 법이다.
　　　ⓒ 법적 확신설
　　　　- 뒤기(Dugujt), 셀(Scelle), 그라베(Krabbe) : 국제법이 법으로서 구속력을 가지는 것은 인간의 법에 대한 의식 내지 확신 속에 있다고 주장한다.
　　　　- 법적 확신설은 국가의 의사에 기초하지 않으므로 실정법주의와 배치되는 입장이다.
　　　ⓔ 근본규범설(법 단계설)
　　　　- 근본규범 : 모든 실정법의 기초를 부여하고 있는 최고의 기본적인 규범을 의미한다.
　　　　- 법 단계설 : 모든 규범은 근본규범을 정점으로 하여 국제법, 헌법, 법률, 명령의 순서로 상하 관계를 형성하며 하위의 법규범은 상위의 법규범으로부터 효력의 정당성을 부여받는다는 주장이다.
　　　　- 켈젠(Kelsen) : 근본규범은 실증적인 것이 아니라 가설적인 규범이다.
　　　　- 페어드로스(Verdross) : 규범만이 구속력의 근거가 되며, 규범의 타당성은 상위의 일반규범으로부터 나오고 이 일반규범의 정점에 있는 규범이 근본규범이다.
　　② 실정법론(positivism) : 의사주의적 접근방법
　　　ⓐ 기본 입장 : 실정법 이론은 18세기 후반부터 20세기 초까지 국제법의 주류로 자리잡은 이론으로서 조약과 관습 등 경험적으로 확인할 수 있는 실정적 국가행위에서 국제법의 근거를 찾고 있다.
　　　ⓑ 자기제한설
　　　　- 옐리네크(G. Jellinek) : 국가권력을 절대시하는 독일적 전통에 따라 국가가 국제법을 지켜야 할 의무를 당사국의 의사에서 찾고 있으며 국제법이 지켜져야 하는 것은 국가가 스스로 그것을 동의했기 때문이라고 주장한다.
　　　ⓒ 공동의사설
　　　　- 트리펠(H. Triepel)에 의하면 국제법이 법적 구속력을 가지는 것은 국제법이 국가의 단독의사보다 우월한 다수국가의 공동의사이기 때문이다.

3) 국제법의 특징
　　① 권력의 분권성
　　② 주체의 소수성
　　③ 효력의 임의성
　　④ 내용의 추상성
　　⑤ 제재의 집단성

제2절 국제법의 역사

1. 국제법 이론의 형성기

1) 초기의 국제법 학자들

① 비토리아(Francisco Vitoria, 1480~1546) : jus gentium이라는 용어를 로마법에서 빌려 왔으며 국제법을 가리켜 자연이성이 제(諸) 민족 간에 뿌리박힌 것이라고 규정하였다.

② 수아레즈(Francisco Suarez, 1548~1617) : 스콜라철학의 자연법론 입장에서 신학 문제와 관련하여 국제법 이론을 전개하였다.

③ 젠틸리(Alberico Gentili, 1552~1608) : 국제법학을 신학이나 윤리학으로부터 분리해 국제법학의 고유영역을 개척한 최초의 학자이다.

④ 그로티우스(Hugo Grotius, 1583~1645)

　㉠ 국제법의 시조 : 네덜란드 태생의 국제법학자로서 국제법학의 시조, 국제법의 아버지, 국제법의 창시자로 불리고 있다.

　㉡ '자유해론'(1609)이라는 저서에서 공해상에서의 해양자유론을 주장했다.

　㉢ 정전론 : 전쟁을 정당한 전쟁과 부당한 전쟁으로 구분하여 '전쟁과 평화의 법'(1625)에서 방어적 전쟁, 청구권 집행을 위한 전쟁, 불법을 응징하는 전쟁 등은 정당한 전쟁임을 주장했다.

2) 학파의 전개

(1) 자연법학파

푸펜도르프(S. Pufendorf, 1632~1694년)는 국제사회에는 국가보다 상위의사가 없기 때문에 실정국제법은 없다고 보고, 국제법은 자연법의 일부라고 주장하였다.

(2) 실정법학파

① 즈우치(R. Zouche, 1590~1660년) : 그로티우스와 함께 근대국제법의 태두라고 일컬어지며, 국제법은 이성과 조화되는 관습에 의해서 대다수 국가가 수락한 법이라고 하여 국제법의 원천을 각국의 관습에서 구했다.

② 빈켈스호크(C.v. Bynkershoek, 1673~1743) : 네덜란드 출신의 법실증주의자로 국제법은 국가간의 관습에 기초를 두는 것이라고 주장하였다. 무기의 힘이 끝나는 곳에서 영토의 권력도 끝난다는 착탄거리설을 주장했다.

③ 마르텐스(Georg Friedrich von Martens, 1756~1821) : 국제법은 조약과 국제관습법의 형식으로 형성된다고 주장하였다.

(3) 그로티우스학파

① 자연법학파와 실정법학파의 중간에 선 절충주의 학파를 말한다.
② 볼프(C. Wolff, 1679~1754년) : 국제법을 자연법과 의사법으로 구성하고자 했으며 여러 나라의 총체는 구성국들의 상위에 있는 세계사회를 형성한다는 개념을 국제법에 도입하려고 시도했다.
③ 바텔(E. Vattel, 1714~1767년) : 자연법주의와 법실증주의의 결합을 시도한 최초의 학자인 바텔은 국가주권 또는 국가의 평등권을 국가의 기본권 중 하나로 정립함으로써 국제법을 근대적 국제법 사상으로 변화시키는 데 결정적으로 기여했다.

2. 국제법의 전개[1]

1) 19세기의 국제법

① 자연법적 국제법이 쇠퇴하고 실정국제법이 지배적 지위를 차지하게 되면서 19세기 말에 들어서는 실정법주의가 융성했다.
② 중재 재판제도가 빠르게 보급되고 국제법학회(1873년)가 성립되었다.
③ 다수의 국제조약이 체결되어 국제법의 실정법화가 이루어졌다.
④ 유럽의 기독교 국가에서 유럽 이외의 비기독교 국가로 국제법 타당 영역이 확대되었다.
⑤ 국제기구가 출현하고 전쟁법의 변화 등으로 국제법의 규율대상이 확대되었다.
⑥ 나폴레옹 시대 이후 1815년부터 1871년까지 유럽협조체제가 유지되었다.

2) 제2차대전 전까지의 국제법

① **전쟁법의 실정적 발달** : 제1, 2차 헤이그평화회의 등을 통해 전쟁법이 발달했다.
② **보편적 국제기구의 창설** : 제1차 세계대전 이후에 집단적 안전보장(collective security)론을 기초로 하는 국제연맹이 탄생하였다.
③ **부전조약** : 국제연맹체제 하에서는 합법적 전쟁이 가능했기 때문에 국제연맹 밖에서 국가의 정책 수단으로서 전쟁을 부인하는 부전조약(1928년)이 체결되었다.
④ **국제법전편찬 회의 개최** : 1930년 국제연맹은 국제법의 성문화를 위해 헤이그에서 국제법성문화회의를 개최하였다.
⑤ **자연법이론의 부활** : 19세기에는 법실증주의가 발전했으나 제1차 세계대전 이후 자연법적 국제법이론이 다시 등장하였다.

3) 제2차대전 이후의 국제법

① **국제사회의 다양화** : 제2차대전 이후 구미 선진국, 공산주의 제국 및 개발도상국(신생국)이라는 정립체제로 변모하였다.

---

[1] 정영진, 국제법 제16판

② **국제기구의 발달** : 국제연맹의 뒤를 이은 국제연합(United Nations)을 비롯하여 경제, 사회, 문화, 인권 등의 분야에서 국제기구들이 발달하였다.

③ **무력사용의 금지** : 유엔체제 하에서는 무력사용을 일반적으로 금지하고 예외적으로 허용하였다.

④ **성문법전화** : 1947년 설치된 유엔 총회의 보조 기관인 국제법위원회를 중심으로 하여 성문법전화 작업(codification)이 활발하게 진행되었다.

⑤ **국제법의 양적 확대** : 과학기술의 발달과 국제사회의 연대성의 강화로 새로운 분야인 국제인권법, 우주법, 국제환경법, 국제경제법 등이 등장하였다.

⑥ **국제인도법의 발달** : 국제인도법의 주요 법원인 1949년의 4개 협약과 1977년의 2개 의정서가 성립하였다.

⑦ **유럽연합법의 발달** : 종래의 국제기구론에 포괄할 수 없는 새로운 유형의 유럽연합법이 제정되었다.

제3절 국제법과 국내법과의 관계

1. 학설[1]

1) 이원론(dualism)

① 대표론자 : 트리펠(H. Triepel), 안질로티(D. Anzilotti), 오펜하임(Oppenheim), 라반트(P. Laband) 등

② 내용

  ㉠ 법체계의 양립성 여부 : 국제법과 국내법은 전혀 별개의 법체제이므로 상호 간에 아무런 영향을 끼치지 않는다.

  ㉡ 국제법의 영역인 조약은 국내법적 효력이 인정되지 않는다.

  ㉢ 국제법을 국내적으로 적용하기 위해서는 국제법을 국내법으로 만들어 주는 '변형'(transformation) 과정을 거쳐야 한다. 이행법률에 의한 변형(특수변형)과 동의법률에 의한 변형(일반변형)이 있다.

  ㉣ 이원론의 변형이론에 따를 경우 국내법 질서에서 국제법과 국내법 사이의 우선순위 문제는 발생하지 않는다.

  ㉤ 이원론에 따르면 국제법과 국내법이 충돌하는 경우 국내법원은 국내법을 적용하기만 하면 된다.

  ㉥ 이원론의 이념적 배경은 실증주의로 볼 수 있으며 국가주권에 대한 강조를 그 특징으로 한다.

③ 비판

  ㉠ 현실 사회에서 국제법에 저촉되는 국내법으로 인해 문제가 생길 경우 국가는 사실상 국제의무 위반의 책임을 지게 되는데, 이것은 국제법과 국내법이 상호 간에 영향이 있음을 보여주는 것이다.

  ㉡ 이원론은 국제관습법의 경우 대부분의 나라에서 변형 절차 없이 그대로 적용되고 있다는 현실에 맞지 않는다.

  ㉢ 조약체결의 절차를 헌법에 규정하고 있으므로 별개의 법질서가 아니다.

2) 일원론(monism)

(1) 국내법 우위의 일원론

① 대표론자 : 쯔른부자(Zorn), 카우프만(Kaufmann), 벤첼(Wenzel), 옐리네크(Georg Jellinek), 모우저(Johann Jacob Moser), 마르텐스(Georg Friedrich von Martens) 등

② 내용

  ㉠ 국제법과 국내법의 관계를 국내법이 우위에 있는 한 개의 통일적 법체계로 본다.

  ㉡ 국제법은 대외적인 국내법에 불과하며, 국내법과 별개의 독자적 법체계로서의 국제법은 존재하지 않는다고 주장함으로써 논리적으로 국제법 부인론으로 귀결된다.

  ㉢ 국내법 우위론은 국가주권의 절대성을 강조한 관념 철학의 산물이다.

---

[1] 정영진, 국제법 제16판

③ 비판
- ㉠ 국내법 우위론에 따르면 국가의 수만큼 국제법이 존재해야 하나 이는 객관적 법질서로서 존재하는 현실과는 맞지 않는다.
- ㉡ 국가가 소멸하면 국제법도 소멸해야 하나 현실적으로는 그렇지 않다
- ㉢ 혁명이나 쿠데타 발생 시 국내법의 효력은 정지되나, 국제법의 효력이 유지되는 것을 설명하지 못한다.

(2) 국제법 우위의 일원론

① **대표론자** : 켈젠(Kelsen), 페어드로스(Verdross), 쿤츠(J. L. Kunz), 구겐하임(Guggenheim), 라우터팍트(Lauterpacht), 셀(Scelle) 등

② **내용**
- ㉠ 국제법과 국내법은 하나의 단일한 법체계로서 국제법은 국내적으로 변형 없이 직접 적용된다.
- ㉡ 국제법은 위임의 우위(Delegationsprimat)를 통해 모든 국내법 질서의 타당 근거가 되며, 국내법은 국제법에 의해 위임된 부분적 질서에 해당한다.
- ㉢ 국제법 규범은 국내법에 자연스럽게 변형 절차 없이 그대로 편입(incorporation)되어 적용된다.
- ㉣ 일원론은 국제법의 근거를 국가의 의사가 아닌 객관적인 질서에서 구하려는 견해로서, Kelsen의 규범주의, Scelle의 사회학적 이론 등과 일맥상통한다.

③ **비판**
- ㉠ 국제법 우위의 일원론에 따르면 국제법 위반의 국내법이라도 국내 관계에서는 여전히 그 합법성이 인정되며 국제법 위반의 국내법이 당연 무효화되지 않는다는 점을 설명할 수 없다.
- ㉡ 국내법이 국제법으로부터 위임된 부분적 질서에 불과하며 국가가 국제법으로부터 위임된 권한에 의해서만 국가행위를 할 수 있다는 것은 현실과 관행에 맞지 않는다.

2. 국제법질서에서 국내법의 지위

(1) 국제법의 우위성

① 국제법의 시각에서 국내법은 기본적으로 법이 아닌 사실의 영역에 속한다.

② **국제법상 의무의 우월** : 국제법질서에서는 국제법상 의무와 국내법상 의무 중에서 국제법상 의무가 우선하는 것으로 일관되게 인정되고 있다.

③ **국제의무의 이행확보 책임** : 조약을 체결한 국가는 조약을 이행하기 위해 필요한 모든 국내법적 조치를 취해야 할 의무가 있다.

④ **국내법 원용금지** : 국가는 국제법상 의무 불이행을 정당화하기 위해 국내법 이행을 주장할 수 없으며 정부의 변경 또한 국제의무 불이행을 정당화할 수 없다.

> **참고** 국제법 우위의 원칙을 확인한 판례
>
> **1. 호르죠 공장(Chorzow factory) 사건(1927, PCIJ)**
> ① 국내법원의 판결은 국제법원의 판결을 무효로 할 수 없다.
> ② 국가책임의 해제 방법은 원칙적으로 원상회복이며 원상회복이 불가능한 경우에는 손해배상으로 만족해야 한다.
>
> **2. 그리스인 및 터키인의 교환에 관한 권고적 의견(1927, PCIJ)**
> 국가는 자신의 국제의무를 준수·이행하기 위해 국내법을 개정·입법해야 한다.
>
> **3. 폴란드령 상부실레지아에서의 일부 독일인의 이익에 관한 사건(1926, PCIJ)**
> 국내법의 정립이나 적용이 국제의무에 합치되지 않으면 국가책임이 발생한다.
>
> **4. 단치히 법원의 관할권에 관한 권고적 의견(1928, PCIJ)**
> 국가는 국내법의 결여를 이유로 국제의무의 이행을 거부할 수 없다.
>
> **5. 단치히 주재 폴란드 국민의 대우에 관한 권고적 의견(1932, PCIJ)**
> 국가는 자기의 국제의무 회피를 위해 자국 또는 타국의 헌법을 원용할 수 없다.
>
> **6. 상부사보이 및 젝스 자유지역 사건(1932, PCIJ)**
> 국가는 자기의 국제의무 범위를 제한하기 위해 국내법을 원용할 수 없다.

⑤ 국제의무위반의 효과

㉠ 국제법 우위의 원칙이 확립되었음에도 불구하고 PCIJ의 메멜기본법 해석 사건(1932년) 및 ICJ의 바르셀로나 전력회사 사건(1970년) 등에 의하면 국제재판소는 국내법의 국내적 효력에 대해 판단하거나 국내법의 국내적 무효를 선언할 수는 없다.

㉡ 다만 국내법이 국제법을 위반하는 경우 국가책임은 추궁할 수 있다.

(2) 국제재판에서의 국내법의 지위

① **법이 아닌 사실로서의 국내법**: 국제재판소는 국내법을 단순한 사실로 간주한다.
② **국내법의 적용 범위 결정**: 국제재판에서는 국제법 고유의 기준에 의하여 판결하며 국내법을 적용할 필요가 있는 경우에는 적용 여부 및 그 적용 범위를 재판소가 결정한다.
③ **국제법의 증거로서의 지위**: 특정 국가의 국내법을 다수의 국가가 국내법화하거나 준수하는 경우 국내법은 국제법의 법원인 국제관습법과 법의 일반원칙의 증거로써 사용될 수 있다(스코티아호 사건).

3. 국내법질서에서 국제법의 지위

(1) 영국

① 국제관습법

㉠ 원칙 : 일원론(편입이론, doctrine of incorporation)
㉡ 영국재판소의 수용이론에 따르면 국제관습법규는 자동적으로, 즉 의회나 재판소의 개입이 없이 common law의 일부를 형성하며, 한 걸음 더 나아가서 영국 시민에게 그 자체로서 권리를 부여하거나 의무를 부과할 수 있다.
㉢ 국제관습법과 의회 제정법이 충돌할 경우, 의회주권의 원칙에 따라 의회제정법이 우선한다. Mortensen v. Peters(1906년) 판례가 이 점을 잘 보여주고 있다.

> **참고 | 영국에서 국제관습법에 대하여 변형이론을 적용했던 판례**
>
> 1. Commercial and Estates Co. of Egypt v. Board of Trade에서 Atkin 재판관은 다음과 같이 언급한 바 있다.
>   - "국제법 그 자체는 국내재판소에서 심리할 수 있는 그 어떤 권리도 부여할 수 없다. 국제법규는 그것이 국내 법규에 포함된 것으로 승인된 한에서만 국내재판소에서 권리와 의무를 발생하는 것이 허락된다."
> 2. Atkin 재판관은 1939년 Chung Chi Cheung v. The King 사건 판결에서 다음과 같이 언급하였다.
>   - "언제나 기억해야 할 사실은 어쨌든 이 국가의 재판소에 관한 한 국제법은, 그 원칙들이 우리 자신의 국내법에 의하여 수락되고 채택되는 경우를 제외하고는 어떤 효력도 갖지 않는다는 점이다."

② 조약 : 이원론(변형이론)
㉠ 영국 행정부가 체결하는 중요 조약이 영국법 일부가 되기 위해서는 그것을 국내법질서 내로 편입시키는 수권법률, 즉 이행법률이 제정되어야만 한다.
㉡ 예외적으로 전투 수행행위, 영토할양조약은 수용이론을 따른다.
③ 국제법과 국내법의 충돌에 대한 조정 : 영국법에서 의회는 국제법을 위반하려는 의도를 갖고 있지 않으므로, 의회입법은 국제법과의 충돌을 피하는 방향으로 해석되어야 한다는 추정(presumption)이 존재하고 있다.
④ 효력 순위 : 헌법 > 제정법 > 보통법(common law) = 국제관습법

(2) 미국

① 국제관습법
㉠ 편입이론 : Paquete Habana 호 사건에서 연방최고재판소는 "국제법은 우리법의 일부이다. 따라서 조약이 없거나 통제적 성격의 행정부 혹은 입법부의 행위 혹은 사법적 결정이 없는 경우에는, 문명국들의 관습과 관행에 문의해야 한다."고 말하였다.
㉡ 효력 순위
- 국제관습법과 국내 행정적·입법적·사법적 행위 또는 결정 간에 충돌이 있으면 미국의 사법부는 국내 규정을 적용한다.
- 미국 내부의 국내법적 효력에 있어서는 국제관습법이 기존 법률이나 판례보다는 하위의 효력을 갖는 것으로 판시되고 있다.
② 조약
㉠ 일원론(편입이론, doctrine of incorporation) : 연방헌법 제6조 2항은 "이 헌법, 또는 이 헌법을 실

행하여 제정되는 미합중국의 법률, 그리고 미국의 권능에 의하여 체결된 또는 장래에 체결될 모든 조약(treaties)은 이 나라의 최고법(supreme law of the land)이다."라고 규정하고 있다.
- ⓒ 미국의 재판소들은 조약규정을 자기집행적 조약규정과 비자기집행적 조약규정으로 나누어, 전자에 대해서는 수용이론을, 후자에 대해서는 변형이론을 적용하고 있다(포스터 대 닐슨 사건).
- ⓒ 헌법에서 언급된 정식조약이자 자기집행조약은 연방법률과 동등한 가치를 가진다.
- ⓔ '행정부-의회협정' 또는 '의회-행정부협정'은 정식조약과 마찬가지의 효력을 가진다.

③ 국제법과 국내법의 충돌에 대한 조정
- ⓒ 판례법상 연방헌법은 조약의 상위에 있으며, 연방법률과 조약과의 효력 관계에 있어서는 양자가 동위에 있으며, 후법 우선의 원칙이 적용된다.
- ⓒ 차밍벳시(Charming Betsy) 원칙 : 국내법의 해석에 다소 불확실한 측면이 있는 경우 가능한 합리적인 범위 내에서 국제법을 위반하지 않는 방향으로 법을 해석해야 한다는 원칙을 말한다.

④ **효력 순위** : 연방헌법＞연방제정법률＝조약＞판례법＞국제관습법＞주 헌법＞주 법률

관련판례

포스터 대 닐슨(Foster v. Neilson) 사건(1829, 미연방대법원)

자기집행적조약과 비자기집행적조약을 최초로 구별한 판례이다. 국내적 직접적용 가능성에 따라 '수용되는 조약'과 '변형되는 조약'으로 구별하고, 전자를 '자기집행적 조약'(self-executing treaty), 후자를 '비자기집행적 조약'(non-seif-executing treaty)이라고 한다.

세이후지 대 캘리포니아(Sei Fujii v. State of California) 사건(1952, 캘리포니아주 대법원)

① 국제조약인 UN 헌장의 인권조항이 캘리포니아주법에 우선한다는 주장에 대해 캘리포니아주 대법원은 자기집행조약인지를 판단하여야 한다고 하였으며, UN 헌장의 인권 관련 조항들은 비자기집행 조약으로 보았다.
② 조약을 자기집행적 조약과 비자기집행적 조약으로 구별하는 기준은 조약당사국의 의도이며, 이러한 조약당사국의 의도는 명시적·묵시적으로 표현될 수 있다.

---

(3) 기타 주요 국가들의 실행

① 독일
- ⓒ 국제관습법 : 일원론, 독일 연방헌법인 기본법 제25조는 "국제법의 일반규칙은 연방법의 구성 부분이다. 그것은 법률에 우선하며 연방영토의 주민에 대하여 직접적으로 권리와 의무를 발생시킨다"고 규정하고 있다. 일반적인 국제법규는 직접 적용성과 직접 효력을 가지며, 또한 법률에 우선한다.
- ⓒ 조약 : 완화된 이원론, 독일기본법 제59조 2항은 "연방의 정치적 관계를 규율하거나 또는 연방의 입법사항에 관계되는 조약은 연방법률의 형식으로 연방의 입법에 대하여 권한 있는 기관의 동의 또는 협력을 필요로 한다"는 헌법규정을 두고 있다.
- ⓒ 국제법과 국내법의 충돌에 대한 조정 : 조약은 국내법으로 변형된 연방법률로서 신법우선의 원

칙이 적용된다.
			ⓔ 효력 순위 : 연방헌법 > 국제관습법 > 연방법률
	② 프랑스
		㉠ 현행 제5공화국 헌법 제55조는 "적법하게 비준되거나 승인된 조약 또는 협약은 다른 당사국에 의한 적용을 조건으로 공포된 때로부터 법률에 우선한다"고 규정함으로써 상호주의를 조건으로 국내법에 대하여 그 선후를 불문하고 조약의 우위성이 확인되어 있다.
		㉡ 프랑스 국내재판소들은 헌법상 인정된 조약의 우위에 실제 효과를 부여하는 데 어려움을 겪고 있다.
	③ 네덜란드 : 국제법의 우위성이 헌법상 확인된다고 보는 것이 일반적이나 이에 대해 현행 네덜란드 헌법은 조약이 헌법과 충돌하는 경우의 효력에 대해 명시하지 않았다고 보는 견해도 있다.

(4) 한국헌법과 국제법

① 국내법과 국제법의 일원론적 입장
	㉠ 현행헌법 제6조 1항은 "헌법에 의하여 체결, 공포된 조약과 일반적으로 승인된 국제법규는 국내법과 같은 효력을 가진다"고 규정하고 있다.
	㉡ 일반적으로 승인된 국제법규가 국제관습법만을 의미하는지가 문제이나 다수설은 국제관습법만을 의미하는 것으로 해석하고 있다.
	㉢ 조약과 국제관습법은 특별한 국내입법 절차 없이도 국내적인 효력을 당연히 갖는 것으로 보고 있다.

② 효력
	㉠ 최근 입장 : 조약은 헌법보다 하위의 효력을 가지며, 법률과 동위에 있다고 해석된다.
	㉡ 기존 입장
		- 국회의 동의를 요하는 조약의 효력 : 법률과 동위의 효력
		- 국회의 동의를 요하지 않는 조약의 효력 : 법률 하위의 효력
	㉢ 국제관습법의 경우 학설이 다양함 : 법률동위설, 개별 국제법규에 따라 다르다는 설, 법률보다 하위이며 기존 판례보다는 우위라는 설 등

③ 위헌조약심사
	㉠ 법률과 동위이므로 헌법재판소가 결정한다.
	㉡ 위헌으로 선언되면 국내사회에서는 무효가 되나 국제사회에서는 유효하다.

④ 판례
	㉠ 대법원 판례
		- 2005년 대법원은 전라북도 급식조례 사건에서 국회의 동의를 얻어 체결 공포된 GATT 및 정부조달협정은 국내법률과 동일한 지위를 가지므로 지방자치단체가 제정한 조례가 이에 위반하는 경우에는 그 효력이 없다고 판결했다.
		- 대법원은 1986년에 국제항공운송에 관한 법률관계에 대하여서는 일반법인 민법에 대한 특별법으로서 우리 정부도 가입한 1955년 헤이그에서 개정된 바르샤바협약이 우선 적용되어야 한다고 판결했다.

ⓒ 헌법재판소 판례
- 헌재는 한국과 미국의 상호방위조약 제4조에 의한 시설과 구역 및 한국에서의 미국 군대의 지위에 관한 협정 관련 사건에서 조약을 국내 법률과 같은 효력이 있는 것으로 보고 위헌법률심판이 가능하다고 하였다.
- 헌재는 1998년 마라케쉬협정에 의하여 관세법 위반자의 처벌이 가중된다고 하더라도 이를 들어 법률에 의하지 아니한 형사 처벌이라거나 행위 시의 법률에 의하지 아니한 형사처벌이라고 할 수 없다고 판결했다.

관련조문

한국헌법

제6조 ① 헌법에 의하여 체결·공포된 조약과 일반적으로 승인된 국제법규는 국내법과 같은 효력을 가진다.
② 외국인은 국제법과 조약이 정하는 바에 의하여 그 지위가 보장된다.

제60조 ① 국회는 상호원조 또는 안전보장에 관한 조약, 중요한 국제조직에 관한 조약, 우호통상항해조약, 주권의 제약에 관한 조약, 강화조약, 국가나 국민에게 중대한 재정적 부담을 지우는 조약 또는 입법사항에 관한 조약의 체결·비준에 대한 동의권을 가진다.
② 국회는 선전포고, 국군의 외국에의 파견 또는 외국군대의 대한민국 영역안에서의 주류에 대한 동의권을 가진다.

제73조 대통령은 조약을 체결·비준하고, 외교사절을 신임·접수 또는 파견하며, 선전포고와 강화를 한다.

2

국제법의 법원

제1절 **국제법의 법원(연원)**

1. 국제법의 법원

1) 국제법 법원의 의미

① 의미 : 국제법의 법원이란 국제법의 존재 형식, 국제법의 인식 자료, 국제법의 성립 기초 등 다양한 의미로 사용되고 있으나 일반적으로는 국제법의 존재 형식을 국제법의 법원이라고 한다.

② 구분
  ㉠ 형식적 법원 : 국제법의 존재 형식, 또는 법을 제정하는 절차나 방식을 의미한다.
  ㉡ 실질적 법원 : 국제법의 발생 요인 또는 법을 발견할 수 있는 자료 내지 증거 등을 의미한다.

2) 국제사법재판소(ICJ)규정 제38조

[관련조문]

국제사법재판소(ICJ)규정 제38조

1항 : 재판소는 재판소에 회부된 분쟁을 국제법에 따라 재판하는 것을 임무로 하며, 다음을 적용한다.
  (a) 분쟁국에 의하여 명백히 인정된 규칙을 확립하고 있는 일반 또는 특별 국제조약
  (b) 법으로 수락된 일반관행의 증거로서의 국제관습
  (c) 문명국에 의하여 인정된 법의 일반원칙
  (d) 법칙결정의 보조수단으로서의 판례 및 각국의 가장 우수한 국제법 학자의 학설. 다만, 제59조의 규정에 따를 것을 조건으로 한다.

2항 : 이 규정은 당사자가 합의하는 경우에 재판소가 형평과 선에 따라 재판하는 권한을 해하지 아니한다.

① **재판준칙** : 국제사법재판소 규정 제38조는 국제사법재판소의 재판에서 적용될 재판준칙들을 열거하고 있다.

② 국제사법재판소 규정 제38조 1항 중 조약과 국제관습법은 국제법의 법원으로 인정하는데 이견이 없으나 법의 일반원칙에 대해서는 의견이 대립한다. 판례와 학설 그리고 형평과 선은 법원성이 부인된다.

2. 법원 상호 간의 효력 관계[1]

① **원칙** : 조약과 국제관습법은 원칙적으로 동등한 지위가 인정된다.

㉠ 조약과 국제관습법은 원칙적으로 효력의 차이가 없으며, 이들 상호 간의 우열은 특별법 우선의 원칙, 후법 우선의 원칙에 따라 결정된다.

㉡ 강행 규범은 조약과 국제관습법에 대해 절대적 우위가 인정된다.

㉢ 효력 관계 : 강행규범 > 조약 = 관습법 > 법의 일반원칙 > 판결과 학설

② **후(신)법 우선의 원칙** : 일반적으로 당사자가 동일하며 대상 분야가 동일한 경우에는 후법 우선의 원칙이 적용된다.

③ **특별법 우선의 원칙** : 원칙적으로 동등한 효력을 갖는 조약과 국제관습 상호 간(또는 조약 상호 간, 관습법 상호 간)에는 특별법이 일반법에 우선한다. 다만 비엔나조약법협약은 특별법 우선원칙에 대해 규정하고 있지 않다.

④ 유엔헌장 제103조는 다른 어떤 조약보다도 유엔헌장이 우선한다는 것을 명시하고 있다.

---

[1] 이병조·이중범, 국제법신강

제2절 조약

1. 의미

① 1969년 조약법에 관한 비엔나협약에는 "이 협약의 목적상 '조약'이라 함은 단일의 문서에 또는 그 이상의 관련 문서에 구현되고 있는가에 관계없이 또한 그 특정의 명칭에 관계없이 서면형식으로 국가간에 체결되며, 또한 국제법에 의하여 규율되는 국제적 합의를 의미한다"고 규정되어 있다.

② 1969년 조약법협약은 국가간의 문서로 된 합의에만 적용되는 규칙이다.

③ 1986년 비엔나 조약법협약은 국제기구와 국가, 또는 국제기구 상호 간 체결하는 조약에 대해 적용된다.

④ 비교개념 : 신사협정(gentlemen's agreement)[1]

  ㉠ 의미 : 신사협정이란 국제법의 능동적 주체 간에 법적 구속력을 의도하지 않은 정치적·도덕적 합의 문서로서 국가대표에 의해 구두로도 체결될 수 있다.

  ㉡ 신사협정 위반은 그 자체가 국제위법행위를 구성하거나 국가책임 문제를 발생시키지 않지만, 비우호적인 행위로서 위반국에 대해서는 국제법이 허용하는 보복 조치를 취할 수 있다.

  ㉢ 한국 법무부는 "남북합의서는 법적 구속력이 없는 공동성명이나 신사협정에 준한다."는 견해를 밝힌 바 있다. 헌법재판소도 "이 합의서는 한민족 공동체 내부의 특수관계를 바탕으로 한 당국 간의 합의로서 남북당국의 성의 있는 이행을 상호 약속하는 일종의 공동성명 또는 신사협정에 준하는 성격을 가짐에 불과하다."고 언급한 바 있다.

  ㉣ 1975년에 채택된 유럽안보협력회의 헬싱키 최종의정서는 정치적으로 매우 중요한 실체적 규정을 담고 있지만 "이 의정서는 유엔헌장 제102조에 의거하여 등록될 자격이 없다"고 명시함으로써 모든 회의 참가국이 이것을 조약으로 생각하지 않았음을 분명히 보여주고 있다.

> **관련판례**
>
> ### 동부그린란드 사건(1933, PCIJ)
>
> ① PCIJ는 1919년 노르웨이 외무장관이 '그린란드 전체에 대한 덴마크의 영유권 문제에 대해 아무런 장애도 초래하지 않을 것'이라고 선언한 구두약속에 대해 당사자들이 구속력을 의도하였다고 판시하여 구두조약의 효력을 인정했다.
>
> ② 그린란드처럼 인구가 별로 없거나 살지 않는 지역의 경우에는 영유권에 관한 다른 국가의 우월적 주장이 존재하지 않는 한 주권적 권리의 실제적 행사가 거의 요구되지 않는다고 하여 선점의 실효적 지배요건이 완화될 수 있음을 인정하였다.

---

1 김대순, 국제법론 제20판

2. 분류

① **당사자의 수에 의한 분류** : 보편조약(universal treaty), 일반조약(general treaty), 특별(특수)조약(special treaty), 두 국제법 주체 사이에서 체결된 양자조약이 있다.

② **성질에 의한 분류** : 입법 조약(law-making treaty)과 계약조약(contractual treaty)이 있다.

③ **개방성 유무에 의한 분류** : 개방조약과 폐쇄조약이 있다.

④ **국내적 직접 적용성에 따른 분류** : 자기집행 조약(self-executing treaty)과 비자기집행 조약(non-self-executing treaty)이 있다.

⑤ **이행의 계속성 여부에 의한 분류** : 처분적 조약(executive or dispositive treaty)과 영속적 조약(executory treaty)으로 구분할 수 있다.

⑥ **조약체결 절차에 따른 분류** : 정식조약과 약식조약이 있다.

3. 조약체결 절차

1) 조약 본문의 채택과 인증

(1) 조약문의 채택

① **의미** : 비엔나협약에 공식적으로 정의되어 있지는 않지만 보통 국가들이 합의의 형식과 내용에 관하여 의견의 일치를 보는 조약의 체결 단계를 말한다. 조약의 채택에 찬성했다는 사실이 당사국으로서 이에 구속받는 것을 의미하지는 않는다.

② 비엔나협약 제9조에 의하면 조약 본문은 그 작성에 참가한 모든 국가의 동의에 의해 채택되는 것이 원칙이지만 국제회의에서는 다른 특별한 규정이 없는 경우에 참석 투표하는 국가 및 국제기구의 3분의 2 다수결에 의하여 채택된다.

(2) 조약문의 인증(authentication of the text)

① **조약문의 인증 의미** : 조약 본문을 채택하고 그 조약문을 진정하고 최종적인 것으로 확정 짓는 절차를 말한다.

② **조약문의 인증 주체** : 조약체결권자의 전권위임을 받은 전권대표가 하는 것이 보통이다.

③ **조약문의 인증 방법** : 보통 전권위원의 '서명'에 의하며 때로는 정부의 승인을 조건으로 하는 서명(조건부 서명 : Signature ad referendum), 또는 차후에 정식 서명이 있어야 하는 가서명(initialing)에 의하기도 한다.

④ **인증의 효과** : 조약이 확정되면 타방 당사국의 동의 없이 일방적으로 내용을 수정할 수 없다.

> **관련판례**
>
> **카타르-바레인 간 해양경계 및 영토분쟁 사건(1994, ICJ)**
>
> ① **사건 요약** : 카타르와 바레인은 도서 및 해양 경계에 관한 분쟁 해결을 위해 양국 외무장관 사이에 1990년 12월 서명된 공문에 의해 이 사건을 우선 사우디아라비아 국왕의 주선에 맡기되 1991년 5월 말까지 해결되지 않으면 ICJ에 제소하기로 하였다. 정해진 기한 내에 분쟁이 해결되지 않자 카타르는 ICJ에 제소했으나 바레인은 1990년 합의공문이 조약이 아니라는 선결적 항변을 제기했다.
> ② **판례 요지** : 1990년 공문은 양국 정부가 수락한 약속을 기록한 문서로써 국제법상 조약에 해당한다.

2) 조약의 구속을 받겠다는 동의(consent to be bound by the treaty)

(1) 의미

교섭국이 조약 내용에 관한 합의의 성립을 최종적으로 확인하는 행위로서 국가가 조약문에 법적 구속력을 부여하는 행위를 말한다. 국가의 이같은 동의는 약식조약의 경우에는 서명, 정식조약의 경우에는 조약을 구성하는 문서의 교환, 비준, 수락, 승인, 가입 또는 기타 합의된 방법에 의하여 표시될 수 있다.

(2) 동의 표시 방법

① **서명** : 서명이란 조약의 작성에 참여한 국가의 대표가 조약문 말미에 자신의 자격과 성명을 기록하는 행위를 말한다.

② **조약의 의미를 갖는 문서의 교환** : 교섭국이 조약 내용에 관한 합의 성립을 최종적으로 확인하는 행위의 한 방법으로 이는 최근 대두한 국제관행이 성문화된 제도이다.

③ **비준(ratification)**
  ㉠ 의미 : 전권대표가 서명한 조약을 교섭국의 조약체결권자가 재검토하고 조약 내용에 관한 합의를 최종적으로 확인하는 행위로서 정식조약의 구속을 받겠다는 동의 표시 방법 중 대표적이다.
  ㉡ 성격 : 비준은 조약문을 인증하는 서명과는 별도의 법률행위에 해당한다.
  ㉢ 조건부 비준 또는 부분적 비준은 비준의 거절 또는 새로운 조약 내용의 제안이라는 의미를 가진다. 다만 비엔나협약 제17조는 조약의 일부에 대한 국가의 기속적 동의는 그 조약이 이를 인정하거나 또는 다른 체약국이 이에 동의하는 경우에만 유효하다고 규정하고 있다.
  ㉣ 비준의 거부 : 서명과 비준은 별개의 절차이기 때문에 서명했다고 하여 비준할 의무가 발생하는 것은 아니며 비준을 하느냐, 마느냐는 국가가 최종적으로 결정할 사항이나 비준 거부 시 국제예양에 반할 수 있다.

④ **수락(acceptance), 승인(approval)**
  ㉠ 제2차대전 후에 도입된 새로운 절차로서 국제관행상 확립된 제도이다.
  ㉡ 국제법상으로는 비준이나 아무런 법적 차이가 없으나 국내법상으로는 나라에 따라 국회의 동의를 받지 않는 등 차이가 있다.

⑤ **가입(accession)** : 개방조약에서 이미 조약문이 인증되어 있는 경우 제3자가 인증 절차를 별도로 하지 않고 그 조약의 절차조항에 따라 구속을 받겠다는 동의를 표시하고 그 조약의 당사자가 되는

일방행위를 말한다.

⑥ **정식확인행위** : 1986년 국가와 국제기구 및 국제기구 상호 간의 조약법에 관한 비엔나협약 제11조 2항에서는 국제기구의 조약에 대한 기속적 동의 표시 방법을 정식확인행위라고 규정하고 있다.

(3) 동의 표시 기관

① **미국** : 미국은 대통령이 조약체결권을 가지나 정식조약의 경우 상원의 조언과 동의를 받아야 한다.

② **우리나라** : 헌법 제73조는 대통령의 조약 체결 비준권을 인정하고 있으나 일정 조약의 경우 국회는 조약의 체결 비준에 대한 동의권을 가지고 있다.

3) 조약의 효력 발생과 잠정적용

① **조약의 효력 발생과 시기**

㉠ 조약이 효력을 발생한다는 것은 조약의 구속을 받겠다는 동의가 현실화되는 것을 말한다. 보통 조약의 구속을 받겠다는 동의 표시 후에 효력이 발생하는 것이 원칙이다. 특별한 규정이 없는 한 비준서의 교환 또는 모든 협상국의 비준서 기탁 일자라고 볼 수 있다.

㉡ 조약의 효력 발생 시기는 보통 종결조항(final clauses)에 규정되어 있는데, 종결조항은 성질상 조약문의 채택과 동시에 효력이 발생한다.

㉢ 약식조약의 경우에는 일반적으로 서명을 한 후에 발생하며, 각서가 교환된 경우에는 그때 효력이 발생한다.

② **잠정적용** : 교섭국들은 발효 시까지 조약의 전부 또는 일부를 잠정적으로 적용하는 것을 합의할 수도 있다.

4) 조약의 유보(reservation)

① **의미** : 유보는 자구 또는 명칭에 관계 없이 조약의 서명·비준·수락·승인 또는 가입 시에 국가가 그 조약의 일부 규정을 자국에 적용함에 있어서 그 조약의 일부 규정의 법적 효과를 배제하거나 또는 변경시키고자 의도하는 경우에 그 국가가 행하는 일방적 선언을 의미한다.

② **연혁 및 취지**

㉠ 연혁 : 유보의 관행은 19세기 후반에 시작되었으며, 20세기 초반까지는 국제관습법상 모든 조약 당사국들의 동의가 있어야만 유보를 첨부할 수 있었다. 유보는 오늘날 다자조약의 발달과 국제관계의 복잡성에 수반하여 널리 행해지고 있다.

㉡ 취지 : 조약의 유보는 다자조약의 성립을 용이하게 하고 보다 많은 국가들이 조약에 참여할 수 있도록 하기 위해 고안된 조약의 보편성을 추구하는 제도이나 조약 적용상의 통일성이 손상되고 조약 관계가 복잡해지는 단점이 있다.

③ **유보의 분류** : 조항의 유보, 해석의 유보, 적용영역의 유보, 시간적 유보

④ **유보와 양자조약** : 1977년 미국과 파나마 간에 서명된 파나마운하조약은 미국 상원이 붙인 유보를 파나마 정부가 수락함으로써 양자조약에도 유보가 붙은 예외적인 사례가 되었다.

⑤ **조약법 협약상의 유보의 제한**

㉠ 조약 규정에 의한 제한 : 다음의 경우에는 유보가 금지된다.

- 조약 규정에 의하여 유보를 제한하는 것으로 유보가 조약에 의해 금지된 경우 : 유엔해양법협약 제309조, WTO 설립협정 제16조 5항, ICC 로마규정 제120조, 기후변화협약 제24조 등
- 일정한 유보만을 조약에서 허용하는데 문제의 유보가 거기에 해당하지 않는 경우에 유보를 할 수 없다.

ⓒ 조약의 대상 및 목적과의 양립성 : 조약상 제한 규정이 없는 경우에도 당해 유보가 조약의 대상 및 목적과 양립하지 않는 경우에는 유보할 수 없다.

ⓒ 강행규범은 유보할 수 없는데, 강행규범 자체의 성질에 기인한 것이다.

⑥ **유보 규정이 없는 조약의 유보 가능성** : ICJ는 모든 국가의 협약 가입을 장려하기 위해 일정 조건 하에 제노사이드협약에 대한 유보가 가능함을 인정하였다. ICJ는 한 국가의 유보에 대해 제노사이드협약의 일부 당사국은 반대하였으나 다른 당사국들은 반대하지 않은 경우 그 유보가 동 협약의 대상(=객체) 및 목적과 양립하면 그 국가는 협약의 당사자로 간주될 수 있다고 결정하였다.

⑦ **유보의 수락과 반대** : 비엔나협약 제20조

관련조문

1969년 조약법에 관한 비엔나협약

제20조 (유보의 수락 및 유보에 대한 이의)

1. 조약에 의하여 명시적으로 인정된 유보는 다른 체약국에 의한 추후의 수락이 필요한 것으로 그 조약이 규정하지 아니하는 한 그러한 추후의 수락을 필요로 하지 아니한다.
2. 교섭국의 한정된 수와 또한 조약의 대상과 목적으로 보아 그 조약의 전체를 모든 당사국간에 적용하는 것이 조약에 대한 각 당사국의 기속적 동의의 필수적 조건으로 보이는 경우에 유보는 모든 당사국에 의한 수락을 필요로 한다.
3. 조약이 국제기구의 성립문서인 경우로서 그 조약이 달리 규정하지 아니하는 한 유보는 그 기구의 권한있는 기관에 의한 수락을 필요로 한다.
4. 상기 제 조항에 해당되지 아니하는 경우로서 조약이 달리 규정하지 아니하는 한 다음의 규칙이 적용된다.
    (a) 다른 체약국에 의한 유보의 수락은 그 조약이 유보국과 다른 유보 수락국에 대하여 유효한 경우에 또한 유효한 기간 동안 유보국이 그 다른 유보 수락국과의 관계에 있어서 조약의 당사국이 되도록 한다.
    (b) 유보에 다른 체약국의 이의는 이의 제기국이 확정적으로 반대의사를 표시하지 아니하는 한 이의 제기국과 유보국간에 있어서의 조약의 발효를 배제하지 아니한다.
    (c) 조약에 대한 국가의 기속적 동의를 표시하며 또한 유보를 포함하는 행위는 적어도 하나의 다른 체약국이 그 유보를 수락한 경우에 유효하다.
5. 상기 2항 및 4항의 목적상 또는 조약이 달리 규정하지 아니하는 한 국가가 유보의 통고를 받은 후 12개월의 기간이 끝날 때까지나 또는 그 조약에 대한 그 국가의 기속적 동의를 표시한 일자까지 중 어느 것이든 나중의 시기까지 그 유보에 대하여 이의를 제기하지 아니한 경우에는 유보가 그 국가에 의하여 수락된 것으로 간주된다.

---

⑧ **유보 및 유보반대의 법적 효과**

ⓐ 제한적 효력 : 유보는 유보국과 유보수락국 사이에서 관련 조약규정을 당해 유보의 범위 내에서 수정한다.

ⓑ 상대적 효력 : 일반적으로 유보는 유보국과 유보에 동의한 타방 당사국과의 사이에서만 효력을

가지며, 유보의 효과는 상호적인 것이기 때문에 유보국뿐만 아니라 유보수락국도 이를 원용할 수 있다

ⓒ 유보반대에 대한 효과 : 비엔나협약 제21조
- 유보에 대한 반대는 반드시 유보국과 유보반대국 사이에 조약이 발효하는 것을 방해하지는 않는다. 오히려 유보반대국이 자국과 유보국 사이에서 조약이 발효하는 것 자체를 반대한다고 명시적으로 밝히지 않으면 유보에 대한 반대는 유보와 그에 대한 반대가 관련되는 조약규정이 두 국가 사이에서 단지 '적용'되는 것을 막을 뿐이다.
- 유보반대국이 유보를 진정으로 반대하기 위해서는 유보국과의 조약 발효 자체를 반대해야 한다.

ⓓ 유보의 철회 : 유보의 철회는 언제든지 할 수 있으며 그 시기에 제한이 없다.

⑨ 서면 형식 : 유보선언, 유보수락, 유보에 대한 이의, 유보철회, 유보에 대한 이의 철회 등 유보에 관한 모든 절차는 서면으로 형성되어야 한다.

⑩ 인권조약에서의 유보 : 일반적인 유보는 상호주의적 효과를 가지나, 인권조약에 대한 유보에 관하여는 상호주의를 적용하기 어렵다.

5) 해석선언(정책선언)

① 의미 : 해석선언이란 채택된 조약의 특정 규정, 문언 또는 사항의 적용에 대하여 복수의 해석이 허용되고 있는 경우에 자국의 해석론을 보이거나 그중 하나의 해석에 한하여 구속받는다고 하는 의사를 표시하기 위하여 행하는 일방적 선언을 말한다.

② 유보와의 구별 : 해석선언은 자국의 입장을 명확히 하기 위한 것일 뿐 채택된 조약의 문언 적용을 변경하거나 배제하기 위한 것은 아니기 때문에 유보와 구별된다.

6) 조약의 등록 및 공고

① 배경 : 국민이나 다른 국가들 모르게 체결하는 비밀외교가 제1차 세계대전을 유발한 것으로 생각한 미국의 Wilson 대통령의 주장에 따라 국제연맹은 조약 등록제도를 규정하였다.

② 국제연맹규약
ⓐ 국제연맹규약은 제18조에서 연맹국이 체결하는 모든 조약 또는 국제적 약속은 즉시 연맹사무국에 등록하여야 하고 연맹사무국은 이를 공표하도록 규정했다.
ⓑ 등록의 효력 : 국제연맹규약은 조약 또는 국제적 약속은 등록을 완료할 때까지는 구속력이 발생하지 않음을 규정하고 있다. 즉 등록은 효력발생 요건이었다.

③ 유엔헌장
ⓐ 유엔헌장 제102조는 헌장 발효 후 UN 회원국이 체결하는 모든 조약과 모든 국제협정(국제적 합의)은 가능하면 신속히 사무국에 등록되고, 또한 사무국에 의하여 공표되어야 함을 규정하고 있다.
ⓑ 효력 : 등록되지 않은 조약 또는 국제협정의 당사국은 UN의 그 어떤 기관에 대해서도 당해 조약 또는 국제협정을 원용할 수 없음을 규정하여 등록은 대항요건임을 밝히고 있다.
ⓒ 등록 의무는 유엔헌장 발효 후에 UN 회원국이 체결하는 조약에만 적용되며, 헌장 발효 후에 UN에 새로 가입하는 국가의 경우에는 그 가입 후 체결한 조약에 대해서만 등록 의무를 부담하게 된다.

② 제102조에 규정된 조약 또는 국제협정의 당사국이란 표현은 UN 회원국과 비회원국 모두를 포함하고 있으며 일단 UN 회원국이 조약을 등록하면 그 타방당사자인 UN 비회원국도 UN 기관에서 이를 원용할 수 있다.
◎ 일방 당사자에 의한 등록은 다른 모든 당사자의 등록 의무를 면제시킨다.
④ 등록은 조약의 효력발생요건이 아니며, 1945년 10월 24일 이전에 체결된 조약은 등록하지 않아도 국제연합의 기관에 대해 원용할 수 있다.

4. 조약의 적용 및 해석

1) 조약의 적용

(1) 시간적 범위

① **불소급의 원칙** : 조약의 효력은 별도의 합의 또는 규정이 없는 한 원칙적으로 소급되지 않는다.
② 1952년 ICJ는 암바티엘로스 사건에서도 조약 불소급의 원칙을 확인하였다.

관련판례

암바티엘로스(Ambatielos) 사건(1956, 중재재판)

① 조약의 시간적 효력에 대해 조약의 불소급 원칙을 확인하였다.
② 중재재판소는 외교적 보호권 행사에 있어서 국내구제완료원칙은 국제관습법임을 확인하고, Ambatielos가 영국 국내법원에서 증인신문을 소홀히 하여 패소하였으며, 이는 국내구제절차완료의 원칙에 반하는 것이므로 그리스의 외교적 보호권 행사는 인정되지 않는다.

---

(2) 영토적 범위

별도의 의도가 조약에 나타나 있거나 혹은 달리 입증되지 않는 한 조약은 당사국의 영토 전체에 대해 구속력을 갖는다.

(3) 동일 사항에 대한 신(후)·구(전)조약의 적용

① 신·구조약의 '당사자가 동일하다면 신법우선의 원칙'에 따라 구조약은 신조약과 양립하는 범위 내에서만 적용된다.
② 신조약의 당사국이 구조약의 모든 당사국을 포함하지 않는 경우, 두 조약 모두의 당사국 간 신법우선의 원칙에 따라 신법이 적용되며, 두 조약 모두의 당사국과 어느 한 조약만의 당사국 간에는 그 양국이 다 같이 당사국인 (신 또는 구) 조약이 그들 상호 간의 관계를 규율한다.

(4) 특수문제 - 조약과 제3국

① 원칙 : 조약의 상대성 원칙

　㉠ 비엔나협약 제34조는 "조약은 제3국에 대하여 그 동의 없이는 권리도 의무도 창설하지 아니한다."는 '일반원칙'(general rule)을 규정하고 있다. PCIJ도 Certain German Interests in Polish Upper Silesia 사건에서 '조약은 그 당사자인 국가 사이에서만 법을 창설한다'고 언급한 바 있다.

　㉡ 조약의 내용이 국제관습법에 해당하는 경우에는 동의 여부와 관계없이 제3국을 구속한다(제38조).

② 제3국에 의무를 설정하는 조약

　㉠ 제3국에 대한 의무 설정 : 협약은 조약의 당사자들이 합의하고 제3자가 '서면으로 명시적'으로 수락을 하는 경우에 한하여 조약규정은 제3자에게 의무를 발생시킨다고 규정하고 있다.

　㉡ 의무의 취소 또는 변경 : 조약의 당사국과 제3국이 달리 합의하였음이 입증되지 않는 한 의무는 그 조약의 당사국과 제3국의 동의가 있는 경우에만 취소 또는 변경될 수 있다.

③ 제3국에게 권리를 부여하는 조약

　㉠ 제3국에 대한 권리 부여 : 조약의 당사자들이 제3국이나 모든 국가에 대하여 권리를 부여하는 것으로 합의하였고, 제3국이 이에 동의하면 제3국에 대하여 권리가 발생한다. 조약이 달리 규정하지 않는 한 반대 의사가 표시되지 않는 동안에는 제3국은 동의한 것으로 추정된다.

　㉡ 권리의 취소 또는 변경 : 의무의 취소 또는 변경과는 달리 제3자의 동의 없이 취소 또는 변경할 수 없는 것으로 합의된 경우에 한하여 당사자 마음대로 취소 또는 변경할 수 없는 것이기 때문에 원칙적으로 취소 또는 변경할 수 있다.

2) 조약 해석[1]

① 학설

　㉠ 의사주의적 입장(intentional school) : 조약문이란 당사자 의사의 표현이므로 당사자의 원래 의사 확인이 조약 해석의 출발점이자 목적이라고 보는 입장이다. 이 입장은 당사자의 의도를 확인하기 위해 조약의 교섭기록 등을 해석의 중요자료로 활용하려고 한다.

　㉡ 문언주의적 입장(textual school) : 조약 문언의 통상적 의미 파악이 해석의 목적이라고 보는 입장이다.

　㉢ 목적주의적 입장(teleological school) : 보충수단, 실효성의 원 - 조약체결의 대상과 목적에 가급적 효과가 부여되도록 해석해야 한다는 입장이다.

② 조약법 협약상의 조약 해석의 기준

　㉠ 해석의 일반규칙

　　- 문언의 통상적 의미 : 협약 제31조는 해석에 관한 3대 입장을 조화시키려고 노력하면서도 조약 문언의 '통상적 의미'(ordinary meaning)를 해석의 출발점으로 제시하고 있다.

　　- 대상 및 목적 : 조약 해석에 있어서는 조약의 '대상 및 목적'(object and purpose)에 비추어 통상적 의미를 찾는다. 즉 해석은 1차적으로 통상적 의미를 규명하고, 이를 다시 조약의 대상 및 목적에 비추어 그 내용을 확인하고 평가한다.

---

[1] 정인섭, 신국제법 강의

- 문맥 : 조약은 '문맥상' (in their context) 부여되는 용어의 통상적 의미에 따라 해석해야 한다. 문맥에는 조약 본문 외에 전문, 부속서, 그 조약 체결과 관련하여 전 당사국 간의 합의, 당사국에 의해 수락된 관련 문서가 포함된다. 조약은 합의된 전체 내용이 종합적으로 해석되어야 하며, 특정 부분만을 따로 떼어 독립적으로 해석되어서는 안 된다.
- 후속 합의와 관행 : 조약 해석에 있어서는 관련 당사국들의 후속 합의와 후속 관행이 참작되어야 한다.
- 관련 국제법 규칙 : 조약이 국제법 체제 전반과 조화를 이루도록 해석되기 위해 당사국간에 적용될 수 있는 관련 국제법 규칙도 참작되어야 한다.
- 특별한 의미 : 경우에 따라서 당사자들이 특정 용어에 특별한 의미를 부여하기로 했으면, 조약은 그러한 의미로 해석된다(제31조 4항).
ⓒ 보충적 해석수단 : 일반원칙에 의한 해석을 할 때 조약의 의미가 불명확하거나 명백히 불합리한 경우 '조약 준비문서'와 '체결시 제반 사정'을 보조적 해석수단으로 사용할 수 있다.

5. 조약의 무효

1) 의미

㉠ 조약의 무효(invalidity of treaties)란 외견상 조약체결 절차가 완료된 것처럼 보이기는 하지만, 조약체결의 기초가 되는 국가의 동의에 중대한 하자가 있는 경우 그 법적 효력이 부인됨을 의미한다.

ⓒ 비엔나협약 제42조 1항은 "조약의 유효성 또는 조약의 구속을 받겠다는 국가의 동의는 본 협약의 적용을 통해서만 부정될 수 있다."라고 규정함으로써 비엔나협약에 열거되어 있는 조약의 무효 사유들은 예시적인 것이 아니라 완전한 목록으로 간주되고 있다.

2) 분류

① 상대적 무효

㉠ 하자의 정도가 경미한 경우로서 피해당사국에게 조약에 의해 구속되는 데 대한 동의의 취소 내지 추인의 자유가 인정되는 것을 의미한다.

ⓒ 무효를 주장할 수 있으며 주장하지 않으면 유효하다.

ⓒ 당사국은 그 하자를 치유할 수 있다.

㉣ 상대적 무효 사유 : 조약체결권에 관한 국내법규정의 위반, 국가의 동의 표시 권한에 관한 특별 제한의 위반, 착오, 사기, 국가대표의 부패 등

② 절대적 무효(= 당연 무효)

㉠ 조약의 성립 자체를 부정하는 '부존재(不存在)로서의 무효'가 아니라 조약의 성립 후 실질적인 이유로 조약이 그 체결 당시로 소급하여 처음부터 법적 효력을 가지지 않는 경우를 의미한다.

ⓒ 침해를 받은 당사자와 제3자도 조약의 무효를 주장할 수 있다.

ⓒ 문제된 조약은 언제나 조약 전체가 무효가 되므로 가분성의 원칙이 적용되지 않는다.
ⓓ 피해국가의 사후 명시적 동의 내지 묵인이 있어도 무효가 유효로 전환되지 않는다.
ⓔ 절대적 무효 사유 : 국가대표에 대한 강박, 국가에 대한 강박, 강행규범의 위반 등

3) 무효 사유

① **조약체결권한에 관한 국내법(특히 헌법)규정의 위반** : 비엔나협약 제46조 1항은 부정적 어법을 통해 조약 체결권에 관한 국내법 규정의 위반이 명백하며 또한 근본적으로 중요한 국내법 규칙에 관련되지 아니하는 한 국가는 조약에 대한 그 기속적 동의를 부적법화하기 위한 것으로 그 동의가 그 국내법 규정에 위반하여 표시되었다는 사실을 원용할 수 없다라고 규정하고 있다.

② **국가의 동의 표시 권한에 관한 특별제한(훈령)의 위반** : 대표의 권한을 초과한 조약 동의는 권한에 대한 제한이 동의를 표시하기 이전 상대국에게 통고된 경우에 한하여 조약의 무효 사유로 주장될 수 있다.

③ **착오(error)** : 착오가 '조약체결 당시에 존재한 사실(fact) 또는 사태(situation)'에 관한 것으로서 조약의 구속을 받겠다는 동의의 본질적인 기초를 형성하였으면 이를 조약의 무효 사유로 원용할 수 있다. 자신의 행위를 통해 착오에 기여하였거나, 착오의 발생 가능성을 사전에 알 수 있는 상황 하에 있었던 국가는 조약을 무효화시키기 위해 이를 원용할 수 없다.

관련판례

프레아 비히어(Preah Vihear) 사원 사건(1962, ICJ)

1908년 지도 작성이 착오에 의해 작성된 것이라는 태국의 주장에 대해 착오에 과실이 있는 국가는 중대한 착오의 경우에도 조약의 무효 사유로서 착오를 원용할 수 없다. 따라서 태국은 잘못 제작된 지도의 확인을 태만히 한 과실이 있으므로 묵시적으로 승인한 것으로 보아야 하며 조약의 무효사유로서 착오를 원용할 수 없다고 판결하였다.

④ **사기(기만)** : 상대방의 기만적 행위(fraudulent conduct)에 의해 조약체결이 유인된 경우 조약 동의의 무효를 주장할 수 있다(제49조).

⑤ **국가대표의 부패(매수)** : 상대국의 대표를 매수(corruption)한 결과 조약 동의가 성립되었다면 동의의 무효를 주장할 수 있다(제50조).

⑥ **국가대표에 대한 강박** : 조약은 당사국 사이에 하자 없는 의사표시의 합치가 있어야 성립되므로, 상대에 대한 강박(coercion)을 통해 얻은 동의는 어떠한 법적 효력도 없다(당연 무효, 제51조). 국가대표에 대한 강박에는 개인에게 가해지는 모든 종류의 물리적 억압과 협박이 포함된다. 반드시 국가기관의 자격에 대한 협박뿐 아니라, 개인적 비리의 폭로 위협이나 가족에 대한 협박도 이에 해당할 수 있다.

⑦ **국가에 대한 강박** 조약은 그 국제법 원칙들에 위반되는 '힘의 위협 또는 사용'에 의하여 이루어진 경우에는 당연 무효(void)이다. UN 헌장상의 '힘'이란 무력 사용을 지칭하며 정치적·경제적 압력까지 포함하는 개념으로 보기 어렵다.

⑧ 강행규범의 위반[1]

㉠ 비엔나협약 제53조는 "조약은 그 체결 당시에 일반 국제법의 절대규범과 충돌하는 경우에 무효이다. 이 협약의 목적상 일반 국제법의 강행(절대) 규범은 그 이탈이 허용되지 아니하며 또한 동일한 성질을 가진 일반 국제법의 추후의 규범에 의해서만 변경될 수 있는 규범으로 국가들로 이루어진 국제공동체 전체가 수락하며 또한 인정하는 규범이다"라고 규정하고 있다.

㉡ 강행규범에 위반되는 조약은 처음부터 무효이며 조약의 일부가 강행규범에 저촉되어도 조약 전체가 무효로 된다(제44조 5항).

㉢ 국제법위원회는 비엔나협약 초안에 관한 주석에서 UN 헌장에 위반되는 위법한 무력행사의 합의, 국제법상 범죄의 수행에 관한 합의, 노예무역·해적·제노사이드와 같이 그 진압에 모든 국가의 협력이 요구되는 행위를 수행하자는 합의 등을 강행규범 위반의 예로 지적한 바 있다.

㉣ 구 유고 국제형사재판소는 1998년 Delalic'1심 판결에서 국제재판소로는 처음으로 고문금지가 강행규범에 해당한다고 판단했다. 유럽인권재판소 역시 2001년 Al Adsani 판결에서 고문금지를 강행규범으로 확인했다. 미주인권재판소는 2003년의 한 권고적 의견에서 차별금지원칙이 강행규범이라고 인정하는 등 다른 어떤 국제재판소보다 폭넓게 강행규범의 개념을 인정하고 있다.

㉤ ICJ는 강행규범에 대한 명시적인 수락 여부를 오랫동안 표명하지 않고 있다가, 2006년의 Armed Activities on the Territory of Congo 판결에서 제노사이드의 금지가 강행규범에 해당함을 처음으로 인정했다. 이어 ICJ는 2012년 Questions relating to the Obligation to Prosecute or Extradite, Belgium v. Senegal의 판결에서 고문금지가 관습국제법의 일부이자 국제법상의 강행규범이라고 판단했다.

관련판례

바르셀로나 트랙션(Barcelona Traction) 사건(1970, ICJ)

① 외교적 보호권 행사에 있어서 법인의 국적은 '진정한 관련성'이 요구되지 않고 외형적·객관적 기준에 의해 법인의 설립지 또는 본점 소재지 국가가 원칙적으로 외교적 보호권을 갖는다. 법인의 국적국이 외교적 보호를 행사할 수 없는 예외적 사정이 있는 경우, 2차적으로 주주의 국적국이 외교적 보호를 행사할 수 있다.

② 국가의 의무 중 국제공동체 전체에 대한 의무와 개별 타국에 대한 의무를 구별하여 대세적 의무 개념을 최초로 언급하였으며, 침략, 집단살해 등 UN 헌장 원칙에 위배되는 무력행사금지의무, 노예매매, 인종차별금지 같은 인권보장의무 등을 대세적 의무로 제시하였다.

③ 국가는 자신의 국제법 위반을 정당화하기 위해 자신의 국내법을 원용할 수 없다. 그러나 국내법이 국제법 위반이라고 하더라도 국제법이 국내법을 직접적으로 무효화하지는 않는다.

---

4) 무효의 효과 : 소급효 원칙

① 절대적 무효 또는 상대적 무효 사유를 불문하고 협약상의 무효절차를 거친 조약은 원칙적으로 그 무효원인이 발생한 당시부터 무효이다.

② 예외적으로 무효가 원용되기 전에 성실히 실행된 행위는 그 조약이 무효라는 이유로 위법화되지는

---

[1] 정인섭, 신국제법 강의

않는다. 다만 이러한 예외도 사기, 국가대표의 부패, 강박의 경우에 귀책 사유가 있는 당사자에게는 인정되지 않는다.

> **관련조문**
>
> **1969년 조약법에 관한 비엔나 협약**
>
> **제71조 (일반 국제법의 절대규범과 충돌하는 조약의 부적법의 효과)**
> 1. 제53조에 따라 무효인 조약의 경우에 당사국은 다음의 조치를 취한다.
>   (a) 일반 국제법의 절대 규범과 충돌하는 규정에 의존하여 행하여진 행위의 결과를 가능한 한 제거하며 또한
>   (b) 당사국의 상호관계를 일반국제법의 절대규범과 일치시키도록 한다.
> 2. 제64조에 따라 무효로 되어 종료하는 조약의 경우에 그 조약의 종료는 다음의 효과를 가져온다.
>   (a) 당사국에 대하여 추후 그 조약을 이행할 의무를 해제한다.
>   (b) 조약의 종료전에 그 조약의 시행을 통하여 생긴 당사국의 권리·의무 또는 법적 상태에 영향을 주지 아니한다. 다만, 그러한 권리·의무 또는 상태는 그 유지 자체가 일반 국제법의 새 절대 규범과 충돌하지 아니하는 범위 내에서만 그 이후 유지될 수 있을 것을 조건으로 한다.

6. 조약의 종료(소멸)

1) 의의

① 의미 : 하자 없이 발효한 조약이 그 후 특별한 사정의 개입으로 장래에 대하여 그 효력을 상실하는 것을 말한다.

② 효과
  ㉠ 조약의 종료는 조약의 무효와는 달리 장래를 향하여 그 실시력과 구속력을 상실하는 것이며 소급효의 논의 여지가 없다.
  ㉡ 종료 이전에 그 조약의 시행을 통하여 생긴 당사국들의 권리, 의무 또는 법적 상황은 조약의 종료로 인하여 영향받지 않는다.

2) 조약 종료 사유

(1) 조약 규정에 의한 종료

조약의 종료 또는 당사국의 탈퇴는 유효 기간의 만료 또는 해제 조건의 성취 등과 같이 조약의 규정에 따라 발생할 수 있다.

(2) 당사국 동의에 의한 종료

조약의 종료 또는 당사국의 탈퇴는 모든 당사국의 동의가 있으면 언제든지 발생할 수 있다.

(3) 폐기·탈퇴의 경우

① 당사국들이 폐기 또는 탈퇴의 가능성을 인정하고자 의도하였음이 입증되는 경우 : UN 헌장에는 LN규약과는 달리 회원국의 탈퇴에 관하여 명시적 규정을 두고 있지 않으나 샌프란시스코 회의의 한 보고서는 "어떤 회원국이 예외적인 사정 때문에 탈퇴하지 않으면 안 되겠다고 느끼는 경우, 동 회원국으로 하여금 이 기구 내에서 협력을 계속하도록 강제하는 것은 이 기구의 목적이 아니다."라는 견해를 밝힌 바 있다.

② 폐기 또는 탈퇴의 권리가 조약의 성질로 보아 추론될 수 있는 경우 : 대체로 동맹조약(treaties of alliance), 국제기구 설립조약, 통상조약, 문화관계 조약 등을 들 수 있다. 그러나 국경획정조약과 강화조약은 인정되지 않는다.

③ 제56조 2항에 묵시적 폐기·탈퇴권을 행사할 때는 최소 12개월의 예고 기간이 필요하다.

④ 조약이 달리 규정하지 아니하는 한 다자조약은 그 당사국 수가 그 발효에 필요한 수 이하로 감소하는 사실만을 이유로 종료하지 아니한다.

(4) 신조약 체결로 인한 구조약의 묵시적 종료

조약의 모든 당사국이 동일한 사항에 관한 신조약을 체결하고 신조약에 의하여 그 사항이 규율되어야 함을 당사국이 의도하였음이 그 신조약으로부터 나타나거나, 달리 확정되는 경우 또는 신조약의 규정이 구조약의 규정과 근본적으로 양립하지 아니하여 양 조약이 동시에 적용될 수 없는 경우에 그 조약은 종료한 것으로 간주된다.

(5) 중대한 위반에 의한 종료

① 과실에 의한 의무 불이행은 조약의 정지를 가져오나 '조약위반이 중대한(실질적) 경우'(material breach)에는 조약의 종료를 주장할 수 있다.

② 비엔나협약 제60조가 규정하고 있는 조약의 중대한 위반에 해당하는 내용은 협약상 용인되지 않는 조약의 이행 거부와 조약의 목적 달성에 불가결한 규정의 위반이 있다.

③ 양자조약에서 일방 당사국에 의한 중대한 위반이 발생한 경우에는 타방 당사국은 조약의 전부 또는 일부에 대해 정지나 종료를 원용할 권리가 발생한다(제60조 1항).

④ 일방 당사국에 의한 다자조약의 중대한 위반의 경우 직접적인 피해 당사국이 다른 많은 당사국의 의사에 관계 없이 조약 전체를 폐기하는 것은 불합리하기 때문에 위반국 이외의 타방 당사국들은 전원 합의에 의하여 자신들과 위반국 간, 또는 모든 당사국 간 조약의 정지나 조약의 종료를 원용할 수 있다.

(6) 후발적 이행불능에 의한 종료

① 조약 발효 당시에는 문제가 없었으나 그 이후 조약의 시행에 불가결한 대상(객체)의 영구적 소멸 또는 파괴로 인한 경우 조약의 종료를 주장할 수 있다. 그 이행불능이 영구적이 아니고 일시적인 경우에는 조약의 시행정지를 위한 사유로서만 원용될 수 있다.

- ILC는 조약의 이행에 불가결한 "섬이 침몰하거나 강이 말라버리거나 댐이나 수력발전시설이 파괴되는 경우" 등을 그 가능한 사례로 언급하고 있다.

② 이행불능 상태가 자국의 의무위반에 기인하여 초래된 경우에는 위반국은 이행불능을 주장할 수 없다.

(7) 사정변경의 원칙에 의한 종료

① 사정변경의 원칙이란 조약을 체결한 배경이 된 상황이 근본적으로 변하면 일정한 요건 하에서 조약의 소멸을 주장할 수 있다는 원칙을 말한다.

② 협약상의 요건은 다음과 같다.

　㉠ 조약 체결 시 존재했던 사정의 근본적 변경

　㉡ 예견치 못한 사정의 근본적 변경

　㉢ 동의의 본질적 기초를 이루는 사정의 근본적 변경

　㉣ 의무 범위에 급격한 변화를 가져오는 사정의 근본적 변경

③ 예외 : 사정변경을 원용하여 조약의 종료를 주장할 수 없는 경우

　㉠ 사정의 근본적 변경은 국경선 확정조약의 종료, 탈퇴 사유로 원용할 수 없다. 확정이란 표현은 단지 경계를 획정하는 조약뿐만 아니라 영토를 할양하는 조약을 포함하기 위한 것이다.

　㉡ 자국의 국제의무위반으로 사정의 변경을 야기한 당사국은 조약의 종료 또는 탈퇴 사유로 원용할 수 없다.

(8) 신 강행규범의 출현에 의한 종료

① 새로이 출현하는 일반국제법의 강행규범과 충돌하는 기존의 모든 조약은 무효로 되어 종료한다(제64조).

② 제64조에 따라 무효로 되어 종료하는 조약의 경우에 그 조약의 종료는 당사국에 대하여 추후 그 조약을 이행할 의무를 해제한다. 또한 조약의 종료 전에 그 조약의 시행을 통하여 생긴 당사국의 권리, 의무 또는 법적 상태에 영향을 주지 않는다. 다만, 그러한 권리·의무나 상태는 그 유지 자체가 일반 국제법의 새 강행규범과 충돌하지 않는 범위 내에서만 그 이후 유지될 수 있을 것을 조건으로 한다.

7. 무효와 종료 등의 절차

① 비엔나협약의 규정에 따라 조약에 대한 국가의 기속적 동의상의 허가를 원용하거나 또는 조약의 적법성을 부정하거나 조약을 종료시키거나 조약으로부터 탈퇴하거나 또는 그 시행을 정지시키기 위한 사유를 원용하는 당사국은 다른 당사국에 대하여 그 주장을 통고하여야 한다. 그 통고에는 그 조약에 관하여 취하고자 제의하는 조치 및 그 이유를 표시하여야 한다.

② 특별히 긴급한 경우를 제외하고 그 통고의 접수 후 3개월 이상의 기간이 경과한 후에 어느 당사국도 이의를 제기하지 아니한 경우에는 그 통고를 행한 당사국은 그 당사국이 제의한 조치를 실행할 수 있다.

③ 분쟁의 해결 : 무효 등의 통보에 이의가 제기된 경우 유엔헌장 제33조 1항에 의한 평화적 해결을 추구하며 12개월 내에 분쟁이 해결되지 않은 경우 다음과 같은 방법에 의해 분쟁을 해결해야 한다.

　㉠ 강행규범에 관한 분쟁 : 강행규범의 적용 또는 해석에 관한 분쟁은 일방 당사국의 제소에 의해

ICJ의 관할권이 성립한다. 즉 ICJ의 강제적 관할권이 인정된다.
ⓒ 기타 원인에 의한 분쟁 : 강제적 조정절차를 이용한다.

8. 조약의 개정과 수정

① 비엔나협약 제39조는 조약의 개정에 관한 일반원칙으로서 "조약은 그 당사국들 간의 합의에 의하여 개정될 수 있다."고 규정하고 있다.

② 다자조약 개정을 위한 교섭에는 당사국 모두가 참여할 수도 있고, 둘 또는 일부 당사국만이 관여할 수도 있기 때문에 이 두 경우를 구분하여 논할 필요가 있다. 비엔나협약은 전자는 다자조약의 개정(amendment)으로, 후자는 다자조약의 수정(변경)으로 구분하여 규정하고 있다.

제3절 국제관습

1. 의미와 분류

① **의미** : ICJ규정 제38조 1항(b)에 의하면 국제관습이란 법으로 수락된 일반관행의 증거를 말한다.

② **분류** : 관습법은 구속받는 국가 수를 기준으로 보편관습법, 일반관습법, 특별관습법(지역관습법), 양자관습법의 네 가지로 분류 가능하다.

2. 구속력의 근거

① **의사주의(묵시적 합의론)** : 관습이란 국가 간의 묵시적 합의에 의하여 성립된다는 입장이다.

② **객관주의** : 관습법의 형성은 국가의 의사와는 관계없이 규범 형성을 의도하지 않는 주체들의 행위가 모여서 자발적으로 형성된다는 입장이다.

3. 성립 요건[1]

1) 일반 관행(객관적 요건)

① 관행의 지속성(duration of practice)

　㉠ 관행은 일정 기간 지속됨이 요구되지만, 관습 형성을 위한 고정된 시한이 존재하는 것은 아니다.

　㉡ ICJ는 North Sea Continental Shelf 사건에서, 국가 관행이 광범위하면서도 사실상 획일적이며 그러한 국가 관행의 형성에 특별히 영향받는 국가들이 참여할 것이라는 두 가지 요건이 충족되면 단기간 내에도 신관습이 형성될 수 있다고 판결하였다.

② 관행의 획일성(uniformity)과 일관성(consistency) : 획일성은 관행이 국가에 따라 달라서는 안 됨을 의미하고 일관성은 문제의 관행에 참여하는 국가들이 사건에 따라 모순된 행태를 보여서는 안 됨을 말한다.

③ 관행의 일반성(generality of the practice)

　㉠ ICJ규정 제38조 1항(b)는 단지 일반적 관행(general practice)을 요구하고 있으므로, 관습 형성에 있어 '보편적' 관행(universal practice)은 필요하지 않다.

　㉡ 어떤 관습법규를 수립하기 위해 요구되는 국가 관행은 보편적일 필요가 없다는 사실에도 불구하고 일단 관습법규로 성립되면 그것은 '보편적 구속력, 즉 지구상의 모든 국가'를 구속한다.

---

[1] 김대순, 국제법론 제20판

④ 국가 관행의 증거
  ㉠ 국가 관행을 형성할 수 있는 국가의 기관에는 행정부의 모든 기관과 입법부 및 사법부가 포함된다.
  ㉡ 국가기관의 관행에는 조약, 외교서한, 정책천명, 보도자료, 정부법률고문관들이 국내회의나 국제회의에서 제시한 의견, 정부의 공식 편람(official manual), 행정행위, 국내입법, 국내(특히, 상급) 재판소의 판결, UN국제법위원회(International Law Commission)가 제시한 조약 초안에 대한 국가의 코멘트, 국제기구(특히 UN총회)에서 국가의 투표행위 등이 모두 포함될 수 있다.

2) 법적 확신(opinio juris : 주관적 요건)

① 국가 관행으로부터 법적 확신이 추론(추정)될 수는 있겠지만, 법상 관행 그 자체만으로는 관습을 창설하지 못한다.
② 법적 확신이 결여된 관행은 아직 법으로 변형되지 못한 단순한 관례(usage), 국제 도덕규범 내지는 국제예양에 지나지 않는다.
③ ICJ는 North Sea Continental Shelf 사건과 니카라과 사건에서 관습 형성에 있어 법적 확신의 결정적 중요성에 관해서 강조하고 있다.

4. 특별관습법(지역관습법)

① 국제사법재판소규정 제38조 1항 b호는 특별관습법을 언급하고 있지 않지만 특별관습법을 배제하는 취지는 아니다.
② 지역 관습의 형성을 위해서도 국가 관행과 법적 확신이라는 두 요소가 요구되는 것은 당연하다. 지역 관습의 존재는 무엇보다 그것을 원용하려는 국가들에 의하여 입증되어야 한다.
③ ICJ는 1950년 비호권 사건에서 지역관습법의 존재 가능성을 인정했지만 지역관습법으로서 외교적 비호권은 부인했다. 또한 1960년 인도통행권 사건에서는 오로지 두 국가간에도 관습이 형성될 수 있는가에 관하여 이를 긍정하였다.

5. 효력 범위

① 국제관습법은 일반적으로 모든 국가에 효력이 미친다.
② **의사주의적 입장(묵시적 합의 이론)** : 의사주의적 입장에 따르면 조약은 명시적 합의이고 관습은 묵시적 합의일 뿐이기 때문에 관습법규의 효력은 그것을 묵시적으로 승인한 국가에 한정된다.
③ **객관주의적 입장** : 객관주의적 입장은 관습법규는 국가에 의한 승인이나 수락과는 관계없이 국가를 구속한다는 주장이다.

> **참고** **완강한(혹은 집요한) 반대국가(persistent objector) 이론**
>
> ① 여기서 '반대'라 함은 국가가 어떤 관습법규가 형성되고 있는 동안에, 즉 바로 그 처음부터(from the very beginning) 문제의 규칙에 반대했어야 함을 의미한다.
> ② '완강한(집요한 혹은 지속적)' 반대라 함은, 우선, 국가가 문제의 규칙이 형성되던 시초부터 그리고 그것이 형성된 이후에도 예외 없이 일관되게 자신의 반대를 유지하여야 함을 의미한다. 또한, 반대는 공개적이고 명시적이어야 하며, 상황이 요구하는 한 반복되어야 한다. 단순한 침묵(silence)이나 무위(inaction)는 반대가 아니라 묵인으로 간주되므로, 당해 국가는 문제의 규칙에 구속된다.
> ③ 1951년의 영국-노르웨이 어업분쟁 사건에 의해 인정되고 있는 국제법상 확립된 제도이다.

6. 국제법의 점진적 발전과 법전화(성문화)

1) 의의

① **국제법의 점진적 발달** : ILC 규정 제15조는 "국제법의 점진적 발달을 아직까지 국제법에 의하여 규율되지 않고 있거나 국가들의 관행 속에서 법이 아직 충분히 발달되지 못한 주제에 관하여 협약 초안을 준비하는 것"을 의미하는 것으로 규정하고 있다.

② **국제법의 법전화(codification)** : ILC 규정 제15조에서 국제법의 법전화에 대해 "이미 국가 관행, 선례, 및 학설이 광범위하게 존재하는 분야의 국제법규를 더욱 정확하게 공식화하고 체계화하는 것"이라고 규정하고 있다.

2) 연혁[1]

① **18세기** : 이상적인 국제법을 창설하여 항구적인 세계평화의 기초를 확립하고자 했던 벤담(Jeremy Bentham, 1748~1832)은 그의 저서인 '국제법의 원리'에서 국제법의 성문화를 주장하였다.

② **1815년 비엔나회의** : 1815년의 비엔나 국제회의에서는 국제하천과 외교관에 관한 국제법규를 채택하였다.

③ **학회의 설립** : 국제법학회(1873), 국제법협회 등이 국제법의 법전화를 목적으로 설립되었다.

④ **제네바적십자협약(1864)** : 1864년 전쟁희생자 보호에 관한 최초의 조약인 전시의 군대에서의 부상자 및 병자의 상태 개선에 관한 조약이 체결되었다.

⑤ **헤이그평화회의(1899, 1907)** : 1899년과 1907년의 헤이그평화회의는 전쟁법규의 법전화를 이루었다.

⑥ **국제연맹**

  ㉠ **전문가위원회(1924)** : 국제연맹은 1924년 전문가위원회를 구성하여 체계적인 법전화 작업을 시도하였으나 제2차 세계대전의 발발로 중단되었다.

  ㉡ **국제법전편찬회의(성문법전화회의, 1930)** : 국제연맹 하의 1930년 국제법전편찬회의에서는 국적, 영해의 폭, 국가책임에 관한 조약의 법전화가 논의되었으나, 국적문제와 관련하여 '국적의 저촉에 관한 협약'만이 채택되었을 뿐, 영해 및 국가책임과 관련해서는 별다른 성과가 없었다.

---

[1] 정영진, 국제법 제16판

⑦ 국제연합
  ㉠ 국제법위원회(ILC, 1947) : 1947년 UN 총회는 국제법위원회를 설치하여 국제법의 성문법전화 작업을 체계적으로 추진하였다.
  ㉡ 국제인도법회의(1974) : 1974년 이래 제네바4조약(1949)을 보완하는 노력을 해오고 있으며 그 성과로서 1977년 두 개의 추가의정서가 채택되었다.
  ㉢ UN해양법회의 : 3차에 걸친 UN해양법회의의 결과 해양법 분야에서는 상당 부분 성문법전화가 이루어졌다.

3) ILC(International Law Commission)
  ① **설립** : 국제법위원회는 1947년 11월 21일 헌장 제22조(총회의 보조기관설치)에 근거하여(유엔총회의 결의로) 총회의 보조기관으로 설치되었다.
  ② **구성 및 의결**
    ㉠ 구성 : 국제법위원회는 임기 5년의 34명의 위원으로 구성되며 연임도 가능하다.
    ㉡ 의결 : ILC에서 작성된 협약안이 협약으로 채택되기 위한 정족수는 위원회의 단순다수결과 총회에서의 3분의 2 이상의 다수결을 요한다.
  ③ **초안 작성** : ILC는 주제가 선정되면 특별보고자(special rapporteur)를 선임하며, 특별보고자는 유엔 사무국의 도움을 받아 구체적인 보고서를 작성한 다음, 이 보고서를 기초 토의를 하여 초안을 작성한다.

4) 기타
  ① **국제무역위원회(UNCITRAL)** : 국제무역법위원회는 교역 확대를 목적으로 무역에 관한 법 제정 준비를 위하여 1966년에 설립된 총회의 보조 기관이다.
  ② **우주평화이용위원회(UNCOPUOS)** : 우주평화이용위원회는 1959년 총회 결의에 의거해 설치되었으며, 우주조약 등의 체결에 관여하였다.

법의 일반원칙

1. 의미
① 법의 일반원칙이란 국제사법재판소 제38조 1항에 의하면 문명제국의 국내법(특히 국내사법)에서 공통으로 인정되고 있는 일반원칙을 말한다.
② 문명제국 : 문명제국을 선진국으로 보는 견해도 있으나 전 세계 모든 국가를 의미한다는 것이 일반적이다.
③ 법의 일반원칙에서의 법은 국제법으로 보기도 하나 국내법으로 보는 것이 다수의 의견이다.

2. 법의 일반원칙 법원성 여부
긍정설과 부정설이 대립하고 있다.

3. 법의 일반원칙 기능
① 재판 불능(non liquet) 방지 : 법의 일반원칙은 국제법규의 흠결로 인한 재판 불능에 빠지는 것을 방지한다.
② 법관의 자의적 판단 방지 : 법의 일반원칙에 의한 재판은 객관성과 실증성이 보장되는 재판이며 법관의 독단적이고 자의적인 판결을 방지한다.
③ 일반적 추정의 남용 방지 : 법의 일반원칙은 현행 국제법상의 국가의 주권·독립에 부여되는 유리한 추정에 대하여 선행하는 역할을 하여 그러한 일반적 추정의 남용을 방지하는 기능을 한다. 이한기
④ 국제법의 충실화 촉진 기능 : 국제법의 분야 중 미확정 부분에 있어서 국내법의 원칙을 준용함으로써 국제법의 충실화와 발전을 촉진하는 역할을 수행한다.

4. 적용 순위
① 적용 순위는 조약과 관습의 다음이며 당사자의 합의에 의한 청구가 없어도 ICJ의 규정상 당연히 적용된다.

② 적용 사례

> **참고** **법의 일반원칙을 적용한 사례**[1]
>
> **1. 연체이자의 원칙**
> PCA는 러시아배상금 사건(1912)에서 채권자가 채무자에게 원금변제의 연기를 허용하는 경우에 연체이자에 대해 유보를 하지 않으면 그 권리가 소멸한다고 하였다.
>
> **2. 대위의 원칙**
> PCIJ는 마브로마티스 사건(1924)에서 대위의 원칙을 인정하였다.
>
> **3. 의무위반에 대한 배상책임**
> PCIJ는 호르조공장 사건(1928)에서 어떠한 약정위반도 배상의무를 수반하는 것이 국제법의 원칙이며, 법의 일반적 개념이라고 하였다.
>
> **4. 신의성실의 원칙**
> 역시 호르조공장 사건에서 재판소는 자기의 불법행위에 의하여 상대방의 의무이행이 방해되었을 경우에는 그 불이행을 책할 수 없는 것이 일반적으로 승인된 원칙이라고 판시하였다.
>
> **5. 형평의 원칙**
> PCIJ의 허드슨 판사는 뮤즈강수로 변경 사건(1937)에서 영미법상의 형평법의 원리를 일반원칙으로 적용할 수 있다고 하였다.
>
> **6. 권리남용금지의 원칙**
> ICJ의 알바레즈 판사는 영국-노르웨이 어업 사건(1951)에서 각국이 자기 영해의 범위 및 그 기산 방법을 자유로이 결정할 수 있으나 권리남용 등에 해당하지 않아야 한다고 판시하였다.
>
> **7. 금반언(estoppel)의 원칙**
> ICJ는 프레아 비에어 사원 사건과 노테봄 사건에서 금반언의 원칙을 적용하였다.
>
> **8. 불편부당의 원칙**
> 모술(Mosul Boundary) 사건에서 그 누구도 자기 사건의 재판관이 될 수 없다(Nemo debet esse judex in propia causa)는 원칙을 언급하였다.

[1] 이재민, 핵심정리 국제법

제5절 판례와 학설 – 보조적 법원

1. ICJ 규정

ICJ 규정 제38조 1항 (d)호는 법칙 결정의 보조수단으로 판례와 학설을 규정하고 있다.

국가 간 관계를 규율하나 국가와 국제기구는 물론 제한적이나마 개인도 직접 규율하는 법이다.

2. 내용

① 법칙의 발견수단으로서의 판례는 반드시 국제판례만을 의미하지 않는다.
② **판례의 기능** : 법규인정의 기능, 법규형성의 기능, 교섭의무명령의 기능, 조약의 해석에 영향 등
③ **학설** : 국제법학자의 학설, 국제법 학술단체의 결의, UN 사무국의 법률적 의견 등으로서 특수한 것이 아닌 일반성을 띨 수 있는 학술적 주장을 말한다.

3. 법원성 여부

통설, 판례는 법원성을 부정한다.

제6절 일방적 행위

1. 의미

국가는 대외적인 의사표시를 일방적으로 하는 경우도 많다. 이와 같이 국가의 단 하나의 의사표시로 성립하는 법률행위를 일방적 행위라 한다.

2. 연혁

1974년 ICJ의 Nuclear Tests 판결 이전에는 국제법에서 국가의 일방적 행위의 법적 효과가 본격적으로 논의 되지는 못했다. ICJ는 이 사건 판결에서 일방적 선언도 법적 의무를 창설할 수 있음이 널리 승인되어 있다고 전제했다.

3. 내용

① 조약과 마찬가지로 일방적 선언의 구속력 역시 당사자의 의도에서 비롯된다.
② 일방적 선언을 인식한 타국이 이를 신뢰하면, 이후 그에 따른 의무의 준수를 요구할 수 있다. 따라서 법적 의무를 발생시키려는 의도가 없는 행위로부터는 구속력이 발생하지 않는다.
③ 국가원수·정부수반·외교장관 등과 같이 국가를 법적으로 대표할 수 있는 자가 발표한 일방적 선언만이 국제법적 구속력을 발생시킬 수 있다.
④ 일방적 선언의 내용은 타방에 알려져야 하며, 타방이 일방적 선언의 내용을 수락하는지 여부는 구속력 발생에 영향을 미치지 않는다.

제7절 형평과 선

1. 의미

① 각 구체적인 경우에 재판관이 재판을 함에 있어서 스스로 정의롭다고 생각하는 판단기준 또는 가치관을 말한다. 김대순

② 구체적인 경우에 정의를 실현할 수 있다고 판단되는 결정 요소이다. 이명조, 이중범

③ 공평한 균형과 선량한 양심이다. 조기성

2. 형평 개념의 구별

① **형평의 원칙에서의 형평** : 영미법상의 형평(equity)은 객관적 공정성이 검증된 경우를 의미하고 이는 법의 일반원칙의 일부를 말한다.

② ICJ 규정 제38조 2항에 규정된 '형평과 선'은 분쟁 당사국의 동의하에 실정법을 배제할 수 있는 것으로서 equity contra legem(실정법규에 반하는 형평)을 말한다.

③ 법의 일반원칙으로서의 형평의 원칙에서 '형평'은 당사국의 합의 없이도 재판소가 직권으로 적용할 수 있으나 형평과 선은 당사국의 합의하에서만 재판소가 적용할 수 있다.

④ **ICJ 규정 제38조 2항의 형평과 선의 효력** : 합의에 의한 형평과 선에 의한 재판은 실정법에 우선할 수 있다.

3. 형평과 선에 따른 재판

① PCIJ와 ICJ의 판례 중에는 제38조 2항이 적용되어 형평과 선에 따라 내려진 판결이 없으나 국제중재재판에서 형평과 선에 따라 재판을 하도록 허용받는 경우는 있다.

② UN해양법협약에 근거하여 관할권을 갖는 국제재판소들도 당사자가 합의하는 경우 형평과 선에 따라 재판할 권한을 부여받고 있다.

제8절 국제기구의 결의

1. 국제기구결의의 의미와 유형

① 의미 : 국제기구의 결의는 국제기구의 합의체적 기관에서 행하는 일방적 법률행위 또는 국제기구의 성립기초에 의해 부여된 권한의 범위 내에서 만들어지는 국제기구에 의한 결정을 말한다.

② 유형
  ㉠ 결정 : 대상자에게 모든 요소에서 강제력을 가진 구체적 성격을 띤 법률행위를 말한다.
  ㉡ 권고 : 일정한 대상자들에게 일정한 행위나 결과를 달성하도록 요청하는 비강제적 행위를 말한다.

2. UN의 결의

1) 총회의 결의

① 원칙 : 유엔총회의 결의는 회원국들에게 원칙적으로 권고적 효력만을 가진다.

② 예외 : 사무총장의 선출, 예산안의 승인, ICJ 재판관의 선출 등과 같은 내부 문제에 관한 총회의 결의는 구속력이 있다.

2) 안전보장이사회의 결의

① 유엔헌장 제6장 상의 결의 : 유엔헌장 제6장 상의 분쟁의 평화적 해결에 관한 결의는 권고적 효력을 가진다.

② 유엔헌장 제7장 상의 결정 : 유엔헌장 제7장 상의 강제조치에 관한 결정은 구속력이 있다.

제9절 연성법(Soft Law)

1. 의의

① **의미** : Soft Law란 엄격한 의미의 법이라고는 할 수 없으나, 그렇다고 하여 정치적 표현만은 아니며 법과 정치의 중간 지대적 성격을 가진 국제적 행동지침을 말한다.

② **생성 배경** : 국제공동체의 공통된 법익을 보호하기 위해 환경이나 경제, 인권 등 새로운 법규범 창설이 시급히 요구되는 분야에서 국가들의 참여를 유도하기 위해 창안되었다.

2. 형식

① **조약 또는 결의** : 내용이 막연하여 구체적인 권리 의무를 규정하지 않은 조약 또는 아직 비준되지 않은 조약과 같은 조약의 형식일 수도 있고, 내용이 구체적이기는 하나 구속력이 없는 결의나 선언 등의 형식을 취하는 경우 등이 있다.

② 기후변화협약, 국제인권규약 A규약, GATT 제4부, 세계인권선언, 영구주권결의, 우호관계선언, 우주법원칙선언, 리우선언 등을 그 예로 볼 수 있다.

3. 법적 성질

① **구속력** : 구체적인 조약이나 관습법에 상응하는 구속력은 인정되지 않는다.

② **위반책임** : 무책임과 완전한 법적 책임 간의 중간에 놓여 있다.

③ **변화형태** : 무법(non-law)으로 격하되거나 때로는 경성법으로 격상되기도 한다.

4. 기능

① 국제관습법의 형성을 촉진하고, 법적 의견의 지배적 경향이나 지침을 제시함으로써 분쟁해결을 위한 법적 기준을 제시한다.

② 국내법의 정립이나 국내재판의 판단 기준으로 원용되어 실질적으로 구속력을 가지는 규범과 동등한 기능을 하는 경우도 있다.

5. 결어[1]

① 연성법은 법이 창조되는 중요한 전 단계이고, 관습법의 형성에 불가결한 법적 신념이 국제사회의 각 국가 간에 생기고 있는 유력한 증거로서 '응고 과정에 있는 법'이라고 부른다.

② 연성법은 엄밀한 의미에서 국제입법 과정의 산물은 아니지만 준입법 과정에 속한다고 보는 것이 국제법질서의 현상에 대한 현실적 인식이라고 볼 수 있다.

---

1 이한기, 국제법 강의

3

국제법의
주체

제1절 국가

1. 국제법 주체

① 의미 : 국제법 주체란 국제법상의 권리와 의무의 향유할 수 있는 실체를 말한다.

② 유형 : 국가, 국제기구 등

2. 국가의 성립과 승인

1) 국가의 성립 요건

① ICJ는 1975년 서부사하라 사건에서 국가 성립 요소로 영토, 국민, 정부, 주권 내지 독립이라는 4가지를 제시한 바 있다.

  ㉠ 영토 : 주권이 행사되는 공간적 범위로서 영토, 영해, 영공으로 구성된다.

  ㉡ 국민 : 자국 국적을 보유한 자를 말한다.

  ㉢ 정부 : 국가를 운영하는 인적집단을 말한다.

  ㉣ 주권 : 국가의사를 결정할 수 있는 최고의 권리를 말한다.

② 1933년 '국가의 권리 및 의무에 관한 몬테비데오협약'에서는 국가 자격 요건으로 4가지를 규정하고 있다.

  ㉠ 항구적 인구(permanent population)

  ㉡ 한정된 영토(a defined territory)

  ㉢ 정부(government)

  ㉣ 다른 국가들과의 관계를 맺을 수 있는 능력(capacity to into relations with other States)

2) 국가의 성립 유형

  ㉠ 신생독립(신건설) : 무주지에 새로운 국가가 형성되는 것을 말한다.

  ㉡ 분리독립 : 기존 국가의 일부가 독립하여 새로운 국가를 형성하는 것을 말한다.

  ㉢ 분열 : 기존 국가가 분리되어 복수의 국가가 형성되며 기존 국가는 소멸되는 것을 말한다.

  ㉣ 합병 : 기존의 복수 국가가 결합하여 신생국을 형성하는 것을 말한다.

    * 병합(annexation)은 한 국가가 다른 국가에 결합되어 소멸되는 것으로 신생국이 성립되지 않으므로 국가승인의 대상이 아니다.

3) 국가의 승인(recognition of state)

(1) 의미

기존 국가가 신생국을 국제법 주체로 승인하는 재량적 단독행위이다.

(2) 법적 성질

① 창설적 효과설
- ㉠ 의미 : 국가 성립은 단순한 사실에 불과하며 신생국은 국제사회의 기존 국가에 의해 승인되지 않는 한 국제법상의 법인격을 보유할 수 없다는 견해이다.
- ㉡ 대표학자 : 켈젠(H.Kelsen), 안질로티(Dionisio Anzilotti), 오펜하임(Lassa Francis Lawrence Oppenheim), 라우터팍트(Hersch Lauterpacht), 옐리네크(Gerog Jellinek)
- ㉢ 내용 : 승인 이전의 신생국의 국제법 주체성을 전면적으로 부인하며, 기존 국가의 신생국 승인만이 국가성을 창설하고, 승인이 있어야 신생국은 비로소 국제법 주체가 된다는 입장이다.
- ㉣ 비판
  - 신생국에 대해 A국이 승인을 하고 B국이 승인을 하지 않으면 그 신생국은 일면 A국에 대해서는 국가이고 타면 B국에 대해서는 국가가 아니라는 모순이 발생한다.
  - 공산권학자들은 창설적 효과설을 식민지제국의 붕괴에 따른 신생국의 성립을 되도록 지연시키려는 구세계의 이데올로기적 무기라고 비판한다.

② 선언적 효과설
- ㉠ 의미 : 신생국은 기존 국가의 승인 이전부터 이미 국가로서의 국제법 주체성이 인정되며 승인이란 그러한 신생국의 지위를 확인하고 선언하는 행위에 불과하다는 입장이다.
- ㉡ 대표학자 : 쿤츠(J. L. Kunz), 브라운리(Jan Brownlie) 등
- ㉢ 내용
  - 승인의 본질을 확인적 내지 정치적인 제도로 보는 견해로서 국가는 국내법으로 성립하기만 하면 기존 국가의 주관적 승인 여부에 관계 없이 국제법적 주체성이 인정된다고 본다.
  - 승인의 효과는 신생국의 존재를 인정하고 신생국을 국제적 인격자로 취급하겠다는 기존 국가의 의사를 선언하는 것에 불과하다.
- ㉣ 비판
  - 신국가가 분리·독립할 때 승인이 없다면 기존 국가와 법적 지위상의 혼란이 초래된다.
  - 사회적 현상인 국가의 성립과 국가의 승인제도를 혼동하고 있다.

(3) 요건

① 객관적 요건 : 국내법상의 국가의 성립, 즉 일정한 지역(영토), 인민(국민)과 영속적 자주적 정부, 주권(또는 외교능력)을 가져야 한다.
② 주관적 요건 : 피승인국은 국제법을 준수할 의사와 능력이 있어야 한다.
③ 상조(尙早)의 승인(premature recognition)
- ㉠ 의미 : 국가의 승인 요건을 갖추기 전에 행하는 승인을 말한다.
- ㉡ 효력 : 법이론상 위법이며 무효에 해당한다.

ⓒ 사례 : 1948년 미국의 이스라엘 승인, 1971년 인도의 방글라데시 승인, 1988년 아랍국가들의 팔레스타인 승인, 1990년대 유럽국가들의 크로아티아·슬로베니아·보스니아-헤르체고비나 승인 등

④ 스팀슨주의(Stimson Doctrine, 불승인주의)

ⓐ 의미 : 1932년 당시 미 국무부장관이었던 Stimson은 부전조약에 위반하는 방법으로 성립한 만주국을 승인하지 않을 것을 목적으로 불승인주의 원칙을 주장했다.

ⓑ 스팀슨주의는 당시에는 미국의 정책을 표시한 것에 불과했으나 현재는 국제법상 일반원칙으로 여겨지고 있다.

ⓒ 적용 사례 : 유엔총회나 안보리는 결의 등을 통해 불승인 의무를 발전시켜 오고 있다.
- 1965년 안보리 결의 : 인종차별적인 남로디지아에 대한 불승인을 선언하였다.
- 1970년 안보리 결의 : 남아공의 나미비아 병합에 대한 불승인을 선언하였다.
- 1970년 총회의 우호관계선언 : 무력의 위협 또는 사용으로부터 초래된 어떠한 영토 취득도 합법적인 것으로 승인되어서는 안 된다는 것을 국제법의 기본원칙으로 선언하였다.
- 1990년 안보리 결의 : 이라크의 쿠웨이트 병합에 대한 불승인을 선언하였다.

> **참고** 라우터팍트주의(Lauterpacht Doctrine)
>
> 영국의 법학자 Hersch Lauterpacht는 신국가 또는 신정부가 국제법위반의 결과로 생겨난 경우는 제외하되 국가들은 사실상의 요건을 구비한 신국가나 신정부를 승인할 의무가 있다고 주장하였다.

(4) 방법

① 법률상 승인과 사실상 승인

ⓐ 법률상 승인(de jure recognition)
- 모든 승인 요건을 갖춘 국가에 대해 행하는 정식적이고 확정적인 승인을 말하며, 승인이란 보통 법률상 승인을 말한다.

ⓑ 사실상 승인(de facto recognition) : 국가의 통제력이 미래에도 확고히 지속될 것이라는 전망이 보이지 않는 잠정적 실체에 대해서 행하는 승인 방법이다. 승인은 일반적으로 철회할 수 없으나 사실상 승인은 철회 가능하다.

② 명시적 승인과 묵시적 승인

ⓐ 명시적 승인 : 선언·통고·조약규정·국제회의결의 등에 의하여 승인의 의사를 명백히 표명하는 경우를 말한다.

ⓑ 묵시적 승인 : 승인의 의사를 직접적, 명시적으로 표시하지 않고 일정 행위를 통한 간접적 승인의 의사표시를 말한다.

묵시적 승인에 해당하는 것	묵시적 승인에 해당하지 않는 것
- 독립을 획득한 국가에 축하 메시지 전달 - 신생국과 상주 외교사절 교환 - 포괄적 양자관계설정조약 체결(기본관계협약이나 우호통상항해조약) - 유엔가입 신청에 대한 지지 - 신생국의 영사에게 인가장 발급 - 신생국의 국기 승인 - 국가 원수의 국빈 자격 방문 - 대통령의 공식 접견 - 미승인국의 영역 주장에 대한 합법성 시인 등	- 영사의 파견, 접수(단순한 통상교섭행위나 통상대표부의 설치 또는 통상대표의 파견, 접수도 포함) - 신생국(미승인국)이 참가하고 있는 다자조약에 가입하거나 국제회의에 참석하는 행위 - 임시사절의 파견·접수 - 무역사절단 교환 - 비자 발급 - 주요 현안에 대한 공식 또는 비공식 접촉 유지 - 불승인 의사를 명백히 밝힌 상태에서의 양자조약 체결 등

③ 개별적 승인과 집단적 승인

㉠ 개별적 승인 : 개별적 승인은 개별국가가 행하는 것으로 일반적인 방법이다.

㉡ 집단적 승인 : 다수의 국가가 일반적으로 국제조직을 매개로 하여 신국가에 대하여 집단적으로 행하는 승인을 말한다.

㉢ 신생국의 유엔 가입에 대한 유엔의 관행은 신생국의 유엔가입과 회원국에 의한 신국가의 승인은 별개의 문제로 본다.

④ 무조건 승인과 조건부 승인

㉠ 무조건 승인 : 무조건으로 하는 승인으로 일반적인 승인 방법이다.

㉡ 조건부 승인 : 일정한 조건을 붙여서 하는 승인으로 조건부 승인에 있어서 조건이 이행되지 않았다고 해서 승인이 무효가 되거나 승인을 철회할 수 있는 것은 아니며 다만 조건불이행에 대한 국가책임이 발생할 수 있다.

(5) 국제법상의 효과

① **상대성** : 승인의 효과는 승인한 기존 국가와 신생국 간의 관계에서만 발생하며 승인을 하지 않은 국가와의 관계에서는 발생하지 않는다.

② **소급성(Luther v. Sagor Case)** : 국가가 성립한 후 나중에 승인하였다 하더라도 그 법적 효과는 실제로 국가 성립 시기로 소급한다.

③ **철회 불가능성** : 승인의 효과는 확정적이며 철회할 수 없는 것이 원칙이나 사실상의 승인은 잠정적인 것으로서 철회가 가능하다.

(6) 승인의 철회(withdrawal of recognition, derecognition)

① 국가가 소멸하거나 정부가 새로운 체제로 대체되는 경우, 소멸된 국가 또는 정부에 대한 승인은 합법적으로 철회될 수 있다.

② **사례** : 버마(현 미얀마) 정부는 아웅산 묘소 폭탄테러(Rangoon bombing) 사건에 대한 보복적 조치로서, 1983년 11월 4일 북한과의 외교관계 단절 및 북한에 대한 정부승인 철회를 발표한 바 있다.

(7) 미승인국의 지위

① **국제법 주체성** : 미승인국도 전투 수행이나 외국인의 권익 보호에 관한 국가책임의 이행에 관해서

는 국제법의 적용을 받는 국제법주체로서의 지위가 인정된다.

② **타국과의 관계** : 외교관계수립과 같은 통상적인 국가 간의 관계가 이루어지지 않고 해당 국가가 국제법주체로서 취급되지는 않으나, 미승인국과의 관계에서 아무런 법률관계도 존재하지 않는 것은 아니다.

(8) 승인의 국내법상 효과

① **영국법상 승인의 효과**

㉠ 의의 : 승인은 영국법에서는 엄격하게 창설적 효과를 갖는다.

㉡ 내용
- 승인받은 국가만이 국가면제를 향유할 자격이 있다.
- 승인받은 국가만이 영국재판소에 소를 제기할 수 있다.

② **미국법상 승인의 효과**

㉠ 미국법에서도 제소권에 있어서는 창설적 효과설에 기초하고 있다.

㉡ 미국법은 제소권을 제외한 다른 문제들에서는 대체로 선언적 효과설에 기초하고 있다.

③ 한국법상 승인 또는 불승인의 효과는 불분명하다.

4) 정부의 승인(recognition of government)

(1) 의미

① 정부의 승인이란 국내법상 비합법적 수단에 의해 교체된 정부에 대해 타 국가가 신정부를 그 국가의 대외적 대표기관으로 인정하는 재량적 단독행위를 말한다.

② **국가 계속성의 원칙** : 정부가 변경되더라도 그것으로 국가는 변경되지 않는다는 원칙이며 그로티우스(Hugo Grotius) 이래 국제법의 기본원칙 중의 하나로 널리 인정되고 있다.

(2) 요건

① **객관적 요건** : 일반적 사실상의 정부

㉠ 신정부가 승인을 받으려면 국가의 전 영역에서 현실적으로 자주적 권력을 행사하고 있어야 한다.

㉡ 정부승인은 일반적 사실상의 정부에 대해서만 행해지고 교전단체의 승인은 지방적 사실상 정부에 대해서만 행해진다.

② **주관적 요건** : 국가를 대표할 의사와 능력

③ **토바르주의와 에스트라다주의**

㉠ 정통주의(= Tobar주의, Wilson주의)
- 정통적인 헌법절차에 의한 정부변경 절차를 거치지 않은 경우 승인하지 않겠다는 입장을 말한다.
- UN은 1991년 아이티에서 발생한 쿠데타에 대해 비난과 불승인을 표명한 바가 있는데, 이것은 유엔이 정통주의에 근거하여 집단적으로 정부 승인에 대해 판단한 사례에 해당한다.

㉡ 사실주의(= Estrada주의, Jefferson주의)
- 국가로서 이미 승인되어 있는 이상 그 국가 내에서 혁명에 의하여 정부가 교체되더라도 정부승

인의 행위는 불필요하며 외교관계의 지속 여부만 결정하면 된다는 입장이다.
- 사실주의는 내정간섭을 방지하려는 것으로서 해당 국가가 실효적인 정부로서 사실상 확립되었으면 그 정부의 정통성이나 합법성을 따지지 않고 정부승인을 해주는 것을 말한다.
- Estrada는 정부승인제도는 국내문제 불간섭원칙 위반 가능성이 있으므로 정부승인제도를 배척하였다.

(3) 방법 및 효과

① **방법** : 정부승인방법은 대체로 국가승인방법과 동일하다.

② **효과**
  ㉠ 승인받은 정부는 그 국가의 대외적 대표성이 인정된다.
  ㉡ 신정부는 구정부가 체결한 조약상의 권리와 의무를 승계하게 된다.
  ㉢ 구정부가 체결한 외국과 맺은 외교관계가 지속 가능해진다.
  ㉣ 신정부는 승인국의 법정에서 원고적격이 인정된다.
  ㉤ 신정부는 승인국 관할 내에 있는 구정부의 재산을 승계하게 된다.

(4) 신정부의 불승인과 자산동결

신정부 불승인 시의 공통된 관행을 보면 승인거부국은 자국 내에 있는 신정부의 모든 자산을 동결시킨다.

(5) 망명정부의 지위

전쟁 또는 내란으로 본국을 일시적으로 떠난 망명정부는 계속해서 승인을 받고 있는 동안에는 사실상 거의 모든 분야에서 본국을 대표할 수 있다.

5) 교전단체의 승인(recognition of belligerency)

(1) 의미

① 본국 정부 또는 제3국이 내란 중 반도가 지방적 사실상의 정부(local de facto government)를 수립한 경우에 이들 반도를 국제법상의 전쟁 주체로 승인하는 행위를 말한다.
② 교전단체 승인의 법적 성질은 창설적이며 재량적인 것으로 보는 것이 일반적이다.

(2) 취지

① **본국의 승인** : 자국의 권한이 행사되지 않는 반란단체의 행위에 대한 국가책임을 면할 수 있으며 반란단체와의 전투에 국제법을 적용함으로써 전쟁의 잔혹성을 감소시킬 수 있다.
② **제3국의 승인** : 반란단체가 장악한 지역에 주재하는 자국민 보호와 관련하여 반란단체와 직접 교섭을 할 수 있으므로 제3국으로서는 자국민의 권익보호에 동 제도의 취지가 있다.

(3) 요건

① **본국의 승인** : 국제법상 별도의 요건을 필요로 하지 않는다.

② 제3국의 승인

　㉠ 합법정부를 상대로 싸우는 반란군이 지방적 사실상의 정부를 수립하여야 한다.

　㉡ 병력으로 본국 정부와 투쟁해야 하고 본국 정부와의 투쟁에서 전쟁법규를 준수할 의사와 능력이 있어야 한다.

(4) 승인 방식

① 본국 정부는 명시적 승인과 묵시적 승인 방법이 있으나 보통은 체포된 병사에 대해 포로 대우 등을 행함으로써 묵시적으로 승인하는 것이 일반적이다.

② 제3국의 경우는 본국 정부와 반란단체의 전쟁에 대하여 명시적 승인을 하는 것이 보통이다.

(5) 효과

① 성질

　㉠ 본국의 승인 : 절대적 효과 - 본국의 승인은 모든 국가와 교전단체에게 그 효과가 있다.

　㉡ 제3국의 승인 : 상대적 효과 - 승인국과 본국 및 승인국과 교전단체 사이에만 효과가 있다.

　㉢ 비소급 효과 : 교전단체의 승인은 국가승인이나 정부승인과는 달리 소급효가 없다.

② 일반적 효과

　㉠ 본국 정부와 교전단체 사이에는 포로의 대우 등 전쟁법이 적용된다.

　㉡ 외국은 양자에 대하여 중립국으로서의 권리·의무를 가진다.

6) 기타의 승인

(1) 반란단체의 승인(recognition of insurgency)

① **반란단체** : 신국가 또는 신정부를 수립할 목적으로 일정 지역에 대하여 통제력을 장악하고 또 지역 주민들에 대해 실효적 지배를 행사할 수 있는 통치조직을 갖춘 개인들의 집단을 말한다.

② **요건** : 반란단체가 제한된 범위 내에서 국제적 법인격을 향유하기 위해서는 당해 국가의 일정 영토에 대한 통제력을 장악할 것이 요구된다.

③ **효과** : 반란단체에는 부분적으로 전쟁법규가 적용된다.

(2) 민족해방운동의 승인(recognition of national liberal movement)

① **의미** : 식민지배 하에 있는 민족들이 독립을 목적으로 구성한 조직에 대해 국제공동체가 집단적으로 승인하는 것을 말한다.

② **효과** : 승인받은 민족해방단체는 이를 승인한 국제기구에 옵저버 자격으로 참여할 수 있으며 제한적이고 기능적인 국제법상 권리·의무를 인정받게 된다.

③ **사례**

　㉠ 팔레스타인해방기구(PLO) : 1939년 9월 자치권을 획득하고 2012년 UN에서 표결권 없는 옵저버 자격을 부여받았다.

　㉡ 알제리의 FLN, PAIGC : 1962년에 프랑스로부터 독립하였다.

ⓒ 티모르의 FRETILIN : 2002년 인도네시아로부터 동티모르로 독립하였다.
ⓓ 나미비아의 SWAPO : 1990년 남아프리카 공화국으로부터 독립하였다.

3. 국가의 형태

(1) 보호관계(protectorate)
① 보호국과 피보호국이라는 종속적 결합으로 보호조약에 의하여 형성되며 보호국이 피보호국의 외교권을 행사한다.
② 피보호국이 되어도 국제법상 국가의 자격을 상실하지는 않으며 독립된 국제법 주체성은 유지되나 행위능력이 일부 제한된다.

(2) 종속국
① 의미 : 단일 국가의 일부가 국내적으로 점차 분리독립하여 신국가를 형성하는 과정에서 국가의 일부가 제한적인 행위능력을 인정받으나 아직 종주국과 종속관계를 유지하고 있는 국가를 말한다.
② 지위 및 능력
  ㉠ 종속관계의 구체적인 내용은 종주국의 국내법에 따라 규정되므로 그 국내법에 의해 독립성이 인정되는 범위 내에서 대내적으로 본국의 통치권을 벗어나며 대외적으로 행위능력(외교능력 등)을 갖는다.
  ㉡ 종주국이 체결한 조약은 반대규정이 없는 한 당연히 종속국에도 적용되고 종주국이 전쟁을 시작하면 종속국도 당연히 전쟁상태에 들어간다.

(3) 영연방(British Commonwealth of Nations)
① 영국을 포함한 Commonwealth의 구성국으로 성립되는 국가집단으로 특수한 국가 결합의 형태이며 연방국도 아니며 국가연합도 아니다.
② 영연방 구성 국가는 독립된 국제적 법인격을 가지고 조약체결권, 외교사절 파견 접수권 등을 향유하며 독자적으로 전쟁을 개시하고 종료할 수 있으며 국제기구 가입권이 있다.
③ 영연방 국가 상호간에는 조약체결시 타 구성국에게 사전에 통고하여야 한다.
④ 구성국 간 외교사절을 교환하지 않고 대사와 동렬의 '고등판무관'(High Commissioner)을 파견하고 특권면제를 인정하고 있다.
⑤ 영연방 국가의 모든 국민은 각각 자국적을 향유하며 동시에 영연방 시민의 지위를 보유한다.
⑥ 영연방의 시민은 연방 내에서 다른 외국인과는 다른 특별한 처우를 받는다.

(4) 국가연합과 연방국가[1]

	국가연합(Confederation)	연방국가(Federation)
결합근거	복수의 국가가 조약에 의해 결합함	복수의 국가가 헌법에 의해 결합함
국제법 주체성	국가연합 : 주체성 부정 구성국 : 주체성 인정	연합국가 : 주체성 인정 지방 : 주체성 부정
국가성	진정한 의미의 국가가 아님	진정한 의미의 국가
구성국 지위	국제법적 국가	국내법적 국가
대내적 통치권	전적으로 국가연합의 구성국이 보유	연방국가가 대내적 통치권 보유
권한의 배분	구성국만이 입법, 사법, 행정권 행사 기관 보유	연방과 구성국이 각각 입법, 사법, 행정권 행사 기관을 보유
중앙정부의 구성원	국가연합은 국가에서 파견된 국가대표로 구성	연방정부는 국민의 대표로 구성
개인에 대한 영향	그 구성국만이 구성국의 개인에게 통치권 행사, 개인은 구성국의 국적 보유	연방정부가 구성국 및 구성국의 개인에게 직접적인 통치권 행사, 개인은 연방의 국적 보유
대외적 통치권	국가연합은 특정 사항에 대해서만 대외적 통치권을 가지며 대부분은 구성국이 행사함	원칙적으로 연방이 보유하며 구성국은 통치권이 없음

(5) 특수한 국제법 주체

① 영세중립국

㉠ 의미 : 영원히 타국의 전쟁에 개입하지 않고 중립을 유지할 의무를 지는 대신에 그 독립과 영역 안전에 대해 타국의 보장을 받는 국가를 말한다.

㉡ 성립 : 영세중립국이 되기를 원하는 국가와 타국 간의 조약에 의하거나, 또는 영세중립국이 되기를 희망하는 국가의 일방적인 선언과 그에 대한 타국의 승인에 의하여 성립된다.

㉢ 중립 해제 : 영세중립국 지위를 벗어나기 위해서는 원칙적으로 영세중립 지위를 승인한 모든 국가의 동의를 요한다.

㉣ UN 가입 여부 : 의견 대립이 있으나 오스트리아는 1955년, 스위스는 2002년에 UN에 가입했다.

㉤ 사례 : 대표적인 영세중립국인 스위스는 1815년 비엔나조약에 의하여, 오스트리아는 1955년의 중립에 관한 연방헌법과 이에 대한 여러 나라의 승인에 의하여 영세중립화되었다.

② 바티칸시국

㉠ 바티칸시국(State of the Vatican City)은 1929년 이탈리아 정부와 로마 교황 사이의 라테란 조약(Lateran Treaty)으로 탄생했다. 교황을 원수로 하고, 바티칸 궁전과 그 주변 지역을 포함한 영토를 차지하고 있는 교회국가이다.

㉡ 정부에 해당하는 교황청(Holy See)은 약 1,500여 명의 내부 종사자들을 국민으로 거느리고 있으며 이들은 바티칸의 시민이면서 출신국의 국민이기도 하다.

---

[1] 원혜광, 국제법 강의

ⓒ 바티칸은 많은 국가와 외교관계를 맺고, 종교적 문제 등과 관련하여 콩코르다트(concordat)로 명명되는 조약을 체결하고, UN을 제외한 여러 국제기구에 가입하였다.

③ 국제적십자위원회(International Committee of the Red Cross : ICRC)

ⓐ 1859년 6월 이탈리아의 솔페리노(Solferino) 전쟁터에서의 참상을 목격한 앙리 듀낭(Henry Dunant)에 의해 1863년 스위스에서 민간단체(NGO)의 하나로 창립된 ICRC는 스위스 연방민법전(제60조)에 의해 국내적 법인격을 부여받았으며, 본부건물은 제네바에 있다.

ⓑ ICRC는 점차 국제적 법인격을 인정받았는데, 4개의 제네바협약과 3개의 추가의정서에 의하여 국제인도법 분야에 개입할 수 있는 권한을 명시적으로 부여받고 있으며 국가나 국제기구와 조약을 체결하고 있다.

④ 팔레스타인

ⓐ PLO(Palestine Liberation Organization)는 팔레스타인 해방을 목표로 1964년 수립되었으며 민족해방운동단체로 성장했다.

ⓑ 1974년 UN 총회는 PLO를 팔레스타인의 대표자로 인정하고 옵저버 자격을 부여했으며 2012년 UN 총회는 팔레스타인에 옵저버 국가의 지위를 인정했다.

ⓒ 1993년 이스라엘과 PLO는 오슬로 협정에 합의하고 이스라엘 점령지 일부에 팔레스타인 임시자치정부 수립에 합의했다.

ⓓ 팔레스타인은 약 100여 개 다자조약의 당사국이며 2015년부터는 국제형사재판소 규정 당사국이 되었다.

ⓔ 137개 UN 회원국이 팔레스타인을 국가로 승인하고 있으나 한국은 팔레스타인을 독립국가로 승인하지 않고 있다. 다만 2005년 일반 대표부 관계 수립에 합의했고 2014년 한국은 팔레스타인의 임시수도 라말라에 상주대표부를 개설했다.

⑤ 몰타기사단

ⓐ 몰타기사단은 제1차 십자군 시대인 1080년 예루살렘 부근에 설립되었으며 교황에 의해 교회의 한 교단으로 승인되었다.

ⓑ 몰타기사단은 전 세계에 수십 개의 병원과 보건클리닉을 운영하고 있으며 최근 코소보와 아프가니스탄에서도 활동하였다.

ⓒ 현재 1만 명에 이르는 남녀기사를 거느리고 있으며 전쟁법에서 몰타기사단의 지위는 1949년의 제네바 제3협약(전쟁포로)에서 말하는 구호단체에 해당한다.

ⓓ 가톨릭 전통을 유지하고 있는 많은 국가와 외교관계를 맺고 있으며 이탈리아 최고재판소는 기사단의 제한된 국제적 법인격을 인정하고 재판관할권과 강제집행권으로부터 면제를 부여하고 있다.

⑥ 파탄국가(또는 실패국가, failed states)

ⓐ 의미 : 지도상으로는 존재하나 국제법적으로는 기능을 제대로 수행하지 못하는, 국가의 기본적 구성요소인 실효적 정부가 존재하지 않는 국가를 말한다.

ⓑ 국제법상 파탄국가는 법주체성을 유지하고 있으나 국가를 실질적으로나 법적으로 대표할 정부가 아예 없거나 정상적인 기능을 수행하지 못한다.

ⓒ 국가가 소멸한 것은 아니기에 기존 외교관계가 자동적으로 단절되지는 않으며 국제기구 회원 자격도 형식적으로는 유지된다.

4. 국가의 기본적 권리·의무

1) 개설

① 국가의 기본적 권리·의무가 무엇이냐에 대하여 학자마다 다양한 견해가 존재한다.
② ILC에 규정된 내용은 1970년 UN 총회에서 컨센서스에 의하여 채택된 국가간 우호관계와 협력에 관한 국제법 원칙선언에서 재확인되었다.
- 우호관계선언에는 무력의 위협 또는 사용의 금지, 분쟁의 평화적 해결, 불간섭, 국제협력, 민족자결, 국가의 주권평등, 신의성실 등 7가지의 기본원칙을 열거하고 있다.
③ 1979년 헬싱키 선언에는 주권평등 및 존중, 무력위협 및 행사의 자제, 타국 영토불가침, 영토보전의 존중, 분쟁의 평화적 해결, 국내문제 불간섭, 기본적 자유의 존중, 인민평등권과 자결권 존중, 국제협력, 성실한 의무이행 등이 규정되었다.

2) 주권

① **의미** : 주권(sovereignty)이란 개념은 원래 유럽에서 교황의 권위에 대항하여 군주가 자국 내에서는 최고의 권위를 가진다는 대내적 개념으로 시작되었다. 주권은 보통은 대내적으로 최고이고 대외적으로 독립된 국가권력을 말한다.
② **제한** : 국가는 행동에 자유가 있지만 타국의 권리를 침해하면서까지 행동할 수 없다는 원칙이 일반적으로 인정되고 있는데 이는 주권에 대한 국제법적 제한으로 볼 수 있다.

3) 평등권(right of equality)

① **의미**
㉠ 모든 국가가 평등하게 국제법상 권리·의무를 향유할 수 있는 권리를 말한다.
㉡ 평등의 의미 : 기존에는 형식적·절대적 평등을 주장했으나 최근에는 국제사회의 발전과 함께 실질적·상대적 평등이 주장되고 있다.
② **내용** : 국제법에서의 평등, 법 적용에서의 평등, 법 정립에서의 평등
③ **평등권과 국제조직** : 국제조직에서는 불평등한 대표제나 투표권을 인정하는 경우가 많은데, 이는 평등권의 침해·파괴 또는 제한이 아니라 종래의 형식적·절대적 평등에서 실질적·상대적 평등으로 발전해 가는 것을 입증한다.

4) 자위권(right of self-defense)

(1) 의미

자위권은 정당방위(self-defence, légitime défense)라고도 하며, 급박 또는 현존하는 위법한 무력 공격

에 대하여 부득이 필요한 한도 내에서 비례적 불법조치를 행함으로써 국가 또는 국민을 방위할 수 있는 국가의 권리를 말한다.

(2) 요건

① 급박·현존하는 위법한 무력 공격의 존재
  ㉠ 무력 공격은 급박 또는 현존하는 것이어야 한다. 급박 또는 현존한다는 것은 무력 공격이 발생한 경우로서 무력 공격이 목전에 절박하거나 현재 진행 중이어야 한다.
  ㉡ 무력 공격은 위법한 것, 즉 타국의 국제위법행위로 인하여 발생한 것이어야 한다.
② 자국의 중대한 권익에 대한 무력 공격 : 자국의 중대한 권익이라는 것은 자국의 영토보전과 정치적 독립을 말한다. 무력 공격은 자국에 대한 것이어야 한다.
③ 방위행위 : 자위권의 요건으로서 필요성과 비례성이라는 요건도 국제판례에서 제시되고 있다(니카라과 사건).
  ㉠ ICJ는 Oil Platforms 사건에서 사망자가 없었던 함정 피격에 대응하여 미국이 이란의 순양함을 포함한 여러 척의 해군 함정과 비행기를 공격한 행위는 비례성을 벗어났다고 판단했다.
  ㉡ ICJ는 콩고령 군사활동 사건에서 일련의 월경공격에 대응한 자위권의 행사로 국경에서 수백 km 안쪽까지 진입해 공항과 마을을 점령했다면 이는 비례성을 위반했다고 판단했다.

관련판례

캐롤라인호 사건(1837, 정치적 해결)

① 사건 요약 : 캐나다 반군에 의해 이용되는 미국 선박 캐롤라인호를 영국이 격침해 미국인 사상자가 발생한 사건으로 자위권과 관련한 대표적인 사건이다.
② 사건 해결
  ㉠ 미국무장관 Webster는 '자위권이 정당화되는 경우는 자위의 필요가 급박하고 압도적이며 다른 수단을 선택할 여지가 없고 숙고할 여유가 없는 경우에 한한다'라고 하는 자위권의 행사요건(Webster 공식)을 제시하였으며, 이는 자위권 발동의 일반적 요건으로 수락되고 있다.
  ㉡ 영국 외무장관 에쉬버튼(Baron Ashburton)은 영국의 행동이 미국이 요구한 조건에 합치된다고 하면서도 미국의 영토를 침범한 것에 대한 유감의 뜻을 표명하고 아울러 유감의 뜻을 분쟁 초기에 표명하지 못한 것에 대한 사죄를 서면으로 하였고 미국이 이를 수락하여 사건이 해결되었다.

이란 석유생산 시설물 공격 사건(Oil Platforms 사건)

① 국제사법재판소는 자위권을 행사하기 위한 무력 공격의 존재 여부에 대한 입증책임은 피침국에 있다고 확인하였다. 재판부는 이란 기뢰에 의한 Samuel Roberts 호의 피격 증거가 결정적이지 못한 상황 등을 종합적으로 고려할 때 석유 시설에 대한 미국의 공격이 Samuel Roberts 호에 대한 기뢰 피격이라는 형태의 무장 공격에 대항하여 정당하게 수행되었다는 점이 입증되었다고 볼 수 없다고 판단하였다.
② 사망자가 없는 함정 피격에 대응하여 순양함을 포함한 여러 척의 해군 함정과 비행기를 공격한 행위는 자위권 행사의 비례성 요건을 위반하였다고 판결하였다. 재판부는 미국의 두 차례 공격 행위는 국제법상 자위 조치로서의 요건을 충족하지 못한 무력 사용에 해당하고 1955년의 양국 간 체결한 조약이 규정하는 조치의 범주에 속하지 않으므로 미국의 핵심적인 안보 이익 보호에 필요한 조치로서 정당화될 수 없다고 결론지었다.

(3) 유엔헌장과 자위권

① **자위권 용인 및 개념의 확대**
  ㉠ 유엔은 제51조에서 자위권을 '고유의 권리'로 용인하고 있을 뿐만 아니라 개별적 자위권과 함께 집단적 자위권을 인정함으로써 자위개념을 확대하고 있다.
  ㉡ ICJ는 니카라과 사건에서 자위권이 조약상의 권리로는 물론 관습국제법상 고유의 권리로도 병존하고 있으며 헌장 내용이 관습국제법상의 자위권 개념을 모두 포섭하고 있지는 않다고 해석했다.

관련조문

유엔헌장

제51조
이 헌장의 어떠한 규정도 국제연합회원국에 대하여 무력 공격이 발생한 경우(if an armed attack occurs against a Member of the United Nations), 안전보장이사회가 국제평화와 안전을 유지하기 위하여 필요한 조치를 취할 때까지 개별적 또는 집단적 자위의 고유한 권리를 침해하지 아니한다(Nothing in the present Charter shall impair the inherent right of individual or collective self-defense). 자위권을 행사함에 있어 회원국이 취한 조치는 즉시 안전보장이사회에 보고된다. 또한 이 조치는, 안전보장이사회가 국제평화와 안전의 유지 또는 회복을 위하여 필요하다고 인정하는 조치를 언제든지 취한다는, 이 헌장에 의한 안전보장 이사회의 권한과 책임에 어떠한 영향도 미치지 아니한다.

---

② **안전보장이사회의 역할** : 유엔헌장은 국제평화와 안전의 유지에 관한 1차적 책임을 안전보장이사회에 부여하며 무력 공격이 발생한 경우 이에 대한 안전보장이사회의 제재 권한을 우선적으로 인정하고 있다.

③ **개별적 자위의 통제**
  ㉠ 행사 사유의 제한 : 헌장은 자위권 행사의 사유를 '무력적 공격(armed attack)이 발생'한 경우에 한정시키고 있으나 무력 공격에 대한 정의는 내리지 않고 있다. ICJ는 Oil Platforms 사건에서 자위권 발동을 위한 무력 공격의 존재 여부에 대한 증명책임은 피침국에게 있음을 판결했다.
  ㉡ 행사 시기의 제한 : 자위권의 행사는 '안전보장이사회가 국제평화와 안전의 유지에 필요한 조치를 취할 때까지'만 인정된다. 안보리가 경제제재와 같은 대응조치를 취했다고 하여도 침략국의 영토 점령이 계속되고 있다면 개별국가의 자위권 행사는 계속될 수 있다.
  ㉢ 행사 적부의 제한(즉각적 보고의무) : 자위권을 행사함에 있어서 가맹국이 취한 조치는 즉시 안보리에 보고해야 하며 안보리는 자위권 행사의 요건을 구비했는지 여부를 객관적인 입장에서 판단하게 된다.

③ **예방적 자위권**
  ㉠ 긍정설과 부정설의 대립
    - Brownlie와 Henkin 같은 부정설을 주장하는 학자들은 현존하는 무력 공격 이외에 무력 공격이 위협의 경우에도 자위권을 행사할 수 있는 경우로 인정한다면 무력 행사의 일반적 금지원칙 자체가 위협받는다고 주장한다.

ⓒ 사례
- Bowet, McDougal 등 긍정설을 주장하는 학자들은 핵무기 등 현대무기의 대량학살적 능력과 그 신속성을 강조하면서 현대전의 양상에 비추어 자위권행사를 무력공격이 실제로 발생했을 경우에만 한정한다면 무력공격을 받아 대응능력을 상실한 국가에게는 자위권이 무의미해진다고 주장한다.
- 미국은 1962년 쿠바봉쇄 사건에서 자국의 자위권 행사가 예비적인 것이라는 주장을 명시적으로는 표명하지 않았으나 예비적 자위권 행사의 대표적 사례로 인용된다.
- 이스라엘은 1981년 이라크 원자로폭격 사건에서 자국의 행위를 예방적 자위권 행사라고 주장하였다.

④ 집단적 자위권

ⓐ 의미 : 집단적 자위권은 밀접한 관계에 있는 피침략국과 공동방위를 약속한 국가가 피침략국에 대한 침해를 배제하기 위하여 방위행위를 행하는 권리를 말한다.

ⓑ 연혁
- 집단적 자위의 개념은 유엔헌장의 기초가 된 덤버튼 오크스 안에는 없었던 것으로 샌프란시스코 회의의 헌장심의과정에서 인정된 것이다.
- 샌프란시스코 회의 2개월 전에 남미 여러 국가의 제안에 의하여 체결된 체플테펙협정(Act of Chapultepec)에서 미주제국은 전후에도 전쟁 중의 협력관계를 지속시키기 위해 만일 미주의 어느 1국에 대한 공격행위가 발생한 경우에는 이를 당사국 전체에 대한 공격으로 간주하고 공동방위조치를 취할 수 있는 조약을 전후에 체결할 것을 예정하고 있었다.

ⓒ 필요성 : 개별적 자위권의 보강, 지역적 약정의 보강, 집단적 강제조치의 보충

ⓓ 집단적 자위권의 요건
- 관습법상의 집단적 자위권 : 제3국이 집단적 자위권을 행사하기 위해서는 무력 공격을 받은 국가의 요청이 있어야 하며 제3국의 독자적 판단만으로 집단적 자위권이 행사될 수는 없다.
- 조약상의 집단적 자위권 : 조약상에 집단적 자위권의 행사요건이 명시되어 있는 경우 별도의 요청이 필요 없으며 조약규정에 의한다.

5) 국내문제 불간섭의무

(1) 의미

① 국가 또는 국제조직이 국제법을 위반하여 타국의 국내문제에 간섭하지 않을 국제법상의 의무를 말하며, 이를 위반하면 국제위법행위가 된다.

② 동 의무는 국가 간에 적용되는 것과 UN과 개별회원국 간에 적용되는 것으로 구별할 수 있는데 UN헌장 제2조 7항은 후자에 대한 헌장상의 근거에 해당한다.

(2) 국내문제

> **유엔헌장**
>
> **제2조**
> 1항 : 기구는 모든 회원국의 주권평등 원칙에 기초한다.
> 7항 : 이 헌장의 어떠한 규정도 본질상 어느 국가의 국내 관할권에 속하는 사항에 간섭할(to intervene in matters which are essentially within the domestic jurisdiction of any state) 권한을 국제연합에 부여하지 아니하며, 또는 그러한 사항을 이 헌장에 의한 해결에 맡기도록 회원국에 요구하지 아니한다. 단, 이 원칙은 제7장에 의한 강제조치의 적용을 방해하지 아니한다.

① 의미
  ㉠ 국내문제란 국내관할권에 속하는 사항, 즉 국제법이 국가에 의한 규율에 일임하고 있는 사항을 말한다.
  ㉡ 국내문제는 국가의 대내적 문제(internal affairs)와 대외적 문제(external affairs)를 포함한다. 국내문제란 영토적 개념이 아니기 때문에 국가가 그 영토 내에서 행하는 모든 행위가 반드시 국내문제가 되는 것은 아니다.

② 특성
  ㉠ 상대성 : 국내문제와 국제문제 사이의 경계설정은 본질적으로 상대적인 문제로서, 그것은 국제관계의 발전에 따라 가변적이다(1923년 PCIJ의 '튀니지-모로코 국적법 사건').
  ㉡ 비국제성 : 국내문제에 속하는 사항에 관해 국제분쟁이 발생하는 경우 ICJ의 판결 대상이 되며 국내문제가 조약의 대상이 되어 조약상 의무가 발생하는 경우에는 당해 국내문제의 관할권은 일시 제한된다.
  ㉢ 합법성 : 국가는 국내문제에 대한 관할권을 국제법에 합치되도록 행사해야 한다.
  ㉣ 객관성 : 어떤 사항이 국내문제인지 여부는 당해 국내문제의 당사국에 일차적 결정권이 있지만, 궁극적으로는 국제법에 의해 객관적으로 판정하는 것이 타당하다.

③ 국내문제 사례 : 전통적 국제법학자들이 주장하는 국내 관할사항으로는 정부 형태를 비롯한 헌법상의 문제, 관세문제, 외국인의 출입국과 이민문제, 국적문제 등이 있다.

(3) 간섭

① 의미 : 간섭이란 1국 또는 복수의 국가가 정당한 권리 없이 타국의 국내문제에 그 의사에 반하여 무력적·정치적 또는 강제적 압력의 방법으로 자국의 의사를 강요하는 행위를 말한다.

② 적법한 간섭 : 조약에 의한 간섭, 권리남용에 대한 간섭, 국제법위반에 대한 간섭, 정통정부의 요청에 의한 간섭

③ 인도적 간섭(humanitarian intervention) : 긍정설과 부정설이 대립하고 있다.

④ 토의·권고·제의 : 국내문제라도 간섭에 이르지 않는 연구·토의·조사 및 단순한 권고를 하는 것은

간섭이 아니다. 유엔의 관행은 토의·권고·결의 등 다양한 활동을 간섭에 이르지 않는 것으로 보고 있다.

(4) UN과 불간섭의무

① **연혁** : UN헌장 제2조 7항의 원형은 국제연맹규약 제15조 8항이다.

② **유엔헌장 제2조 7항의 해석**

㉠ 판단권자 : 국제연맹규약은 연맹이사회가 결정하도록 규정되어 있는데, 유엔헌장은 아무런 규정을 두지 않았다.

㉡ 범위 : UN은 불간섭원칙의 적용 범위가 명백하지 않지만 동 규정을 탄력적으로 해석하는 방법으로 '국제적 관심사'(international concern)라는 개념을 안출하여 그 개입범위를 확대하고 있다.

㉢ 한계 : UN의 국내문제 불간섭의무도 헌장 제7장에 입각한 강제조치의 적용을 방해하지 않는다. 즉, 국내문제에서 발생한 문제도 그것이 국제평화와 안전을 파괴하거나 위협하는 경우 UN의 강제조치가 적용될 수 있다.

관련판례

니카라과(Nicaragua) 사건(1986, ICJ)

① **국제관습법** : 국제관습법의 성립을 위해서는 관행과 법적 확신이라는 두 가지 요건이 필요하며 집단적 자위권과 국내문제 불간섭의무는 이러한 국제관습법으로 성립하였음을 확인하였다. 법적 확신만으로 관습법의 성립을 인정하는 인스턴트 관습법은 부정하였다.

② **집단적 자위권** : 국제관습법상 집단적 자위권의 발동 요건으로 피지원국의 요청, 필요성, 비례성을 들고 미국의 집단적 자위권 주장에 대해서는 무력 공격(armed attack)이 없었다는 이유로 배척하였다.

③ **국내문제 불간섭의 원칙** : 무력적 수단에 의한 간섭뿐만 아니라 반군의 군사적·준군사적 활동에 대해 원조하는 경제적인 수단에 의한 간접적 간섭도 국내문제 불간섭의 의무를 위반한 것으로 보았다. 그러나 일방적·자발적 성격을 띤 경제원조를 일방적으로 중단하는 것은 불간섭의 원칙 위반으로 볼 수 없다.

④ **무력행사금지의 원칙** : 타국 내의 반란단체에 대한 무기공급 등과 같은 간접적인 군사지원은 UN헌장 제2조 제4항이 금지하고 있는 불법적인 무력위협이나 행사에는 해당하나, 자위권의 대상이 되는 무력 공격으로 간주되지는 않는다.

⑤ 안전보장이사회와 국제사법재판소(ICJ)의 권한 쟁의와 관련해서 ICJ는 모든 국제법적 분쟁에 대해 관할권을 행사할 수 있으며 법적 분쟁에 정치적 문제가 관련되어 있더라도 ICJ의 법적 판단대상이 된다고 하였다.

5. 국가승계(국가상속)

1) 국가승계의 의의

국가승계(succession of states : 국가상속)란 일정한 지역을 통치하던 국가 또는 통치주체 자체의 변경으로 그때까지 통치하던 선행국의 조약 및 기타 권리의무가 승계국에 이전되는 것을 말한다.

2) 법원

① ILC의 주도로 1978년 조약의 국가승계에 관한 비엔나협약(Vienna Convention on Succession of States in Respect of Treaties : 1996년 발효)이 채택되었다.

② 1983년 국가재산·문서·부채의 국가승계에 관한 비엔나협약(Vienna convention on Succession in Respect of State Property, Archives and Debts : 미발효)이 채택되었다.

3) 조약의 승계

(1) 처분적(혹은 물적)조약의 승계

① 처분적(혹은 물적)조약은 이전되는 영토에 종속되는 속지적 의무를 규정한 조약으로 협약은 승계를 규정(협약 제11조)하고 있으며 여기에는 국경획정조약뿐 아니라 영토할양조약도 포함된다.

② 기타 승계되는 영토제도로는 특정 국가의 이익을 위한 하천의 항행·수자원이용권, 내륙국의 인접국항구사용권, 내륙국의 인접연안국통과권 등이 있고(제12조 1항), 다수국가의 이익을 위한 제도로는 특정 영토의 중립화·비무장화, 국제수로·하천의 자유항행, 수자원공동이용, 국제운하통항권 등이 있다(제12조 2항). 군사기지협정은 예외로 규정하고 승계를 배제하였다(제12조 3항).

(2) 신생국의 조약승계 방식

① **승계협정에 의한 승계** : 승계국인 신생국이 적용가능한 조약을 일반적으로 승계할 것을 합의하는 승계협정에 의해 승계하는 경우이다.

② **선택적 승계**

㉠ 니에레레 방식(Nyerere Doctrine, 탕가니카 방식) : 승계국이 독립 후 일정한 유예기간 내에 승계에 관해 합의에 도달하지 못한 조약은 국제관습법에 관한 사항을 제외하고는 원칙적으로 자동 소멸한다는 입장이다.

㉡ 잠비아 방식(Zambia Formula) : 국제관습법을 기준으로 한 조약승계 심사 결과, 명시적인 소멸의 의사표시가 없는 한 승계를 인정하는 방식이다.

(3) 국가승계의 유형별 조약승계

① **영토의 일부 이전(transfer of part of territory)** : 기존 국가 간 영토의 일부 이전(할양)의 경우, 승계되는 영토에서 기존 국가의 조약은 더 이상 적용되지 않고(제15조), 승계한 국가의 조약이 적용되는데, 이를 '조약국경(경계)이동의 원칙'(moving treaty-frontier rule)이라고 한다.

② **신생독립국**

⊙ 백지출발의 원칙(clean slate rule) : 식민상태에서 벗어난 신생 독립국은 선행국의 조약을 승계할 의무는 없으나(제16조), 국경조약의 승계 및 일반국제법을 성문화한 조약의 승계는 백지출발원칙의 예외가 된다.

ⓒ 다자조약 : 신생 독립국은 선행국의 조약을 승계해야 할 의무는 없으나 선행국이 가입하고 있던 조약에 승계 통고만으로 당사자가 될 수 있다(제17조 1항).

ⓒ 양자조약 : 신생국과 당해 조약의 타방당사국 간의 명시적 또는 묵시적 합의에 의해 승계된다(제24조).

③ 합병(merger 또는 uniting of states) : 합병국은 원칙적으로 선행국이 체결한 조약을 승계하나 승계된 조약은 별도의 합의가 없는 한 조약승계 시 유효했던 해당 영토에 대해서만 적용된다(제31조 1항, 2항).

④ 분리독립(secession) : 국가승계 시 선행국의 전체 영토에 유효한 조약은 각 독립국에도 유효하며(제34조 1항), 국가승계 시 선행국 영토의 일부에서만 유효했던 조약은 당해 영토의 승계국에서만 계속 유효하다.

(5) 국제인권조약승계의 문제

① 최근의 국가승계 과정에서 인권조약은 자동승계되기보다 대체로 해당 국가의 개별적 결정에 따라 처리되었다. 소련연방으로부터 분리 독립한 국가들은 과거 소련이 당사국이던 인권조약을 자동승계하기보다는 신규 가입 절차를 밟았다.

② 오늘날 국제관습법상 국제인권조약의 자동승계가 확립된 원칙이라고 보기는 어려움이 있다.

4) 국가재산·문서·부채의 승계

(1) 국가재산

① 의미 : 국가승계 시에 선행국의 국내법에 따라 선행국에 속했던 재산·권리·이익을 말한다(협약 제8조).

② 일부 영토 이전 : 별도의 합의가 없는 한 선행국 재산은 승계국에 이전된다(제14조).

③ 신생국 : 선행국 재산이 승계국의 영토 내에 있는 경우에는 승계국에 이전된다. 해외에 소재하는 재산으로 신생국 지역이 그 형성에 기여한 부동산은 기여도에 비례해 소유권이 이전된다(제15조).

④ 합병 : 선행국 재산은 승계국에 이전된다(제16조).

⑤ 분리독립 : 별도의 합의가 없는 한 선행국 재산이 승계국의 영토에 있는 경우에는 승계국에 이전된다(제17조).

⑥ 분열 : 선행국 재산은 소재하는 영토에 따라 각 승계국에 이전되며 승계국 영토 외에 있는 재산은 형평의 원칙에 따라 각 승계국에 이전된다(제18조).

(2) 국가문서

① 의미 : 국가승계 시에 선행국이 그 권한 행사상 발행·접수한 모든 종류의 문서로서 선행국이 보존하는 것을 말한다(제20조).

② 별도의 합의가 없는 한 선행국 문서는 승계일에 보상 없이 승계국에 이전한다(제21~23조). 제3국의 문서는 영향을 받지 않는다.

(3) 국가부채

① **의미** : 국제법상 타국 국제조직 또는 기타 국제법 주체에 대해 선행국이 부담하는 모든 재산적 의무를 말한다(제33조).

② **일부 영토 이전** : 별도의 합의가 없는 한 선행국의 채무는 승계국의 채권·채무관계를 고려하여 형평원칙에 따라 승계국으로 이전한다(제37조).

③ **신생국** : 선행국의 채무는 원칙적으로 승계국에 이전하지 않는다(제38조 1항).

④ **합병** : 선행국의 채무는 승계국에 이전한다(제39조).

⑤ **분리독립** : 별도의 합의가 없는 한 선행국의 채무는 승계국의 채권·채무관계를 고려하여 형평원칙에 따라 승계국에 이전한다(제40조).

⑥ **분열** : 별도의 합의가 없는 한 선행국의 채무는 각 승계국에 이전된다(제41조).

5) 개인 권리의 승계

① **기득권존중의 원칙**

㉠ 의미 : 선행국이 외국인과 체결한 양허계약은 승계국이 반드시 승계해야 한다는 원칙을 말한다.

㉡ PCIJ는 1926년 폴란드 상부실레지아의 독일인 권리에 관한 판결에서 기득권존중원칙이 국제법의 원칙이라고 판시한 바 있다.

㉢ 학설은 기득권존중원칙에 대해서 의견이 대립되어 있다.

② **제3세계 및 공산권 국가들의 주장** : 제3세계와 공산권 국가들은 기득권판례는 자신들의 참여가 없었을 뿐만 아니라 서구 여러 국가의 주장처럼 기득권이 인정된다면 신생국이 진정한 의미의 독립을 달성할 수 없다고 비판한다.

③ **조약승계협약** : 협약은 '이 협약의 어떤 규정도 부와 천연자원에 관한 국민과 국가의 항구적 주권을 인정하는 국제법원칙에 저촉될 수 없다'(제13조)고 규정하여 기득권의 제한을 인정하고 있다.

6) 국적의 승계

① **일부 영토 이전** : 승계국은 이전된 영토 내에 상거소를 갖는 자에게 자국적을 부여하며 당사자가 기존 국적의 유지를 선택하지 않는 한 선행국 국적은 철회됨을 원칙으로 한다(제20조).

② **합병** : 둘 이상의 국가가 하나로 통합되는 경우 선행국의 모든 국민에게 승계국 국적이 부여된다(제21조).

③ **분열** : 하나의 국가가 복수의 국가로 해체되는 경우 원칙적으로 개인의 국적 선택권이 존중되어야 하며 그러한 의사가 표시되지 않는 경우 상거소지국의 국적이 부여된다(제22조 및 제23조).

④ **분리독립** : 영토의 일부가 분리 독립하는 경우 승계지역 주민에게는 국적 선택권의 부여를 전제로 신 국적이 부여된다(제24조, 제26조).

7) 국제기구 회원국의 지위 : 유엔을 중심으로

① 신생 독립국, 분리·독립 및 분열의 경우는 별도로 유엔에 가입하는 것이 원칙이다.

② 합병의 경우 이론적으로는 새로운 국가가 탄생한 것이기 때문에 별도로 가입하여야 하지만, 이집트와 시리아가 통일 아랍공화국을 형성했을 때나 남예멘과 북예멘이 예멘공화국을 형성했을 때에

도 별도의 유엔가입절차를 밟지 않았다(선행국들은 모두 유엔 회원국이었음).

8) 국가책임의 승계

① 국가의 국제위법행위에 대한 국가책임은 국가주권 자체와 밀접한 연관을 갖는 '인적'(personal) 성격을 지니므로 승계되지 않는다는 것이 다수설이다.

② 타국의 국제위법행위에 대한 청구권은 국가가 소멸하면 국가책임에 대한 청구권도 소멸한다는 것이 일반적 주장이다.

제2절 국제기구

1. 국제기구의 의미

① 의미 : 국제기구란 국제법상의 합의(조약)에 의해 설립되고 국가(정부)가 주요 구성원인 독립한 단체로서 고유한 의사를 가지고 구성원의 공통이익을 실현하는 것을 그 목적으로 하는 조직을 의미한다.

② 국제기구는 기구의 영속성을 상징하는 사무국(Secretariat), 모든 회원국으로 구성되는 총회(Assembly), 일부 소수 회원(국)으로 구성되는 집행이사회(Governing Body)로 보통 구성된다.

③ 국제기구는 설립헌장에 의해 성립하며, 설립헌장의 개정은 매우 엄격하게 규정하고 있는 것이 보통이다. 유엔의 경우 헌장개정은 유엔총회 회원국 수의 3분의 2 다수결로 채택된 다음, 안전보장이사회 상임이사국을 포함한 총 회원국 3분의 2의 비준을 받아야 한다.

2. 국제기구의 법인격과 관할권

(1) 법인격

① 의미 : 권리와 의무의 주체로서 활동할 수 있는 법적 능력을 말한다.

② 법인격의 유형

  ㉠ 국내적 법인격 : 국제기구가 특정 국가 내에서 그 국가의 국내법상 누리는 권리·의무를 말한다. 국내적 법인격은 유엔헌장 제104조 및 WTO 설립협정 제8조를 비롯한 대부분의 국제기구 설립헌장에서 규정하고 있다.

  ㉡ 국제적 법인격 : 국제기구가 국제관계에서 권리·의무를 담당하고 법률행위를 수행할 수 있는 능력을 말한다.

  - 조약체결권, 특권면제, 국제책임, 청구권, 제소권, 자율적 재정권(財政權), 외교권 등

  ㉢ 국제적 법인격이 실무상 훨씬 중요한데, 국제적 법인격을 인정한 대표적인 판례로는 1949년 ICJ의 '유엔 봉사 중 입은 손해배상 사건'에 관한 권고적 의견이 있다.

> **참고**
>
> **ICC 로마규정 제4조 [재판소의 법적 지위와 권한]**
> 1. 재판소는 국제적 법인격을 가진다. 또한 재판소는 그 기능의 행사와 목적 달성에 필요한 법적 능력을 가진다.
>
> **해양법협약 제176조** : 해저기구는 국제법인격 및 그 임무의 수행과 목적의 달성에 필요한 법적 능력을 가진다.

> **관련판례**
>
> **UN 근무 중 입은 손해배상에 관한 권고적 의견(1949, ICJ)**
>
> ① 국제법의 주체성 인정 여부는 국제공동체의 필요에 달려 있으며, UN은 국제법적·국내법적인 객관적 법인격을 갖는다. UN 비회원국에 있어서도 UN의 국제적 법인격은 인정된다.
> ② 국제기구 설립 조약 내에 명시적 규정이 없더라도 국제기구는 기능적 전문성 원칙에 따라 직원에 대한 직무보호권의 행사 및 직원을 대신하여 가해국 정부에 대해 제소할 수 있는 권한 등의 묵시적 권한을 가진다(묵시적 관할 이론).
> ③ 직무보호권과 외교적 보호권 경합 시 우열에 대한 일반적인 원칙은 없으며 하나의 권리가 행사되면 다른 하나는 소멸하는 것이 합목적적임을 전제로, ICJ는 이 사건에서 UN헌장 제2조 제5항의 취지로 볼 때 UN의 직무보호권이 우선할 수 있음을 밝혔다.

(2) 관할권(competence)

① **의미** : 국제기구가 그 설립조약상에 규정된 목적과 기능을 수행할 수 있도록 인정되는 권한을 말한다.

② **전문성의 원칙(principle of speciality)** : 국제기구의 권한은 무제한적으로 인정되는 것이 아니라 설립조약에 규정된 목적과 기능을 실현하기 위해서만 인정된다는 원칙이다.

③ **묵시적 관할권이론(principle of implied power)** : 미국의 대법원 판례에서 유래된 이론으로서 국제기구의 설립조약에 명시되어 있지 않더라도 국제기구의 그 목적 달성을 위한 기능을 효과적으로 수행할 수 있도록 목적 달성을 위해 필요한 모든 권한을 인정해야 한다는 원칙이다.

3. 유엔(UN)

1) 일반이론

(1) 연혁

① 1943년 10월 모스크바 3국 외상 회의

㉠ 미·영·소의 3국 외상 회의가 개최된 결과 모스크바 주재 중국대사의 서명을 첨가한 4개국 공동선언이 발표되었다.

㉡ 공동선언은 4항에서 '가능한 한 단시일 내에 국제평화와 안전을 유지하기 위하여 모든 평화애호국의 주권평등에 입각한 세계적 국제기구 설립 필요성'을 합의하였다.

② 1944년 8월 덤바튼오크스 회의

㉠ 모스크바선언의 취지에 따라 1944년 8월 덤바튼오크스에서 개최된 미·영·중·소 4개국 회담 결과 채택된 것이 '일반 국제조직의 설립에 관한 제안'이다.

㉡ 이 제안은 UN헌장의 모체를 구성했지만 안전보장이사회의 표결방법과 신탁통치제도에 대한 합의는 이루어지지 않았다.

③ 1945년 얄타회담
  ㉠ 미·영·소 3개국은 안전보장이사회 상임이사국에 거부권을 인정하는 합의를 하였다.
  ㉡ 신탁통치제도 등 덤바튼오크스 회의에서 합의에 이르지 못한 사항을 해결했다.
④ 1945년 4월 샌프란시스코회의
  ㉠ 1945년 4월 25일부터 6월 26일까지 샌프란시스코에서 개최된 연합국 전체의 국제회담에서 덤바튼오크스 제안이 검토된 결과 성립한 것이 유엔헌장이다.
  ㉡ 서명국은 회담에 참가한 50개국과 폴란드이다.

(2) 발효

① **발효 요건** : 미·영·소·불·중 5대 상임이사국과 서명국의 과반수가 비준서를 미국에 기탁한 때로부터 발효하게 되어있었다.
② **발효** : 5대국과 기타 24개국이 비준서를 기탁한 1945년 10월 24일부터 효력이 발생(UN의 날)했고, 동년 12월 27일에는 모든 서명국이 비준서의 기탁을 완료하였다.
③ 유엔은 1946년 1월 10일부터 런던에서 제1차 총회를 개최하여 정식으로 활동을 개시하였다.

(3) 원 회원국(51개국)

원 회원국은 샌프란시스코 회의 참가 50개국과 폴란드(샌프란시스코 회의 참가국은 아님)이다.

(4) UN의 목적(헌장 제1조)

전문과 헌장 제1조에 유엔의 목적이 규정되어 있다.
① 국제평화와 안전의 유지(제1조 1항)
② 우호관계의 촉진과 평화의 강화(2항)
③ 국제협력의 달성(3항)
④ 조화의 중심(4항)

(5) UN의 기본 원칙(헌장 제2조)

① 주권평등
② 의무의 성실이행
③ 분쟁의 평화적 해결
④ 무력행사 금지
⑤ 회원국들의 유엔행동협력
⑥ 비회원국의 유엔원칙준수 확보
⑦ 국내문제 불간섭

(6) 신규 회원국의 가입

① **실질적 요건(헌장 제4조 1항)** : 헌장상의 의무를 수락하고 또한 이 기구에 의하여 의무를 이행할 능

력과 의사가 있다고 인정되는 평화애호국에게 개방된다.
② 절차적 요건(헌장 제4조 2항)
㉠ 안보리는 가입신청국이 실질적 요건을 구비하였는지를 결정하고 가입권고를 결의하는 경우 권고서를 총회에 발송한다.
㉡ 안보리의 권고는 실질 문제(절차 사항 이외의 문제)에 해당하여 거부권이 인정되는 사안이므로 상임이사국 전부를 포함한 9개국의 찬성이 있어야 한다.
㉢ 총회의 결정은 중요 문제에 해당하여 총회에 출석하여 투표한 국가의 3분의 2 찬성이 있어야 한다.

(7) 탈퇴(withdrawal)
① 국제연맹규약은 탈퇴에 관해 명문규정을 두었으나(규약 제1조 3항) 유엔헌장에는 규정이 없어서 탈퇴 가능 여부에 대한 견해가 대립하고 있는데 정당한 이유가 있고 부득이한 경우에는 탈퇴가 가능하다고 보고 있다.
② 1965년 1월 인도네시아는 말레이시아의 안보리 이사국 진출에 대한 불만으로 유엔 사무국에 탈퇴를 통지했다. 이에 따라 행정 실무상으로는 인도네시아의 탈퇴에 따른 제반 조치가 이루어졌으나 1966년 9월 인도네시아 정부는 유엔 참여 의사를 다시 밝혔고 유엔은 재가입 절차 없이 인도네시아의 회원국으로서의 지위를 회복시켜 주었다.

(8) 제명(expulsion)(헌장 제6조)
① 회원국이 헌장상 원칙을 집요하게 위반한 경우에는, 총회는 안보리의 권고에 의거하여 제명할 수 있다.
② 집요하게 위반한다는 것은 유엔이 위반의 중지를 거듭 요구했음에도 불구하고 여전히 위반을 되풀이하는 것을 말한다.
③ 안보리의 권고는 거부권이 적용되고 총회의 결정은 출석하여 투표한 국가 2/3 다수결에 의한다.

(9) 권리 및 특권의 정지
① 안보리에 의해 취해지는 방지조치 또는 강제조치의 대상이 되는 국제연합 회원국에 대하여는 총회가 안보리의 권고에 따라 회원국으로서의 권리와 특권의 행사를 정지시킬 수 있다.
② 그렇다고 의무가 면제되는 것은 아니며 권리와 특권의 행사는 안전보장이사회에 의하여 회복될 수 있다.
③ 만 2년 간 재정적 분담금의 지불을 연체한 회원국은 총회에서 투표권을 가지지 못한다. 그럼에도 총회는 지불의 불이행이 그 회원국이 제어할 수 없는 사정에 의한 것임이 인정되는 경우 그 회원국의 투표를 허용할 수 있다.

(10) UN헌장상 명문규정이 없는 경우
① 탈퇴·추방
② 사무총장의 임기
③ 평화유지활동
④ UN의 직무보호권

2) UN의 주요 기관

(1) UN 총회 - 형식상 UN 최고기관

① **구성** : 총회는 모든 국제연합 회원국으로 구성되며 각 회원국은 총회에 5명 이하의 대표를 출석시킬 수 있다.

② **권한**

㉠ 안전보장이사회의 우위가 인정되는 문제 : 국제평화와 안전의 유지에 관해서는 안전보장이사회의 우위가 인정된다.

㉡ 총회가 단독으로 처리할 수 있는 문제
- 안전보장이사회 비상임이사국의 선거(제23조)
- 경제사회이사회 이사국(제61조) 및 신탁통치이사회 이사국의 선거(제86조)
- 보고 심의(제15조)
- 예산승인 및 각 회원국에 대한 경비의 할당(17조) 등
- 분담금 연체국의 투표권 허가(제19조)

㉢ 안전보장이사회의 권고를 요하는 문제(공동결정사항)
- 가입(헌장 제4조 2항)
- 제명(헌장 제6조)
- 권리와 특권의 정지(헌장 제5조)
- 사무총장임명(헌장 제97조)
- 국제연합 가맹국이 아닌 국가의 국제사법재판소 규정의 당사국으로 결정(헌장 제93조 2항) 등

③ **회기**

㉠ 정기총회(연차통상회기) : 매년 1회 개최되며 9월 제3화요일에 소집되나 회기 기간에 대한 규정은 없다.

㉡ 임시총회(특별회기) : 임시적 모임으로 안전보장이사회의 결의나 전 회원국의 과반수 요청에 의하여 사무총장이 소집한다.

④ **의결**

㉠ 1국 1표 : 각 회원국은 1개의 투표권을 가진다. 총회 의장은 재적 1/3만 출석하면 개회를 선언하고 토의의 개시를 허락할 수 있다.

㉡ 원칙 : 중요 문제 여부에 따라 중요 문제는 출석하여 투표한 국가의 2/3 다수결에 의하고, 기타문제의 경우 출석하여 투표한 국가의 과반수에 의한다.

㉢ 의결의 효력 : 특정 규정이 없는 한 총회의 결의는 원칙적으로 유엔 내부기관에 관한 결의는 구속력이 있으나, 회원국의 행동에 관한 결의인 경우는 권고의 효력을 갖는데 불과하다.

⑤ **부속기관**

㉠ 부속위원회 : 총회에는 절차 규칙에 의거하여 3종의 위원회가 설치되어 있다.
- 주요위원회(제1위원회-정치·안전보장, 제2위원회-경제·재정, 제3위원회-사회·인도·문화, 제4위원회-특별정치·신탁통치, 제5위원회-행정·예산, 제6위원회-법률)
- 절차위원회, 상임위원회

㉡ 보조기관 : 총회는 직무집행에 필요한 보조기관을 설치할 수 있다. 총회의 중요한 보조위원회 또

는 특별위원회는 다음과 같은 것이 있다.
- 중간위원회(IC, 소총회), 국제법위원회(ILC), UN행정법원(UNAT), 외기권평화적이용위원회(COPUOS), UN무역개발회의(UNCTAD), UN개발계획(UNDP), 인종차별철폐위원회(CERD), UN국제무역법위원회(UNCITRAL), 국제공무원위원회(ICSC), 인권이사회, 국제경제개발협력위원회, 개발을 위한 과학기술정부간위원회 등

(2) 안전보장이사회 : 실질적 최고기관

① **구성** : 15개 이사국으로 구성되는데 상임이사국 5개국과 비상임이사국 10개국으로 구성된다.
  ㉠ 5대 상임이사국은 헌장에 의해 고정되어 있는 미, 러, 중, 영, 프이다.
    - Republic of China(대만)은 안보리 상임이사국으로 출발했으나 1971년 유엔총회는 북경 정부가 중국의 대표권을 갖는다고 결의하였다.
  ㉡ 10개의 비상임이사국은 UN헌장상의 평화유지에 대한 공헌도 기준과 지리적 배분을 고려하여 임기 2년으로 매년 5개국씩 총회가 선출한다.
  ㉢ 2년 임기 후 퇴임 국가는 곧바로 재선은 금지되나 1년이 지난 후에는 선출될 수 있다.
  ㉣ 한국은 1995년 12월 UN 안보리 비상임이사국으로 선출되어 1996~1997년 비상임이사국으로 활동했고, 2012년 12월 UN 안보리 비상임이사국으로 선출되어 2013~2014년 비상임이사국으로 활동한 바 있다.

② **권한**
  ㉠ 안보리는 평화와 안전의 유지를 위해 필요한 제조치를 취한다.
  ㉡ 군비통제안의 작성 및 권고 임무(안보리 보조기관: 군사참모위원회의 협조)
  ㉢ 중요한 사항에 대하여 총회에 권고(총회와 안보리의 공동권한사항)한다.

③ **의결**
  ㉠ 안전보장이사회의 각 이사국은 1개의 투표권을 가진다.
  ㉡ 거부권 : 거부권은 안보리 상임이사국의 특권적 표결권을 말한다.
    - 절차 사항의 문제인 회의 개최 여부, 장소, 일시, 기간, 회의의 공개·비공개 여부 등에 관한 결정은 단순 9개국 이상의 다수결로 성립한다. 즉 상임이사국의 거부권은 인정되지 않는다.
    - 절차 사항이 아닌 비절차 사항은 상임이사국 전부의 찬성 투표를 포함하는 9개 이사국의 찬성 투표로 성립한다.
  ㉢ 이중거부권 : 특정 사항이 절차 사항인가 실질 사항인가의 여부를 결정하는 선결 문제에 관한 결정에도 거부권이 적용된다.
  ㉣ 비절차 사항에 관한 의결에서 상임이사국이 기권하거나 불참한 경우 거부권을 행사하지 않은 것으로 간주되고 있다. ICJ는 Namibia 사건에서 이러한 관행이 유엔회원국들에게 일반적으로 수락되어 왔으며 유엔의 일반 관행의 증거가 되고 있다고 인정한 바 있다.
  ㉤ 거부권 행사와 분쟁 사항 결의
    - 평화적 해결 결의 시 분쟁당사국은 상임·비상임을 불문하고 분쟁의 평화적 해결에 관한 표결에 참가할 수 없다.
    - 강제조치 발동 시 상임이사국은 자국에 대한 강제조치의 결정에 투표권을 행사할 수 있으므로 상임이사국은 물론 그 지원 하의 국가에 대하여도 강제조치의 발동이 사실상 불가능하다.

④ 절차
  ㉠ 안보리는 계속적으로 활동할 수 있도록 조직되어야 하며 각 이사국은 대표를 유엔본부에 상주시켜야 한다.
  ㉡ 안보리는 의장선거방법을 포함한 절차규칙을 제정해야 하며, 회의에서 토론되는 문제와 밀접한 이해관계가 있는 회원국을 참가시킬 수 있으며, 또 분쟁 문제를 토의할 때는 분쟁당사국을 회의에 참가하도록 초청해야 한다.
⑤ 안보리 의장 성명 : 안보리 의장은 안보리를 대신하여 의장 성명이란 것을 발표하고 있는데 이것은 안보리에서 컨센서스에 의해 채택되고 있으며 의장 성명은 그 자체 법적 구속력이 있는 것으로 인정되지는 않는다.
⑥ 부속기관 : 안보리는 부속위원회가 설치되어 있으며 보조기관을 둘 수 있다.
  ㉠ 부속위원회 : 절차규칙전문가위원회, 회원국가입심사위원회, 군사참모위원회(MSC)
  ㉡ 보조기관: 원자력위원회(AEC), 군축위원회(DC)

(3) 경제사회이사회(Economic and Social Council)

① 구성
  ㉠ 안전보장이사회의 관여 없이 총회에서 선출되는 54개의 이사국으로 구성되며, 각 이사국은 1명의 대표를 가진다.
  ㉡ 이사국의 임기는 3년이고 매년 정기총회에서 18개국씩 선출하며 퇴임이사국은 연이어 재선될 자격이 있다.
② 권한
  ㉠ 경제사회이사회는 경제, 사회, 문화, 교육, 보건 및 관련국제사항에 관한 연구 및 보고를 하거나 또는 발의할 수 있으며, 아울러 그러한 사항에 관하여 총회, 국제연합회원국 및 관계전문기구에 권고할 수 있다.
  ㉡ 이사회는 모든 사람을 위한 인권 및 기본적 자유의 존중과 준수를 촉진하기 위하여 권고할 수 있다.
  ㉢ 이사회는 전문기구와의 협의, 전문기구에 대한 권고 및 총회와 국제연합회원국에 대한 권고를 통하여 전문기구의 활동을 조정할 수 있다.
③ 표결
  ㉠ 경제사회이사회의 각 이사국은 1개의 투표권을 가진다.
  ㉡ 경제사회이사회의 결정은 출석하여 투표하는 이사국의 과반수에 의한다.

(4) 신탁통치이사회(Trusteeship Council)

① 구성
  ㉠ 신탁통치국, 안보리 상임이사국 중 신탁통치국이 아닌 국가, 총회에서 선출된 국가로 구성된다.
  ㉡ 안보리 상임이사국은 항상 이사국이 될 수 있는 특권을 누리고 있다.
  ㉢ 각 이사국은 1명의 대표를 가진다.
② 임무 종료 : 1994년 마지막 신탁통치지역인 팔라우가 독립함으로써 신탁통치지역이 없어졌고 신탁통치이사회의 임무는 사실상 종료되었다.

(5) 국제사법재판소(International Court of Justice : ICJ)

(6) 사무국(Secretariat)
① 구성 : 유엔의 행정적 사무를 담당하는 기관으로 1인의 사무총장과 필요한 직원으로 구성된다.
② 사무총장
  ㉠ 임명
   - 사무총장은 안전보장이사회의 권고에 따라 총회가 임명한다(제97조).
   - 이 사안은 절차 사항이 아니며(상임이사국의 거부권 적용), 헌장 제18조 2항 상의 중요 사항이 아니므로 총회는 출석, 투표하는 회원국의 과반수로 선출한다.
  ㉡ 임기 : 유엔사무총장의 임기는 헌장상 명문의 규정이 없으나, 1946년 총회결의에 의해 5년으로 정해졌으며 연임할 수 있다.
  ㉢ 권한
   - 사무총장은 총회, 안전보장이사회, 경제사회이사회 및 신탁통치 이사회의 모든 회의에 사무총장의 자격으로 활동하며, 이러한 기관에 의하여 그에게 위임된 다른 임무를 수행한다. 사무총장은 기구의 사업에 관하여 총회에 연례보고를 한다.
   - 사무총장은 국제평화와 안전의 유지를 위협한다고 그 자신이 인정하는 어떠한 사항에도 안전보장이사회의 주의를 환기할 수 있다.
③ 직원 : 직원들은 국제공무원으로 그 독립성, 특권, 면제가 인정되며 유엔은 이들에 대하여 직무보호권을 행사할 수 있다.

3) 보조기관 및 전문기관

(1) 보조기관
① 의미 : 보조기관은 헌장규정에 따라 일방행위에 의하여 창설된 기관이다.
② 보조기관은 전문기관과는 달리 법인격이 없는 유엔의 하부기관에 지나지 않는다.

(2) 전문기관(혹은 전문기구, specialized agencies)
① 의미 : 전문기구란 헌장 제57조에 따라 경제, 사회, 문화, 교육, 보건 등 국제사회의 전문분야별로 설립헌장이라는 독립된 국제조약에 의하여 설립된 별도의, 즉 부속기관이 아닌 법인격을 갖춘 국제기구를 말한다.
② 특별협정 : 전문기관은 경제사회이사회와 협정을 체결한 제휴기관으로서 협정은 유엔총회의 승인을 받아야 한다. 특별협정에 관여하는 기관으로는 행정조정위원회가 있다.
③ 종류
  ㉠ 모두 19개의 전문기관이 있으며, IAEA와 OECD 및 WTO는 유엔의 전문기구가 아니다.
  ㉡ 경제협력 분야
   - IMF(국제통화기금, International Monetary Fund)
   - IBRD(국제부흥개발은행, International Bank for Reconstruction and Development)
   - IFC(국제금융공사, International Finance Corporation)

- IDA(국제개발협회, International Development Association)
- ICSID(국제투자분쟁해결센터, International Center for Settlement of Investment Disputes)
- MIGA(다자간 투자보증기구, Multilateral Investment Guarantee Agency)
- UNWTO(세계 관광기구, UN World Tourism Organization)

ⓒ 문화·과학 분야
- UNESCO(UN 교육과학문화기구, United Nations Educational, Scientific and Cultural Organization)
- WMO(세계기상기구, World Meteorological Organization)
- WIPO(세계지적소유권기구, World Intellectual Property Organization)

ⓓ 사회협력 분야
- ILO(국제노동기구, International Labor Organization)
- WHO(세계보건기구, World Health Organization)

ⓔ 교통체신협력 분야
- ICAO(국제민간항공기구, International Civil Aviation Organization)
- IMO(국제해사기구, International Maritime Organization)
- UPU(만국우편연합, Universal Postal Union)
- ITU(국제전기통신연합, International Telecommunication Union)

ⓕ 농업협력 분야
- FAO(UN식량농업기구, Food and Agriculture Organization of the United Nations)
- IFAD(국제농업개발기금, International Fund for Agricultural Development)

ⓖ 공업개발 분야
- UNIDO(UN 공업개발기구, United Nations Industrial Development Organization)

4. 유럽연합(European Union)[1]

1) 연혁

(1) 제1기

① ECSC의 설립

㉠ 1950년 Shuman 선언의 제의에 따라 1951년 서명된 ECSC(유럽 석탄·철강공동체, European Coal and Steel Community) 설립조약에 의해 1952년에 설립되었다. ECSC의 설립조약은 50년의 유효기간을 설정하여 채택되었기 때문에 발효 50주년이 되는 2002년에 공식적으로 종료되어 현재는 더 이상 존재하지 않는다.

㉡ 기관 : 고등관청(High Authority), 이사회(Council), 의회(Assembly) 및 법원(Court)이 설치되었다.

㉢ 목적 : 석탄 및 철강의 단일공동시장을 설치하여 관세·무역 제한을 철폐하고 생산의 합리화, 기술발전을 촉진하고자 했다.

---

1 정영진, 국제법 제16판

㉣ 회원국 : 제의를 한 프랑스를 포함하여 독일, 이탈리아, 벨기에, 네덜란드, 룩셈부르크 등 6개국이 참가했다.

② EEC와 Euratom의 설립

㉠ 1957년 Roma에서 EEC(유럽경제공동체, European Economic Community)와 Euratom(유럽원자력공동체, European Atomic Energy Community)을 창설하는 Roma 조약이 체결되었고 1958년 발효되었으며, 그 기관으로 위원회, 이사회, 의회 및 법원이 설치되었다.

㉡ 1958년에 서명 발효된 유럽공동체에 공통되는 일정기관에 관한 협약에 의해 세 공동체는 공통의 단일의회와 단일법원을 갖게 되었으나 집행기관인 이사회와 위원회는 각각 독립적으로 유지했다.

㉢ 목적
- EEC : 관세동맹 결성, 수출입제한 철폐, 역외제국에 대한 공동관세와 공동무역정책의 설정, 역내의 노동력·서비스·자본이동의 자유, 공동농업정책의 수립 등이다.
- Euratom : 원자력의 평화적 이용을 위한 초국가적 관리, 핵물질의 독점소유권을 갖고 이를 회원국에게 분배, 원자력연구소·동위원소분리공장·원자로의 건설 등이다.

③ 통합조약(Merger Treaty)의 체결 : 1965년 서명되고 1967년 발효한 유럽공동체의 단일이사회와 단일위원회를 설립하는 조약이 체결되어 세 공동체의 이사회를 하나의 이사회로 고등관청과 두 위원회를 하나의 위원회로 통합했으나 세 공동체 자체가 통합된 것은 아니었다.

④ 유럽공동체의 확대

㉠ 1973년 1월 1일에는 영국(2020년 1월 탈퇴), 아일랜드, 덴마크가 EC에 가입하고 이후 꾸준히 회원국이 증가하여 현재 EU 회원국은 27개국으로 증가하였다.

㉡ 1979년에는 유럽의회 의원들에 대한 직접선거가 실시되었다.

㉢ 1985년 6월 14일에는 당시 공동체 회원국 10개국 중 5개국(벨기에, 프랑스, 독일, 룩셈부르크, 네덜란드) 간에 공동국경에서의 검문(신분확인절차)의 점진적 폐지를 위한 셍겐협정(Schegen Agreement)이 EC법의 테두리 밖에서 체결되었다.

(2) 제2기

1986년에 서명, 1987년에 발효한 단일유럽법(Single European Act)의 내용

① 유럽정치협력의 제도화 : 외교, 정치, 안보 분야의 협력을 위하여 그간 공동체 밖에서 진행되어 온 유럽정치협력을 공동체와는 별개의 법적 기구로 제도화시켰다.

② 공동체설립조약의 개정

㉠ 1992년 말까지 EEC의 역내 시장(Internal market)을 완성하도록 합의하였다.

㉡ 법인 또는 자연인이 공동체를 상대로 제기하는 일정 소송에 관하여 유럽재판소를 상소심으로 하고 그 아래에 1심 재판소(Court of First Instance)를 설치할 수 있는 권한을 이사회에 부여하였다.

(3) 제3기

1992년에 서명, 1993년에 발효한 마스트리흐트(Maastricht) 조약의 내용

① 유럽연합(European Union)의 창설과 기본 구조

- 마스트리흐트조약은 유럽연합을 창설한다고 선언하고 있으며, 그 기본구조는 기존의 세 공동체(European Communities), 공동외교·안보정책(a Common Foreign and Security Policy), 사법·내무 분야에서의 협력(Cooperation in the Fields of Justice and Home Affairs) 등의 세 기둥(일명 3주체제(three-pillar system))으로 구성된다.

② 제1기둥 : 세 공동체(European Communities)

㉠ 경제 및 통화연합

㉡ 유럽연합의 시민권규정을 도입한다.

㉢ 유럽의회의 권한을 획기적으로 강화한다.

③ 제2기둥 : 공동외교·안보정책

- 기존의 유럽정치협력 차원을 넘어서 공동방위를 위한 공동방위정책의 형성까지도 포함한다.

④ 제3기둥 : 사법·내무 분야에서의 협력

(4) 유럽연합의 발전

① 암스테르담조약(1997년 서명, 1999년 발효)

㉠ 제1기둥 내의 EC와 EU의 제3기둥에 더욱 긴밀한 협력으로 이름 붙여진 Two-Speed Europe 장치를 도입한다.

㉡ 협력절차는 공동결정절차로 대체하고, 제3기둥의 명칭을 '형사 문제에 있어 경찰 및 사법 협력'으로 바꿔 Europol을 통한 경찰협력, 범죄인인도 등의 사법 협력에 집중한다.

㉢ 셍겐협정과 이들 협정에 기초하여 채택된 관련 협정 및 규정들을 총칭하는 Schengen acquis를 EU 틀 속으로 편입시키기 위한 의정서를 채택한다.

② 니스조약(2001년 서명, 2003년 발효): 더욱 긴밀한 협력 장치를 EU 제2기둥으로 확대하기 위해 그 이름을 고양된 협력으로 개명하였다.

③ 유럽헌법조약(2004년 서명, 비준 실패) : 2005년 프랑스와 네덜란드의 국민투표에서 부결되어 비준에 실패했다.

④ 리스본조약(2007년 서명, 2009년 발효) : 순회의장국 제도가 폐지되고 상임의장인 유럽이사회 의장과 외교안보정책 고위대표직이 신설되었으며 이중다수결제도가 도입되었다.

3) 유럽연합의 주요 기관

(1) 개관

주요 기관으로는 위원회(Commission), 이사회(Council), 유럽의회(European Parliament), 유럽사법법원(European Court of Justice), 감사원 등이 있다.

(2) 위원회(commission)

① 구성 : 27명으로 구성되며 회원국 국민만이 위원이 될 수 있고 각 회원국은 1명의 자국민을 참여시켜야 하나 2명을 초과할 수 없다.

② 성격 : 위원회는 국제공무원으로 구성된 국제기관이며 위원들은 자국 정부로부터 독립하여 그 지시를 받아서는 안 된다.

③ 임기 : 위원의 임기는 5년으로 연임 가능하며 임기에 시차를 두지 않아 모든 위원이 동시에 교체된다.
④ 임무 : EU 위원회는 입법안 및 정책을 제안하고 집행하는 데 있어서 주도적 역할을 담당한다.
⑤ EU 외교안보정책 고위대표
  ㉠ 임명 : 유럽이사회가 집행위원회 의장과 합의하여 임명하는데 그는 집행위원회 부의장들 중의 한 명이기도 하다.
  ㉡ 임무 : 집행위원회 내에서 대외관계를 책임지며 EU의 공동외교안보방위정책을 수행한다.

(3) 이사회(Council)

① 구성 : 회원국 대표로 구성되며 각 회원국은 1명의 정부 대표를 파견한다.
② 구분 : EU 문제를 토의하기 위해 정부수반이 외무장관을 동반하고 참석하는 유럽이사회, 일반적 문제를 토의하기 위해 소관부처의 장관이 참석하는 일반이사회, 전문적 사항을 토의하기 위해 소관부처의 장관이 참석하는 전문이사회가 있다.
③ 유럽이사회
  ㉠ 구성 : 유럽이사회 의장, 집행위원회 의장, 회원국의 국가 또는 정부 수반으로 구성된다.
  ㉡ 의장
    - EU 자체의 의장이기보다는 EU의 한 기관인 유럽이사회의 상임의장을 의미한다.
    - EU의 공동외교안보정책에 관련된 문제들에 대해 EU를 대외적으로 대표한다.
    - 선출 : 유럽이사회에서 가중다수결로 선출된다.
    - 임기 : 임기는 2년 6개월이고 1차에 한해 연임이 가능하나, 국내 직책을 가질 수 없다.
  ㉢ 기능 : EU의 발전을 위해 필요한 자극을 제공하고 EU의 일반적인 정치 방향과 우선순위를 분명히 하는 것이다.
  ㉣ 의결 : 조약에서 달리 규정하는 경우를 제외하고는 유럽이사회의 결정은 컨센서스에 의한다.
④ 각료이사회
  ㉠ 구성 : 각 회원국의 각료(급)으로 구성된다.
  ㉡ 의장
    - 외무이사회의 의장은 EU 외교안보정책 고위대표가 맡는다.
    - 외무이사회를 제외한 다른 형태의 이사회들의 의장직은 회원국 대표들이 6개월씩 돌아가며 의장직을 수행한다.
  ㉢ 의결 : 사안에 따라 단순다수결, 가중다수결, 만장일치제 등을 통하여 의결한다.
    - 리스본조약은 가중다수결에 대한 정의를 변경하여 종전의 인구수를 고려해 각 회원국에 투표수를 차등 배분하는 방식에서 이사회 구성국들의 최소 55%와 동시에 EU 인구의 최소 65%를 의미하는 이중다수결제로 변경했다.
  ㉣ 임무 : 이사회는 공동체설립조약의 이행에 필요한 한도 내에서 입법권을 행사하며, 회원국의 경제정책을 조정하고 위원회에 권한을 위임하는 등의 임무를 수행하고 있다.

(4) 유럽의회(European Parliament)

① 연혁 : 1979년 직접·보통선거에 의하여 처음으로 구성되었으며, 5년마다 선거를 실시하고 있다.

② 구성
- ⊙ 회원국의 인구 규모를 고려하여 의석수를 배분한다.
- ⓒ 총 의석수는 영국의 탈퇴로 705석과 의장이다. 의장은 의원이기는 하나 사회를 보면서 투표에 참여하는 것이 허용되지 않는다.

③ 임기 : 임기는 5년인데 선출된 의원들은 국가별로 대표단을 구성하는 것이 아니라 정치그룹별로 구성한다.

④ 권한
- ⊙ 입법에서의 참여 : 유럽의회는 완전하고 주된 입법기구는 아니지만 입법 과정에 참여하는 절차가 보장되어 있다.
- ⓒ 집행기관의 감독 권한 : 유럽의회는 집행위원회 의장을 선출하며, 위원회에 대하여 불신임의결을 할 수 있는데, 유효투표수의 3분의 2와 재적과반수의 찬성을 얻어야 한다.
- ⓒ 예산에 관한 권한 : 비강제적 예산, 즉 유럽연합의 운영에 관계되는 예산 부문에 대한 통제권은 유럽의회에 있으며, 강제적 예산, 즉 EU법 적용의 자동결과로 성립하는 예산에 대해서는 이사회에 수정안을 제출할 수 있는 권한만 부여되어 있다.
- ⓔ 기타 : EC의 국제협정체결에의 참여권, 신회원국의 가입에 대한 동의권 등이 부여되어 있다.

(5) EU 사법재판소(Court of Justice of the European Union)

① 개설 : EU 사법재판소는 사법재판소(혹은 유럽재판소, Court of Justice), (기존의 제1심 재판소를 대신한) 일반재판소(General Court) 및 (기존의 사법 패널을 대신한) 전문재판소들(specialised courts)을 포함한 개념이다.

② 사법재판소(혹은 유럽재판소, Court of Justice)
- ⊙ 구성 : 사법재판소는 사법재판소의 재판관과 법률고문단으로 구성된다.
- ⓒ 임기 : 사법재판소는 각 회원국에서 한 명의 재판관을 내도록 하여 현재 재판관은 27명이며, 임기는 6년이고 법률고문관(Advocate General)은 현재 11명이다. 일반재판소의 재판관은 회원국당 2명의 재판관으로 구성되며 임기는 6년이다.
- ⓒ 임무 : 사법재판소는 조약을 해석하고 적용함에 있어 법이 준수되도록 확보하는 것을 임무로 하고 있다.
- ⓔ 소송의 유형
  - 직접소송(direct actions) : 처음부터 사법재판소에 직접 제기되고 끝나는 소송을 말한다.
  - 선결적 소송(preliminary rulings) : 회원국 재판소에서 개시되어 국내소송을 중간에 EU 사법재판소가 도와주는 소송으로, EU 사법재판소는 사건의 본안에 대해서는 판결을 내릴 수 없고 이에 대한 판단은 오직 부탁재판소만이 할 수 있다.

4) 유럽연합의 입법절차

(1) 개관

대체로 EU의 입법 과정은 위원회·이사회·유럽의회 제3자의 상호관계를 중심으로 하여 입법 과정에서의 의회 역할을 기준으로 협의절차(consultation procedure), 협력절차(co-operation), 공동결정절차(co-decision procedure) 및 동의절차(assent procedure) 등 네 가지로 구분된다.

(2) 협의절차(EC설립조약 189 a조)

일반적인 입법 과정으로 위원회가 제안을 하고, 이사회가 유럽의회의 의견을 구한 뒤 법안의 채택 여부를 결정하는 절차이다.

(3) 협력절차(EC설립조약 제189 c조)

위의 협의절차는 의회가 단 한 번 의견제시를 할 수 있을 뿐이나 협력절차는 두 번의 의견제시 기회를 부여하였다.

(4) 공동결정절차(EC설립조약 제189 b조)

마스트리흐트조약에 의하여 EC설립조약에 새로이 도입된 제도로서 의회와 이사회에 의한 진정한 공동의사결정으로 이행하는 데 그 목표를 두고 있다.

(5) 동의절차

이사회는 위원회의 제안에 기초하여 의회의 동의(assent)를 얻어야만 공동체 행위를 할 수 있는데, 이는 마치 국내법질서에서의 의회 동의절차와 비슷하다.

5) EU법과 회원국의 국내법과의 관계

(1) EU법 : 하나의 새로운 법질서

유럽사법재판소는 1963년의 Van Gend en Loos 사건에서 공동체는 국제법에 있어서 하나의 새로운 법질서를 구성한다고 판결하였으며, 1964년의 Costa v. Enel 판결에서도 보통의 국제조약들과는 대조적으로 EEC조약은 그 자신의 법체계를 창설하였다고 언급하였다.

(2) 회원국 내에서 EU법의 지위 : EU법 규정의 직접 효력

1963년의 Van Gend en Loos 사건에서 유럽사법재판소는 'EEC조약 제12조는 회원국의 국내법체계상 직접적 효력을 가지며, 이러한 규칙들은 사적 당사자들에게도 직접 적용된다'고 판시하였다.

(3) EU법 우위의 원칙

① 유럽사법재판소는 1964년 Costa v. ENEL 사건 판결에서 공동체법은 '국내적 차원에서 회원국의 헌법보다는 우월하다'는 공동체법 우위의 원칙을 확립하였다.

② 리스본조약을 채택한 정부 간 회의는 '우위에 관한 선언'을 통해 "EU조약과 EU기능조약, 그리고 이들 조약에 기초하여 EU가 채택하는 법은 유럽재판소의 확립된 판례법에 따라 이 판례법이 규정한 조건하에서 회원국들의 법에 우선한다는 점을 상기"하고 있다.

6) EU 회원국의 지위

(1) EU 가입

① EU는 EU조약 제6조 1항에 언급된 가치들을 존중하고 이들을 증진할 것을 약속하는 '모든 유럽국가들'에게 개방된다. 그러나 유럽국가들에 대한 정의는 규정하고 있지 않다.

② EU 가입 희망국은 이사회에 신청서를 제출한다.

③ 이사회는 집행위원회의 의견을 구하고, 또 재적의원 과반수로 유럽의회의 동의를 얻은 후 전원일치로 결정한다.

(2) EU 탈퇴

① 어떤 회원국이든지 자국의 헌법적 요건에 따라 EU로부터 탈퇴하기로 결정할 수 있다.

② 탈퇴하기로 결정한 회원국은 유럽이사회에 그같은 의사를 통고한다.

③ 탈퇴 협정은 유럽의회의 동의를 구한 후 가중다수결로 행동하는 이사회가 그 국가와 체결한다.

④ EU조약은 탈퇴 협정이 발효하는 일자부로 혹은 탈퇴 협정이 없을 경우에는 유럽이사회의 탈퇴 의사를 통고한 날로부터 2년 후에 탈퇴 국가에 더 이상 적용되지 않는다. 다만 이 2년의 기간은 만장일치로 행동하는 유럽이사회가 문제의 회원국과 합의하여 연장하기고 결정할 수 있다.

⑤ 영국은 이러한 탈퇴 절차를 거쳐 2020년 1월 31일 탈퇴를 완료했다.

4

개인

제1절 개인의 국제법 주체성

1. 국제법 주체성 여부

① **부정설**: 국가만이 국제법 주체이고 개인 및 국제조직은 주체가 될 수 없다는 주장이다.
② **긍정설**: 국가뿐 아니라 개인과 국제조직도 국제법 주체가 된다는 것으로 최근의 주장이다.
③ **개인의 국제법 주체성의 한계**: 개인이 국제법의 주체가 되는 경우는 조약에 의해 정해진 범위 내에 그치고 그 외의 사항에는 미치지 않으며 개인이 국제법 주체가 된다고 해도 결코 국제법의 정립에 참가할 능력은 없다.

2. 주체로서의 권리·의무

1) 권리

(1) 조약상 권리
우호통상항해조약에서 국가는 서로 상대방 국민에게 출입국, 거주, 통상, 영업 등에 관한 권리를 부여하고 있다. 이러한 권리는 조약에 의한 것이므로 국제법상의 권리이다.

(2) 국제소송권
개인이 국가를 상대로 국제법원에 소송을 제기할 수 있는 권리를 말한다.

① **국제포획법원**: 1907년 제2차 헤이그평화회의에서 설치가 예정된 법원이나 비준되지 못하였다. 조약에 의하면 해상포획의 대상이 된 적국인 또는 중립국인이 국내포획법원의 판정에 불복할 경우에는 일정한 범위 내에서 국제포획법원에 직접 제소하는 것이 인정되었다.

② **중미사법법원**: 1907년 중미 5개국 간 조약에 의해 설립되어 1918년까지 존속한 법원으로 개인의 제소권이 실정국제법으로 인정된 최초의 사례이다. 조약위반이나 기타의 국제법적 성질을 갖는 사건에 관하여 개인이 본국 정부의 반대가 있더라도 타국 정부를 상대로 제소할 수 있게 되었다.

③ **혼합중재법원**: 제1차 세계대전 후의 평화조약에 의해 연합국과 패전국과의 사이에 개별적으로 설치되었던 것으로 개인의 제소권이 인정되었다. 연합국 국민은 개인적으로 국적국 영역 내에서 입은 재산적 손해에 대해 직접 배상소송을 제기할 수 있었다.

④ **유럽사법재판소**: 개인이나 법인은 자기에게 직접적으로 관계있는 결정, 규칙 기타 조치의 위법, 무효를 다투며 유럽사법재판소에 제소할 수 있다.

⑤ **심해저분쟁재판부**: 유엔해양법협약상의 심해저분쟁재판부에는 개인이나 법인도 직접 제소할 수 있다.

⑥ ICSID(국제투자분쟁해결센터) : 개인과 타국 정부 사이에 투자분쟁이 발생한 경우 투자자나 체약국은 ICSID의 사무총장을 통하여 분쟁을 중재재판에 부탁할 수 있다.

⑦ 유엔공무원들은 유엔행정법원에 EU공무원들은 EU사법법원에 소송을 제기할 수 있다.

(3) 국제조직에 대한 청원권

① 신탁통치지역 주민의 유엔에 대한 청원권

② 인종차별철폐 협약상 특별조정위원회에 대한 청원권

③ 노동단체의 국제노동기구 사무국에 대한 신고권

④ 협약상의 권리침해를 받은 개인의 인권위원회에 대한 청원권

⑤ 유럽인권협약상 유럽인권위원회에 대한 청원권

2) 의무

조약상 의무, 해적행위 금지의무, 전쟁법규 준수의무, 침략전쟁 및 무력행사 금지의무, 집단살해 금지의무, 중립국인의 중립 준수의무

제2절 국적

1. 국민과 국적

① **국적의 의의**

　㉠ 국적이란 개인과 국가를 연결하는 법률적 유대를 말한다.

　㉡ 국적은 국가의 외교적 보호권 행사의 기준이 된다.

② **국적 유일의 원칙** : 개인은 반드시 국적을 가져야 하되 둘 이상의 국적을 갖지 않는 것이 원칙이다.

③ **국적의 결정** : 각국의 국내법상 독자적으로 결정하는 국내문제에 해당한다.

2. 국적의 취득·상실 사유

1) 취득 사유

국적의 취득 사유에는 출생, 귀화, 복적 및 국가영역의 변경이 있다.

① **출생** : 선천적 취득

　㉠ 혈통주의(속인주의) : 혈통에 의해 국적을 결정하는 주의로서 자(子)는 출생지에 관계 없이 부모의 국적을 취득한다. 한국, 일본, 독일, 스위스, 러시아, 오스트리아 등이 있다.

　㉡ 출생지주의(속지주의) : 자(子)는 부모의 국적에 관계 없이 출생지의 국적을 취득한다. 영, 미, 남미국가 등이 있다.

　㉢ 절충주의 : 혈통주의와 출생지주의를 결합한 주의로 현재는 대부분 국가가 이를 채택하고 있다.

　㉣ 우리나라는 법률(국적법)에 의하여 혈통주의 원칙을 채택하고 있으나, 법률을 개정하면 출생지주의로의 전환이 가능하다.

② **귀화** : 출생 후의 원인에 의한 국적 취득 사유의 하나로 당사자의 의사 표시에 의해 외국에 귀화를 신청하고 허가를 얻어 국적을 취득하는 방법이다.

③ **국적회복** : 당사자의 의사 표시에 의해 상실한 국적을 회복하는 국적취득 사유를 말한다.

④ **국가영역의 변경** : 국가영역 변경 시 변경지역에 거주하는 주민은 원칙적으로 영역 취득국의 국적을 취득한다.

> **관련판례**
>
> ### 노테봄(Nottebohm) 사건(1955, ICJ)
>
> ① 사건 요약 : 과테말라에서 활동하던 독일 국적의 노테봄은 2차대전이 발발하자 중립국인 리히텐슈타인의 국적을 취득하였으나, 연합국에 가담한 과테말라는 노테봄을 적국민으로 간주하여 재산을 몰수하자 리히텐슈타인이 ICJ에 제소한 사건이다.
> ② 판례 요지
>   ㉠ 외교적 보호권 행사를 위해서는 개인의 국적과 국가의 진정한 관련성(genuine link)이 요구되나, 노테봄과 리히텐슈타인의 진정한 관련성이 없으므로 리히텐슈타인의 외교적 보호권 행사는 인정되지 않는다.
>   ㉡ 국제법상 국적부여 문제는 원칙적으로 국가의 관할권이나, 국적을 바탕으로 자국민의 외교적 보호권을 행사하고자 하는 경우 국적문제는 국제법상의 문제가 된다.

2) 상실 사유

국적의 이탈, 국적의 박탈, 국가영역의 변동

3) 국적의 저촉

① 국적 부여는 국내문제로서 국가마다 국적 부여 기준이 상이하여 동일인이 2개 이상의 국적을 갖는 적극적 저촉의 경우와 전혀 국적을 갖지 못하는 소극적 저촉의 경우가 발생할 수 있다.

② 이론적으로 이중국적자는 두 국적의 관할을 받게 되고 무국적자는 법적으로 소속국가가 없어 아무런 보호를 받지 못하는 경우가 발생할 수 있다.

③ 국제적 노력

㉠ 1930년 국제법전편찬회의 결과 '국적법의 저촉에 관한 헤이그협약', '이중국적의 어떤 경우에 있어서의 병역의무에 관한 의정서', '무국적의 어떤 경우에 관한 의정서'와 '무국적에 관한 특별의정서' 등 4개의 일반조약을 채택하였다.

㉡ 1954년 무국적자지위협약, 1961년 무국적감소협약이 채택되었다.

제3절 외국인

1. 외국인

1) 의미

자국국적을 보유하지 않은 자를 말하며 외국국적 보유자와 무국적자가 있다. 자국국적을 보유한 이중국적자는 자국민으로 취급된다.

2) 출입국

(1) 입국

① 외국인의 입국 허용 여부, 입국의 조건 등은 국가가 자유로이 정하는 국내문제에 속한다.
② 보통 2국 간의 우호통상항해조약으로 상호 인정하는 것이 일반적이다.
③ 입국의 허가를 국가나 인종에 따라 차별하는 것은 국제법 위반은 아니나 정치적 비난이나 보복의 대상이 된다.

(2) 출국

① **자발적 출국** : 외국인은 출국의 자유를 가지며 국가는 원칙적으로 출국을 금지할 수 없다.
② **출국 제한** : 외국인에게 귀책 사유가 있거나 형집행 중인 경우 또는 납세해태 시에는 출국을 정지시킬 수 있다.
③ **강제적 출국** : 추방
   ㉠ 의미 : 추방이란 국가가 영역권에 입각하여 외국인에게 명하는 출국명령을 말한다.
   ㉡ 추방 사유 : 광범위한 재량이 인정되나 정당한 사유가 있어야 한다. 추방의 정당한 이유로는 국가안전, 공공질서, 보건, 입국 절차를 밟지 않고 불법으로 입국하는 경우 등이 예시되고 있다.
   ㉢ 절차 : 추방은 형벌이 아닌 행정행위이며 반드시 외교기관을 경유할 필요도 없다.
   ㉣ 1966년 시민적·정치적 권리에 관한 규약(B규약)에는 추방은 법적 결정에 의해서만 가능하며 자기변호 기회를 제공할 것을 규정하고 있다.
   ㉤ 본국 수용 의무 : 추방된 외국인의 소속국가는 추방된 자를 받아들일 의무가 있으며, 합리적인 사유가 있는 경우 자국민에 대한 입국 거부도 인정된다. 김대순
   ㉥ 2014년 ILC 초안은 '타국의 영토에서 합법적으로 존재하다가 위법하게 추방된 외국인은 추방이 위법하였다는 것이 권한있는 당국에 의해 입증되는 경우 추방국으로 재입국할 권리를 갖는다'고 규정하고 있다.
③ **강제적 출국** : 범죄인 인도
   외국에서 외국 형사법을 위반하여 유죄판결을 받고 자국에 체재하는 외국인인 범죄인은 범죄인인 도조약에 의해 소추 또는 처벌을 위해 당해국에 강제적으로 인도된다.

2. 외국인의 지위

1) 일반적 지위
외국인은 재류국의 영역고권과 자기본국의 대인고권에 이중적으로 복종하는 지위에 있다.

2) 외국인의 권리

(1) 개설
① 우호통상조약에서는 보통 외국인에 대해 내국민대우나 최혜국대우를 규정하고 있으며 이러한 규정이 없는 경우 국내법에 의해 임의로 결정하는 것이 보통이다.
② 외국인에게도 자연법상의 권리인 자유권, 인간의 존엄과 가치, 행복추구권 등은 주체성이 인정된다.

(2) 사법상의 권리
① 외국인에게도 원칙적으로 사법상의 권리는 인정된다.
② 모든 외국인은 재류국에서 일상생활필수품을 향유할 수 있는 능력, 계약능력, 결혼능력 및 상속능력이 인정되며 사유재산권을 가진다.
③ 재산권과 직업에 대해서는 국가의 안전, 공공질서 또는 국민의 중대한 이익의 보호라는 관점에서 외국인에게 일정한 제한이 가해진다.

(3) 공법상의 권리
① **부인되는 공법상의 권리** : 정치적 권리인 선거권, 피선거권, 공무담임권 등과 사회적 권리인 근로의 권리, 교육을 받을 권리, 인간다운 생활을 할 권리 등과 같은 것은 인정되지 않는다.
② **인정되는 공법상의 권리** : 신체의 자유, 종교의 자유, 언론출판의 자유, 학문의 자유 등과 같은 자유권과 재판청구권 등은 인정된다.

3) 외국인의 의무
① 외국인은 속지주의원칙상 재류국의 관할권에 복종할 의무를 진다.
② 외국인이 재류국 국민과 동일한 의무를 지는 것으로는 경찰·납세·재판 등에 관한 것이 있다.
③ 신분상이나 공법상 외국인은 병역의 의무, 교육의 의무 등은 부정되나 비상경찰권에 복종할 의무, 전시방공활동의무 등은 인정된다. 이중국적자의 경우 강제징집이 가능한 것으로 보고 있다.

4) 외국인의 보호
① **의의** : 영토 국가는 외국인의 입국을 허용한 경우 국제법이 요구하는 일정 기준에 따라 대우할 것이 일반관습법상 요구되고 있다.
② **보호 기준**
  ㉠ 국내표준주의(내국민대우주의) : 시민적·사적 권리에 관해 외국인은 내국인과 동일한 대우를 받

으며 외국인의 대우는 이것으로 족하다는 주장이다. 일반적으로 개도국들이나 후진국들에 의해 주장되고 있다.

- 아르헨티나 외교관 Carlos Calvo는 1896년의 한 논문에서 "한 국가에 정착하는 외국인들이 내국인과 동일한 보호를 받을 권리를 가지고 있는 것은 분명하지만 그들은 그보다 더 확대된 보호를 주장해서는 안 된다"고 주장했는데 이를 칼보 독트린이라고 한다.

ⓒ 국제표준주의(국제최소기준) : 외국인의 대우는 단순한 내외국인 평등 대우로는 부족하며 국제법이 요구하는 최저한의 기준에 합치되어야 한다는 입장이다. 일반적으로 선진국에 의해 주장되고 있다.

5) 외국인 재산의 국유화

① **의미** : 외국인 재산의 국유화란 국가가 사회적·경제적 개혁의 일환으로 사적 경제활동에 관여하여 특정한 사유재산을 국가기관에 강제적으로 이전하는 것을 말한다.

② **재산의 의미** : 국유화의 대상이 될 수 있는 재산의 개념에는 동산, 부동산, 무체재산(특허, 저작권 등의 지적재산권) 등이 포함된다. 계약상의 권리도 재산에 포함되는 것으로 본다. 김대순

③ **국유화의 의미** : 국제법에서 말하는 국유화는 재산의 강제적 취득뿐만 아니라 이에 이르지 않는 "사용, 수익, 처분의 부당한 방해"를 포함하는 데 이를 간접수용이라 한다.

④ **외국인 재산 국유화의 적법 요건**

㉠ 공익의 원칙 : 국유화는 공익을 목적으로 행해져야 함을 의미한다.

㉡ 무차별의 원칙 : 국유화를 행하는 국가는 자국민과 외국인간, 외국인 상호간의 재산에 차별을 두어서는 안 된다.

㉢ 보상의 원칙 : 국유화는 보상을 지급해야 한다.

㉣ 외국 국유재산 존중의 원칙 : 국유화 조치의 대상 가운데 외국의 국유재산과 그 밖에 특권면제를 누리는 외국인의 재산은 국유화에서 제외되며 국유화를 행하는 국가는 이들 재산을 보호해야 한다.

㉤ 조약준수의 원칙 : 국유화를 행하는 국가는 외국인의 본국과 체결한 조약과 일반국제법을 준수해야 한다.

> **참고**
>
> **보상**
>
> ① 1938년 멕시코가 포고령을 통해 외국의 석유산업을 국유화한다고 발표하자 미국의 Hull 국무장관은 외국인 재산의 국유화 시 국제법상 신속하고, 충분하고, 효과적인 보상이 요구된다고 주장했다.
> ② 유엔 총회는 1962년 '천연자원에 관한 영구주권 선언'이라는 결의를 통해 각국의 국유화 권리를 인정하며 소유주는 "국제법에 따라 적절한(appropriate) 보상"을 받는다고 규정했다.
> ③ 1973년의 유엔 총회 결의 '천연자원에 관한 영구주권 선언'을 통해 국유화국에 보상액 및 지급방법에 대한 결정권능이 있으며 국유화에 관련된 모든 문제를 국유화국의 국내법에 의해 해결한다고 규정했다.
> ④ 유엔 총회 결의로 1974년 채택된 '국가의 경제적 권리·의무 헌장'에서는 "국제법에 따라"라는 표현 대신 "각국은 자국의 관련 법령과 적절하다고 생각하는 모든 상황을 고려하여 적절한 보상"을 지불해야 한다고 규정했다.
> ⑤ 선진국은 충분한 보상을 요구하며 분쟁은 최종적으로 국제적으로 해결되어야 한다는 입장인 반면 개도국은 적절한 보상과 국유화국의 국내법에 의한 분쟁 해결을 주장한다.
> ⑥ 위법한 국유화에 대한 구제방법은 1차적으로 원상회복이나, 현실적으로는 대부분 금전배상을 통해 해결하고 있다.

범죄인의 인도

1. 의미

외국에서 외국의 형법이나 형사법규를 위반한 범죄자(외국인)가 자국으로 도망하여 온 경우 외국의 인도 요청에 따라 자국이 그 범죄인을 인도해주는 제도를 말한다.

2. 법원

① 범죄인인도에 관한 보편조약은 없으나, 1933년의 Montevideo 조약 및 1957년 범죄인인도에 관한 유럽협약 등 몇 가지 지역적 다자조약은 있다.

② 우리나라는 1988년 범죄인인도법을 제정하였고, 1990년 오스트레일리아와 양자간 범죄인인도조약을 최초로 체결하였으며, 미국, 일본, 중국, 프랑스 등 33개국과 양자간 범죄인인도조약을 발효시켜 운영하고 있다. 또한 2011년부터 범죄인인도에 관한 유럽협약의 역외 당사국이 되었다.

3. 인도 의무 여부

① 도망범죄인의 인도 의무는 국제법상 확립되어 있지 않으므로 원칙적으로 국가는 국제법상 범죄인을 인도할 의무가 없다.

② 국가는 타국과의 개별적 조약에 의해 또는 그 국내법에 의해 범죄인을 인도하는 것을 규정하는 것이 보통이다.

③ 우리나라의 범죄인인도법 제4조(상호주의)는 "인도조약이 체결되어 있지 아니한 경우에도 범죄인의 인도를 청구하는 국가가 같은 종류 또는 유사한 인도범죄에 대한 대한민국의 범죄인 인도청구에 응한다는 보증을 하는 경우에는 이 법을 적용한다"고 규정하고 있다.

4. 인도 요건

1) 주체에 관한 요건

(1) 인도 주체

① 인도 주체는 인도 청구국과 인도국이다. 개인이나 집단은 인도청구나 인도를 할 수 없다.

② 범죄인 인도를 청구하는 국가(범죄인 청구국)는 범죄발생지국, 법익피해국, 피해자국적국 및 가해자 국적국이 있다.

(2) 인도 청구의 경합

국제법상 확립된 원칙은 없으나 보통은 다음 순위에 의한다.

① 동일인의 동일 범죄의 경우

㉠ 범죄발생지국과 기타국가의 청구가 경합하는 경우에는 범죄발생지국에 우선적 인도한다.

㉡ 범죄지국 상호간 또는 기타국 상호간에는 청구 순서대로 인도한다.

② **동일인의 상이한 범죄의 경우** : 범죄의 경중을 고려하여 중한 범죄 청구국에 인도하며 범죄의 경중이 불분명한 경우에는 청구 순서에 의한다.

2) 객체에 관한 요건

(1) 범죄의 장소

① 원칙적으로 인도 대상이 되는 범죄는 타국 영역에서 범한 죄에 한하며 자국 영역 내에서 발생한 범죄는 범죄인이 외국인이라도 인도 대상이 되지 않는다.

② 예외적으로 공범의 일부가 자국에 소재하면서 다른 일부를 타국에 잠입시켜 범죄를 발생케 하거나 자국에서 범죄에 착수하여 타국에서 결과가 발생한 경우에는 인도대상이 될 수 있다.

③ 공해상의 선박 또는 항공기에서의 범죄는 당해 선박 또는 항공기 소속국의 영역 내 범죄와 동일하게 취급된다.

(2) 범죄인

① 인도대상은 범죄인이어야 하며 증인으로 필요한 사람은 범죄인인도의 대상이 아니다.

② 민사소송판결이나 행정소송판결의 집행을 위해 필요한 사람은 범죄인인도 요구에 해당하지 않는다.

(3) 범죄인의 국적 : 자국민 불인도의 원칙

① 인도될 범죄인은 원칙적으로 외국인이며, 자국민인 경우에는 인도하지 않는다.

② 프랑스, 독일 등 대륙법계 국가는 이 원칙을 지지하고 있으나, 영미법계 국가는 자국민도 인도하고 있다.

③ 영미법계의 국가들은 속지주의를 원칙으로 하고 속인주의를 예외로 하고 있는데 이들 국가는 자국민의 해외범죄를 원칙적으로 처벌하지 않음을 의미한다.

④ **국적의 결정 시기** : 오늘날 다수의 인도조약은 범죄행위 시를 국적의 결정 시기로 보고 있다.

(4) 인도 범죄와 인도 제한

① **최소 중요성의 원칙** : 인도 범죄는 상당한 중죄(serious crimes)여야 하며, 일반적으로 중죄에 해당하기 위해서는 그 법정형이 1년 이상의 자유형에 해당해야 한다.

② '이중범죄'의 원칙 또는 '쌍방범죄성'의 원칙 : 인도 대상이 되는 범죄는 대체로 인도 청구 시에 청구국과 피청구국에서 다같이 범죄를 구성하는 행위여야 한다.
  ㉠ 최근에는 중요 범죄의 인도가 좀 더 실효적으로 이루어질 수 있도록 쌍방범죄성의 원칙을 포기하는 경우도 생기고 있다.
  ㉡ 1996년 9월에 채택된 "범죄인인도에 관한 EU협약" 제3조 1항에 의하면 청구국에서 12개월 이상의 자유형에 해당하는 마약거래와 기타 조직범죄 분야에서의 일체의 범죄에 대해 피청구국은 그 국가의 국내법에서 인도를 요청받은 범죄를 범죄로 규정하고 있지 않더라도 인도를 해주어야 한다.
③ 유용성의 원칙 : 유용성의 원칙이란 범죄인 인도제도의 취지는 범인을 실제로 처벌하기 위한 것이므로 인도가 이러한 처벌의 목적에 유용해야 한다는 것을 말한다. 해당 범죄에 대하여 시효가 완성하였다든지 집행유예의 범죄의 경우는 인도할 필요가 없다.

(5) 범죄 특정의 원칙(특정주의)

① 의미 : 청구국에 인도된 범죄인은 청구 원인이 된 특정범죄에 대해서만 처벌되며 인도 요청된 범죄보다 중한죄, 경한죄로 처벌할 수 없다는 원칙을 말한다.
② 예외
  ㉠ 범죄인을 인도해 준 국가에게 새로 추가된 범죄에 관한 충분한 증거를 보내고 인도국이 그 두 번째 범죄에 대한 재판에 동의하는 경우 인도받은 범죄인의 두 번째 범죄에 관해서도 재판, 처벌할 수 있다.
  ㉡ 한미 범죄인인도조약에는 인도 후 새로이 범한 범죄, 범인 자신이 동의하는 경우, 인도국이 다시 동의하는 경우, 출국할 기회가 부여되었음에도 본인이 자의로 계속 체류한 경우 등에는 새로운 범죄에 대한 처벌이 가능함을 규정하고 있다(한미 범죄인인도조약 제15조).
  ㉢ EU의 유럽체포영장제도 하에서는 범죄특정의 원칙도 크게 포기되고 있다. EU는 2002년 채택한 "유럽체포영장"이라는 신속인도절차를 통해 영장발부국(인도요청국)의 법에 의해 3년 이상의 형이 선고될 수 있는 32개의 중요 범죄에 대해서는 쌍방범죄의 원칙을 포기하였다. 또한 범죄특정의 원칙도 상호주의 조건 하에 포괄적으로 포기 내지는 제한되고 있으며 범죄인 자신의 의사에 의해 범죄특정 원칙의 권리를 포기하는 것도 허용하고 있다.

5. 정치범불인도의 원칙

1) 의의

정치범불인도의 원칙이란 범죄인 인도에 있어서 보통범죄인은 인도의 대상이 되지만 정치범죄인은 인도의 대상에서 제외된다는 원칙이며, 이는 국제법상 확립된 원칙이다.

2) 연혁

① 정치범을 인도대상에서 제외시킨 최초의 국내입법은 1833년의 벨기에 범죄인인도법이며, 정치범

을 인도대상에서 제외시킨 최초의 조약은 1834년의 벨기에-프랑스 범죄인인도조약이다.

② 오늘날 대부분의 인도조약은 정치범죄를 인도 대상에서 제외시키고 있으나, 반대로 정치범죄라는 이유로 인도를 거절해서는 안 된다고 명시한 특별한 경우도 있다.

- 1996년 EU 회원국 법무부장관들은 "범죄인인도에 관한 EU협약"에 서명하였는데 이 협약은 "EU 회원국은 범죄가 정치적이라는 이유로 타 EU 회원국의 범죄인인도요청을 거절해서는 안 된다"고 규정하고 있다.

3) 정치범죄의 정의

① 정치범죄의 정의

㉠ 정치범죄라 함은 특정국의 정치질서 침해를 목적으로 하는 범죄를 말한다.

㉡ 대체로 제2차 세계대전 이전까지는 정치범죄는 권력획득을 위한 조직적 운동의 일부인 경우에만 정치범죄로 간주될 수 있었다.

㉢ 제2차 세계대전 이후부터는 범죄가 정치적 박해로부터 해방되기 위해 행해진 경우에도 정치범죄로 간주되게 되었다.

② 범죄의 정치적 성격을 결정함에 있어서 서방국가들은 그 어떤 경우에도 수단과 목적의 비례 혹은 균형을 고려한다. 즉 수단의 비례성이 목적의 정치적 성격을 초과하는 경우, 문제의 범죄는 정치범죄로 간주되지 않는다.

③ 범죄의 정치성 여부를 결정하는 국가 간의 조약관행에 의하면 결정권은 피청구국에 부여되고 있다.

4) 정치범불인도의 예외

① 상대적 정치범죄

㉠ 의미 : 상대적 정치범죄는 살인과 같은 보통범죄의 요소를 포함하고 있는 정치범죄를 말한다.

㉡ 가해조항(벨기에 조항) : 벨기에가 1856년 조약 또는 국내법상으로 국가원수나 그 가족에 대한 살해행위를 정치범죄로 인정하지 않는다고 규정한 조항을 말한다.

② 반사회적 범죄 : 모든 국가의 정치적 질서를 부인하는 무정부주의자 등의 행동은 불인도의 대상이 되지 않는다.

③ 국제 범죄 : 전쟁범죄, 해적행위, 집단학살, 고문 등과 같은 국제법상의 범죄행위나 테러행위와 같은 무고한 불특정 다수인을 대상으로 하는 범죄는 정치범으로 취급되지 않는다.

6. 인도 절차 : 외교경로를 통하여 진행

① **청구기관** : 인도의 청구는 외교기관을 통하여 행해지는 것이 원칙이다.

② **청구서류** : 인도의 청구는 정식외교문서로 한다. 통상 인도청구서, 체포영장, 대상자 신원확인자료, 범죄 사실에 관한 자료 등이 첨부된다.

③ **인도재판** : 대부분 국가에서 강제적 인도는 법원의 허가를 받아야 한다. 한국에서는 서울고등법원

이 단심으로 결정한다. 단 법원의 인도허가 결정이 내려져도 한국의 이익보호를 위해 인도가 부적절하다고 인정되는 경우 법무부장관은 인도를 하지 않을 수 있다.

④ **청구비용** : 범죄인인도에 소요되는 비용은 청구국이 부담하는 것이 원칙이다.

7. 인도적 고려

① 1984년의 고문방지협약 제3조 1항은 고문당할 염려가 있는 국가로의 추방, 송환 또는 인도를 금지하고 있다.

② 2002년의 유럽체포영장에 관한 EU 이사회 골격결정도 그 누구도 사형, 고문, 기타 잔혹하거나 모욕적인 대우 또는 처벌에 처해질 수 있는 중대한 위험이 있는 국가로는 이송, 추방 혹은 인도되어서는 안 된다고 규정하고 있다.

③ 고문이나 사형과 관련해서는 국가들은 인도하기 전에 청구국에 도망자의 인권이 보증될 것이라는 외교보증을 요구하는 경우도 있다.

8. 불법체포와 관할권 행사

① **문제 제기** : 범죄용의자를 타국에서 납치해 자국 법정에서 재판관할권행사가 가능한지가 문제된다.

② **사례**

㉠ 이스라엘은 1960년에 제2차 세계대전 당시 홀로코스트(Holocaust)의 주역인 Adolf Eichmann을 아르헨티나에서 납치하여 기소했는데 이스라엘 재판소는 "법의 문제로서 오로지 아르헨티나의 주권적 권리가 이스라엘의 행동에 의해 침해되었을지라도 피고의 권리가 침해된 것은 아니다"라고 판결하였다.

㉡ 1989년 12월 미국은 파나마에 군사적 침공까지 감행하여 파나마의 실권자 Manuel Antonio Noriega 장군을 마약사범으로 납치한 뒤 미국 법정에 세운 적이 있다.

㉢ 미국은 1992년 6월 멕시코로부터 납치되어 기소된 멕시코인 Alvarez-Machain 사건에서 미국-멕시코 간 범죄인인도조약에서 납치를 명시적으로 혹은 묵시적으로 금지하고 있지 않다는 이유를 들어 미국재판소의 형사관할권 행사를 인정하였다.

③ **국제법적 입장**

㉠ 영토국의 동의에 의하지 않은 체포, 납치는 당해 영토국의 주권을 침해하는 행위이므로 국제법의 차원에서 국가책임을 발생시킨다.

㉡ 영토주권을 침해당한 국가는 그 침해국을 상대로 원상회복을 포함한 국제청구를 제기할 권리를 갖게 된다.

관련조문

한국의 범죄인인도법

제5조(인도에 관한 원칙) 대한민국 영역에 있는 범죄인은 이 법에서 정하는 바에 따라 청구국의 인도청구에 의하여 소추(訴追), 재판 또는 형의 집행을 위하여 청구국에 인도할 수 있다.

제6조(인도범죄) 대한민국과 청구국의 법률에 따라 인도범죄가 사형, 무기징역, 무기금고, 장기(長期) 1년 이상의 징역 또는 금고에 해당하는 경우에만 범죄인을 인도할 수 있다.

제7조(절대적 인도거절사유) 다음 각 호의 어느 하나에 해당하는 경우에는 범죄인을 인도하여서는 안 된다.
1. 대한민국 또는 청구국의 법률에 의하여 인도범죄에 관한 공소시효 또는 형의 시효가 완성된 경우
2. 인도범죄에 관하여 대한민국 법원에서 재판계속 중이거나 재판이 확정된 경우
3. 범죄인이 인도범죄를 행하였다고 의심할만한 상당한 이유가 없는 경우. 다만, 인도범죄에 관하여 청구국에서 유죄의 재판이 있는 때에는 그러하지 아니한다.
4. 범죄인이 인종, 종교, 국적, 성별, 정치적 신념 또는 특정 사회단체에 속함 등을 이유로 처벌되거나 그 밖의 불이익한 처분을 받을 염려가 있다고 인정되는 경우

제8조(정치적 성격을 지닌 범죄 등의 인도거절)
① 인도범죄가 정치적 성격을 지닌 범죄이거나 그와 관련된 범죄인 경우에는 범죄인을 인도하여서는 아니된다. 다만, 인도범죄가 다음 각 호의 어느 하나에 해당하는 경우에는 그러하지 아니하다.
1. 국가원수, 정부수반 또는 그 가족의 생명, 신체를 침해하거나 위협하는 범죄
2. 다자간 조약에 의하여 대한민국이 범죄인에 대하여 재판권을 행사하거나 범죄인을 인도할 의무를 부담하고 있는 범죄
3. 다수인의 생명, 신체를 침해, 위협하거나 이에 대한 위험을 야기하는 범죄
② 인도청구가 범죄인이 행한 정치적 성격을 지닌 다른 범죄에 대하여 재판을 하거나 그러한 범죄에 대하여 이미 확정된 형을 집행할 목적으로 행하여진 것이라고 인정되는 경우에는 범죄인을 인도하여서는 아니된다.

제9조(임의적 인도거절사유) 다음 각호의 어느 하나에 해당하는 경우에는 범죄인을 인도하지 아니할 수 있다.
1. 범죄인이 대한민국 국민인 경우
2. 인도범죄의 전부 또는 일부가 대한민국 영역 안에서 행하여진 경우
3. 범죄인이 인도범죄 외의 범죄에 관하여 대한민국 법원에 재판이 계속중인 경우 또는 형의 선고를 받고 그 집행을 종료하지 아니하거나 면제받지 아니한 경우
4. 범죄인이 인도범죄에 관하여 제3국(청구국이 아닌 외국을 말한다. 이하 같다)에서 재판을 받고 처벌되었거나 처벌받지 아니하기로 확정된 경우
5. 인도범죄의 성격과 범죄인이 처한 환경 등에 비추어 범죄인을 인도함이 비인도적이라고 인정되는 경우

제10조(인도가 허용된 범죄 외의 범죄에 대한 처벌 금지에 관한 보증)
인도된 범죄인이 다음 각 호의 어느 하나에 해당하는 경우를 제외하고는 인도가 허용된 범죄 외의 범죄로 처벌받지 아니하고 제3국에 인도되지 아니한다는 청구국의 보증이 없는 경우에는 범죄인을 인도하여서는 아니된다.
1. 인도가 허용된 범죄사실의 범위에서 유죄로 인정될 수 있는 범죄 또는 인도된 후에 범한 범죄로 범죄인을 처벌하는 경우
2. 범죄인이 인도된 후 청구국의 영역을 떠났다가 자발적으로 청구국에 재입국한 경우
3. 범죄인이 자유롭게 청구국을 떠날 수 있게 된 후 45일 이내에 청구국의 영역을 떠나지 아니한 경우
4. 대한민국이 동의하는 경우

제5절 난민의 보호

1. 의미

① **협의의 난민** : 난민은 협의로 정치적 난민을 지칭하며 정치적 사상, 인종, 종교, 국적 등을 이유로 국적국으로부터 박해를 받거나 받을 현저한 우려가 있어 외국에 거류하며 국적국으로의 송환을 희망하지 않고 외국에 비호를 구하는 자를 말한다.

② **광의의 난민** : 광의로는 재해나 경제적 이유에 의한 일반적 난민도 포함한다.

2. 국제적 노력

① **국제연맹**
  ㉠ 제1차대전 이후 100만여 명의 난민이 발생하여 국제적 차원에서 난민을 보호하려는 움직임이 시작되자 1921년 국제연맹은 난민 최고대표(고등판무관, High Commissioner for Refugees)로 노르웨이인 Nansen을 임명하고 최고대표(판무관) 사무소를 설치하여 난민구호활동을 전개하였다.
  ㉡ 1921년 난센이 거류지국 밖으로 여행하는 난민의 편의를 위해 여행증명서를 최초로 발급하였다.

② **UN 구호·부흥기관** : 난민최고대표(고등판무관) 사무소와 난민위원회의 기능은 1943년 창설된 UN 구호 부흥기관(UNRRA)에 의해 승계되었다.

③ **국제난민기구** : 1946년 12월 UN 총회 결의에 의해 국제난민기구(International Refugee Organization, IRO)는 UNRRA의 난민구호기능을 승계하였다.

④ **UN 난민최고대표(고등판무관)** : 1949년 IRO의 폐지를 결정한 후 1949년 12월 UN 총회 결의로 UN 난민최고대표(고등판무관, High Commissioner for Refugees)의 임명을 결정하고 1951년 최고대표(고등판무관) 사무소가 발족하여 IRO의 기능을 승계하여 오늘에 이르고 있다.

⑥ **관계조약 및 선언**
  ㉠ 1948년 세계인권선언(제13조~15조)
  ㉡ 1951년 난민지위에 관한 협약
  ㉢ 1966년 시민적·정치적 권리에 관한 협약(제12조~13조)
  ㉣ 1967년 1월 난민의 지위에 관한 의정서
  ㉤ 1967년 12월 영토적 비호에 관한 선언

3. 난민의 요건

① 자격 요건
- ㉠ 1951년의 난민협약 및 1967년의 의정서상 난민의 개념 요소로는 박해로 인한 공포로 인하여 국적국 또는 상주국 이외의 지역에 있는 자를 말한다.
- ㉡ 난민협약상 난민은 협의의 난민, 즉 정치적 난민만을 대상으로 한다.

② 자격 결정
- ㉠ 난민협약과 난민의정서는 난민자격결정에 관하여 직접 규율하고 있지 않으며, 따라서 난민의 자격 부여는 개별국가의 재량사항에 해당한다.
- ㉡ UN난민최고대표(고등판무관)는 난민협약과 난민의정서에 근거하여 국가의 난민지위결정 과정에 여러 형태로 참여하고 있다.

③ 자격배제
- ㉠ 평화에 대한 범죄, 전쟁범죄 또는 인도에 대한 범죄에 관하여 규정하는 국제문서에 정하여진 그러한 범죄를 범한 자.
- ㉡ 난민으로서 피난국에 입국하는 것이 허가되기 전에 그 국가 밖에서 중대한 비정치적 범죄를 범한 자.
- ㉢ 국제연합의 목적과 원칙에 반하는 행위를 행한 자.

4. 난민의 국제적 보호

1) 난민의 비호

(1) 비호(권)의 의의

① 의미 : 난민이 국적국의 박해로부터 도피할 수 있도록 국적국의 관할권이 미치지 않는 외교사절공관, 외국군대병영, 외국군함 등에 들어온 정치적 난민들에게 망명을 허용하고, 그 본국에의 인도를 거절하는 것을 말한다.

② 성격
- ㉠ 전통적으로 비호권이라고 하는 것은 국가의 권리이며 개인이 외국에 대하여 요구할 수 있는 권리가 아니다.
- ㉡ 비호권은 망명을 허용할 주권국가의 권리이며, 망명처의 제공을 요구하는 개인의 권리가 아니다. 어떠한 개인도 망명을 요구할 권리가 없으며, 또한 어떤 국가도 망명을 허용할 의무가 없다. 김대순

(2) 비호의 유형

① **영토적 비호(territorial asylum)** : 오랜 관행을 거쳐 국제관습법화되었다.

② **외교적 비호(diplomatic asylum)** : 일부 중남미국가들이 외교공관에서의 정치적 난민을 비호할 수 있다고 주장하나, ICJ는 비호권 사건에서 이를 부인하였다.

2) 난민의 일반적 보호

(1) 입국 허가

① 국가는 외국인에게 입국을 허용해야 할 국제법상 의무가 없으므로 난민도 해당 국가로부터 입국허가를 얻어야 한다.

② 어떠한 경우에도 불법입국한 난민이 관계 당국에 지체 없이 출두하여 정당한 이유를 제시하면 당해국은 당사자를 불법입국으로 처벌할 수 없다.

(2) 추방금지와 강제송환금지

① **추방금지** : '합법적으로 체약국 영토 안에 있는 난민'은 국가안보나 공공질서 상의 이유가 아닌 한 원칙적으로 추방할 수 없다.

② **강제송환금지** : 난민협약은 입국의 적법, 부적법과 관계없이 생명이나 자유가 위협받는 영역의 국경에 난민을 송환해서는 안 된다는 강제송환금지를 규정하고 있다.

(3) 여행증명서와 재입국 보장

① **여행증명서 발급** : 국가는 자국 내에 합법적으로 거류하고 있는 난민에게 국가의 안전보장 또는 공공질서의 유지를 위해 부득이한 사유가 없는 한 해외여행을 위한 증명서를 발급해야 한다.

② **재입국 보장** : 난민의 재입국과 관련하여 여행증명서를 발급받은 난민이 발급지국에 귀환할 수 있도록 보장되어야 한다는 주장이 대두되고 있으며, 난민의 재입국을 보장하려는 국제관행이 형성되고 있다.

(4) 난민의 정착과 귀화

난민의 자유의사에 의한 국적국으로의 귀환이 난민 문제를 해결하는 이상적 방안이지만 그것이 불가능할 경우 난민의 법적 지위를 가능한 한 조속히 정당화할 필요가 있다. 이와 관련하여 각국은 난민의 귀화를 용이하게 하기 위한 노력을 다하여야 한다.

3) 난민에게 부여되는 대우

① **최혜국대우** : 난민은 원칙적으로 외국인과 동등한 대우를 받는다(제7조 1항).

- 구체적으로 재산의 취득(제13조), 임금이 지급되는 직업에 종사할 권리(제17조), 농·공·상업 등 자영업에 종사할 권리 및 회사설립권(제18조), 전문직업에 종사할 권리(제19조), 주거시설의 이용(제21조), 초등교육 이외의 교육 혜택, 각종 자격증 및 학위의 인정, 수업료면제 등 장학금의 수여(제22조 2항) 등에서 일반적으로 외국인에게 부여되는 대우보다 불리하지 않은 대우를 부여받는다.

② **내국민대우** : 난민은 다음의 경우에 있어서 거류지 국민과 동등한 대우를 받는다.
  - 종교의 자유(제4조), 공업소유권 및 문학·예술 및 과학 분야의 저작권 보호(제14조), 소송능력(제16조), 배급제도 혜택(제20조), 초등교육(제22조 1항), 공적구호혜택(제23조), 노동법상의 권리와 사회보장제도(제24조) 등

③ **기타 권리의 보장** : 난민은 이전의 자유(제26조), 신분증(제27조), 여행증명서(제28조), 정주국으로의 자산의 이전(제30조)에 관한 권리를 거류지국으로부터 보장받는다.

④ **난민의 의무**
  ㉠ 난민은 거류지국의 법령준수의무와 공공질서유지 조치에 복종할 의무가 있다(제2조).
  ㉡ 납세의 의무가 있으나 공과금의 부과는 자국민에 대한 부과율보다 높지 않아야 한다(제29조 1항).

⑤ **준거법률** : 난민의 개인적 지위는 주소지 국가의 법률에 의하거나 또는 주소가 없는 경우에는 거소지 국가의 법률에 의하여 규율된다(제12조 1항).

제6절 국제인권법

1. 유엔과 인권의 국제적 보호

1) UN 기관의 활동[1]

(1) 총회와 안전보장이사회

① 총회는 결의를 통해 국제적인 인권침해를 고발하기도 하고 각종 인권 관련 회의를 주최하거나 국제인권규범을 채택하기도 한다.
② 안전보장이사회는 대규모 인권침해가 국제평화의 위협이나 파괴에 해당한다고 보고 이에 대해 헌장 7장의 강제조치를 채택하는 경향을 보이고 있다(백진현).

(2) 경제사회이사회

① 경제사회이사회는 인권문제를 가장 직접적으로 다루는 기관이다.
② 경제사회이사회는 결의를 통해 1946년에 '인권위원회'(Commission on Human Rights)를 설립하였으며, 1947년 인권위원회의 결의에 의해 '차별방지 및 소수자 보호 소위원회'가 설치되었다.
③ 인권위원회는 2006년 총회보조기관인 UN 인권이사회로 대체되었으며, 경제사회이사회의 실질적인 역할이 크게 축소되었고 그 중심이 총회로 이전되었다.

(3) UN 인권최고대표(고등판무관, UNHCHR)

① 의의
  ㉠ UN 인권최고대표는 UN 헌장, 세계인권선언 및 국제인권법의 범위 내에서 인권의 보호·증진을 위해 활동하는 UN 사무차장급의 공무원이다. 난민 문제에 관한 UN 난민최고대표의 역할이 모델이 되었다.
  ㉡ UN 인권최고대표는 높은 도덕성과 인격을 갖추고 인권 분야에 대한 전문지식과 공정한 임무수행에 필요한 다양한 문화에 대한 일반적 지식과 이해를 가진 자 중에서 지리적 안배를 고려하여 총회의 승인을 얻어 UN 사무총장이 임명하며 임기는 4년이고 1회 중임 가능하다.
② **연혁** : 1993년 비엔나인권선언 및 행동계획에서 인권최고대표의 창설을 권고함에 따라 UN 총회가 동년 12월 UN 총회 결의를 채택함으로써 창설되었다.
③ **UN 인권최고대표의 직무** : 인권의 존중과 보호에 있어서 국제적 지도력을 발휘하고 UN 내에서의 효율적인 인권보호업무의 추진을 전담하고 총괄하고 있다.

(4) UN 인권이사회

① **설립 배경** : 인권을 안보 및 개발과 함께 국제사회의 3대 주요 과제로 격상시키고자 하는 유엔 개혁의 일환으로 인권위원회(Commission on Human Rights)를 대체하여 2006년 유엔총회 결의로 설립되었다.

---

[1] 정영진, 국제법 제16판

② **주요 임무** : 국제사회의 인권과 기본적 자유를 증진하고 보호하기 위해 제반 인권이슈에 대한 논의 및 개선방안 모색, 중대하고 조직적인 인권침해에 대한 즉각적인 대처, 유엔 시스템 내 인권의 주류화와 효율적 조정 역할을 담당하고 있다.

③ **이사국 규모 및 선출 방법**

㉠ 이사국 수는 총 47개국(임기 3년, 연임은 2회까지 허용)이며, 유엔회원국 재적과반수로 선출한다.

㉡ 지역 그룹별 이사국 수 : 아시아(13), 아프리카(13), 동구(6), 중남미(8), 서구(7)

㉢ 우리나라는 2006~08년, 2008~11년, 2013~15년, 2016~18년 이사국을 역임하였으며 현재 2020~22년 이사국으로 활동 중이다.

④ **회기** : 중대한 인권침해에 대한 사전예방 및 즉각적인 대응 능력 강화를 위해, 연중 최소 3회 이상, 총 10주 이상 개최하며, 이사국 ⅓ 다수결로 특별회의를 소집·개최하고 있다.

⑤ **주요 제도**

㉠ 보편적 정례인권검토(UPR : Universal Periodic Review)

- 193개 모든 유엔 회원국들의 인권상황을 보편적 인권 기준에 비추어 정기적(4년)으로 검토하는 제도이다.
- 2008년 4월 시작했으며, 우리나라는 2008.5(1기), 2012.10(2기, 2012년 2회째부터는 5년씩 소요), 2017.11(3기)에 검토 대상이 되었다.

㉡ 특별 절차

- 중대한 인권침해에 효과적으로 대처하기 위해 특정 국가 또는 특정 인권 주제에 집중하여 연구·조사하는 임무를 부여하고 그 보고서를 기초로 인권이사회가 논의하는 절차를 말한다.

㉢ 진정 절차

- 1970년 경제사회이사회가 채택한 결의에 따른 인권위원회의 제도를 인권이사회가 제도구축 결의를 통해 계승, 개선하여 진정 절차(complaint procedure)로 확립되었다.
- 특정 국가에서 일어난 지속적인 형태의 중대한 인권침해가 발생한 경우 그 피해자인 개인 또는 단체가 해당 국가를 상대로 비공개적으로 인권이사회에 진정을 제기할 수 있다.

(5) 인권의 연혁적 발전 과정

① **제1세대 인권** : 1945년에서 50년대 말까지 시민적, 정치적 자유가 강조되었다.

② **제2세대 인권** : 1960년에서 70년대 중반까지 경제적, 사회적, 문화적 권리가 강조되었다.

③ **제3세대 인권**

㉠ 제1세대와 제2세대 인권은 본질적으로 개인이 그가 속해 있는 국가와 사회에 대해 주장할 수 있는 권리이나 제3세대 인권은 국경을 초월한 것으로 개인이 국가들의 국제공동체 전체에 대해 주장할 수 있는 권리이다.

㉡ 1970년대 중반부터 80년대 말까지 평화의 향유권, 건강한 환경의 향유권, 자결권, 인류의 공동유산, 국경을 넘는 교신, 인도적 원조 또는 지원 등이 제3세대 인권에 속하는 것으로 언급되고 있다.

㉢ 제3세대 인권은 특정 국가 국민의 지위를 벗어나 세계시민의 지위로 나아가는 경향을 반영한 것이지만 그 중 자결권은 본질상 국가의 성립을 지향하고 있다는 점에서 독특하다.

2) 세계인권선언

(1) 배경

① UN이 설립되고 첫 번째로 착수한 작업 중의 하나가 국제인권장전의 마련이었다. UN은 창설 직후, 1946년 경제사회이사회의 보조 기관으로 인권위원회(Commission on Human Rights)를 설치하고 국제인권장전을 작성할 임무를 부여했다.

② 인권위원회는 일단 법적 구속력이 없는 선언 형태의 문서를 먼저 만들고 추후 구속력 있는 조약 형태의 문서를 만들기로 하였다.

③ 1947년 총회의 지도하에 경제사회이사회와 인권위원회의 노력으로 세계인권선언문이 작성되고, 이는 1948년 제3차 유엔총회의 결의로 채택되었다.

(2) 내용

① 30개 조문 중에서 제1조부터 제20조까지는 시민적·정치적 권리를, 제22조에서 제27조까지는 경제적·사회적·문화적 권리를 규정하고 있으며 제28조는 형제애와 결속의 권리를 시사하고 있다.

② 국제인권규약에는 규정되어 있는 민족자결권에 관한 언급이 없다.

(3) 법적 구속력

동 선언은 원칙적으로 유엔총회의 권고적 결의에 불과하므로 법적 구속력은 인정되지 않는다.

3) 국제인권규약

(1) 개관

① 국제인권규약은 경제적·사회적 및 문화적 권리에 관한 국제규약, 시민적 및 정치적 권리에 관한 국제규약, 개인통보를 규정한 선택의정서와 1989년에 추가된 사형폐지에 관한 제2선택의정서, 그리고 2008년 채택된 경제적·사회적 및 문화적 권리에 관한 국제규약 선택의정서라는 5개의 독립된 조약으로 구성되어 있다.

② 한국은 1990년 4월 10일 양 규약과 선택의정서에 동시에 가입했으며, 국가간 통보에 관한 규약 제41조도 수락했으나, 사형폐지에 관한 제2선택의정서와 경제적·사회적 및 문화적 권리에 관한 국제규약 선택의정서에는 아직 가입하지 않고 있다. 한국은 경제적·사회적 및 시민적 권리에 관한 국제규약에 대하여는 유보 없이 가입했으나, 시민적 및 정치적 권리에 관한 국제규약에 대하여는 4개 조항을 유보했다가 현재는 제22조 결사의 자유조항을 국내법의 범위 내에서만 적용하겠다는 유보를 유지하고 있다.

(2) 주요 내용

① 'A'규약 : 경제적·사회적 및 문화적 권리에 관한 국제규약은 근로의 권리, 근로조건, 노조 결성권, 사회보장의 권리, 가정의 보호, 의식주에 대한 권리, 건강권, 교육의 권리, 문화적 권리 등을 규정하고 있다.

② 'B'규약 : 시민적 및 정치적 권리에 관한 국제규약은 자유권적 기본권에 해당하는 권리의 보장을 규정하고 있다.

(3) 특징

① **민족자결권 규정** : 'A'규약, 'B'규약 모두 제1조에서 민족자결권을 규정하고 있다. 집단적 인권인 민족자결권이 제1조에 규정되어 있다는 것은 이 권리가 개별적 인권의 기초임을 함축하고 있다.

② 'A'규약이 지적재산권(특히, 저작권)보호에 관한 매우 원칙적인 규정을 둔 것을 제외한다면, 두 인권규약에는 재산권에 관한 언급은 없다.

③ 세계인권선언에는 규정되어 있는 비호권규정은 없으며, 세계인권선언에서 규정하지 않고 있던 전쟁선전 및 증오선동의 금지, 아동의 권리, 소수민의 권리 등이 'B'규약에 포함되어 있다.

(4) 'A'규약과 'B'규약의 차이점

① 'A'규약상의 인권은 프로그램식으로 규정하고 있는 반면에 'B'규약상의 인권은 즉각적으로 실행됨을 목표로 하고 있다.

② 'A'규약은 일정한 경우에 경제적 권리에 관한 개발도상국들의 외국인에 대한 차별 대우를 인정하고 있다.

③ 'B'규약 제4조는 "국가의 생존을 위협하는 공공의 비상사태가 선포되는 경우" 당사국이 규약 하의 의무를 이탈(훼손)하는 조치를 취하는 것을 허용하면서도 그 같은 비상사태 하에서도 이탈조치가 허용되지 않는 인권을 규정하고 있다.

(5) 인권규약의 이행감독체제

① **A규약의 이행감독체제**

㉠ 독립적 위원회의 설치 : 인권위원회(Human Rights Committee)의 설치를 규정한 B규약과 달리, A규약은 유엔사무총장에 대한 국가보고서 제출만을 규정하고 있을 뿐 그 구체적 절차나 기구를 규정하고 있지 않았으나, 경제사회이사회의 1985년 결의를 통해 독립적인 경제적·사회적·문화적 권리위원회(이하 A규약 위원회)가 설치되었다.

㉡ A규약 위원회의 임무
- 공식 임무는 A규약과 관련된 경제사회이사회의 임무 수행을 지원하는 것으로서 국가보고서의 심사가 그 기본임무이다.
- 국가 간 고발제도와 사실심사 절차는 선택의정서 체약국으로서 이들 절차에 대한 A규약 위원회의 권한을 인정한다고 선언한 국가들에 대해서만 발동이 가능하다.

㉢ 2008년 A규약에 대한 선택의정서가 채택되어 A규약 위원회에 대한 개인의 국가 고발제도와 국가간 고발제도를 도입하였으며 2013년 5월 5일 발효하였다.

② **B규약의 이행감독체제**

㉠ 인권위원회(Human Rights Committee)의 설치(제28조)
- 보고서의 검토, 국가간 고발제도, 개인의 국가 고발제도를 위해 체약국들에 의해 개인 자격으로 선출되고 각기 다른 국적의 18명의 위원으로 구성되는 인권위원회를 설치하고 있다.

㉡ 국가의 보고 의무
- 모든 체약국은 규약상의 권리를 실시하기 위해 채택된 조치와 진행 상황에 관하여 규약 발효 후 1년 이내에, 그리고 그 후에는 인권위원회의 요청이 있으면 언제든지 UN 사무총장에게 보고서를 제출해야 한다.

- UN 사무총장은 체약국들의 보고서를 인권위원회에 보내며 인권위원회는 이를 검토하고 위원회 자체의 보고서와 함께 일반적 논평을 체약국들에게 송부한다.
ⓒ 국가간 고발제도 : 국가간 고발제도를 규정한 B규약 제41조를 수락한 국가들 상호 간에만 활용되며 이 절차는 우호관계를 깨뜨릴 우려때문에 거의 활용되지 못하고 있다.
ⓔ 개인의 국가고발제도(B규약 선택의정서)
- B규약 선택의정서를 수락한 국가에 의해 B규약상의 인권이 침해되었다고 주장하는 개인은 국내적 구제수단을 다한 후에 인권위원회(Committee)에 서면으로 청원할 수 있다.
- 개인 통보를 제출할 수 있는 자는 규약에 규정된 권리를 침해받아 피해자임을 주장하는 개인이며 자연인이 아닌 단체의 통보는 수락되지 않는다.
- 선택의정서 당사국 내에서 권리침해를 받은 외국인도 개인통보를 제기할 수 있다.
- 통보자와 당사국이 제출한 모든 증거를 바탕으로 인권위원회는 최종 견해를 제시한다. 결정된 위원회의 견해는 통보자와 관계당사국에 통지된다. 이에 대해 당사국은 6개월 이내 설명서를 인권위원회에 제출하여야 한다.

4) 기타 주요 인권협약의 이행보장제도[1]

(1) 인종차별철폐협약(1969년 발효)

① 1963년 UN 총회에서 모든 형태의 인종차별철폐선언이 채택되었고 UN 총회는 1965년 모든 형태의 인종차별철폐에 관한 국제협약을 채택했으며, 이 협약은 1969년 발효했다.

② **당사국의 의무** : 당사국은 인종차별을 금지시켜야 함은 물론이고, 경우에 따라서는 차별받는 특정 인종집단이나 개인을 위한 특별한 보호조치(affirmative action)를 취해 실질적 평등이 보장되도록 해야 한다(제2조). 당사국은 인종차별행위를 범죄로 규정하고 처벌할 의무를 진다(제4조).

③ **인종차별철폐 위원회**

ⓐ 협약 제2부는 협약 내용의 실천을 감시하기 위한 기구로 인종차별철폐 위원회를 설치했다.

ⓑ 이 위원회는 당사국 회의에서 선출된 18명의 위원으로 구성된다.

ⓒ 기능 및 권한
- 모든 당사국에 적용되는 국가보고서 제출 및 국가 간 통보 절차와 수락국 사이에서만 적용되는 개인청원제도를 규정하고 있다.
- 인종차별철폐 위원회의 역할은 당사국의 국가 보고서를 심의하고(제9조), 협약 이행과 관련된 국가간 분쟁을 심의하며(제11조 이하), 개인이나 집단으로부터의 피해 통보를 심의한다(제14조).

④ 한국은 1978년 비준서를 기탁하여 1979년부터 이 협약의 적용을 받고 있다.

(2) 여성차별철폐협약(1981년 발효)

① UN은 1967년 여성차별철폐선언을 채택했고, 1979년 12월 제34차 UN 총회에서 여성에 대한 모든 형태의 차별철폐협약이 채택되었으며 1981년 9월 발효하였다.

② **당사국의 의무** : 당사국은 남녀가 동등하게 인권을 향유할 수 있도록 정치, 사회, 경제, 문화 등 모든 분야에서 여성의 완전한 발전과 진보를 확보할 수 있는 입법 등 모든 적절한 조치를 취할 의무가 있다(제3조).

---

1 정인섭, 신국제법 강의

③ 여성차별철폐 위원회
　㉠ 협약은 당사국의 의무이행을 감시·감독할 기관으로 23명의 전문가로 구성된 여성차별철폐 위원회를 설립했다.
　㉡ 1999년 선택의정서가 추가로 채택되어 협약상의 권리를 침해당하고도 구제를 받지 못한 피해자는 여성차별철폐 위원회에 직접 사건을 통보하고 구제를 요청할 수 있게 되었다(개인청원제도).
　㉢ 위원회에 국가보고서 제출의무를 규정하고 있으며, 당사국 간 분쟁발생 시 ICJ에 제소가 가능하다.
④ 한국은 1984년 12월 27일 비준서를 기탁하고, 1985년 1월 26일부터 이 협약의 적용을 받고 있으며 한국은 피해자가 직접 개인통보를 할 수 있도록 하는 선택의정서를 2006년 비준했다.

(3) 고문방지협약(1987년 발효)

① 엠네스티 등 NGO의 적극적인 지원 하에 1975년 UN 총회에서는 고문금지선언이 채택되었으며 총회는 이를 조약화하기로 결정했고, 1984년 12월 고문방지협약이 UN 총회에서 표결 없이 채택되어, 1987년 6월 발효했다.
② 당사국의 의무
　㉠ 고문을 한 자는 범죄자로 처벌받아야 하며, 미수나 공모자, 가담자도 처벌대상에 포함된다(제4조).
　㉡ 직접 고문을 한 자뿐만 아니라, 고문을 교사·동의·묵인한 자도 처벌 대상이 된다(제1조).
　㉢ 당사국은 이러한 고문자를 직접 처벌하든가, 처벌을 위하여 타국으로 인도해야 한다(제7조).
　㉣ 고문에는 미치지 않더라도 그 밖의 잔혹하거나, 비인도적이거나, 굴욕적인 처우나 처벌 역시 금지된다(제16조).
③ 고문방지위원회
　㉠ 협약은 임기 4년의 10인의 위원으로 구성된 고문방지위원회를 설치하여, 협약 내용과 관련된 각국 보고서를 검토하도록 하고 있다(제17조, 제19조). 고문금지는 오늘날 국제법상 강행규범으로 인정되고 있다.
　㉡ 모든 당사국에 대한 의무로서 국가보고서 제출 의무를 규정하고 있으며, 선택적 제도로서 직권조사기능, 국가간 고발, 개인청원제도를 규정하고 있으며, 이 중 직권조사 기능은 선택적 배제 방식을 도입한 점이 특이하다.
④ 한국
　㉠ 한국은 1995년 1월 9일 유보 없이 본 협약을 비준했으며, 국가간 고발, 개인청원제도를 수락하고 있다.
　㉡ 2002년에는 협약 선택의정서가 채택되었으며 이는 고문 등의 발생을 방지하기 위해 구금장소를 정기적으로 방문하는 제도적 장치를 마련함을 목적으로 한다. 한국은 아직 선택의정서에 가입하지 않고 있다.

(4) 아동권리협약(1990년 발효)

① 아동권리협약은 UN이 1979년을 세계아동의 해로 지정한 것을 계기로 추진되기 시작해 1989년 11월 UN 총회에서 채택되었으며 1990년 9월 2일 발효되었다. 2018년 12월 현재 인권조약으로는 가장 많은 196개 당사국을 확보하고 있다.

② **아동의 의미** : 이 협약의 적용 대상인 아동은 18세 미만자이다(제1조).
③ **당사국의 의무**
  ㉠ 모든 상황에 있어서 아동의 최선이익이 가장 중요한 판단기준으로 제시되고 있다(제3조).
  ㉡ 아동의 생명권, 성명권, 국적권, 의사표시권 및 표현의 자유, 사상·양심·종교 집회·결사의 자유 보호, 사생활과 명예·신용의 보호 등과 같은 자유권적 기본권과 아울러 아동의 건강권, 장애아동의 보호, 사회보장의 권리, 교육의 권리, 적절한 생활수준을 누릴 권리, 휴식 여가의 권리 등 사회권적 기본권의 보장도 포괄적으로 규정하고 있다.
④ **아동권리위원회**
  ㉠ 국가보고서 제출과 더불어 2011년에는 개인통보절차와 수락국 간에 적용되는 국가 간 통보제도를 인정하는 선택의정서가 채택되었으며 2014년 4월에 발효했다.
  ㉡ 이 선택의정서는 아동이라는 특성을 고려하여 아동권리위원회가 심각하고 체계적인 아동권리의 침해에 관한 정보를 입수한 경우, 상황을 직권으로 조사하고 해당국에 권고안을 제시하는 제도를 마련하고 있다(제13조 및 제14조). 한국은 아직 비준하지 않았다.
⑤ 한국은 1991년 11월 비준서를 기탁하여, 1991년 12월부터 협약의 적용을 받았다. 아동의 무력분쟁 관여에 관한 선택의정서와 아동매매, 성매매 및 아동음란물에 관한 선택의정서가 추가로 채택되어 발효하고 있으며, 한국은 이에 모두 가입했다.

(5) 이주노동자권리협약(미발효)
① 1990년 12월 UN 총회는 모든 이주노동자와 그 가족의 권리보호에 관한 국제협약을 채택했다.
② **이주노동자의 의미** : 이주노동자란 자국 이외의 국가에서 노동하는 사람을 말한다.
③ 협약은 보호대상을 불법체류자를 포함한 모든 이주노동자에게 일반적으로 보호될 권리와 특히 합법적 상황의 이주노동자에게 추가적으로 보호될 권리로 구분하여 규정하고 있다.
④ 이주노동자보호협약은 주로 인력 송출국의 요구를 바탕으로 준비되고 작성되다 보니 정작 이주노동자의 보호가 이루어져야 할 인력 수입국은 이 협약을 외면하고 있다는 현실적 어려움을 겪고 있다. 본격적인 인력 수입국의 가입이 사실상 전무한 편이라, 이 협약이 실효성을 거두기는 어려운 상황이며 한국은 이 협약을 비준하지 않았다.

(6) 장애인권리협약(2008년 발효)
① 2006년 12월 UN 총회는 만장일치로 장애인권리협약과 선택의정서를 채택했으며 2008년 5월 협약과 선택의정서가 동시에 발효했다. 한국은 제25조 마호 생명보험에 관한 조항에 대한 유보 하에 2008년 가입했으나 2021년 유보를 철회했고, 선택의정서에는 가입하지 않았다.
② **장애인의 의미** : 협약에서의 규정한 장애인이란 장기간의 신체적, 정신적, 지적 또는 감각적 손상으로 인하여 다른 사람들과의 동등한 기초 위에서 완전하고 효과적인 사회참여에 어려움을 겪는 자를 말한다.
③ **장애인권리위원회** : 협약은 당사국의 보고서를 심사할 장애인권리위원회를 설치하고 있으며, 이 위원회는 협약상의 권리침해를 받은 개인, 집단 또는 이들의 대리인이 사전에 선택의정서를 수락한 국가를 상대로 한 개인통보를 심사한다.

(7) 제노사이드방지 협약(1951년 발효)

① UN은 설립 직후부터 집단살해의 방지와 처벌방안을 논의했고 1948년 12월 UN 총회는 표결 참여국 전원의 찬성으로 집단살해의 방지와 처벌에 관한 협약을 채택하여 1951년 1월 12일 발효했다. 한국은 1950년 10월 가입서를 기탁한 원 당사국 중의 하나이다.

② **제노사이드의 의미** : 이 협약에서 말하는 제노사이드란 국민적·인종적·민족적 또는 종교적 집단의 전부 또는 일부를 파괴할 의도하에 ㉠ 집단 구성원의 살해, ㉡ 집단 구성원에 대한 중대한 정신적·육체적 위해, ㉢ 집단을 파괴할 목적의 생활 조건의 강제, ㉣ 집단의 출생을 방지하기 위한 조치, ㉤ 집단의 아동을 강제적으로 타집단으로 이주시키는 행위 등을 모두 포괄하는 개념으로 반드시 직접적인 대량살해만을 가리키지는 않는다.

③ 협약 제6조는 집단살해범에 대하여는 범죄행위가 발생한 국가의 국내법원이나 국제형사재판소가 관할권을 갖는다고 규정하고 있다.

* 현재 개인통보제도를 마련하고 있는 인권조약으로는 시민적 및 정치적 권리에 관한 국제규약, 경제적·사회적 및 문화적 권리에 관한 국제규약, 인종차별철폐협약, 고문방지협약, 여성차별철폐협약, 이주노동자권리협약, 장애인권리협약, 아동권리협약 등이 있다.

2. 지역적 인권보장

1) 유럽인권협약

① 1950년 11월 로마에서 서명되고 1953년 9월에 발효한 "인권과 기본적 자유의 보호를 위한 협약(유럽인권협약)"은 인권의 국제적 보호를 위한 현대의 모든 국제장치 중에서 가장 발전된 것으로 꼽힌다.

② 주로 시민적·정치적 권리를 내용(자유권과 참정권 중심)으로 하며 경제적·사회적 권리보호, 즉 생존권은 1961년 유럽사회헌장에 규정되었다.

③ 제11의정서

㉠ 기존에는 당사국과 유럽인권위원회만이 유럽인권재판소에 소를 제기할 수 있었고 개인, 비정부기구 또는 개인의 집단은 단지 유럽인권위원회에 청원을 제기할 수 있었다.

㉡ 제11의정서에 의해 개인, 비정부기구 또는 개인의 집단도 모든 국내구제수단을 완료한 뒤, 그리고 최종결정이 내려진 날로부터 6개월 내에 상설 재판관으로 구성되는 새로운 유럽인권재판소에 제소할 수 있다.

2) 미주인권협약

① 미주국가기구(OAS)는 1969년 유럽인권협약과 비슷한 미주인권협약(San Jose 인권협약)을 체결하였다.

② 이행기구로는 미주인권위원회와 미주인권재판소가 설치되어 있다.

③ 유럽의 경우와 달리 개인은 재판소에 직접 제소할 수 없으며 위원회로 사건을 통보할 수 있을 뿐이다. 미주인권재판소에는 국가나 위원회만 제소할 수 있다.

3) 아프리카인권헌장

① 아프리카인권헌장은 시민적·정치적 권리와 경제적·사회적·문화적 권리 등 다양한 인민의 권리를 규정하고 있다.

② 집단의 권리를 인정(인민의 자결권)하고 있고, 개발의 권리, 만족할 만한 환경에 관한 권리 등 제3세대 인권도 규정하고 있다.

③ 아프리카인권재판소 설립에 관한 의정서에 따라, 2008년 아프리카연합의 사법재판소 내에 아프리카인권재판소가 설치되었으며 2009년에 첫 판결이 나왔다.

④ 원칙적으로 개인은 인권위원회에만 통보할 수 있고 인권재판소에는 국가나 인권위원회가 제소할 수 있다.

4) 아시아 지역

① 아시아에서는 아시아 전역을 포괄하는 독자적인 지역인권협약은 아직 채택되지 않았다.

② 다만 동남아국가연합은 2009년 아세안 정부간 인권위원회를 출범시키고, 여기서 2012년에 아세안 인권선언을 채택했으나 이 선언은 법적 구속력이 있는 조약은 아니다.

제7절 국제형사법

1. 의미

국제형사법은 국제법을 의미하는 것으로 개인의 국제범죄에 대하여 국제법이 범죄구성요건과 그 집행 등을 포함한 모든 실질 면에 대하여 직접 규율하거나 관여하는 것을 의미한다.

2. 국제법 위반의 범죄

1) 의의

국제범죄란 국제공동체 전체가 중요하다고 판단하는 보편적 가치를 침해하는 행위로서 국내법의 매개 없이 국제법이 개인의 이러한 행위를 직접 금지하고 있으며, 행위의 성격상 어느 국가도 처벌할 수 있는 보편적 관할권의 행사가 인정되는 범죄를 말한다.

2) 유형

① 제2차대전 후의 뉘른베르크재판소의 설치를 위한 조례에서 종래의 통상적 전쟁범죄 외에 평화에 대한 범죄, 인도에 대한 범죄를 추가로 인정하고 있다.
② 제노사이드협약 상의 집단살해나 아파르트헤이트협약 상의 인종차별도 국제범죄로 분류되고 있다.
③ 국제법에 의해 금지되고 있는 국제범죄로는 부녀자 인신매매, 마약밀매, 외국관리에 대한 뇌물제공, 외교관이나 국제기구 직원에 대한 공격, 항공기 납치 등 국제사회의 기본질서를 위협하는 다양한 행위를 들 수 있다.

3. 상설국제형사재판소(ICC)

1) 연혁

① 제2차 세계대전 후 집단살해방지협약(제노사이드협약, 1948년)이 채택되고 1948년 UN 총회가 ILC에 상설 국제형사법원의 설립문제를 연구하도록 요청하면서 본격적인 논의가 이루어졌다.
② 냉전 격화로 공산진영 국가들의 반대에 부딪히게 됨에 따라 1957년 이래 UN 총회에서는 논의조차 되지 못했다.
③ 1990년대 초반 유고 및 르완다의 전범특별재판소가 설치되면서 상설 ICC 설립 움직임이 다시 활기

를 되찾았고 1994년 ILC는 상설국제형사재판소 설립 규정 초안을 채택했다.
④ 1998년 7월 로마 외교회의에서 역사적인 ICC 설립 규정이 채택되었고, 2002년 4월 11일 10개국이 동시에 비준서를 기탁함에 따라 총 비준국가는 60개국을 넘게 되었고(66개국), 그 결과 ICC협약은 2002년 7월 1일 발효하였으며 서울대학교의 송상현 교수 등 18명의 판사가 선출되었다.

2) 재판소의 조직

(1) 법원소재지
법원은 네덜란드 헤이그에 둔다.

(2) 판사
① ICC는 임기 9년의 판사 18인으로 구성된다.

② **자격 요건**
  ㉠ 재판관은 각국에서 최고 사법직에 임명되기 위해 필요한 자격을 갖추고, 높은 도덕성과 공정성 및 성실성을 가진 자 중에서 선출된다.
  ㉡ 재판관 선거 후보자는 다음을 갖추어야 한다.
    - 형법과 형사 절차에서의 인정된 능력과 판사, 검사, 변호사 또는 이와 유사한 다른 자격으로서 형사소송에서의 필요한 관련 경력
    - 국제인도법 및 인권법과 같은 국제법 관련 분야에서의 인정된 능력과 재판소의 사법 업무와 관련되는 전문적인 법률 직위에서의 풍부한 경험
  ㉢ 당사국들은 재판관의 선출에 있어서 재판소 구성원 내에서 세계의 주요 법체계의 대표성, 공평한 지역적 대표성, 여성 및 남성 재판관의 공정한 대표성을 고려해야 한다.

③ **선출 방법** : 재판관은 제112조에 따라 재판관 선거를 위하여 소집되는 당사국총회의 회의에서 비밀투표로 선출된다. 재판관으로 선출되는 자는 출석하여 투표한 당사국의 3분의 2 이상의 최다득표를 한 18인의 후보자로 한다.

(3) 재판소의 기관

① **소장단(the Presidency)** : 소장단은 소장과 제1부소장 및 제2부소장으로 구성되고 판사들의 절대다수결에 의해 선출되며 임기는 3년이다.

② **재판부** : 상소심부, 1심 재판부, 전심 재판부로 구성된다.
  ㉠ 국제형사재판부는 2심 재판으로 진행된다.
  ㉡ 1심 재판부 : 6인 이상의 재판관으로 구성되며 각 1심 재판부는 3인의 재판관에 의해 수행된다.
  ㉢ 상소심부 : 1심 재판에 불복하는 사건을 다루는 상소심부는 재판소장을 포함하는 5인의 상소심 재판관으로 구성되며, 상소심재판부는 상소심부의 모든 재판관들로 구성된다.
  ㉣ 전심재판부 : 6인 이상의 재판관으로 구성되나 다루는 내용에 따라 3인 또는 1인 재판관이 담당한다.

③ **소추부**
  ㉠ 성격 : 소추부는 재판소의 별개 기관으로서 독립적으로 활동한다.

ⓒ 구성 : 소추부의 장은 소추관으로 한다.
　　　ⓓ 선출 및 임기 : 소추관은 당사국총회 회원국의 비밀투표에 의하여 절대 다수결로 선출된다. 소추관과 부소추관은 9년의 임기 동안 재직하며 재선될 수 없다.
　④ 사무국
　　　⊙ 임무 : 사무국은 소추관의 직무와 권한을 침해함이 없이 재판소의 행정과 사무의 비사법적 측면에 대하여 책임을 진다.
　　　ⓒ 사무국장
　　　　- 재판관들은 당사국총회의 추천을 고려하여 비밀투표에 의하여 절대 다수결로 사무국장을 선출한다.
　　　　- 사무국장은 5년 임기 동안 재직하며 한번 재선될 수 있고, 전임으로 근무한다.

(4) ICC의 법인격

ICC는 UN과 관계를 맺기는 하지만 ICJ처럼 UN에 부속된 한 개의 사법기관이 아니라 그 자체로서 국제적 법인격을 향유하는 독립된 한 개의 상설기구이다.

3) 주요 내용

(1) 구성

ICC 설립규정은 형사실체규범도 포함하는 국제 형사절차규범으로서 전문 13부, 128조로 구성되어 있다.

(2) 물적 관할권(관할대상범죄)

　① 집단살해죄(the crime of genocide)
　　　⊙ 국민적, 민족적, 종족적, 종교적 집단의 전부 또는 일부를 그 자체로서 파괴할 의도하에 이루어지는 범행으로서 살인, 심각한 정신적·신체적 상해, 출산 방해, 아동의 강제이동 등을 말한다.
　　　ⓒ 제노사이드는 특정 개인을 목표로 하는 범죄가 아니며, 집단을 파괴할 의도 하에 진행되는 범죄이다.
　　　ⓒ 제노사이드란 주로 출생에 의해 비자발적으로 소속하게 되는 집단의 구성원들을 물리적으로 파괴하는 행위를 의미한다.
　　　ⓓ 제노사이드 범죄가 성립하려면 보호집단의 전부 또는 일부를 파괴하려는 특별한 의도가 있어야 한다.
　② 인도에 반하는 죄(crimes against humanity)
　　　⊙ 민간인 주민에 대한 광범위하거나 체계적인 공격의 일부로서 그 공격에 대한 인식을 가지고 행한 살인, 말살, 인구의 강제이전 또는 추방, 강제임신, 강제매춘 등 성적 범행, 인종분리(apartheid) 등의 범죄를 말한다.
　　　ⓒ 대상을 민간인 주민이라고 규정한 것은 이 범죄가 반드시 해당 지역의 전 인구를 목표로 삼아야 하는 것은 아니지만 범행의 대상이 단순히 개인이 아니라 집단임을 가리킨다.
　　　ⓒ 국가나 조직의 정책에 따라 광범위하게 체계적인 공격의 일부로 저질러진 행위만이 이에 해당한다.

② 인도에 반하는 죄가 성립되기 위해서는 범행자가 진행되는 공격에 대한 인식을 가지고 행위를 실행해야 한다.

③ 전쟁범죄(war crimes)
㉠ 특히 계획적이거나 정책적으로 또는 대규모적인 범행의 부분으로 저질러진 경우, 고의적 살해, 고문, 생체실험을 포함한 비인간적 대우, 정당한 군사적 목적 이외의 광범위한 민간재산 손괴, 금지무기 사용 등의 범죄를 말한다.
㉡ 국제적 무력충돌뿐만 아니라 비국제적 무력충돌에서 야기되는 행위도 포함된다.
㉢ 로마규정의 당사국이 되는 국가는 발효 후 7년 동안은 전쟁범죄에 관한 재판소의 관할권을 수락하지 않을 수 있다(제124조). 다만 UN 안보리가 회부하는 사태에 대해서는 7년 유예 선언이 적용되지 않는다.

④ 침략범죄(aggressions)
㉠ 침략범죄의 정의 및 관할권행사 조건은 규정발효 시에서 7년 경과 후에 규정의 개정을 통해 정하기로 했다.
㉡ 규정 당사국들은 2010년 침략범죄에 대한 새로운 정의 규정에 합의했다.
㉢ 침략범죄란 한 국가의 정치적 또는 군사적 행동을 실효적으로 통제하거나 지시할 수 있는 지위에 있는 자가 침략행위를 계획·준비·개시 또는 실행하는 것을 의미한다.
㉣ 국제형사재판소가 처벌 대상으로 하는 침략행위는 성격과 중대성, 그리고 규모에 비추어 볼 때 모든 면에서 UN헌장을 명백히 위반하고 있어야 한다.
㉤ 침략범죄는 지도자의 범죄이며 국가의 침략행위에 단순 참가하거나 동원된 자들은 이를 통해 처벌되지 않는다.
㉥ 2017년 12월의 당사국 총회결의에 따라 침략범죄에 대한 ICC의 관할권 행사가 2018년 7월 17일부터 개시되었다.

(3) 인적 관할권
공적 지위와 무관하게 범행 당시 18세 이상의 모든 자에게 적용된다.

(4) 시간적 관할권
① 규정발효(2002년 7월 1일) 이후 발생한 범죄에 적용된다.
② 규정발효 이후에 당사국이 된 국가에 대해서는 적용일 이후 벌어진 범죄에 대해서만 관할권을 가진다. 소급효는 인정되지 않는다.

(5) 관할권의 행사
① 관할권 행사의 전제 조건
㉠ 자동관할권 : 로마규정의 당사국이 된 국가는 자동적으로 국제형사재판소의 관할범죄에 대한 재판소의 관할권을 수락한 것이 된다(제12조 1항).
㉡ 범죄 발생지국이나 범죄인의 국적국 중 어느 한 국가만 규정 당사국이면 재판소는 관할권을 행사할 수 있다(제12조 2항).

② ICC 절차의 개시 : 수사와 기소는 다음과 같은 3가지 경로를 통해 개시될 수 있다(제13조).
  ㉠ 규정 당사국(States Parties)이 소추관에게 회부하는 경우
  ㉡ 유엔안보리가 유엔헌장 제7장에 의거하여 소추관에게 회부하는 경우
  ㉢ 소추관 직권기소의 경우

③ 관할권 행사상의 기본 원칙
  ㉠ 보충성의 원칙 : 국제범죄를 범한 개인의 형사책임 추궁은 개별 국가가 우선하고, 해당 국가가 그를 처벌할 의사나 능력이 없는 경우에만 ICC가 개입하는 방식이다.
  ㉡ 공소시효의 부적용 : 로마규정 제29조는 "재판소의 관할 범죄에 대하여는 어떠한 시효도 적용되지 아니한다"고 규정하고 있다.
  ㉢ 공적 지위 무관련성
    - 로마규정 제27조 1항 : 이 규정은 공적 지위에 근거한 어떠한 차별없이 모든 자에게 평등하게 적용되어야 한다. 특히 국가 원수 또는 정부 수반, 정부 또는 의회의 구성원, 선출된 대표자 또는 정부 공무원으로서의 공적 지위는 어떠한 경우에도 그 개인을 이 규정에 따른 형사책임으로부터 면제시켜 주지 아니하며, 또한 그 자체로서 자동적인 감형사유를 구성하지 아니한다.
    - 로마규정 제27조 2항 : 국내법 또는 국제법상으로 개인의 공적 지위에 따르는 면제나 특별한 절차규칙은 그 자에 대한 재판소의 관할권 행사를 방해하지 아니한다.
  ㉣ 죄형법정주의 : 누구도 문제된 행위가 그것이 발생한 시점에 재판소 관할범죄를 구성하지 않는 경우에는 로마규정에 따른 형사책임을 지지 않는다(제22조 1항).
  ㉤ 일사부재리 : ICC에 의해 한 번 처벌받은 자는 동일한 행위에 관해 같은 재판소나 다른 재판소에 의해 거듭 처벌되지 않는다. 또한 다른 재판소에 의해 이미 재판받은 경우 동일한 행위에 관해 ICC에 의해 거듭 처벌되지 않는다(제20조).

④ 지휘관 및 기타 상급자의 책임(제28조)
  ㉠ 군지휘관 또는 사실상 군지휘관으로서 행동하는 자는 자신의 실효적인 지휘와 통제하에 있거나 또는 경우에 따라서는 실효적인 권위와 통제하에 있는 군대가 범한 재판소 관할범죄에 대하여 그 군대를 적절하게 통제하지 못한 결과로서의 형사책임을 진다.
  ㉡ 상급자는 자신의 실효적인 권위와 통제하에 있는 하급자가 범한 재판소 관할범죄에 대하여 하급자를 적절하게 통제하지 못한 결과로서의 형사책임을 진다.

⑤ 형사책임 조각사유(제31조) : 정신병, 정당방위, 긴급피난 등의 경우에는 형사책임이 조각된다.

(6) 형벌

① ICC는 로마규정에 명시된 형벌만을 적용할 수 있다(제23조).
② 형벌은 30년 이하의 유기징역과 무기징역을 규정하고 있고 사형은 포함되어 있지 않으며 벌금형 및 몰수형이 부가형으로 규정되어 있다(제77조).
③ 집행은 ICC의 선고를 받은 자를 받아들일 의사를 표명한 국가의 명단 중 ICC가 지정한 국가에서 이뤄지며 징역과 수형자의 처우에 대해서는 널리 수락된 국제조약상의 기준에 합치하여야 하고 내국수형자보다 유리하지도 불리하지도 않아야 한다.

(7) 준거법

① ICC는 우선적으로 로마규정, 범죄구성요소, ICC 절차증거규칙을 적용하며, 그 다음으로는 적절한 경우 적용 가능한 조약 및 국제무력충돌법의 확립된 원칙을 포함한 국제법의 원칙과 규칙을 적용한다.

② 그러한 차선의 준거 규정이 없는 경우 전 세계 법체계들의 국내법으로부터 ICC가 도출한 법의 일반원칙을 적용한다.

③ ICC규정 제21조 2항은 "재판소는 재판소의 기존 결정 속에서 해석된 법의 원칙과 규칙을 적용할 수 있다"고 규정하고 있다. 이것은 ICC는 자신의 선례에 관한 한 이를 적용할 수는 있지만 의무는 아니기 때문에, ICC 판결에 선례구속의 원칙이 적용되지 않음을 의미한다.

(8) 상소 및 재심

① 상소(제81조)

㉠ 재판부의 무죄 석방 또는 유죄선고의 결정에 대해 소추관이 상소할 수 있는 사유는 절차상의 하자, 사실의 오인, 법령 위반이다.

㉡ 유죄판결을 받은 자 또는 그 자를 대신한 소추관은 절차상의 하자, 사실의 오인, 법령 위반, 절차 또는 판결의 공정성 또는 신뢰성에 영향을 주는 기타 여하한 근거를 근거로 상소할 수 있다.

㉢ 과형에 대해서는 범죄와 과형 사이의 불균형을 사유로 하여 소추관 또는 유죄선고를 받은 자가 상소할 수 있다.

② 재심(제84조)

㉠ 재심을 청구할 수 있는 자
- 유죄판결을 받은 자
- 그의 사망 후에는 배우자·자녀·부모 또는 피고인의 사망 당시의 생존자로 피고인으로부터 청구를 제기하도록 명시적인 서면 위임을 받은 자
- 피고인을 대신한 소추관

㉡ 재심 청구 사유
- 재판 당시에는 입수할 수 없었던 새로운 증거가 발견된 경우
- 유죄판결의 근거가 된 결정적 증거가 허위, 위조 또는 변조되었음이 새로이 판명된 경우
- 유죄판결 또는 공소사실의 확인에 참여하였던 1인 이상의 재판관이 충분히 중대한 부정행위 또는 심각한 의무위반을 범한 경우

4) 국내이행법률

(1) 개설

① 한국은 로마규정 당사국으로서의 의무 이행을 위해 '국제형사재판소 관할범죄의 처벌 등에 관한 법률'을 제정했다.

② 로마규정은 ICC의 재판관할권은 보충적으로만 인정하고 있기 때문에 한국이 규정상의 범죄자를 국내에서 처벌하기 위해서는 이행법률의 제정이 필요했다.

(2) 주요 내용

① 이행법률은 기존 로마규정상의 처벌 대상인 제노사이드, 인도에 반하는 죄, 전쟁범죄를 대상 범죄로 규정하고, 보편주의에 입각해 이를 저지른 대한민국 국민은 물론 외국에서 이 죄를 범한 외국인도 처벌 대상으로 한다(동법 제3조).

② 대상 범죄의 처벌에 있어서는 공소시효와 형의 시효가 배제된다(제6조).

③ 대한민국이 범죄인을 국제형사재판소로 인도할 경우에는 1차적으로 국내법인 '범죄인인도법'을 준용하나, 로마규정과 차이가 있을 경우 로마규정을 우선 적용한다(제19조).

④ 국제형사재판소가 인도 요청을 하는 경우 국내 범죄인인도법상의 정치범 불인도 원칙이나 자국민에 대한 임의적 불인도 조항 또는 쌍방 범죄성의 미충족을 근거로 대한민국이 인도를 거부할 수 없다고 판단된다.

⑤ 재판소로부터 인도 청구된 자가 일사부재리(로마규정 제20조)를 이유로 국내법원에 이의를 제기한 경우 대한민국은 재판소와 협의해야 하며, 만약 재판소가 그 사건에 대해 재판적격성이 있다고 결정하는 경우 인도요청에 응해야 한다(로마규정 제89조 2항).

5

국제법의 객체

제1절 영토취득 방법

1. 영토취득

영토취득이란 영토주권취득의 줄임말이다. 영토주권이란 당해 영토 안에서 다른 국가를 배제하고 국가의 기능을 수행할 수 있는 권리를 말한다.

2. 영토취득 방법

1) 선점[1]

(1) 의미

선점(occupation)이란 무주지역(terra nullius)을 타국에 앞서 국가가 영유 의사를 갖고 실효적으로 지배함으로써 성립하는 영토취득의 방법이다.

(2) 요건

① 선점의 주체 : 선점의 주체는 국가이므로 사인이 실효적 점유를 한다고 하더라도 국제법상 선점은 아니다.

② 선점의 객체
  ㉠ 선점의 객체는 현실적으로 어느 국가에도 속하지 않는 무주지여야 한다.
  ㉡ ICJ는 1975년 서부 사하라 사건에서 국가단계에까지 이르지 못했지만 사회·정치 조직을 갖춘 종족 또는 민족이 살고 있는 땅은 무주지로 간주되지 않는다고 확인하였다.

③ 실효적 점유 : Palmas Island 사건, Eastern Greenland 사건(1933), Minquiers & Ecrehos 사건(1953) 등에 따르면 상대적인 접근 가능성과 거주 가능성에 비추어 상황에 따라 적절한 정도의 실효적 지배만 있으면 족하다는 것이 판례의 태도이다.

④ 선점의 의사
  ㉠ 자국의 영토로 하려는 의사 또는 주권자로서 행동하려는 의사를 가진 점유(즉, 자주 점유)여야 한다.
  ㉡ 이 요건은 국가의 주관적 의도이므로 이론상 많은 문제점을 안고 있으며 Palmas Island 사건이나 Minquiers & Ecrehos 사건에서는 국가주권의 객관적 표현에 더 큰 중요성을 두었다.

⑤ 선점의 통고 여부 : 견해가 대립되고 있으나 선점에 의한 영역취득, 즉 주권의 확대는 시원적인 권원에 의거한 것이므로 타 국가에 대한 통고를 일반 국제법상의 확립된 요건으로 보기는 어렵다.

---

[1] 정영진, 국제법 제16판

> **관련판례**
>
> ### 팔마스(Palmas) 섬 사건(1928, PCA 중재재판)
>
> 후버 재판관은 발견이라는 불완전한 권원은 상당한 기간 내에 당해 지역에 대한 실효적 점유로 완성되어야 한다고 지적하고 19세기의 국제법은 선점의 실효성을 요청하므로 발견만 하고 실효적 지배를 수반하지 않는 경우 그 발견의 효과는 권리의 계속적 및 평화적 행사에 우선하지 못한다고 결정하였다.
>
> ### 클리퍼튼(Clipperton) 섬 사건(1928, 중재재판)
>
> 프랑스의 영토주권선언 당시 무인도였던 클리퍼튼 섬의 실효적인 지배를 위해서는 주권천명만으로도 충분하고 어떠한 실제적인 정주나 통치행위가 요구되지 않는다.
>
> ### 망뀌에 에끄레오(Minquiers and Ecrehos) 군도 사건(1953, ICJ)
>
> 영유권 문제에 있어 실질적인 주권행사 여부 또는 점유가 결정적인 요소이며, 영국의 점유는 영유권 확립에 충분하다.

2) 시효

① **의미** : 시효는 타국의 영토를 일정 기간 평온하게 실효적으로 점유함으로써 확립되는 권원이다.
② **선점과의 차이** : 시효는 실효적 지배에 입각한 권원이라는 점에서는 선점과 동일하나 대상이 무주지가 아닌 타국의 영토라는 점에서 차이가 난다.

3) 할양

① **의미** : 할양이란 국가가 자국 영토를 타국으로 이양하는 합의에 근거한 영토주권의 이전이다.
② **사례** : 미국은 1803년 프랑스로부터 루이지애나를, 1819년 스페인으로부터 플로리다를, 1867년 러시아로부터 알래스카를 매입했다.

4) 첨부

① **의미** : 첨부란 자연현상에 의한 영토의 변경을 말한다.
② 자연적 사실에 의한 것이 보통이나 해안의 매립, 인공섬의 설치 같은 인위적인 경우도 있다.
③ 퇴적작용에 의해 해안선이 변경되거나 국경하천의 수로변경 등과 같은 현상이 발생하는 경우 별도의 합의가 없는 한 국경도 그대로 변경된다.

5) 정복

① **의미** : 무력에 의한 영토취득을 말하는 것으로 과거 가장 일반적인 영토취득의 방법이었다.
② 현재의 UN체제 하에서는 무력행사가 금지되었기 때문에 정복은 인정되지 않는다.

3. 관련 쟁점

1) 국경선

① Thalweg(탈베크) 원칙

  ㉠ 의미 : 항행이 가능한 하천의 경우 주된 수로의 중앙선이 국경선으로 된다는 원칙이다.

  ㉡ 문제의 강이 항행 불가능한 경우에는 수로의 중앙선이 아니라 강의 중앙이 국경선을 이룬다.

  ㉢ 국경하천에서 급격한 전위(avulsion)가 발생한 경우에는 원래의 국경선이 그대로 유지되나, 점진적 증가가 발생하는 경우에는 국경선도 그에 따라 변경된다.

② Uti Possidetis(현상 유지) 원칙

  ㉠ 의미 : 현재 점유하고 있는 자가 계속 점유할 수 있다는 로마법상의 원칙이나, 중남미 국가의 경우 독립운동이 발생한 당시 스페인의 행정구역 경계를 독립 이후의 국경으로 수락한 것을 말한다.

  ㉡ 이 원칙은 중남미와 유사한 상황의 아프리카에서도 수용되었으며, 1964년 OAU는 아프리카 국가들이 독립 당시의 국경을 존중하기로 결의했다.

관련판례

부르키나파소/말리(Burkina Faso/Mali) 사건(1986, ICJ)

Uti Possidetis 원칙은 스페인령 아메리카에서 처음 적용되었지만 국제법의 특정 체계에만 적용되는 특별규칙이 아닌 일반적 원칙이다. 일견 민족자결권과 모순되는 측면이 있지만 Uti Possidetis 원칙은 국경선 획정에 관한 중요한 법 원칙의 하나로 자리매김하여왔다.

차미잘 하천 지역(Chamizal Tract) 사건(1911, 중재재판)

재판부는 하천의 수로가 홍수 등으로 급격하게 변경되는 경우 국경선은 원래의 위치로부터 변경되지 않는다는 탈베그(Thalweg) 원칙의 예외에 따라 차미잘 지역에서 멕시코에게 보다 넓은 영토를 부여하였다.

---

2) 결정적 기일(critical date/moment)과 시제법(intertemporal law/rule)

(1) 결정적 기일

① 의미 : 주로 영유권 분쟁에 있어서 당사국 간 분쟁이 발생한 시기 또는 영토주권의 귀속이 결정화되었다고 인정되는 시기를 말한다.

② 결정적 기일 직전의 기간에 실효적 권원을 가지고 있었음을 입증할 수 있는 당사국에게 우월한 권리가 인정되며, 결정적 기일 이후의 당사국 행동들은 증거능력을 인정받지 못한다.

(2) 시제법

① 의미 : 일반적으로 수락된 견해에 의하면 법은 소급하여 적용될 수 없으며 영토획득의 유효성은 그 획득 당시의 법에 따라 판단해야 한다는 것을 말한다.

② 행위시법 적용의 원칙은 시제법 원리의 핵심을 이루며, 법적 안정성을 보장하는 역할을 한다.

제2절 해양법

1. 해양법의 법전화

(1) 제1·2차 해양법 회의

① 1945년 미국의 트루먼 대통령의 대륙붕 선언으로 촉발된 연안국의 해양 관할권 확장 경향은 새로운 해양법 질서를 필요로 하였다.

② ILC는 해양법 초안을 총회에 보고하는 동시에 이를 명문화하기 위한 국제회의를 소집할 것을 건의했고, UN 총회는 제1차 국제해양법 회의를 소집할 것을 결정했다.

③ 1958년 제1차 UN 해양법협약(제네바해양4협약) 체결

　㉠ 영해 및 접속수역에 관한 협약(The Territorial Sea and the Contiguous Zone)

　㉡ 공해(The High Seas)

　㉢ 공해상의 어업 및 생물자원의 보존

　㉣ 대륙붕(The Continental Shelf)

④ 1960년 제2차 UN 해양법 회의 : 영해의 폭을 획정할 목적으로 개최되었으나 6해리 영해에 추가 6해리 접속수역안이 1표 차이로 채택되지 못하였다.

(2) 제3차 해양법 회의

① 1967년 Pardo 대사(Malta-UN 주재 대사)는 심해저를 인류공동유산화하자는 주장을 하였고, 이에 따라 1968년 '국가관할권 밖에 있는 심해저 및 해상의 평화적 이용에 관한 위원회'라는 특별위원회가 설치되었으며, 1973년부터는 동 위원회가 주축이 되어 제3차 UN 해양법 회의가 시작되었다.

② 1982년 4월 30일 해양분야를 전부 망라한 단일의 UN 해양법협약이 채택되어 동년 12월 118개국에 의해 서명되었다.

③ 1982년 협약 체결 당시 선진국들은 협약 제11편 심해저개발제도에 불만을 품고 협약체결을 거부하였는데, 협약 발효 전인 1994년 7월에 선진국의 입장이 대폭 반영된 '1994년 이행협정'을 체결하여 협약이 발효되게 되었다.

2. 영수

1) 내수(국내수역)[1]

(1) 의미

1　이병조·이중범, 국제법신강

영해의 측정기준이 되는 영해기준선 안쪽에 위치한 모든 수역을 말하며, 호수(lake), 하천(river), 운하(canal), 항(port), 만(bay), 내해(inland sea) 등이 있다.

(2) 법적 지위

① **연안국의 영역** : 내수는 영토에 관한 연안국의 영역 주권과 동일한 권리가 인정된다

② 외국선박의 무해통항권은 인정되지 않으나, 단 직선기선의 인정으로 종래 영해·공해의 일부로 인정된 수역이 내수로 포함된 경우에는 무해통항권이 인정된다.

③ 외국선박은 연안국의 항구로의 접근이 국제법상 허용되지 않는다(단, 긴급위난 시 항행의 안전을 위한 경우를 제외함).

④ 연안국은 내수 내의 외국상선에 대해 자국의 민·형사관할권을 완전하게 행사할 수 있으며, 상선이 조난 또는 불가항력 등 통제 밖의 강제적 상황으로 인해 타국의 내수에 들어간 경우에는 연안국의 관할권행사는 허용되지 않는다.

(3) 호수(lake)

사방이 육지로 둘러싸여 있는 수역을 말한다.

(4) 하천(river)

① **의미** : 수원(水源)에서 하구(河口)까지 1국의 영토 내를 흐르는 국내하천과 복수국의 경계를 구성하거나 복수국의 영토를 관류하는 국제하천이 있다.

② **국제하천의 이용**

㉠ 항행적 이용(navigational use) : 조약체결에 관한 최초의 시도인 1815년 비인회의 최종의정서는 모든 국가의 선박에 대한 국제하천에서의 항행자유원칙을 일반적으로 인정하였다.

㉡ 비항행적(경제적) 이용(non-navigational(economic) use)에 관한 학설 : 절대적 영역 주권설(하몬주의), 하류국권리 불가침설, 제한적 영역주권설, 공동유산설 등

㉢ 법전화
  - 1997년 5월 UN 총회는 '국제수로의 비항행적 이용에 관한 협약'을 채택하였다.
  - 협약은 '유역국은 자국영토 내에서 국제수로를 형평적 및 합리적 방법으로(in an equitable and reasonable manner) 이용하고 그 이용개발 및 보호에 참여해야 한다'고 규정하고 있다(제15조).

관련판례

라누호(Lake Lanoux) 중재 사건(1957, 중재재판)

① 국제법 원칙상 상류국은 하류국의 이익을 침해하지 않는 범위 내에서 국제하천의 이용이 가능하며, 이를 위반하면 국가책임을 진다. 그러나 까롤강의 수위를 변경하지 않는 프랑스의 유로변경식 수력발전은 합당하다.

② 국제하천의 이용에 관한 분쟁의 가장 좋은 해결 방법은 관계국 간의 합의에 의하는 것이며, 당사국은 모든 협상을 받아들일 의무가 있고, 상류국은 하류국의 이익을 합리적으로 고려해야 한다.

(5) 운하(canal)

① 의미 : 인공적으로 조성된 수로를 말한다.

② 수에즈 운하 : 1869년 홍해와 지중해를 연결하여 개통된 운하로서 1888년 콘스탄티노플조약에 의해 항행자유와 중립화가 인정되었다.

③ 파나마 운하 : 대서양과 태평양을 연결하기 위해 미국이 파나마로부터 조차한 토지에 개설한 운하로 파나마 운하는 1901년 영·미 간의 헤이·폰스포트조약에 의해 중립화되었다.

(6) 항(port)

① 의미 : 선박이 정박하여 하역, 승선, 하선 등을 행하기 위하여 인공적으로 해안에 설치한 시설을 말한다.

② 입항과 정박 : 연안국은 항의 경우 무해입항, 무해정박을 허용할 의무가 없으나 일반적으로 외국선에 개방된 항에서는 무해입항, 무해정박을 허용한다.

(7) 만(bay)

① 의미 : 일방의 입구가 해양에 접속된 수역으로 그 굴입도가 입구 폭에 비해 훨씬 깊어서 육지에 둘러싸인 수역을 포함하며, 또한 단순한 해안의 굴곡 이상의 것을 구성하는 수역을 말한다.

② 만이 내수로 인정되기 위한 요건

  ㉠ 동일국 영역 : 만이 연안국의 내수가 되기 위해서는 만을 둘러싼 육지가 동일국가에 속해야 한다.

  ㉡ 만구폭 : 만구의 폭이 24해리를 초과하지 않아야 한다. 역사적 만은 완전히 만구폭의 요건을 갖추지 못했어도 일반적으로 내수를 구성하는 것으로 본다.

  ㉢ 굴입성(屈入性) : 만의 형태는 상당히 깊숙이 육지로 굴입하여 해안의 단순한 굴곡 이상의 것을 구성하는 명백한 만입이어야 한다. 또한 그 만입은 만구를 지름으로 하는 반원의 면적 이상이어야 한다.

(8) 내해(inland sea)

수역이 육지에 둘러싸여 있고 2개 이상의 입구에 의하여 배타적경제수역 또는 공해와 접속된 수역을 말한다.

2) 군도수역[1]

(1) 의미와 연혁

군도국가의 외곽을 직선으로 연결하여 구성되는 내측 수역으로 제3차 해양법협약회의에서 합의하여 성문화된 새로운 제도이다.

(2) 군도기선

① 기선 설정 기준 : 군도국가는 군도의 최외곽도서와 만조시 수면에 출현하는 암초를 연결하는 직선 군도기선을 설정할 수 있다(제47조 1항).

② 길이 : 직선 군도기선 하나의 길이는 100해리를 초과하지 못하나 총기선 수의 3% 내에서 최대 125

---

[1] 이병조·이중범, 국제법신강

해리 직선을 설정할 수 있다(제47조 2항).
③ **군도수역과 육지 비율** : 군도의 내측수역과 육지의 비율을 1대 1과 9대 1 사이의 범위 내에서 기선을 설정할 수 있다(제47조 1항).

(3) 군도국가의 권리와 제한

① 범위 및 내용
  ㉠ 군도국가의 권리는 수심과 연안으로부터의 거리와 관계없이 군도기선 내에 포함된 모든 수역에 미친다(제49조 1항).
  ㉡ 군도국가는 군도수역 내의 수역, 상부 공역, 해저와 하층토 및 이에 포함된 자원에 대해 주권을 행사한다(제49조 2항).
  ㉢ 군도국가의 영해, 접속수역, 배타적 경제수역과 대륙붕은 군도기선으로부터 측정한다(제48조).

② 권리의 제한
  ㉠ 기존 협정, 어업권의 존중 : 군도국가는 타국과의 기존 협정을 존중해야 하며 인접국가의 전통어업권과 기타 군도수역 내의 합법적 활동을 인정하고, 관계 당사국의 요구에 의해 양자조약을 체결해야 한다(제51조 1항).
  ㉡ 기존 해저전선의 보호 : 군도국가는 타국이 부설한 기존 해저전선을 존중하고 그 정비와 교체를 허용해야 한다(제51조 2항).
  ㉢ 무해통항권(제52조) : 모든 국가의 선박은 영해에서 인정되는 것과 동일하게 군도수역에서 무해통항권을 향유한다.
  ㉣ 군도해로통항권(right of archipelagic sea lane passage) : 제53조
    - 군도국가는 자국의 군도수역과 이와 인접한 영해나 그 상공을 통과하는 외국선박과 항공기의 계속적이고 신속한 통항에 적합한 항로대와 항공로를 지정할 수 있다.
    - 군도항로대를 통항 중인 선박과 항공기는 통항중 이러한 축선의 어느 쪽으로나 25해리 이상을 벗어날 수 없다.

3) 영해

(1) 영해의 의미과 폭

① 의미 : 영해측정기선으로부터 연안국가가 해양방향으로 12해리 범위 내에서 선포할 수 있는 수역으로서 연안국의 주권이 인정되는 수역을 말한다.

② 영해의 폭
  ㉠ 해양법협약 : 1958년 영해 및 접속수역에 관한 Geneva 협약에서는 그 폭을 결정하지 못했으나, 1982년의 해양법협약에서는 영해의 폭을 측정기선으로부터 12해리까지라고 명시적으로 규정하고 있다(제3조).
  ㉡ 두 국가의 해안이 서로 마주 보고 있거나 인접하고 있는 경우, 양국 간 달리 합의하지 않는 한 양국의 각각의 영해 기선상의 가장 가까운 점으로부터 같은 거리에 있는 모든 점을 연결한 중간선 밖으로 영해를 확장할 수 없다(제15조).

(2) 영해 기준선

① **통상기선(normal baseline)**
- ⊙ 의미 : 영해의 폭을 측정하는 통상의 기선으로서 연안국이 공인하는 대축척해도에 기재되어 있는 해안의 간조선(干潮線) 또는 저조선(低潮線: low-water line)을 말한다.
- ⓒ 간조노출지의 전부 또는 일부가 육지 또는 도서로부터 영해의 폭을 벗어나지 않는 거리에 있는 경우 간조노출지의 저조선은 영해의 폭을 측정하기 위한 기선으로 사용할 수 있다(제13조 1항).
- ⓒ 섬도 원칙적인 기준선은 저조선인데, 밀물과 썰물의 차이가 있는 경우에는 19년간의 썰물 수준 또는 낮은 썰물 수준을 평균하여 표시한다.

② **직선기선(straight baseline)**
- ⊙ 의미 : 해안선이 깊게 굴곡이 지거나 잘려들어간 지역, 또는 해안을 따라 아주 가까이 섬이 흩어져 있는 지역에서는 섬의 최외측에서 직선으로 연결하여 기선으로 삼는데 이 경우의 기선을 직선기선이라 한다(1951년 영국 대 노르웨이 어업분쟁에서의 ICJ 판결).
- ⓒ 직선기선은 드러나게 해안의 일반적 방향과 어긋나게 획정되어서는 안 된다.
- ⓒ 직선기선은 간조노출지까지 또는 간조노출지로부터 설정할 수 없으나, 영구적으로 해면위에 있는 등대나 이와 유사한 시설이 간조노출지에 세워진 경우 또는 간조 노출지 사이의 기선설정이 일반적으로 국제적인 승인을 받은 경우에는 직선기선을 설정할 수 있다.
- ⓔ 어떠한 국가도 다른 국가의 영해를 공해나 배타적경제수역으로부터 격리시키는 방식으로 직선기선제도를 적용할 수 없다.

③ **한국의 영해**
- ⊙ 한국은 동해안의 경우 영일만과 울산만의 작은 수역을 제외하고는 통상기선을 적용하고 있으나, 해안선이 복잡하고 도서가 산재한 서남해안 전역에서는 직선기선을 적용하고 있다.
- ⓒ 영해는 기선으로부터 12해리 폭으로 설정되었으나, 대한해협의 경우 3해리 영해만을 설정하고 있다.

(3) 연안국의 권리

연안 경찰권, 연안 무역권, 환경보호권, 해양과학조사권, 연안 어업권 등

(4) 무해통항권(無害通航權)

① **의미** : 평시에 영해에서 모든 국가의 선박에 인정되는 연안국의 평화, 안전, 공서를 해치지 않는 범위 내에서 영해를 통항할 수 있는 권리(무해통항권은 군도수역이나 해협에서도 인정)를 말한다.

② **연혁** : 국제관습법상 인정되는 권리이다.

③ **무해와 통항의 의미**
- ⊙ 무해 : 연안국의 평화, 공서, 또는 안전보장을 해하지 않으며 또한 국제법 및 기타 법규에 합당함을 말한다.
- ⓒ 통항
  - 내수에 들어가지 않거나 내수 밖의 정박지나 항구시설에 기항하지 않고 영해를 횡단하는 것 또는 내수를 향하여 또는 내수로부터 항진하거나 또는 이러한 정박지나 항구시설에 기항하는 것

을 목적으로 영해를 지나서 항행함을 말한다.
- 통항은 계속적이고 신속하여야 하나 정선이나 닻을 내리는 행위가 통상적인 항행에 부수되는 경우, 불가항력이나 조난으로 인하여 필요한 경우, 또는 위험하거나 조난상태에 있는 인명·선박 또는 항공기를 구조하기 위한 경우에는 통항에 포함된다.

③ **대상** : 선박에만 인정되고 항공기에는 인정되지 않는다.

㉠ 어선 : 외국어선은 영해에서 어로방지를 위해 연안국이 제정 공시한 법령을 준수할 것을 조건으로 무해통항권이 인정된다.

㉡ 공선 : 외국 정부의 상업목적으로 사용되는 선박이나 비상업목적으로 사용되는 선박에 다 같이 무해통항권이 인정된다.

㉢ 특수선박 : 핵추진외국선 또는 핵물질이나 위험 유해물질을 적재한 외국선은 무해통항 시 적정 문서를 소지하고 국제협정에 의한 특별예방조치 준수하여야 한다.

㉣ 군함 : 제3차 UN해양법협약에는 군함의 무해통항에 대한 명문 규정이 없어서 무해통항여부가 논란이 되고 있다. 우리나라의 경우, 영해 및 접속수역법 시행령 제4조는 "외국의 군함 또는 비상업용 정부선박이 영해를 통항하고자 할 때는" 3일 전 외교부장관에게 통고하도록 하여 사전통고제를 시행하고 있다.

㉤ 잠수함 : 반드시 국기를 게양하고 수면 위에 부상하여야 한다는 명문의 규정이 있다.

④ **연안국의 권리** : 통항로지정권 및 분리통항방법 설정권, 법령제정권

⑤ **연안국의 의무** : 무해통항 방해금지, 위험사실의 공시, 외국선에 대한 과징금지, 통항로·분리통항방법의 공시, 법령의 공시 의무 등

⑥ **무해통항권의 제한** : 연안국은 무기를 사용하는 훈련을 포함하여 자국의 안전보호상 긴요한 경우에는 영해의 지정된 수역에서 외국선박을 형식상 또는 실질상 차별하지 아니하고 무해통항을 일시적으로 정지시킬 수 있다. 이러한 정지조치는 적절히 공표한 후에만 효력을 가진다.

> 관련조문

제19조 (무해통항의 의미)

1. 통항은 연안국의 평화, 공공질서 또는 안전을 해치지 아니하는 한 무해하다. 이러한 통항은 이 협약과 그 밖의 국제법규칙에 따라 이루어진다.
2. 외국선박이 영해에서 다음의 어느 활동에 종사하는 경우, 외국선박의 통항은 연안국의 평화, 공공질서 또는 안전을 해치는 것으로 본다.
   (a) 연안국의 주권, 영토보전 또는 정치적 독립에 반하거나, 또는 국제연합헌장에 구현된 국제법의 원칙에 위반되는 그 밖의 방식에 의한 무력의 위협이나 무력의 행사
   (b) 무기를 사용하는 훈련이나 연습
   (c) 연안국의 국방이나 안전에 해가 되는 정보수집을 목적으로 하는 행위
   (d) 연안국의 국방이나 안전에 해로운 영향을 미칠 것을 목적으로 하는 선전행위
   (e) 항공기의 선상 발진·착륙 또는 탑재
   (f) 군사기기의 선상 발진·착륙 또는 탑재
   (g) 연안국의 관세·재정·출입국관리 또는 위생에 관한 법령에 위반되는 물품이나 통화를 싣고 내리는 행위 또는 사람의 승선이나 하선
   (h) 이 협약에 위배되는 고의적이고도 중대한 오염행위
   (i) 어로활동
   (j) 조사활동이나 측량활동의 수행
   (k) 연안국의 통신체계 또는 그 밖의 설비·시설물에 대한 방해를 목적으로 하는 행위
   (l) 통항과 직접 관련이 없는 그 밖의 활동

> 관련판례

코르푸해협(Corfu Channel) 사건(1949, ICJ)

① 공해를 연결하는 국제수로로 인정되는 국제해협에서는 평시의 경우 항행 자체가 무해인 한 군함도 무해통항권을 갖는다. 따라서 연안국인 알바니아는 영국 군함의 무해통항권을 침해해서는 아니 되며 이를 침해한 행위는 국제의무위반으로서 법적 책임을 수반한다.
② 알바니아의 동의 없는 영국 군함의 기뢰 제거 작업은 알바니아의 주권을 침해한 것이다. 이러한 국제사법재판소(ICJ)에 의한 주권침해선언은 국가책임의 해제 방법으로서 적절한 만족의 일종이다.
③ 영국의 일방적인 소송 제기에 대해 알바니아가 이에 응할 뜻을 비춤으로써 확대관할권(응소관할권)이 인정되었다.
④ 사건 내용은 환경문제와는 무관하나 "타국의 권리에 반하는 행위를 위해 자국영역이 사용되는 것을 고의로 허용해서는 아니 된다"는 영역관리책임의 근거가 되는 판례로 인용된다.

(5) 재판관할권

① 상업용 공선과 상선

㉠ 선박 외부 사건 : 선박 외부 사건, 즉 항행·관세·출입국·위생 기타 연안국 법령위반사건, 영해에서의 타선박과의 충돌 사건 등에 관해 연안국이 관할권을 갖는 것은 국제법상 일반적으로 확립

되어 있다.

ⓒ 선박 내부 사건 : 프랑스주의(선박 기국주의)
- 내부 사건인 선원의 규율과 직무에 관한 사건, 선원이나 승객 간에 일어난 살인·상해 기타 형사사건, 그리고 이들 사이의 계약·유언·결혼 기타 민사사건 등에 관하여는 원칙적으로 선박기국에 관할권이 있다.

ⓒ 형사재판권 행사 사유

ⓐ 영해를 항행 중인 외국선 내에서 발생한 범죄에 대해 연안국은 원칙적으로 다음의 경우에만 체포 또는 수색을 위해 형사재판관할권을 행사할 수 있다(제27조 1항).
- 범죄의 결과가 연안국에 미치는 경우
- 범죄가 연안국의 평화나 영해의 공공질서를 교란하는 종류인 경우
- 그 선박의 선장이나 기국의 외교관 또는 영사가 현지 당국에 지원을 요청한 경우
- 마약이나 향정신성물질의 불법거래를 진압하기 위하여 필요한 경우

ⓑ 연안국은 내수로부터 나와서 영해를 항행 중인 외국선상에서 체포 또는 수색을 위해 필요한 조치를 취할 권리를 갖는다(제27조 2항).

ⓔ 민사재판권 행사 사유

ⓐ 원칙 : 영해를 항행 중인 외국선박 내의 사람에 대하여 민사재판권을 행사하기 위하여 선박을 정선시키거나 항로를 변경케 할 수 없으며, 민사소송을 위해 선박을 압류 내지 강제집행할 수도 없다(제28조).

ⓑ 예외 : 선박이 연안국 수역을 항행 중 또는 항행하기 위해 스스로 부담한 채무 또는 책임에 관한 경우와 영해 내에 정박하거나 내수에서 나와 영해를 항행하는 외국선에 대해서는 일반적으로 자국법령에 따라 강제집행 또는 압류할 수 있다.

② **비상업용 공선**: 공선 중 비상업목적에 종사하는 선박은 연안국의 관할권으로부터 면제되나 연안국 법령을 준수하지 않아서 야기되는 손해는 선박기국에서 국가책임을 진다(제31조).

③ **군함**

ⓘ 연안국의 관할권으로부터 면제된다(제32조).

ⓒ 군함이 영해통항에 관한 연안국의 법령을 준수하지 아니하고 그 군함에 대한 연안국의 법령준수 요구를 무시하는 경우, 연안국은 그 군함에 대하여 영해에서 즉시 퇴거할 것을 요구할 수 있다(제30조).

ⓒ 군함이 연안국 법령을 준수하지 않아서 야기되는 손해에 대하여 당해 군함기국은 국제책임을 진다.

4) 국제해협

(1) 의미와 연혁

① 의미

ⓘ 2개의 해양을 연결하는 좁은 자연적 수로를 말하며, 국제해협은 국제항행에 사용되는 해협으로 연안이 1국 내지 복수국가에 속하고 양 연안은 24해리 이내여야 통과통항권이 인정된다.

ⓒ 해협은 해협국의 영해를 구성하므로 국제법상 제한이 있는 경우 외에는 해협국은 연안국이 영해에 대해 행사하는 것과 같은 권리를 행사한다(제34조).

② **연혁** : 1982년 제3차 UN 해양법협약에서 신설되었다.

(2) 통과통항권

① **통과통항** : 통과통항이라 함은 공해 또는 배타적경제수역의 일부와 공해 또는 배타적경제수역의 다른 부분 간의 해협을 오직 계속적으로 신속히 통과할 목적으로 항행과 상공비행의 자유를 행사함을 말한다.

② **적용 범위**

㉠ 통과통항권이 인정되는 해협 : 통항로의 양 입구가 모두 공해나 배타적경제수역으로 연결된 국제항행용 해협이다(제37조).

㉡ 통과통항권이 인정되지 않는 해협
- 국제항행용 해협이라도 통항로 입구의 일방이 외국 영해로 연결되어 있는 경우에는 무해통항만이 인정된다(제45조 1항).
- 해협의 중간수역에 존재하는 공해 또는 배타적경제수역을 통항로로 갖는 국제항행용 해협으로서 당해 통항로가 항행 및 수로학적 특성상 유사한 편의의 통항로인 경우에는 당해 해협에는 통과통항제도가 적용되지 않는다(제36조).
- 해협국의 본토와 도서 사이에 형성되어 있는 국제항행용 해협으로서 당해 도서 외측으로 유사한 편의의 통항로가 존재하는 경우에는 당해 해협에서는 통과통항권은 인정되지 않는다(제38조 1항).

㉢ 모든 선박과 항공기 : 협약은 모든 선박과 항공기에 대해 통과통항권을 인정하고 있으므로(제38조 1항), 비연안국을 포함하는 모든 국가의 모든 종류의 선박과 항공기는 통과통항권을 가진다.

③ **해협국의 권리** : 통항로 지정권 및 분리통항방법 설정권, 법령제정권

④ **해협국의 의무** : 통항로 등의 공시, 통과통항의 방해금지 및 일시적 정지의 금지, 위험사항의 공시

⑤ **외국선박·외국항공기의 의무** : 통항방법 준수, 법령준수, 조사측량활동금지

(3) 무해통항권

① 해협국은 통과통항제도가 적용되지 않는 자국해협에서 무해통항권을 보장해야 한다(제45조 1항).

② 이 경우 해협국은 일시적으로라도 무해통항을 정지할 수 없다(제45조 2항).

(4) 무해통항권과 통과통항권과의 차이[1]

① 무해통항은 영해, 비국제항행해협 및 군도수역에서 인정되나, 통과통항은 국제항행용해협에서만 인정된다.

② 무해통항에서는 항공기의 상공비행이 허용되지 않으나, 통과통항에서는 상공비행이 인정된다.

③ 무해통항에서는 잠수함은 수면상 부상하여 국기를 게양하고 항행하여야 하나, 통과통항에서는 명시적 제한규정이 없으므로 잠수항행이 허용된다고 본다.

④ 무해통항에서는 안보상의 이유로 특정수역에서 외국선의 항행을 일시적으로 정지시킬 수 있으나, 통과통항에서는 일시적으로도 정지할 수 없다.

⑤ 무해통항권 상실하게 되는 유해통항행위의 사유가 통과통항권을 보장받지 못하게 되는 비통과통항행위의 사유보다 훨씬 많다.

---

[1] 이병조·이중범, 국제법신강

⑥ 무해통항에서는 연안국이 유해통항을 방지하기 위해 영해 내에서 필요한 조치를 취할 수 있으나, 통과통항에서는 비통과통항을 금지할 수 있는 규정이 없으므로 연안국이 통항을 정지할 수 없다.

3. 공해에 대한 관할권의 확장[1]

1) 접속수역

(1) 의미

① 관세, 재정, 출입국, 위생 등의 특정사항을 규제하기 위해 연안국의 관할권행사가 인정된 영해에 접속한 공해의 특정 수역을 말한다.

② 영해의 측정기선으로부터 24해리를 초과할 수 없고, 영해의 폭을 차감한 잔존수역이다. 영해 밖의 수역이므로 영해와 같은 주권행사는 불가능하다.

(2) 관할권

① **행사 요건** : 연안국은 외국선박이 연안국의 영토나 영해에서의 관세·재정·출입국관리 또는 위생에 관한 법령을 위반하는 것을 방지하기 위한 경우, 외국선박이 연안국의 영토나 영해에서 발생한 위의 법령 위반에 대한 처벌을 위하여 관할권을 행사할 수 있다.

② **관할 사항** : 연안국은 관세, 재정, 출입국관리, 위생·보건 등에 대해서만 관할권을 행사할 수 있다.

2) 배타적 경제수역(Exclusive Economic Zone)

(1) 의미

영해를 넘어서 그에 인접한 200해리 이내에서 그 해저·지하·상부수역의 자원 개발 및 보존, 그리고 공해방지에 관한 연안국의 배타적 권한이 인정되는 수역을 말한다.

(2) 연혁

① 1945년 9월 미국은 '공해의 일정한 수역에서의 연안어업에 관한 미국의 정책에 관한 대통령 포고'(Truman 선언)를 공포하고 보존수역에 관한 최초의 선언국이 되었다.

② 1982년 3차 해양법협약은 영해 폭을 12해리로 확정하고 그 나머지 188해리를 EEZ으로 선포했다.

(3) 법적 지위

배타적경제수역은 연안국의 주권적 권리 및 관할권과 공해자유의 일부가 병존하는 제3의 특별수역으로서 영해와 공해의 중간적 법제도이다.

(4) 범위

① **폭 및 기선** : 배타적경제수역의 폭은 영해 측정기선으로부터 200해리를 초과하지 못한다.

② **대향·인접하는 경제수역의 경계(제74조)**

---

[1] 이병조·이중범, 국제법신강

⊙ 서로 마주 보고 있거나 인접한 연안을 가진 국가 간의 배타적경제수역 경계획정은 공평한 해결에 이르기 위하여, 국제사법재판소규정 제38조에 언급된 국제법을 기초로 하는 합의에 의해 획정되어야 한다.

ⓒ 상당한 기간 내에 합의에 이르지 못할 경우 관련국은 해양분쟁 해결방법에 따라 관할법원에 이를 부탁해야 한다.

ⓒ 합의에 이르는 동안, 관련국은 이해와 상호협력의 정신으로 실질적인 잠정약정을 체결할 수 있도록 모든 노력을 다하며, 과도적인 기간동안 최종 합의에 이르는 것을 위태롭게 하거나 방해하지 않아야 한다. 이러한 약정은 최종적인 경계획정에 영향을 미치지 않는다.

ⓔ 배타적경제수역이나 대륙붕에 대하여 제3차 UN해양법협약은 중간선·등거리선원칙을 규정하고 있지 않다.

(5) 연안국의 권리·의무

① 연안국의 권리

⊙ 주권적 권리
- 생물자원·비생물자원의 이용·보존권 : 해저의 상부수역, 해저 및 그 하층토의 생물이나 무생물 등 천연자원의 탐사, 개발, 보존 및 관리를 목적으로 하는 주권적 권리를 갖는다.
- EEZ의 경제적 이용권 : 해수(수력)·해류(조력) 및 해풍(풍력)을 이용한 에너지생산과 같은 이 수역의 경제적 개발과 탐사를 위한 그 밖의 활동에 관한 주권적 권리를 갖는다.

ⓒ 관할권
- EEZ 수역 내에서 인공도·시설 및 구조물의 설치·사용에 대한 배타적 관할권을 갖는다. 연안국은 인공도 등의 주위에 반경 500m 이내의 안전수역을 설정할 수 있다.
- EEZ 수역 내에서 해양과학조사에 대한 관할권을 갖는다. 타국은 연안국의 동의 없이는 해양과학조사를 할 수 없다.
- EEZ 수역 내에서 해양환경의 보호·보존에 대한 관할권을 갖는다. 연안국은 배타적 경제수역에서의 외국선박의 위반행위에 대하여 벌금형만을 부과할 수 있다(제230조 1항).

② 연안국의 의무

⊙ 연안국은 타국 선박의 항행, 항공기의 상공비행을 방해해서는 안 되며, 또한 타국의 해저전선, 관선 부설의 자유를 인정해야 한다(제58조 1항).

ⓒ 공해에 대한 해양법협약의 제규정은 연안국의 배타적 경제수역에 대한 권리를 침해하지 않는 한 배타적 경제수역에 적용된다(제58조 2항).

(6) 배타적경제수역 어업제도

① 생물자원보존권

⊙ 보존 주체 : EEZ 내의 생물자원의 보존은 연안국의 배타적 관할 사항이다.

ⓒ 보존조치의 기준 : 보존조치는 어족의 최대지속적 생산을 유지·회복할 수 있도록 마련되어야 한다.

② 생물자원이용권

⊙ 배타적 어로권 : 연안국은 EEZ 내의 생물자원에 대한 배타적 어로권을 가지며, 생물자원의 허용어획량을 결정하고 또한 자국의 어획능력량을 결정해야 한다.

ⓒ 잉여어획량 : 연안국은 잉여어획량에 대하여는 연안국 자체의 이익, 내륙국·지리적 불리국의 이익, 역내 개발도상국의 수요, 전통적 어로국의 경제적 손실의 극소화 등을 고려하여 타국에 어로를 허용해야 한다.
③ 집행조치
　　㉠ 연안국은 배타적경제수역의 생물자원을 탐사·개발·보존 및 관리하는 주권적 권리를 행사함에 있어서, 이 협약에 부합되게 채택한 자국법령을 준수하도록 보장하기 위하여 승선, 검색, 나포 및 사법절차를 포함하여 필요한 조치를 취할 수 있다.
　　㉡ 나포된 선박과 승무원은 적절한 보석금이나 그 밖의 보증금을 예치한 뒤에는 즉시 석방되어야 한다.
　　㉢ 배타적경제수역에서 어업법령 위반에 대한 연안국의 처벌에는, 관련국 간 달리 합의하지 아니하는 한, 금고 또는 다른 형태의 체형을 부과할 수 없다.
　　㉣ 외국선박을 나포하거나 억류한 경우, 그 연안국은 적절한 경로를 통하여 취하여진 조치와 그 후에 부과된 처벌에 관하여 기국에 신속히 통고해야 한다.
④ 내륙국·지리적 불리국의 권리 : 해양법협약에서는 EEZ를 갖지 못하는 내륙국, 지리적 불리국에 대하여 경제수역의 설정으로 종래의 공해어로자유의 상실로 인한 불공평을 보상하기 위해 인접연안국 또는 역내연안국의 EEZ 내에서 형평에 입각한 입어권을 부여하였다(제69~72조).

관련판례

어업관할권(Fisheries Jurisdiction) 사건(1974, IGJ)

① 아이슬란드가 주장하는 어업기술의 변화와 어족자원의 감소는 사정의 근본적 변경이 아니며 조약상 의무의 성격을 근본적으로 변경시키는 것이 아니므로 사정변경원칙이 적용될 수 없다.
② 12해리 배타적어업수역이 국제관습법임을 확인하였으며, 이는 배타적경제수역제도의 성립에도 기여하였다.
③ 가보전조치의 신청이 재판관할권의 존재를 인정하는 것은 아니며, 따라서 가보전조치가 신청된 경우에도 재판관할권의 존부 등에 대해 선결적 항변을 할 수 있다.

M/V Saiga호 사건(1997, 국제해양법재판소)

① EEZ에서 연안국은 자국의 관세법을 외국 선박에 적용할 수 없다.
② 추적은 외국 선박이 정선신호를 보고 들을 수 있는 거리에서 개시되어야 하며, 도중에 중단되어서는 안된다.
③ 상선의 나포를 위한 무력사용은 일정한 경고조치를 먼저 취하고 다른 적절한 조치가 모두 실패한 후 마지막 수단으로 사용되어야 한다.

3) 대륙붕(continental shelf)

(1) 연혁과 의미

① 연혁
  ㉠ 대륙붕이 국제법상 문제시 되기 시작한 것은 1945년 미국의 Truman 선언 이후부터다.
  ㉡ 1958년 제1차 해양법협약 중 '대륙붕에 관한 조약'이 체결되었다.
  ㉢ 1982년 제3차 UN 해양법협약에서 해양법협약에 대륙붕의 범위를 확장하는 규정을 채택하였다.

② 의미
  ㉠ 영해를 넘어서 육지토괴(陸地土塊)의 자연적 연장을 통하여 접속된 대륙변계의 외측한계까지의 해저와 하층토를 말하며, 대륙변계의 외측한계가 영해측정기선으로부터 200해리의 거리에 미달하는 경우에는 200해리의 거리까지의 해저와 하층토를 말한다.
  ㉡ 어떠한 경우에도 대륙붕의 외측한계는 영해측정기선으로부터 350해리를, 또는 2,500m 등심선으로부터 100해리를 초과할 수 없다.
  ㉢ 대륙변계는 연안국 육지의 해면 아래쪽 연장으로서, 대륙붕·대륙사면·대륙융기의 해저와 하층토로 이루어진다. 대륙변계는 해양산맥을 포함한 심해대양저나 그 하층토를 포함하지 아니한다.
  ㉣ 일반적으로 대륙붕은 EEZ에 포함되므로 그 자체 독립된 의미는 없으나 연안국이 EEZ를 선포하지 않거나 대륙붕이 EEZ를 초과한 경우에는 제도적 의의가 있다.

(2) 연안국의 권리
  ① 법적 성질
    ㉠ 주권적 권리 : 연안국은 대륙붕을 조사하고 그 천연자원을 개발하기 위해 주권적 권리를 행사한다(제77조 1항).
    ㉡ 배타적 권리 : 배타적이란 연안국이 대륙붕의 탐사를 행하지 않는 경우, 또는 천연자원의 개발을 실제로 하지 않아도 타국은 연안국의 명시적 동의 없이는 대륙붕을 이용할 수 없다는 것이다.
    ㉢ 원시적 권리 : 대륙붕에 관한 연안국의 권리는 해양법협약에 의해 원시적으로 취득된 것이지 일방적 선언 또는 점유 등에 의해 취득된 것은 아니다.
  ② 내용
    ㉠ 천연자원의 탐사·개발권
    ㉡ 인공도·시설의 설치 및 안전수역설정권
    ㉢ 착공·굴착권
    ㉣ 해양환경의 보호·보존권
    ㉤ 해양과학조사권
  ③ 연안국의 의무
    ㉠ 상부수역의 항행자유 보장의무
    ㉡ 해저전선과 관선부설의 자유 보장의무
    ㉢ 200해리 초과 시 대륙붕개발기여금 납부의무
  ④ 대륙붕 경계획정 : 1982년 제3차 UN 해양법협약은 배타적경제수역과 대륙붕의 경계획정 방식 및 분쟁발생 시 분쟁 해결방법을 동일하게 규정하고 있다.

> **관련판례**
>
> ### 북해대륙붕 사건(1969, ICJ)
>
> ① 특별한 이해관계를 갖는 국가들의 관행이 광범위하고 동일하다면 짧은 시일 내에도 국제관습법이 성립될 수 있다고 하여 인스턴트 관습법 이론의 계기가 되었다.
> ② 국제관습법 성립요건에 대해 2요소설에 근거하였으며, 등거리선 원칙이 국제관습법화 되었다는 네덜란드와 덴마크의 주장을 인정하지 않았다. 국제관습법이 성립되려면 관행이 법적 의무라는 판단하에서 실행되어야 하나 등거리선 원칙은 이런 요건들을 충족되지 않았다고 판단하였다.
> ③ 국제관습법은 국제사회 모든 구성원에게 동일한 효력을 가지며, 특정 국가에 의해 일방적으로 배제될 수 없다.
> ④ 각국 영토의 자연적 연장은 최대한 존중된다고 하여 대륙붕의 자연적 연장설을 처음으로 인정하였으며, 대륙붕 경계획정의 원칙으로 1958년 대륙붕협정상의 등거리선조항의 관습성을 부인하고 형평의 원칙에 따른 합의를 강조하였다.

4. 공해

1) 의미

공해란 어느 특정 국가의 관할권에 속하지 않는 바다의 부분으로 해양법협약 제86조는 공해를 내수, 군도수역, 영해, EEZ 등에 속하지 않는 바다라고 규정하고 있다.

2) 공해의 자유

항행의 자유, 상공비행의 자유, 해저전선(pipe line)·관선부설의 자유, 인공도·시설물 설치의 자유, 어로의 자유, 과학적 조사의 자유 등

3) 공해에 대한 법질서

(1) 공해에서의 관할권

① **기국(旗國)주의** : 공해상의 선박은 기국의 배타적 집행관할권 하에 놓인다는 원칙을 말한다. 일국의 군함은 외국선박에 대해 관할권을 행사할 수 없다.
② UN해양법협약상 이 기국주의에는 해적행위, 임검권, 추적권 등 세 가지 예외가 존재한다.

(2) 공해상 금지 행위

① 국기 허위 게양 금지
② 노예수송 금지
③ 마약불법수송 금지
④ 불법방송 금지

(3) 임검권

① **의미** : 임검권이란 모든 국가의 군함이 공해상에서 일정한 혐의가 있는 외국선박에 대해 검문 및 방문·수색할 수 있는 권리를 말한다.

② **일정 혐의의 내용** : 해적행위, 노예무역, 무허가 방송, 무국적선, 국기 허위 게양

③ **임검 대상** : 모든 국가의 군함은 공해상에서 타국의 군함과 비상업용공선을 제외한 타국의 상선을 임검할 수 있다.

④ **임검주체** : 군함, 군용항공기, 임검권이 인정된 공선 및 공항공기에 한한다.

⑤ 방문수색의 결과 혐의가 없으면 군함은 손해배상의 책임을 진다.

관련조문

제91조 (선박의 국적)

1. 모든 국가는 선박에 대한 자국국적의 부여, 자국영토에서의 선박의 등록 및 자국기를 게양할 권리에 관한 조건을 정한다. 어느 국기를 게양할 자격이 있는 선박은 그 국가의 국적을 가진다. 그 국가와 선박 간에는 진정한 관련이 있어야 한다.
2. 모든 국가는 그 국기를 게양할 권리를 부여한 선박에 대하여 그러한 취지의 서류를 발급한다.

제109조 (공해로부터의 무허가방송)

1. 모든 국가는 공해로부터의 무허가방송을 진압하는데 협력한다.
2. 이 협약에서 "무허가방송"이라 함은 국제규정을 위배하여 일반대중의 수신을 목적으로 공해상의 선박이나 시설로부터 음성무선방송이나 텔레비전방송을 송신함을 말한다. 다만, 조난신호의 송신은 제외한다.
3. 무허가방송에 종사하는 자는 다음 국가의 법원에 기소될 수 있다.
   (a) 선박의 기국
   (b) 시설의 등록국
   (c) 종사자의 국적국
   (d) 송신이 수신될 수 있는 국가
   (e) 허가된 무선통신이 방해받는 국가
4. 제3항에 따라 관할권을 가지는 국가는 무허가방송에 종사하는 사람이나 선박을 제110조의 규정에 따라 공해에서 체포하거나 나포하고 방송기기를 압수할 수 있다.

---

(4) 추적권

① **의미** : 외국선박이 연안국의 관할수역에서 연안국법령을 위반했다고 믿을 만한 충분한 이유가 있을 때 연안국이 외국선박을 당해 관할수역으로부터 계속 공해까지 추적하여 나포·재판을 위해 인치할 수 있는 권리를 말한다.

② **취지** : 공해가 범법외국선박의 비호처가 되는 것을 방지하기 위하여 인정되었다.

③ **주체** : 군함, 군용항공기, 추적권이 인정된 공선 및 공항공기에 한한다.

④ **요건**

  ㉠ 피추적선의 위치 : 피추적선의 위법행위 시의 위치는 내수, 영해, 군도수역, 접속수역, EEZ, 대륙붕 상부수역 내이어야 한다.

- ⓒ 모선(母船)과 자선(子船) : 모선은 공해상에 위치하고 자선이 추적권의 대상인 경우에도 추정적 존재 이론에 의거 계속 추적의 대상이 된다.
- ⓒ 정선명령과 그 방법 : 정선명령은 가시·가청거리에서 시각·청각신호로 해야 하며 무전에 의한 통고만으로는 정선명령이 되기에 충분하지 않다. 추적은 정선명령을 내린 후가 아니면 개시할 수 없다.
- ⓔ 추적선의 위치 : 정선명령 시 추적선은 반드시 내수·군도수역·영해·접속수역·배타적 경제수역 또는 대륙붕의 수역에 있음을 요하지 않는다.
- ⓜ 추적의 계속 : 추적은 중단 없이 계속되어야 한다. I'm Alone 사건(1935년)에서는 추적선이 추적 도중 임무를 타 추적선에 인계하더라도 그 계속성이 인정되었다. 또한 이 사건에서는 혐의선박을 명백히 고의적으로 침몰시키는 것은 국제법의 어떤 원칙에 의해서도 정당화되지 않는 행위라고 결정하였다.
- ⓗ 추적권의 소멸 : 추적권은 공해에서만 행사할 수 있으며, 피추적선이 제3국의 영해 또는 피추적국의 영해 내로 들어가면 추적권은 소멸한다.
- ⓧ 위법한 추적권 행사 : 연안국은 정당한 이유 없이 영해 밖에서 추적권을 행사하여 외국선을 정선 또는 나포한 경우 이로 인해 생긴 손해에 대해 배상하여야 한다.

> **관련판례**
>
> **아임 얼론(I'm alone)호 사건(1935, 중재재판)**
>
> ① 추적권과 관련하여 추적은 계속적 추적이어야 하며, 인계추적의 경우도 그 계속성이 인정된다. 그러나 이러한 추적권에 격침시킬 권한까지 포함되는 것은 아니다.
> ② 불법무역에 연루된 선박과 화물에 대해서는 배상할 필요가 없으나, 불법가담자가 아닌 선원의 국적국인 캐나다 정부에 대해서는 손해배상을 하여야 한다.
>
> **베링해 물개 사건(1893, 중재재판)**
>
> ① 네덜란드 중재재판관은 1892년 당시의 실정국제법상으로 추적권이론이 확립된 원칙은 아니라고 판결하였다.
> ② 중재재판소는 미국이 3해리 영해 밖의 물개잡이에 대해 배타적 관할권을 행사할 수 없다고 판결하여 공해자유의 원칙을 확인하였으나, 해양생물자원 보존의 구체적 규율지침을 제시하여 국제환경법상 해양생물보호에 전환점이 된 판례다.

(5) 공해상에서의 선박 충돌

① **로터스호 사건** : 1926년 터키 부근 공해상에서 프랑스선박 Lotus호(우편쾌속정)가 터키 Boz-Kourt(석탄화물선)와 충돌하여 침몰시키고 터키인들을 익사케 한 사건에서 PCIJ는 가해국인 프랑스와 피해국인 터키 양국에 모두 재판관할권이 있다고 판시하였다.

② **해양법협약** : 공해상의 충돌 등 항행사고와 관련된 선장 등에 대한 형사상 또는 징계상 소송은 가해선의 기국이나 당해 선장 등의 국적국에만 제기할 수 있다.

> **관련판례**
>
> ### 로터스(Lotus)호 사건(1927, PCIJ)
>
> ① PCIJ는 주관적 속지주의에 의한 프랑스의 관할권과 객관적 속지주의에 의한 터키의 관할권이 경합할 수 있음을 인정하였으나 터키가 주장하였던 수동적 속인주의는 고려하지 않았다. PCIJ는 재판소장의 캐스팅보트(casting vote)에 의하여 터키의 관할권 행사가 국제법상 적법함을 인정하였다.
> ② 관습법의 성립요건으로서 일반 관행에 의한 법적 확신의 추정을 부인하고 적극적인 입증을 요구, 프랑스의 공해상의 선박충돌 시 기국의 독점적 관할권 주장을 인정하지 않았다.
> ③ 재판소의 다수의견은 의사주의에 입각하여 국제법상 금지되지 않은 행위는 모두 허용된다는 입장을 취하였다.

(6) 해적

① **의미** : 유엔해양법협약은 해적행위를 민간선박 또는 민간항공기 승무원이나 승객이 사적인 목적으로 공해 또는 국가관할권 밖의 장소에서 다른 선박, 항공기, 사람, 재산에 대해 행하는 폭력, 억류, 약탈 행위로 정의하고 있다(제101조).

② **내용**
  ㉠ 해적행위의 주체는 민간선박 또는 항공기이나, 정부 선박도 내부 반란에 의해 국가 통제를 벗어나면 민간선박으로 보아 해적행위의 주체로 간주된다.
  ㉡ 원칙적으로 유엔해양법협약상 해적은 공해상에서 벌어지는 행위를 지칭하나 공해 관련 규정들은 EEZ제도와 상충되지 않는 한 EEZ에서도 적용되므로(제58조) 해적행위는 EEZ에서도 발생할 수 있는 것으로 해석된다. 일국의 영해에서 행해지는 약탈적 행위는 국내법상의 해적행위는 될 수 있어도 국제법상의 해적행위는 아니다.

③ **해적행위에 대한 관할권**
  ㉠ 해적행위에는 보편적 관할권이 적용되어 '모든 국가'가 관할권을 가지며 군함 또는 군용 항공기를 이용해 해적행위 선박을 나포하고 그 선박과 항공기 내에 있는 범인들을 체포하고 재산을 압수할 수 있다.
  ㉡ 나포국의 법원은 형벌을 결정하며 그 선박, 항공기 또는 재산에 대해 조치를 취할 수 있다.
  ㉢ 해적선 또는 해적항공기의 나포는 군함, 군용항공기 또는 정부 업무를 수행 중인 것으로 명백히 표시되고 식별이 가능하며 그러한 권한이 부여된 그 밖의 선박이나 항공기만이 행할 수 있다.

4) 공해에서의 의무

(1) 해상구조의무, 해저전선·관선의 보호의무

(2) 해양환경의 보호·보존의무

① **보호, 보존의 의무** : 국가는 폐기물 기타 물질의 투기로 해양환경을 오염시켜서는 안 된다.
② **국제협력** : 국제적 및 지역적 협력, 오염통고와 확산방지, 개발도상국에 대한 기술원조 및 환경보호기금배정시 우선적 고려

③ 감시 및 환경평가 : 해양환경 오염의 위험이나 영향을 과학적 방법에 의하여 감시·평가하고 평가 결과에 관한 보고서를 송부해야 한다(제206조).

④ 해양오염의 방지·감소·통제를 위한 규제입법(제207~212조)

　㉠ 육상오염원에 의한 오염

　㉡ 국가관할권하의 해저활동에 의한 오염

　㉢ 심해저활동에 의한 오염

　㉣ 투기에 의한 오염

　㉤ 선박에 의한 오염

　㉥ 대기에 의한 또는 대기를 통한 오염

⑤ 해양오염에 대한 국가책임 : 각국은 국제법상 해양환경의 보호, 보존을 위한 국제적 의무를 이행할 책임이 있으며, 자국의 자연인 또는 법인이 행한 해양오염행위로 인한 손해에 대한 신속하고 적절한 보상을 국내법상 제도로 확보하여야 한다.

5. 심해저(deep-sea-bed)[1]

1) 의미

심해저는 국가의 관할권이 미치는 해역 이원의 해저와 해상 및 하층토를 말한다.

2) 법적 지위

심해저와 자원은 '인류의 공동유산'으로서 어떠한 국가도 이에 대해 주권이나 주권적 권리를 행사할 수 없다.

3) 연혁

① 1967년 UN 총회에서 Malta의 Pardo 대사는 "심해저를 인류공동의 유산수역(遺産水域, Common heritage of mankind)으로 설정하자"고 주장하였다.

② UN 총회는 심해저특별위원회의 설치를 결의했고 1973년부터 제3차 UN 해양법 회의가 시작되어 1982년 UN 해양법협약 제11부(신설)에 심해저가 성문화되었다.

4) 국제심해저기구(Authority)

(1) 기능

① 모든 협약 당사국을 회원국으로 하는 국제심해저자원의 탐사개발 및 이용을 총괄하는 기구로서 Jamaica에 위치한다.

---

[1] 이병조·이중범, 국제법신강

② 국제심해저기구가 인류 전체를 대리하여 심해저에서의 제활동을 조직·수행·통제한다.
③ 국제심해저기구는 국제적 법인격이 있으며 협약당사국의 영역에서 특권과 면제의 향유한다.

(2) 심해저공사(Enterprise) - 국제심해저기구소속 개발부서
① 심해저공사는 협약에 의거하여 심해저활동과 개발한 광물의 수집·가공·판매를 직접 수행하는 국제심해저기구의 산하기관으로서 국제심해저기구 이사회의 지시와 통제를 받는다.
② **집행위원회** : 15인의 위원, 임기 4년, 직무수행상 어떤 국가로부터도 지시를 받지 않고 개인자격으로 행동해야 한다. 모든 의안은 단순다수결로 결정한다.
③ 심해저공사는 제11편 이행협정에 의해 설치가 연기되었으며 국제심해저기구 사무국이 당분간 심해저공사의 기능을 수행한다.

(3) 개발방식 : 병행개발체제
① **개발제도** : 국제심해저기구가 인류 전체를 대리하여 심해저에서의 모든 활동을 조직, 수행, 통제한다.
② **개발 주체** : 심해저기구 산하의 심해저공사와 협약당사국, 그 국민으로 병행개발체제를 채택하고 있다.
③ **사전 투자국의 보호 규정** : 사전투자활동권, 탐사개발계약권, 생산허가의 우선권을 인정하고 있다.
④ **대한민국** : 1994년 사전투자가로 등록(동북태평양의 Clarion/Clipperton)했다.

(4) 1994년 심해저이행협정(전문과 10개 조문, 부속서)
① UN 사무총장 주도하에 1994년 7월 선진국과 개도국의 입장을 절충하여 심해저이행협정이 채택되었다.
② 주요 내용
　㉠ 당사국의 비용 절감을 위한 제도적 조정(선진국의 재정적 부담을 경감)
　㉡ 국제심해저기업 운영의 수정(특혜대우의 철폐)
　㉢ 국제심해저기구의 의결 결정 방식의 수정(주요 이해 그룹에 거부권을 인정 → 특정 이해 그룹의 전횡적 의사결정을 방지)
　㉣ 재검토 회의 규정의 수정
　㉤ 기술 이전 의무의 삭제(강제적 기술이전의 삭제 → 상업적 이전으로 개정)
　㉥ 생산정책의 수정(육지생산 광물과 심해저생산 광물 간의 생산 및 판매조건의 차별철폐)
　㉦ 니켈 생산 한도의 철폐
　㉧ 심해저개발계약의 재정적 부담경감을 위한 조치 및 재정위원회의 설립

6. 섬

(1) 의미

① 섬은 자연적으로 형성된 것이며 밀물시에 해면 위로 드러나야 한다.

② 인공섬 등의 구조물은 섬이 아니며, 밀물 시 수면 아래로 잠기는 간조노출지(low tide elevation)는 섬이 아니다.

(2) 섬의 법적 지위

① 섬은 그 주변수역에 대하여 육지영토와 마찬가지로 영해, 접속수역, EEZ 및 대륙붕을 설치할 수 있다.

② 다만 인간이 거주할 수 없거나 경제생활을 영위할 수 없는 '암석' 주위에는 EEZ나 대륙붕을 설치할 수 없다.

관련조문

제121조 (섬제도)
1. 섬이라 함은 바닷물로 둘러싸여 있으며, 밀물일 때에도 수면위에 있는, 자연적으로 형성된 육지 지역을 말한다.
2. 제3항에 규정된 경우를 제외하고는 섬의 영해, 접속수역, 배타적경제수역 및 대륙붕은 다른 영토에 적용가능한 이 협약의 규정에 따라 결정한다.
3. 인간이 거주할 수 없거나 독자적인 경제활동을 유지할 수 없는 암석은 배타적경제수역이나 대륙붕을 가지지 아니한다.

---

7. UN 해양법상의 분쟁해결제도

(1) 일반원칙

분쟁당사국은 당해 분쟁을 UN 헌장 제33조 1항에 규정된 방법에 의거하여 평화적인 방법으로 해결하여야 한다.

(2) 조정절차

① 의무적 조정절차를 도입하여 분쟁 당사자는 합의가 이루어지지 않은 경우 조정절차에 회부될 수 있다.

② 조정은 법적 구속력이 없으므로 궁극적 해결수단은 못 된다.

(3) 재판에 의한 강제절차

① 분쟁 당사국 간의 원만한 합의를 통한 해결이 불가능하거나, 당사국간 합의된 절차를 통해 분쟁이 해결되지 않는 경우에만 해양법협약 제287조에 규정된 강제절차가 적용된다.
② 분쟁 당사자들은 UN 해양법협약에 가입할 때 또는 그 이후 언제라도 동 협약의 해석이나 적용에 관한 분쟁을 해결하기 위하여 ㉠ 부속서 Ⅵ : 국제해양법재판소, ㉡ 국제사법재판소(ICJ), ㉢ 부속서 Ⅶ : 중재재판, ㉣ 부속서 Ⅷ : 특별중재 재판절차 중 하나 이상을 선택하여야 한다.
③ 분쟁 발생시 당사국들 간에 별도 합의가 없다면 분쟁은 이들이 공통적으로 수락한 분쟁해결절차로 회부된다.
④ 선택선언이 없거나 양 분쟁당사국이 선택한 분쟁기관이 불일치하는 경우에는 중재재판에 회부된다.
⑤ 연안국의 EEZ 내 생물자원 또는 환경오염문제와 관련해 나포된 선박이나 선원의 억류에 관한 분쟁에 대해서는 억류일로부터 10일 이내에 분쟁해결을 위한 재판소에 관해 합의를 하지 못하면 사건은 억류국이 수락한 재판소나 국제해양법재판소에 회부될 수 있다.

(4) 국제해양법재판소(ITLOS, 독일 함부르크 소재)
① 구성
㉠ 공정하고 성실하며 해양법 분야에서 능력 있는 21명의 재판관으로 구성되는데 그 임기는 9년이며 연임할 수 있다.
㉡ 동일국적인을 2인 이상 선출할 수 없으며, 유엔총회의 지역안배상 각 지리적 그룹에서 최소한 3인이 선출되도록 지리적 안배를 하고 있다.
㉢ 재판관 선출을 위한 당사국회의의 의결정족수는 당사국의 3분의 2이다.
㉣ 소장과 부소장은 3년 임기로 선출된다.
㉤ 한국에서는 1996년 박춘호 교수 선출되어 연임 중이다가 2008년 11월 사망했으며, 2009년 3월 백진현 서울대 교수가 후임으로 선출되었고 2017년 10월 재판소장에 선출되었다.
② 관할권
㉠ 유엔해양법협약의 당사국 및 당사국은 아니나 동 협약 제11부에 명시된 실체 등은 소송당사자가 될 수 있다.
㉡ 재판소의 관할권은 유엔해양협약규정에 따라 제기되는 소송뿐만 아니라 국제해양법재판소의 관할권을 인정하는 다른 모든 조약에 따라 제기되는 분쟁에도 인정된다.
③ 재판절차(ICJ의 재판절차와 거의 동일함)
㉠ 의사정족수는 11명이며 판결은 출석재판관의 과반수로 결정하고 가부동수인 때에는 재판장이 결정투표권(casting vote)을 행사한다.
㉡ ITLOS에 자국 출신 판사가 없는 분쟁 당사국은 그 사건에만 참여하는 Judge ad hoc을 임명할 수 있으며, 재판소는 필요한 경우 잠정조치를 취할 수 있으며 잠정조치는 구속력을 갖는다.
㉢ 분쟁이 회부되는 중재재판소가 구성되는 동안 잠정조치의 요청이 있는 경우에는 당사자가 합의하는 재판소가, 만일 잠정조치의 요청이 있은 후 2주일 이내에 이러한 합의가 이루어지지 않는 경우에는 ITLOS가 잠정조치를 명령, 변경 또는 철회할 수 있다.
㉣ 기판력의 상대성원칙이 인정되며, 판결은 최종적이며 이는 법원과 당사자를 구속한다.
④ 심해저특별재판부(Sea-Bed Dispute Chamber)

㉠ 재판부의 판사는 국제해양법재판소 재판관들의 과반수로 국제해양재판소 재판관 중에서 선임한다.

㉡ 11명의 재판관으로 구성되며 그 임기는 3년이며 중임할 수 있다.

㉢ 의사정족수는 7명이고 판결은 출석 재판관의 과반수로 결정한다.

㉣ 심해저분쟁재판부에서는 국가 이외의 기업이나 자연인과 같이 비국가 행위자들도 사건의 당사자가 될 수 있다.

(5) ICJ

(6) 중재법원

① 법원이 상설적으로 있는 것이 아니라 중재관의 명부만이 보존되어 있다.

② 각 당사국은 4명의 중재관을 선정하여 유엔사무총장에 제출해야 한다.

③ 중재법원은 3명의 중재관으로 구성되며, 이들 중 2명은 분쟁 당사국이 각각 임명하고 이들이 합의하여 나머지 1인을 선임하나, 기간 내에 합의하지 못하면 국제해양법재판소장이 선임한다.

④ 일단 중재재판에 회부된 사건도 당사국들이 합의하면 ITLOS로 이송이 가능하다.

(7) 특별중재법원

① 특별중재법원의 대상 분야는 어업, 해양환경의 보호와 보전, 해양과학조사, 선박에 의한 오염과 투기에 의한 오염을 포함하는 항행과 관련된 사항에 대한 네 가지로 처음부터 특정되어 있다.

② 특별중재재판은 위한 전문가 명부는 어업전문가는 UN 식량농업기구(FAO), 해양환경 분야는 UN 환경계획(UNEP), 해양과학조사 분야는 정부 간 해양과학위원회(IOC), 선박에 의한 오염 등에 관한 분야는 국제해사기구(IMO)가 관리한다.

③ 각 당사국은 분야별로 전문가 2명을 선정하여 위 국제기관들에 제출할 수 있는데 그중 1인만 자국민을 선임할 수 있다. 특별중재법원은 5명의 전문가로 구성되는 수시법원이다.

(8) 강제절차 적용의 제한과 예외

① **강제절차 적용의 제한** : EEZ와 대륙붕에서의 해양과학조사에 관한 연안국의 권리나 재량권 행사와 관련된 분쟁, 그리고 EEZ의 생물자원에 대한 연안국의 주권적 권리와 그 행사에 관한 분쟁의 경우에 강제절차를 수락할 의무가 없기 때문에 강제절차가 의무적으로 적용되지 않는다(제 297조).

② **'선택적 예외'**(optional exception) : 해양경계분쟁, 군사활동과 관련된 분쟁, 법집행활동에 관한 분쟁, 유엔안전보장이사회가 다루고 있는 분쟁 등 네 가지 사항에 관해서는 강제절차의 적용배제선언을 할 수 있다.

제3절 항공법

1. 개관

1) 영공의 의미
영공은 영토 및 영해를 덮고 있는 상공으로 구성된 국가영역을 말한다.

2) 방공식별구역과 비행정보구역

(1) 방공식별구역(air defence identification zone, ADIZ)
① 의미 : 방공식별(확인)구역이란 국가안보의 목적상 항공기의 용이한 식별, 위치확인, 통제 등을 위해 영공 외곽에 설정되는 공역(空域)이다.
② 1950년 미국과 캐나다가 처음 설정한 이래 영국, 프랑스, 일본, 한국을 포함하여 20여 개국이 이를 시행하고 있고, 중국도 2013년 11월 23일부로 동중국해에 방공식별구역을 선포하였으며, 러시아는 공식적인 방공식별구역을 선포하지 않고 있다.
③ 현재 방공식별구역은 대부분 국가가 실시하고 있는 제도는 아니며 그 운영폭은 제각각이고 통일된 기준도 없으므로 일반적 관행이 수립되었다고 할 수 없다.

(2) 비행정보구역(flight information region, FIR)
① 의미 : 비행정보구역은 민간항공기의 안전하고도 효율적인 비행에 관련된 정보(flight information)를 제공하고, 항공기가 조난을 당하면 관계 당국에 경보(警報)(alerting)를 발하기 위해 세분화한 공역(空域)을 지칭한다.
② 영공을 포함한 대기권의 모든 부분이 특정 비행정보구역에 속한다.
③ 비행정보구역의 구획은 ICAO를 통하여 국제합의로 이루어지기 때문에 국가별로 중첩되는 일은 생기지 않는다.

3) 영공법의 법전화

(1) 파리협약
정식명칭은 '항공의 규제를 위한 협약'으로 1919년 채택되어 1944년 시카고 국제민간항공협약에 의해 대치될 때까지 국제항공의 기본법이었으며, 당시 모든 국가의 항공법을 지도하였다.

(2) 시카고협약
① 1919년의 파리협약을 대체하여 1944년 체결된 국제민간항공협약으로서 민간항공 법체제의 기본 조약이다.
② 1944년 시카고에서 6주간 회의의 성과로 국제민간항공협약이 채택되었고 동시에 보충적 협정으로

국제항공업무통과협정, 국제항공운송협정, 국제민간항공에 관한 잠정적 협정과 2국 간 항공협정의 모델형식을 채택하였다.

③ 동 협약에 의하여 1947년 유엔의 전문기구인 ICAO(국제민간항공기구)가 창설되었다.

④ 주요 내용

㉠ 항공기의 국적 : 시카고협약에 의하면, 항공기는 그것이 등록된 국가의 국적을 갖는다. 항공기의 등록과 등록변경은 등록국의 국내 법령에 따라 시행한다.

㉡ 부정기 항공기에 대한 영공개방 : 시카고협약 제5조는 당사국의 부정기 민간항공기는 타당사국의 상공을 무해통항할 수 있는 자유가 있고, 사전허가를 받지 않아도 수송 이외의 목적으로 착륙할 권리가 있다고 규정하고 있다.

㉢ 정기 국제항공기에 대한 영공개방 : 정기 국제항공업무에 관해서는 국제항공업무통과협정과 국제항공운송협정을 따로 채택하였다.

㉣ 영공침범의 대응조치 : 대한항공 007기 사건을 계기로 1984년 ICAO 총회는 시카고 협정에 "체약국은 모든 국가가 비행 중인 민간항공기에 대한 무기사용을 자제해야 하며, 요격할 경우 탑승자의 생명과 항공기의 안전을 위험에 빠뜨리지 말아야 함을 인정한다"는 조항을 신설했다.

2. 항공범죄의 억제와 처벌

1) 1963년 항공기 내에서 범한 범죄 및 기타 행위에 관한 도쿄협약

(1) 적용대상 범죄

① 도쿄협약은 형법에 위반하는 범죄, 항공기의 안전과 기내 인명·재산의 안전을 위태롭게 하거나 혹은 할 수 있는 행위 등으로, 체약국에 등록된 항공기가 비행 중에 있을 때, 동항공기에 탑승한 자가 범한 범죄 또는 행위에 적용된다고 규정하고 있다.

② 도쿄협약의 목적상 '비행 중'이라 함은 항공기가 이륙의 목적을 위하여 시동이 된 순간부터 착륙활주가 끝난 순간까지를 말한다.

(2) 형사재판관할권

① 항공기의 등록국은 동항공기 내에서 발생한 범죄나 행위에 대한 재판관할권을 행사할 권한을 갖는다.

② 본 협약은 국내법에 따라 행사하는 어떠한 형사재판관할권(예컨대, 속지주의, 속인주의, 수동적 속인주의, 보호주의)도 배제하지 아니한다.

(3) 도쿄협약 개정 : 몬트리올의정서

① 2014년 ICAO 회의에서 도쿄협약을 개정하기 위한 의정서를 채택하였는데 가장 중요한 내용은 항공기 내의 범죄에 대한 형사재판관할권을 '항공기 등록국'에서 '운영자의 국가'와 '착륙국'으로 확대하는 내용이다.

② 또한 '비행 중'의 정의를 헤이그협약의 규정인 '탑승 후 외부의 모든 문이 닫힌 순간부터 승객들이

내리기 위해 그러한 문이 열리는 순간까지'로 개정하였다.

2) 1970년 항공기 불법납치 억제를 위한 헤이그협약

(1) 항공기 불법납치의 의미
① 항공기의 납치 또는 점거가 '힘(force)의 불법적인 사용 또는 그 위협'으로부터 발생하여야 한다.
② 항공기가 비행 중 납치되어야 한다. '비행 중'이라 함은 "탑승 후 외부의 모든 문이 닫힌 순간부터 승객들이 내리기 위해 그러한 문이 열리는 순간까지"이다.
③ 불법행위는 기내 탑승자에 의하여 행해져야 한다.
④ 항공기의 이륙장소 또는 실제의 착륙장소가 당해 항공기 등록국의 영토 밖에 있는 경우에만 이 협약이 적용된다. 당해 항공기의 등록국만이 재판관할권을 가지는 순수한 국내 항공기납치는 이 협약의 적용대상이 아니다.

(2) 재판관할권
① 등록국, 착륙국, 항공기 임차인의 주 영업지 또는 주소지의 국가 그리고 이들 중 어느 한 국가에도 범인을 인도하지 않는 경우에 있어 현재 그 영토 내에 범인이 존재하는 일체의 체약국은 항공기납치에 대하여 관할권을 행사할 수 있다.
② 본 협약은 또한 국내법에 따라 행사하는 어떠한 형사관할권(예컨대, 속지주의, 속인주의, 수동적 속인주의, 보호주의)도 배제하지 않는다.

(3) 범죄인의 인도 또는 소추
헤이그협약 제7조는 '인도 아니면 소추'라는 강제적(의무적) 보편관할권을 창설하였다.

3) 1971년 민간항공의 안전에 대한 불법행위 억제를 위한 몬트리올협약

(1) 적용 대상
① 몬트리올협약은 '불법적이며 고의적인' 행위로서 다음의 경우에 적용된다.
　㉠ 비행 중인(in flight) 항공기에 탑승한 자에 대하여 폭력행위를 가하고 그 행위가 그 항공기의 안전을 위태롭게 할 가능성이 있는 경우
　㉡ 운항 중인(in service) 항공기를 파괴하거나 그러한 항공기에 침해를 가하여 비행을 불가능하게 하거나 비행의 안전을 위태롭게 할 가능성이 있는 경우
　㉢ 항공기를 파괴할 가능성이 있거나, 또는 비행의 안전을 위태롭게 할 가능성이 있는 장치나 물질을 운항 중인 항공기상에 설치하거나 또는 설치되도록 하는 경우
　㉣ 항공시설을 파괴 혹은 손상하거나 그 운용을 방해하여 비행 중인 항공기의 안전을 위태롭게 할 가능성이 있는 경우
　㉤ 비행 중의 정의는 헤이그협약과 동일하며 운항 중이란 '비행을 위하여 지상원 또는 승무원에 의하여 항공기의 비행 전 준비가 시작된 때부터 착륙 후 24시간까지'를 말한다.
② 협약은 어떠한 장치, 물질 또는 무기를 사용하는 불법적이며 고의적인 행위를 통해

㉠ 국제민간항공에 사용되는 공항에서 사람에 대하여 중대한 상해나 사망을 야기하는 폭력행위를 행하거나,

㉡ 국제민간항공에 사용되는 공항의 시설 또는 그러한 공항에 소재하고 있는 운항 중에 있지 아니한 항공기를 파괴하거나 중대한 손상을 입히는 경우 또는 공항의 업무를 방해하는 경우로서, 그러한 행위가 동 공항에서의 안전을 위태롭게 하거나 위태롭게 할 가능성이 있는 경우에 적용된다.

(2) 재판관할권과 범죄인의 인도 또는 소추

재판관할권과 관련하여 헤이그협약에 규정된 내용에 추가하여 '범죄행위지국'을 추가하고 있으며, 범죄인의 인도 또는 소추에 대해서는 헤이그협약과 동일한 규정을 두고 있다.

4) 북경협약과 북경의정서

(1) 개관

① 2001년의 9.11 테러 이후 2010년 9월 중국, 북경에서 테러에 대처하기 위해 두 개의 새로운 조약을 채택했다.

② 그 하나는 "국제민간항공에 관련된 불법행위억제에 관한 협약"(이하 북경협약)인데, '북경협약 당사국 사이에서' 북경협약은 몬트리올협약과 몬트리올 보충의정서에 우선한다.

③ 다른 하나는 "항공기불법납치 억제를 위한 (헤이그) 협약 보충의정서" (북경의정서)로, '북경의정서 당사국 사이에서' 헤이그협약과 북경의정서는 "2010년 북경의정서에 의해 개정된 헤이그협약"으로 지칭되며, 헤이그협약과 북경의정서는 '한 개의 단일 문서로서' 인정된다.

(2) 적용 대상

북경협약은 몬트리올협약에 새로 네 개의 주요 범죄(principal offences)를 추가하고 있다.

① 사망, 중대한 육체적 침해, 혹은 재산이나 환경에 대한 중대한 손해를 초래하기 위해 민간항공기를 사용하는 범죄

② 사망, 중대한 육체적 침해, 혹은 재산이나 환경에 대한 중대한 손해를 초래하거나 초래할 가능성이 있는 방식으로 생물, 화학 혹은 핵무기(BCN weapon) 혹은 폭발성, 방사성 혹은 그 비슷한 물질을 운항중인 항공기로부터 방출하거나 발사하는 범죄

③ 두 번째 범죄에 명시된 그같은 물질을 운항 중인 항공기에 대하여 혹은 운항 중인 항공기 내에서 사용하는 범죄

④ 폭발성 혹은 방사성 무기, BCN 무기, 원재료 또는 특별핵분열물질, 그리고 BCN 무기와 관련된 장비 혹은 소프트웨어 등 네 종류의 위험물질을 항공기로 운송하거나 운송되게 하거나 운송을 용이하게 하는 범죄

(3) 재판관할권

① 북경협약과 북경의정서는 각 당사국이 재판관할권을 수립해야 하는 경우와 수립할 수 있는 경우로 구분하고 있으며, 전자에 범죄인의 국적국가를 추가하고 있고, 후자에는 자국민이 범죄피해자인 경우와 범죄가 자국 영토 내에 상주거소를 두고 있는 무국적자에 의해 행해진 경우를 규정하고 있다.

② 북경협약과 북경의정서는 적용대상 범죄들을 정치범죄로 간주하지 아니한다고 명시하고 있다.

제4절 우주법

1. 개관

1) 우주의 의미

우주는 외기권(outer space)과 천체(celestial bodies)로 구성되며, 외기권은 대기권(大氣圈, air space) 이외의 공간을 말한다.

2) 법원[1]

(1) 1967년 원칙조약(일명 '우주조약')

① 정식 명칭은 '달과 기타 천체를 포함한 외기권의 탐색과 이용에서의 국가활동을 규율하는 원칙에 관한 조약'이다.

② 의의
   ㉠ 원칙조약은 우주질서의 창설을 위한 기본법과 우주군축실현을 위한 군축조약으로서의 양면성을 갖고 있다.
   ㉡ 원칙조약은 자유이용원칙, 전유화금지와 국제법의 적용, 평화적 이용원칙, 국제책임의 원칙, 국제협력의 원칙 등을 내용으로 하고 있다.

③ 우주물체(space objects)
   ㉠ 외기권에 발사된 우주물체의 소유권(ownership)은 동 물체가 외기권에 있느냐 지구에 귀환했느냐에 따라 영향을 받지 아니하며, 따라서 우주물체는 언제 어디서나 그것이 발사되기 전에 속했던 국가, 법인 또는 개인에게 그 소유권이 있다.
   ㉡ 우주물체와 거기에 타고 있는 우주비행사에 대한 '관할권'과 '통제권'(control)은 그것이 외기권과 천체에 있는 동안에만 등록국, 즉 발사국이 보유한다. 우주물체가 타국영역에 진입하여 떨어진 경우에는 당해 영토국의 관할권 하에 놓인다.
   ㉢ 우주물체가 등록국의 영토 밖에서 발견되더라도 그 소유권은 언제나 등록국에 있으므로, 이런 경우 우주물체는 '등록국'으로 반환해야 한다.
   ㉣ 1975년의 우주물체등록협약은 기본정보 등록은 의무로, 추가정보 등록은 재량으로 규정하고 있다.

(2) 우주활동으로 인한 국제책임에 관한 조약

① 국제책임은 원칙조약 제6조에 규정하고 있고 이를 구체화하기 위하여 1972년 우주물체로 인한 손해의 국제책임협약(손해배상협약)을 제정하였다.

② 달과 기타 천체를 포함한 외기권에서의 활동에 대해서는, 그것이 정부기구에 의하여 수행되건 아니면 비정부실체에 의하여 수행되건 관계없이, 소속국가가 국제책임을 진다.

---

[1] 이병조·이중범, 국제법신강

③ 절대책임(무과실책임)

　㉠ 1972년의 책임협약에 따르면 우주물체가 지구표면의 사람이나 재산에 또는 비행 중의 항공기에 끼친 손해에 대해서는 고의·과실 여부를 묻지 아니하고 발사국이 절대책임을 진다.

　㉡ 다만, 피해를 입은 국가 또는 개인의 중대한 과실로 손해가 발생했다고 입증할 수 있는 범위까지는 절대책임이 면제된다.

　㉢ 손해가 UN 헌장과 1967년의 우주조약을 포함한 국제법과 일치하지 않는 발사국의 활동 결과로 야기된 경우에는, 설사 손해가 피해국의 과실 때문이라고 하더라도 발사국은 책임을 면제받을 수 없으며 완전한 배상책임을 부담한다.

　㉣ 1978년에 소련의 위성 Cosmos 954호가 캐나다에 떨어졌는데, 방사능에 오염된 파편을 수색·회수하는 과정에서 발생한 비용과 관련하여 소련은 캐나다에 3백만 캐나다 달러의 손해배상을 호의로 지급하였다.

④ 조건부책임(과실책임) : 지구 표면 이외의 영역에서 한 발사국의 우주물체가 다른 발사국의 우주물체(또는 동 우주물체 내의 사람 또는 재산)에 대해 손해를 끼친 경우에는, 전자는 자신에게 과실이 있거나 또는 자신이 책임져야 할 사람에게 과실이 있는 경우에만 배상책임을 진다.

⑤ 책임협약은 발사국의 개념을 넓게 해석하여, 우주물체의 발사를 실시 또는 조직하는 국가와 우주물체가 발사되는 영토 또는 시설의 소속국으로 정의하고 있다.

⑥ 둘 이상의 국가가 공동으로 우주 물체를 발사할 때에는 그들은 발생한 손해에 대하여 '공동으로 그리고 개별적으로', 즉 연대하여 책임을 지도록 규정되어 있기 때문에, 피해국은 자신의 재량에 따라 공동발사국들 중에서 어느 한 국가에게 완전한 배상을 요구할 수도 있다.

⑦ 국제기구가 우주활동을 수행할 경우에는 당해 국제기구와 이 기구에 참여하고 있는 우주조약 당사국들이 공동으로 책임을 진다.

⑧ 손해배상협약에 의하면 국제책임을 추궁할 수 있는 주체는 국가 자신이나 그 국민이 손해를 받은 국가이다.

⑨ 손해배상협약에 의하면 일반국제책임의 추구와 다른 점은 사전에 국내적 구제절차를 완료할 것을 요구하지 않는다는 점이다.

(3) 1979년 달 및 기타 천체상에서의 국가활동을 규제하는 협정(달협정)

1979년 채택된 달 및 기타 천체상에서의 국가활동을 규제하는 협정은 우주조약의 기본원칙을 세부적으로 규정하고 천연자원의 탐사·개발을 위한 장래의 국가활동에 대한 규제근거를 마련하였다.

① 국제법 원칙의 존중 : 달 및 기타 천체에서의 탐사 이용을 포함하는 모든 활동은 국제평화·안보의 유지와 국제협력 및 상호이해의 증진을 위하여 국제법, 특히 UN 헌장과 1970년의 국가간 우호·협력에 관한 국제법원칙 선언에 의거하여 수행되어야 한다(제1조).

② 평화적 이용 및 무력사용금지 : 모든 국가는 평화적 목적을 위해서만 달을 이용해야 한다.

③ 탐사·이용 활동의 수행과 통보 : 달의 탐사 이용은 전 인류와 모든 국가의 이익을 위해 수행되어야 하며, UN 사무총장과 국제과학계에 통보해야 한다.

④ 탐사·이용 활동의 내용 : 당사국은 달의 표면이나 지하의 탐사·이용활동을 위해 우주물체를 달에 착륙시키고 달로부터 발사하며 달의 표면이나 지하에 요원·우주차량·장비·정류장 및 시설을 설치하고 자유로이 이전할 수 있다.

⑤ **인류의 공동유산** : 달과 그 천연자원은 인류의 공동유산이며(제11조 1항) 어느 국가도 주권주장, 이용, 점유 또는 기타의 방법으로 달에 대한 영유권을 주장할 수 없으며, 달 표면 또는 지하에의 요원, 우주차량, 장비, 정류장 및 시설의 설치가 달에 대한 소유권을 창설하지 않는다.

2. 우주의 경제적 이용

1) 지구정지궤도(geostationary orbit)

(1) 의미

① 지구정지궤도란 지구 적도 주변의 고도 35,786km를 지나는 원형의 궤도로서, 이 지점에서는 인공위성이 별도의 동력에 의존함이 없이 중력의 작용으로 지구가 회전하는 속도와 동일하게 회전하므로 지구에서 보면 인공위성이 움직이지 않고 정지되어 있는 것처럼 보인다고 하여 지구정지궤도라고 한다.

② 지구의 자전 속도로 지구 주위를 공전하고 있는 원형궤도상의 위성은 3개만 있어도 지구 전체에 대하여 위성TV 방영을 할 수 있다.

(2) 법적 체제

① 1976년 브라질, 콜롬비아, 콩고, 에콰도르, 인도네시아, 케냐, 우간다, 자이레 등 8개 적도국가들은 Bogota 선언을 통해 이 궤도의 관할권을 주장하였다.

② 선진국을 비롯한 많은 국가들은 지구정지궤도의 자유 이용을 주장하고 있다.

2) 위성직접 TV 방영

(1) 의미

위성직접 TV 방영은 지구정지궤도 상에 있는 위성을 통하여 TV를 방영하는 제도로서 지구정지궤도 이용의 한 예에 해당한다.

(2) 법적 체제

① 제3세계 국가들은 영토국에 대한 사전통고와 그 동의 없는 위성방송은 금지되어야 한다고 주장하고 있으며, 선진국들은 정보의 자유라는 관점에서 이 같은 견해에 강력히 반대하고 있다.

② 1982년 유엔총회는 결의로서 '국제직접 TV방영을 위한 국가들의 인공위성 이용을 규율하는 원칙'을 채택하였다. 이 원칙 선언은 그 목적에서 위성직접 TV방영은 주권 원칙과 합치하고 동시에 정보를 추구하고 얻을 권리와도 합치해야 한다고 하여 불간섭원칙주장과 정보의 자유 주장을 절충하였다.

3) 지구원격탐사(remote sensing of the earth)

(1) 의미

지구원격탐사는 항공기 또는 인공위성에 탑재한 전자탐지장치(보통은 인공위성)에 의하여 지구상의 환경 여건을 측정하거나 사진을 찍는 제도를 말한다.

(2) 법적 체제

① 1986년 유엔총회는 결의로서 '외기권에서 지구의 원격탐사에 관한 원칙'을 채택하였다.

② 원칙 제4조에 의하면 원격탐사가 모든 국가의 천연자원에 대한 영구주권을 존중하는 기반에서 진행되어야 하며, 원격탐사는 피탐사국의 합법적 권리와 이익을 침해하지 않아야 한다고 전제하고 있다.

③ 동 원칙 제13조에 따르면 원격탐사를 함에 있어 탐사국은 피탐사국의 사전동의를 구할 의무가 없으며, 다만 피탐사국의 요청이 있을 경우 '협의'에 응할 것이 요구된다.

3. 우주의 군사적 이용

① 달과 기타 천체 지구 주변의 궤도, 우주공간 그 어디에도 핵무기 또는 기타 모든 종류의 대량파괴무기를 배치해서는 안 된다.

② 달과 기타 천체는 오직 평화적 목적을 위해서만 사용되어야 한다.

③ 과학적 조사 또는 기타 모든 평화적 목적을 위하여 군인을 이용하는 것은 금지되지 않으며, 천체의 평화적 탐색에 필요한 어떠한 장비 또는 시설의 사용도 금지되지 않는다.

④ 완전히 비군사화되고 있는 것은 달과 기타 천체뿐이며 우주공간의 완전한 비군사화는 규정되어 있지 않다. 따라서 지구 주변 궤도를 도는 우주선은 대량파괴무기의 배치를 포함하지 않는 군사적 목적으로 사용될 수 있다.

제5절 남극

1. 서설

지구 육지표면의 10분의 1을 점하고 있는 남극은 제5대륙으로서 그중 98%가 두꺼운 얼음으로 덮여 있다.

2. 법적 체제

1) 영유권

① 남극은 얼음에 덮인 거대한 대륙으로 구성되어 있어 인접 국가들인 아르헨티나, 칠레, 오스트레일리아, 뉴질랜드, 영국, 프랑스, 노르웨이 등 7개국은 남극대륙에 대해 선형(부채꼴) 이론(sector theory)에 기초해 영토주권을 주장하고 있다.

② 선형이론이란 극지방에 인접한 국가의 동서양 끝을 극점과 연결하여 생기는 삼각형 속에 들게 되는 모든 육지는 타국이 이미 확립된 권원을 갖고 있지 않는 한 당해 국가의 영토가 되어야 한다는 주장을 말한다.

③ 선형이론은 보편적으로 인정받지 못하고 있으며, 현재 남극조약에 의해 영유권 주장은 동결된 상태이다.

2) 남극조약

(1) 조약의 적용

1959년 12월 워싱턴에서 남극조약(Antarctic Treaty)이 체결되어 1961년 6월 23일 발효하였다. 남극조약은 모든 빙산을 포함하여 남위 60도 이남의 지역에 적용된다.

(2) 주요 내용

① 남극조약은 제4조에 의하여 조약 유효 기간 중 그들 상호 간 주권 분쟁을 사실상 동결했다.

② 남극은 평화적 목적을 위해서만 이용되어야 하며, 군사기지의 설치, 군사연습 및 무기실험은 금지된다. 또한 남극에서는 모든 핵폭발 및 방사능폐기물의 처분이 금지된다.

③ 남극조약 당사국 중에서 협의 당사국은 자국민 중에서 사찰을 행할 감시원을 지명하는 권리를 가진다.

④ 감시원과 과학 요원 그리고 기타 직원은 남극 지역에서 행한 임무수행과 관련된 행위에 대해 소속국의 재판권에만 복종한다.

⑤ 중요한 결정을 하는 남극조약 협의 당사국은 남극조약 당사국 중에서 12개 회원국과 그밖의 가입

국 중에서 과학기지의 설치 또는 과학탐험대의 파견 같은 남극에서의 실질적인 과학연구활동을 통해 남극에 대해 관심을 표시하고 있는 국가를 지칭한다.

(3) 남극환경보호

① 남극 생물자원의 보호와 관련하여, 1972년 6월 남극물개보존협약이 체결되었고, 이어서 1980년 5월 20일 남극 해양생물자원 보존협약이 체결되었다.

② 남극조약 환경보호의정서가 1991년 10월 4일 마드리드에서 채택되었는데, 남극조약 지역에서 과학적 연구를 제외하고는 광물자원과 관련된 일체의 활동을 전면 금지하고 남극환경보호를 위해 상호협력하는 것을 주요내용으로 하고 있으며, 1998년 1월 14일 발효하였다.

제6절 북극[1]

1. 개설

① 북극(the Arctic)은 대체로 얼음으로 구성되어 있고, 그린란드는 덴마크령이며, Svalbard(또는 Spitsbergen) 군도는 노르웨이령이다.

② 소련(현 러시아)과 캐나다는 명시적 혹은 묵시적으로 선형이론에 근거하여 북극지방에 산재하고 있는 섬들에 대해 주권을 주장하고 있으나, 미국, 노르웨이, 덴마크, 핀란드 등의 다른 북극지방 국가들은 이 이론을 원용하지 않고 있다.

2. 북극이사회(Arctic Council)

① 설립 : 북극국가(Arctic States) 8개국(캐나다, 핀란드, 아이슬란드, 노르웨이, 러시아, 스웨덴, 미국, 덴마크)은 북극의 환경보호와 지속가능한 개발을 위해 1996년의 오타와 선언을 통해 북극이사회(Arctic Council)를 설립하였다.

② 성격 : 북극이사회는 북극국가 간의 협력을 위한 한 개의 높은 차원의 포럼으로 설립된 것이며, 그 자체 회원국들과 별개의 법인격을 가진 국제기구는 아니다.

③ 참가자

  ㉠ 북극이사회에는 토착민(원주민) 공동체가 국가들과 함께 동 포럼의 업무에 참여하고 있다. 북극지역의 원주민을 대표하는 일부 민간단체(비정부기구 : NGO)는 영구참여자의 자격으로 북극이사회의 모든 업무에 참여한다.

  ㉡ 비북극국가들(non-Arctic states), 세계적 및 지역적 차원의 정부간 및 의회간 기구, 그리고 비정부기구는 북극이사회로부터 옵서버의 지위를 부여받을 수 있다.

④ 의결 : 북극이사회의 의사결정은 회원국들의 컨센서스에 의하여 이루어지며, 영구참여자들은 투표권이 없다.

⑤ 사무국의 설치 : 2011년 5월 북극이사회 8개 회원국은 약칭 "북극지방 수색과 구조 협정"에 서명하였는데 이 협정은 북극이사회가 후원한 최초의 구속력있는 조약이다. 또한 이날 각료들은 사무국을 수립함으로써 북극이사회를 강화하기로 결정하였으며, 사무국은 노르웨이의 트롬서(Tromsø) 시에 소재하게 되었다.

---

[1] 김대순, 국제법론 제20판

6

국가관할권
및 면제
이론

제1절 국가관할권 이론

1) 의미
한 국가가 국내법을 사람, 사물, 사건 등에 대해 행사할 수 있는 권한의 총체를 말한다.

2) 작용상의 분류

(1) 입법관할권
① **의미**: 국가가 국내법을 제정할 수 있는 권한을 말하며, 국가는 국내법을 제정함으로써, 일정한 사안 및 활동을 그 적용대상으로 하여 합법성 유무를 인정하는 권한을 가진다.
② **역외 입법관할권**: 입법관할권은 원칙적으로 영토적 한계가 없어서 국가의 영역 외 행위까지도 입법대상으로 할 수 있다.

(2) 행정관할권
① **의미**: 행정기관이 체포, 수사, 강제조사, 압수, 억류 등 물리적인 강제조치에 의하여 국내법을 집행하는 권한을 말한다.
② **영역적 한계**: 입법관할권의 도달 여부와 상관없이 국가는 타국 영역에서 그 나라의 동의 없이 범인을 체포하거나 세금을 징수하는 행위와 같은 구체적인 행정관할권을 행사할 수 없다.

(3) 사법관할권
사법기관이 그 재판관할의 범위를 정함으로써, 국내법령을 적용하여 구체적인 사안의 심리 및 판결의 집행을 행하는 권한을 말한다.

3) 국가관할권의 결정준칙

(1) 속지주의(territorial principle)
① **의미**: 행위자가 내국인이냐 외국인이냐를 불문하고 범법행위의 발생지를 근거로 관할권의 존재 여부를 결정하는 것으로 가장 기본적인 준칙이다.
② **주관적 속지주의**: 행위의 개시를 중심으로 범죄가 자국에서 시작되어 자국 영역 밖에서 완성되었을 때 그 국가가 관할권을 갖는다는 원칙을 말한다.
③ **객관적 속지주의**: 행위의 결과를 중심으로 하여 자국 영역 밖에서 시작된 범죄가 자국 영역에서 완성되었을 때 자국에서 관할권을 갖는다는 원칙을 말한다.
④ **기국주의**: 영역 외에 있는 자국적 선박 또는 항공기 내부에서 행해진 행위에 대해서도 그 선박이나 항공기의 국적국이 관할권을 갖는다는 원칙을 말한다.

(2) 속인(국적)주의(personality or nationality principle)

① 의미 : 행위의 장소와 관계없이 행위자의 국적을 기준으로 관할권을 행사하는 원칙으로 외국에서 자국민에 의해 행해진 범죄에 대해서도 관할권을 가질 수 있다.

② 대륙법계 국가들은 속지주의와 속인주의를 병용하고 있는 반면, 영미법계 국가들은 속지주의를 원칙으로 하고 속인주의를 보충적으로 적용하여 반역, 살인 등 중대한 범죄의 경우에만 관할권을 행사하는 경향을 보이고 있다.

(3) 수동적 속인주의

① 의미 : 외국에서 외국인이 자국민에 대하여 범죄를 행하였을 경우 피해자의 국적국은 관할권을 가진다는 원칙으로서 자국민 보호를 위한 관할권행사의 근거가 된다.

② Lotus 호 사건에서 프랑스는 터키 형법의 수동적 속인주의 규정이 국제법에 위반된다고 주장하였으나 PCIJ는 수동적 속인주의를 지지 또는 배척함이 없이 주관적·객관적 속지주의에 의해 이 사건을 해결하였다.

③ 한국 형법 제6조는 수동적 속인주의를 규정하면서 행위지의 법률에 의하여 범죄를 구성하지 않거나 소추 또는 형의 집행을 면제할 경우에는 예외로 한다는 단서를 규정하고 있다.

(4) 보호주의(protective or security principle)

① 의미 : 국가의 안전, 영토의 보전 및 독립을 해치거나 통화·여권위조 및 행사 등 국가의 공적 신용을 해치는 행위에 대하여 행위의 장소, 행위자의 국적과 관계없이 관할권을 행사하는 것으로 피해국의 중대법익 침해를 근거로 관할권의 존재를 결정하는 원칙을 말한다.

② 보호주의는 국가의 이익을 추상적으로 보호하기 위한 것이라는 점에서 개인의 이익을 보호하기 위한 수동적 속인주의와 구별되며, 영토 내에서 효과 또는 결과의 발생을 요하지 않는다는 점에서 효과주의 또는 객관적 속지주의와 구별된다.

③ 사례로는 접속수역에 대한 연안국의 관할권 행사, 국가원수 등에 대한 물리적 공격, 여권 등 공문서 위조, 화폐 위조, 간첩행위 등에 보호주의를 적용하고 있다.

(5) 보편주의(universality principle)

① 의미 : 행위의 장소, 행위자의 국적과 관계없이 국제사회 혹은 인류 전체에 대한 위법행위로서 그러한 범법자에 대해서는 국제사회의 구성원인 모든 국가가 관할권을 갖는다는 원칙을 말한다.

② 보편주의 관할권에 해당하는 대표적인 범죄로는 해적행위가 있으며 전쟁범죄, 인도에 반하는 죄, 테러행위, 심각한 인권침해 등 여러 가지가 제시되고 있다.

③ 한국에서는 2013년 형법에 제296조의 2를 신설하고, 약취, 유인 및 인신매매에 관한 죄는 외국에서 외국인이 범한 경우에도 처벌할 수 있도록 했다.

(6) 효과주의(독점금지법의 역외적용)

① 의미 : 외국인에 의하여 외국에서 행하여진 행위라 할지라도 자국의 질서에 직접, 실질적, 예견 가

능한 영향을 주는 때에는 자국법(독점금지법)을 영역 외로 적용하여 그 외국에 대하여 관할권을 행사할 수 있다는 이론이다.

② 효과주의에 의하면 범죄 자체는 완전히 한 국가의 영토 밖에서 발생하더라도 자국 영토 내에서 범죄의 해로운 효과 또는 영향이 발견되는 것만으로 관할권의 행사가 정당화된다는 것이다.

③ 각국의 입장

㉠ 미국 : 기존의 미국 판례는 경쟁제한적 행위가 미국 내에서 행해진 경우에 한해서 미국의 독점금지 관련 법률들을 적용하였으나 1945년 제2순회 (연방) 항소재판소의 Alcoa 판결을 기점으로 하여 효과 이론을 도입하였다.

㉡ 독일 : 경쟁제한금지법 제98조 2항은 '이 법률은 경쟁제한행위가 이 법률의 적용범위 밖에서 행해지더라도 그 행위의 효과가 이 법률의 적용범위 내에서 발생하는 모든 경쟁제한행위에 적용된다'고 규정함으로써 효과 이론을 명문으로 채택하고 있다.

㉢ EU
- 단일경제실체 이론 : EU 밖에서 설립된 모회사가 EU 역내에 자회사 또는 대리점을 갖고 있거나 혹은 모회사와 마찬가지로 EU 밖에서 설립된 자회사가 EU 역내에서 영업활동을 수행하는 경우, 모회사는 자신의 자회사 또는 대리점과 마찬가지로 역내의 사람으로 간주되므로 속지주의의 이름으로 모회사에 대해 관할권을 수립할 수 있다는 것이다(Dyestuffs 사건, 1972년 ECJ).
- 이행(실행) 이론 : 유럽재판소는 역외 기업들의 해외에서의 어떤 행위, 특히 가격담합에 EU 경쟁법이 적용되는 것은 그같은 합의가 EU 역내에서 이행되었기 때문이며 이것은 국제공법에서 보편적으로 승인된 속지주의에 포함된다고 보고 있는데 유럽재판소의 이같은 설명을 이행(실행) 이론이라 한다.

㉣ 한국 : 공정거래위원회는 6개 해외기업(4개 일본회사, 1개 독일회사 및 1개 미국회사)이 한국 시장에 흑연전극봉을 판매함에 있어 가격을 높게 담합한 것에 대해 과징금 부과결정을 내리면서 '외국법에 의해 설립된 사업자들 간의 합의가 비록 외국에서 이루어졌더라도 합의의 실행이 한국에서 이루어지고 한국 시장에 영향을 미칠 경우에 공정거래위원회는 이들 사업자에 대해 관할권을 행사할 수 있다'고 판시한 바 있는데 이것은 이행 이론과 효과 이론의 논리를 결합한 것으로 보인다.

제2절 국가면제와 국가행위이론

1. 국가면제

1) 의미

국가면제(주권면제)는 법정지국이 자국영역 내에서 외국 및 그 재산에 대해 사인이 제기한 소송에 대하여 주권평등원칙에 입각하여 당해 외국을 당사자로 한 자국관할권의 행사를 면제하는 행위를 말한다.

2) 연혁

① 기원 : 로마법의 대등자는 대등자를 심판할 수 없다는 원칙에 입각하고 있다.
② 절대적 주권면제이론(theory of absolute immunity)
  ㉠ 의미 : 국가는 소송의 원인 여하에 불구하고 타국에서 관할권면제를 부여받는다는 이론으로, 국가는 타국법원에서 원고로서 제소할 수는 있으나 결코 피고는 될 수 없다는 19세기의 절대주권주의하의 이론이다.
  ㉡ 국가면제에 관한 미국 최초의 판례로는 1812년 '스쿠너익스체인지호 사건'(the Schooner Exchange v. McFaddon)이 있다.
③ 제한적 주권면제이론(theory of restrictive immunity)
  ㉠ 의미 : 20세기 중반에 등장한 이론으로서 국가의 행위를 권력적 행위와 비권력적 행위, 즉 관리행위(상업행위)로 구분하여 전자에 대해서만 관할권면제를 부여해야 한다는 견해로 현재의 통설이다.
  ㉡ 1925년 테이트 서한(Tate Letter) : 1925년 당시 국무부 법률고문이었던 테이트가 법무부에 보낸 테이트 서한은 제한적 면제론에 따라 사적 활동이나 상업 활동에서 발생하는 소송에서 외국에 면제를 부여하지 않겠다는 새로운 정책을 담고 있었다.
  ㉢ 우리나라 대법원은 과거 절대적 주권면제론에 입각하고 있었으나, 1998년 미국을 피고로 한 해고무효확인사건(고용계약관련)에서 제한적 주권면제론을 수용했다.

3) 법원

(1) 국제법

① 국가면제는 오랫동안 판례나 관계 당국의 정책표명 등을 통하여 국제관습법에 의하여 인정되어 오다가 최근에 성문화되고 있다.
② 1926년 국유선박면제규칙 통일협약(일명 Bruxelles 협약), 1972년 유럽국가면제협약, 1982년 UN 해양법협약
③ ILC는 1978년부터 국가면제에 대한 협약안을 준비해왔으며 마침내 2004년 유엔총회는 "국가 및 그

재산에 대한 관할권면제에 관한 UN협약"을 채택하였다.

(2) 국내법

각국은 국가면제에 관한 입법을 통하여 제한적 면제론을 수용하는 국내법을 제정하였다.

① 1976년 미국의 외국주권면제법

② 1978년 영국의 국가면제법

③ 1982년 캐나다의 국가면제법

④ 1985년 오스트레일리아의 외국면제법

⑤ 한국은 아직 국가면제법을 제정하지 않고 있다.

4) 국가면제의 내용

(1) 재판관할권의 면제

① **의미** : 국가영역 내에서 행해진 외국의 행위에 대해 당해 영토국 법원의 재판관할권으로부터 면제되는 것을 말한다.

② **면제향유 주체**

㉠ 국가면제의 권리를 향유하는 주제는 주권국가이며, 미승인 중인 사실상의 국가도 국가면제를 향유한다.

㉡ 국가대표의 자격으로 행동하는 자연인도 주권면제의 목적상 국가로 간주된다.

㉢ 국가가 설립하고 운영예산의 상당 부분이 국가 예산으로 충당되고 있더라도, 독립된 법인격을 갖는 공사 등은 주권면제를 향유하지 못한다.

③ **면제대상행위** : 재판관할권의 면제대상행위는 권력적 행위이며, 비권력적 행위는 면제를 향유하지 못한다.

④ **국가면제의 포기**

㉠ 명시적 포기 : 국제협정, 서면계약 또는 소송 시 법원에 대한 선언, 서면통보로 할 수 있으나, 타국 법의 적용에 대한 국가의 동의는 포기를 의미하지 않는다(UN 협약 제7조 2항).

㉡ 묵시적 포기 : 타국법원에 원고로서 소송제기 시, 소송에 개입 또는 조치를 취할 시, 피고로 응소 시

㉢ 일단 소송에 응하였으면 소송 중간에 또다시 면제를 주장할 수 없다.

㉣ 스스로 본소를 제기한 국가는 상대방의 반소에 대하여 관할권면제를 주장할 수 없다.

(2) 재판관할권 면제의 예외

① 부동산 관련 소송, 비권력적 행위 등

② ILC가 인정한 국가면제가 인정되지 않는 소송

㉠ 상업적 거래

㉡ 고용계약

㉢ 불법행위, 즉 사망, 신체상해 및 유체재산의 침해 및 재산에 대한 손상의 배상

㉣ 재산의 소유, 점유, 이용

ⓜ 지적재산권, 산업재산권

ⓑ 회사 또는 기타 단체에의 참여

ⓢ 국가가 소유하거나 운영하는 선박

ⓞ 중재 합의 등에 관련된 소송

(3) 강행규범 위반과 국가의 민사재판권 면제

① 서설 : 일반국제법의 강행규범을 위반한 경우 국가면제를 인정하지 않아야 한다는 견해가 점차 제기되고 있다.

② 미국재판소들은 아직 강행규범 위반을 면제의 묵시적 포기로 수락하고 있지는 않다.

③ 유럽인권재판소는 Al-Adsani v. United Kingdom 사건에서 고문금지는 강행규범이나, 법정지국 밖에서 발생한 고문과 관련한 민사소송에 대해서까지 개인이 아닌 국가 자신의 면제를 부인해야 한다는 주장은 아직 국제법에서 수락되지 않았다고 판결했다.

④ 최근 제한적 면제 이론의 입장을 취하고 있는 그리스와 이탈리아는 Prefecture of Voiotia v. Federal Republic of Germany 사건과 Ferrini v. Federal Republic of Germany 사건에서 강행규범에 위반되는 것으로 판단하는 불법행위에 대해 그같은 행위가 법정지국 안에서 행해졌든, 밖에서 행해졌든 불문하고 국제면제를 부인한다는 판결을 하였다.

⑤ ICJ는 2012년 Jurisdictional Immunities of the State 사건에서 이탈리아는 독일제국이 1943년과 1945년 사이에 자행한 국제인도법 위반에 기초한 민사청구가 이탈리아 재판소들에 제기되는 것을 허용함으로써 독일이 국제법에 의거하여 향유하는 면제의 권리를 존중할 의무를 위반하였다고 판결하였다.

(4) 강제집행권의 면제

① 의미 : 국가가 그 영역 내에 존재하는 외국재산에 대해 강제집행권의 행사를 자제하는 것을 말한다.

② 국가영역 내에서 행해진 외국의 행위에 대해 재판관할권이 행사된 후에도 당해 외국의 재산은 그 자체로서 별도의 독립된 면제를 향유한다. 이러한 외국재산에 대해 강제집행이 가능하기 위해서는 이에 대해 당해 외국에 의한 별도의 면제포기가 있어야 한다.

③ ILC 초안에 열거된 면제대상 재산

㉠ 외교사절단·영사기관·특별사절단 또는 국제기구의 파견기관이나 대표의 은행예금계좌를 포함한 모든 재산

㉡ 군사적 성격의 재산

㉢ 중앙은행이나 기타 이에 준하는 금융기관의 재산

㉣ 비매품인 문화적 유산이나 공문서

㉤ 비매품인 과학적·문화적 또는 역사적 전시품

관련판례

독일-이탈리아 간 국가관할권 면제 사건(2012, ICJ)

① ICJ는 이탈리아가 이탈리아 국민이 독일을 상대로 제기한 민사소송에서 이탈리아 법원의 관할권을 인정하고 이탈리아 내 독일 소유 부동산에 대한 강제집행을 인정한 것은 독일의 국가면제를 침해한 것으로 국제법을 위반한 것이라고 판결하였다.
② 이탈리아는 독일의 전쟁범죄 및 반인도적 범죄는 강행규범 위반에 해당하며 강행규범과 국가면제가 충돌하는 경우 강행규범이 우선한다고 주장하였으나, ICJ는 강행규범은 규범의 내용에 관한 것인데 반해 국가면제는 규범의 절차적 측면에 관한 것이므로 양자가 충돌하지 않는다고 판결하였다.

알-아자니(Sulaiman Al-Adsani) - 영국 사건(2001, 유럽인권재판소)

① 영국이 직접 고문을 한 것이 아니라 고문 피해에 대한 민사구제절차에 적극적으로 임하지 않은 것만으로는 유럽인권협약 제3조(고문금지)를 위반한 것으로 볼 수 없다.
② 국제법상 고문금지가 강행규범임을 인정하더라도 법정지국 밖에서 발생한 고문에 대한 손해배상을 요구하는 민사소송에서 국제면제를 부여하지 않는다는 원칙이 국제법상 확립된 것이 아니므로 영국법원이 쿠웨이트에 국가면제를 부여한 것이 알-아자니의 재판을 받을 권리를 침해한 것으로 볼 수 없다.

2. 국가행위 이론

1) 의미

국가행위 이론(act of state doctrine)이란 어느 국가가 자국 영역 내에서 공적 권한에 따라 행한 국가행위(예컨대, 국유화조치)에 대해 다른 나라의 법원이 그 합법성을 따질 수 없다는 이론이다.

2) 좁은 의미의 국가행위 이론

(1) 이론의 형성

① 미국

㉠ 1897년 언더힐 대 헤르난데즈 사건(Underhill v. Hernandez, U.S. Sup. Ct.)에서 미연방대법원은 최초로 국가행위 이론을 인정하였다.

㉡ 1918년 웨젠 대 센트럴피혁회사 사건(Oetjen v. Central Leather Co. U.S. Sup. Ct.)에서 다른 주권국가의 행위는 정치행위이므로 이와 관련된 정치적 문제는 사법부가 처리할 문제가 아니라 행정부나 입법부가 처리할 문제라고 선언하고 재판을 거절하였다.

㉢ 1918년 리카우드 대 아메리칸금속회사 사건(Ricaud v. American Metal Co. U.S. Sup. Ct.)에서 주권국가가 자국영역에서 수행한 행위는 타국법원에서 재검토나 수정될 수 없다는 법규칙에 영향을 주지 않는다고 판시하고 재판을 거절하였다.

② 국가행위 이론의 특징
　㉠ 국가행위 이론은 미국의 독특한 사법적 경험 속에서 타국에 대한 불간섭원칙과 국내헌법체제상 권력분립원칙에 근거하여 탄생한 이론이다.
　㉡ 타국의 국유화 조치나 공적 행위는 외교정책적으로 대응해야 할 행정부(대통령) 고유의 권한 사항이므로 이를 사법부가 나서서 판단하는 것은 권력분립 원칙에 어긋난다는 논리이다.

(2) 이론의 발전

① 번스타인(Bernstein) 예외 : 1954년의 번스타인 사건에서는 미국 행정부가 사법부에 심리행위를 자제하지 말고 사법권을 행사해 줄 것을 요구하자 이에 응한 사법부가 관할권을 행사하여 유효성 판단을 하였는데, 이를 '번스타인 예외'(Bernstein Exception)라 한다.

② 사바티노(Sabbatino) 사건
　㉠ 1964년 미연방대법원은 쿠바의 미국기업 자산에 대한 국유화 조치에 대하여 국가행위 이론을 적용하여 그 유효성 내지 적법성 판단을 자제(judicial restraint)하였다.
　㉡ 미연방대법원의 1964년 판결 태도에 불만을 갖게 된 미국 입법부는 같은 해 법원의 국가행위 이론의 적용을 제한하기 위하여 기존의 대외원조법을 개정하는 제2차 히컨루퍼 수정안을 통과시켰는데, 이러한 입법에 대하여 행정부는 강하게 비판하였다.
　㉢ 미국의 판례에서 국가행위론의 적용 여부가 절대적이지는 않으며 여러 이유로 국가행위론의 적용이 거부되는 사례도 있다.

제3절 국가의 대외기관

1. 외교사절(사절단장 또는 공관장)

1) 의미
① 외교교섭 기타의 직무를 수행하기 위하여 상주 또는 임시로 외국에 파견되는 국가의 대외적 대표기관을 말한다.
② 접수국에서 파견국을 대표하는 대외적 국가기관이다.

2) 연혁
① 상주외교사절제도는 13세기 들어와 이탈리아 반도의 제도시국가들에 의해 처음 시작되었다.
② 그 후 다른 국가들에서도 이 제도를 실시하여 17세기 후반 웨스트팔리아 회의 이후부터 일반제도로 확립되었다.

3) 법원(法源)
① ILC의 노력으로 1961년 외교관계에 관한 Vienna 협약이 채택되었으며, 1964년 발효되었다.
② 1963년 영사관계에 관한 Vienna 협약이 채택되어 1967년 발효되었다.
③ 외교관계협약에서 규정되지 않았던 특별외교사절에 관하여 1969년 특별외교사절에 관한 협약이 채택되었고 1985년 발효되었다.

4) 종류 및 계급

(1) 종류
① **상주외교사절(permanent mission)** : 접수국에 상주하며 본국과의 외교 교섭을 하는 외교사절로서 일반적으로 외교사절하면 상주외교사절을 지칭한다.
② **임시(특별 또는 일시)외교사절(special mission)** : 임시외교사절은 전권위임장을 휴대하는데, 이는 일시적으로 외국에 파견되는 사절로 '사무사절'과 '예의사절'로 나뉜다.
　㉠ 사무사절 : 외국과 특정 외교교섭·조약체결·외교회의 참석 등 일정한 의무를 수행하기 위해 파견되는 사절이다.
　㉡ 예의사절 : 외국의 축전(祝典) 또는 의식(儀式)에 국가대표로 파견되는 사절이다.

(2) 계급
① 1961년 외교관계에 관한 Vienna 협약은 대사, 공사, 대리대사의 세 가지 계급을 규정하고 있다.
② 대사와 공사는 국가원수의 이름으로 타국의 국가원수에게, 대리대사는 외무부장관의 이름으로

타국의 외무부장관에게 파견된다(즉, 신임장의 서명이 다르다).

③ 석차

 ㉠ 어느 계급을 파견하느냐는 당사국간의 합의로 정하며, 동일계급 간의 석차는 직무를 개시한 일시순(선임순)에 따라 서열이 정해지나, 오늘날은 거의 '대사급의 외교사절을 교환하고 있다.

 ㉡ 외교사절은 계급을 이유로 직무 및 특권·면제에 있어 아무런 차별을 받지 않으며 다만 예우상의 차이만 인정된다.

5) 파견과 접수

(1) 주체

① **주체** : 사절권은 원칙적으로 행위능력이 있는 독립국에만 인정된다. 종속국이나 피보호국과 같은 비독립국은 원칙적으로 사절권을 갖지 못한다.

② **공관원의 규모와 공관 사무소의 설치**

 ㉠ 공관 규모에 관한 특별한 합의가 없는 경우에는, 접수국은 자국의 사정과 조건 및 당해 공관의 필요성을 감안하여, 합리적이며, 정상적이라고 인정되는 범위내에서 공관의 규모를 유지할 것을 요구할 수 있다(제11조 1항).

 ㉡ 파견국은 접수국의 명시적인 사전 동의가 없이는 공관이 설립된 이외의 다른 장소에 공관의 일부를 구성하는 사무소를 설치할 수 없다(제12조).

(2) 파견 및 접수

① **아그레망**

 ㉠ 의미 : 특정 인물을 정식으로 임명하기 전에 접수국에 특정 인물의 임명 및 파견에 관한 이의 유무를 문의하는 것이 보통이며, 파견국의 문의에 대해 접수국이 이의가 없다는 동의의 의사 표시를 하는 데 이를 '아그레망'이라 한다.

 ㉡ 성격 : 외교협약 제4조 1항에 '파견국은 공관장으로 파견하고자 제의한 자에 대하여 접수국의 "아그레망(agreement)"이 부여되었음을 확인하여야 한다'고 규정하고 있으므로 아그레망 요청은 법률상의 의무에 해당한다.

 ㉢ 거절 : 아그레망의 거절은 국제법 위반이 아니며, 거절의 이유도 통지할 의무가 없다.

 ㉣ 대상 : 아그레망 부여 절차는 상주외교사절의 경우에 요구되는 절차이며, 임시외교사절은 전권위임장은 필요하나 아그레망은 필요 없으며, 아그레망의 요청은 국가에 대하여 하는 것이므로, 주유엔대사를 파견하는 것과 같은 국제기구에 파견하는 경우에는 불필요하다.

② **파견**

 ㉠ 파견국은 접수국으로부터 아그레망을 얻으면 외교사절로 임명하고 신임장(credential)을 주어 접수국에 파견한다.

 ㉡ 신임장은 접수국 국가원수(또는 외무부장관)에게 보내는 사절단장 개인에 관한 파견국 국가원수(또는 외무부장관)의 개인적 문서이다.

③ **접수**

 ㉠ 신임장의 제출 : 외교사절은 접수국에 도착하여 신임장 부본을 접수국의 외무부에 제출한다. 신

임장 정본은 대사·공사의 경우는 접수국의 국가원수에게, 대리대사의 경우는 접수국의 외교통상부장관에게 각각 제출한다.

ⓒ 신임장의 제출로 정식 접수가 성립되며 사절 자격이 인정되어 직무를 개시할 수 있다. 특권면제는 입국 시부터 향유한다.

ⓒ 대사대리는 현지 공관장(공석 시는 파견국 외무부장관)의 지명통고로써 직무를 개시한다(제19조 1항).

④ **겸임사절** : 파견국은 관계접수국들에 적절한 통고를 행한 후 접수국 중 어느 국가의 명백한 반대가 없는 한, 사정에 따라서 1개국 이상의 국가에 1인의 공관장을 파견하거나 외교직원을 임명할 수 있다(제5조 1항).

⑤ **공동사절** : 2개국 또는 그 이상의 국가는 접수국의 반대가 없는 한, 동일한 자를 공관장으로 타국에 파견할 수 있다(제6조).

6) 직무 내용

(1) 상주사절(제3조)

접수국에서 파견국 대표, 자국민의 보호·감독, 접수국 정부와 외교교섭, 정보의 확인 및 보고, 접수국과 파견국 사이의 우호증진, 영사직무의 수행

(2) 특별사절

특정 외교교섭, 조약체결, 외교회의 참석, 외국의 축전·의식 참가 등

7) 직무종료

① **상주사절**

㉠ 본국정부에서의 소환 : 상주사절이 본국의 명령으로 귀국함을 말한다.

㉡ 접수국에서 비우호적 인물로 선언한 경우 : 파견국은 외교사절 또는 외교직원을 소환하거나 직무를 종료시켜야 한다. 파견국이 이를 거부하거나 상당 기간 내에 소환하지 않는 경우에는 접수국은 당해 외교사절 또는 외교직원의 인정을 거부할 수 있다(제9조 2항).

㉢ 접수국 또는 파견국의 국가원수 사망, 퇴위, 즉위 시 : 과거에는 파견국 또는 접수국의 국가원수가 변경되는 경우 갱신된 신임장을 제정해야만 직무를 계속할 수 있었으나 오늘날의 관행은 신임장의 갱신을 요구하지 않는다.

㉣ 외교사절 본인의 사망, 사직, 승진 시(공사 → 대사)

㉤ 기타 : 외교관계의 단절, 양국 간의 전쟁 돌입 시

② **특별사절** : 특별사절이 파견된 특정 목적을 완수하면 사절의 직무는 종료하며, 특별한 의전 절차가 따르지 않는다.

3. 공관원과 사절단

(1) 공관원

① 의미 : 원래는 수행원이라 하여 외교사절(사절단장, 공관장)을 수행하는 자를 의미했으나 오늘날에는 외교사절의 직무수행을 보조하는 자를 말하며, 여기에는 외교직원 및 행정·기능직원과 노무(역무)직원이 있다. 이 중 외교직원은 외교사절과 함께 외교관이라 부른다.

② 종류

㉠ 외교직원 : 외교관의 직급을 가진 공관원으로 참사관, 서기관 등 직업외교관 이외에도 육해공군의 무관, 파견국에 의해 특별히 외교관의 신분이 부여된 공무원이 포함된다.

㉡ 행정·기능직원 : 공관의 행정직 또는 기능적 직무에 종사하는 직원을 말하며, 여기에는 법률고문, 통역관, 통신기사 등이 포함된다.

㉢ 역무직원 : 공관의 각종 역무에 종사하는 직원을 말하며 수위, 운전사, 요리사 등이 포함된다.

㉣ 개인사용인 : 공관원은 아니며, 파견국이 직접 고용하지 않은 공관원의 가사에 종사하는 자를 말하며, 가정부·보모 등이 포함된다.

③ 국적

㉠ 외교직원은 원칙적으로 파견국 국적을 보유해야 한다(제8조 1항).

㉡ 파견국이 접수국 또는 제3국의 국민을 외교직원으로 임명할 경우에는 접수국의 동의를 얻어야 한다(제8조 2항).

(2) 외교단

① 의미 : 한 국가에 상주하는 모든 국가의 외교사절을 말한다.

② 외교단장 : 보통 외교사절 중 최선임대사가 취임한다.

4. 특권과 면제

1) 의미

국제법상 외교사절과 공관원이 접수국 내에서 접수국의 국민이나 외국인보다 특별한 보호와 대우를 받는 것을 말한다.

2) 취지 및 연혁

① Vienna 협약은 전문에서 "이러한 특권과 면제의 목적이 개인의 이익을 위함이 아니라 국가를 대표하는 외교공관직무의 효율적 수행을 보장하기 위한 것임을 인식하고"라고 규정하고 있어 기능설의 입장을 수용하고 있다.

② **연혁** : 국제관습법상 인정되었으나 1961년 외교관계에 관한 Vienna 협약에서 성문화되었다.

3) 성질

외교사절 자신의 권리가 아니라 사절 본국의 권리이다.

4) 특권과 면제

(1) 불가침권(inviolability)

① **의미** : 외교사절이 접수국으로부터 특별히 정중한 대우를 받으며 신체·명예·공관·관저·문서 등의 침해를 받지 않은 권리를 말한다.

② **신체와 명예의 불가침**

㉠ 외교관의 신체와 명예는 불가침이며 접수국은 이것이 침해되지 않도록 적절한 조치를 취해야 한다(제29조).

㉡ 예외 : 외교관도 정당방위나 긴급피난의 대상이 될 수 있으며, 외교관이 폭행이나 방화 등 불법행위를 하는 긴급한 경우에는 이를 저지하기 위해 자국 국내법에 의해 외교관을 일시적으로 구속하는 등의 강제조치를 취할 수 있으나, 이러한 구속은 일시적인 것이어야 하며 긴급한 필요가 없을 경우에는 곧 해제해야 한다.

관련판례

이란 인질 사건(1980, ICJ)

① 미국의 제소에 대해 ICJ는 관할권을 인정하고 1979년 사태 종료를 위한 가보전조치(잠정조치)를 명하였으나 이란은 이를 수용하지 않았으며, 이듬해인 1980년에 본안판결이 내려졌다.

② 시민들의 행동이 이란 정부로 곧바로 귀속되어 이란의 국가책임이 발생하는 것은 아니지만 이란 정부는 국제법상 외교공관을 보호해야 할 의무를 다하지 않았으므로 이러한 부작위에 의한 이란의 국가책임이 성립한다.

③ ICJ는 타국과 외교·영사관계를 유지할 의무를 지는 모든 국가는 여기에 내재하는 강행적 의무를 인정해야 하며, 이와 같은 의무는 1961년 외교관계협약과 1963년 영사관계협약에 성문화되어 있고 이란과 미국은 당해 협약의 당사국이다라고 판시하였다.

---

③ **공관의 불가침**

㉠ 원칙

- 접수국의 관헌은 외교사절의 동의 없이는 공관으로 들어갈 수 없으며(제22조 1항), 접수국은 공관을 보호하기 위해 또는 공관의 안녕의 방해 또는 위엄의 침해를 방지하기 위해 모든 적절한 조치를 취할 책무를 가진다(제22조 2항).
- 공관 지역과 동 지역 내에 있는 비품류 및 기타 재산과 공관의 수송수단은 수색, 징발, 차압 또는 강제집행으로부터 면제된다(제22조 3항).

㉡ 예외 : 화재나 전염병을 막기 위한 긴급한 경우에는 공관장의 동의 없이 공관에 들어갈 수 있으

나 이는 국제관습법상 인정되는 것이며 비엔나협약에는 명시되어 있지 않다.
  ⓒ 공관의 비호권 : 공관의 비호권은 인정되지 않으나, 무질서한 폭도의 위해로부터 일시 비호 정도는 가능하다.

④ 문서의 불가침
  ㉠ 원칙적으로 외교사절의 문서는 공문서뿐만 아니라 개인적인 서류 및 서신도 때와 장소를 불문하고 불가침이며, 접수국은 이를 검열 또는 압류할 수 없다.
  ㉡ 사절단은 통신상 암호 또는 부호를 사용할 수 있으며, 접수국은 이를 해독할 수 없다.

(2) 면제(immunities)

① 재판(사법)관할권의 면제

  ㉠ 형사재판관할권
    - 외교관은 접수국의 형사재판관할권으로부터는 면제되나, 파견국관할권으로부터는 면제되지 않는다.
    - 접수국 내에서의 실체법상 면제가 되는 것이 아니라 접수국 내에서의 절차법상 재판관할권이 면제된다(예: 살인죄는 인정되나 살인죄로 재판이 진행되지는 않음).
    - 어떠한 경우에도 접수국은 외교관을 소추하거나 형벌을 부과할 수 없으며, 외교관이 형법을 위반한 행위를 한 경우 접수국은 다만 외교관의 소환을 요구하거나 퇴거를 명할 수 밖에 없다.

  ㉡ 민사 및 행정재판관할권

  > ⓐ 외교관은 원칙적으로 접수국의 민사 및 행정재판권으로부터 면제된다.
  > ⓑ 민사 및 행정재판권은 다음의 경우에는 재판관할권이 면제되지 않는다.
  >   - 외교관이 원고로서 소송을 제기한 경우
  >   - 외교관이 자기에 대하여 제기된 소송에 피고로서 응소한 경우
  >   - 외교관이 사인자격으로 접수국에서 소유하는 부동산에 관한 소송
  >   - 외교관이 사인자격으로 접수국에서 종사하는 상업적 활동에 관한 소송
  >   - 외교관이 접수국에서 개시되는 상속에 의하여 취득하는 재산에 관한 소송
  > ⓒ 재판관할권 면제를 포기한 경우라 하더라도 판결의 집행을 위해서는 별도의 면제포기가 필요하다.

  ㉢ 증언 : 모든 소송에서 외교관은 증언할 의무가 없다.
  ㉣ 파견국의 재판관할권 : 접수국의 재판관할권으로부터 외교관을 면제하는 것은 파견국의 재판관할권으로부터 외교관을 면제하는 것은 아니다.

② 행정권의 면제

  ㉠ 경찰권의 면제 : 경찰 규칙 위반시 경찰벌을 가할 수 없고 다만 그 위반에 대해 소환청구·퇴거요구나 긴급시 일시적으로 구속할 수 있을 뿐이다.
  ㉡ 조세면제 : 일반적으로 외교관은 접수국으로부터 조세를 면제받는다. 그러나 보통 상품이나 용역에 포함된 간접세, 상속세, 청소비, 부동산등기세 및 등록세 등은 면제되지 않는다.
  ㉢ 관세면제 : 접수국은 자국법률에 따라 사절단이 공적으로 사용하는 물품뿐 아니라 외교관과 그 가족에 필요한 물품에 대해 수입을 허가하고 이에 관한 관세를 면제해야 한다.

ⓔ 특별역무에 대한 요금 : 외교관은 공익사업의 사용료를 면제받지 못하는데 여기에는 전기·수도·가스 등의 사용료가 있다.
ⓜ 사회보장규정의 면제 : 외교관은 파견국을 위해 제공되는 역무와 관련하여 접수국에서 시행되는 사회보장규정의 적용으로부터 면제된다. 외교관이 접수국의 허가를 얻어 자발적으로 접수국의 사회보장에 가입하는 것은 무방하다.

③ 기타 특권
㉠ 통신의 자유
- 외교사절은 통신의 자유를 가진다.
- 외교행낭과 배달인(信書使: courier)은 불가침권을 가진다.
- 무선통신기의 설치 및 사용은 접수국의 동의를 요한다.
- 제3국을 통과하는 경우 제3국은 외교행낭의 비밀과 안전을 보호할 책임이 있다.
㉡ 여행의 자유 : 외교사절은 접수국에서 거주·이전의 자유를 가지나, 국가 안전상의 이유로 국내법상 제한된 지역은 출입할 수 없다.

(3) 특권과 면제의 범위
① 인적 범위(제37조)
㉠ 외교관 가족 : 외교관과 그 가족은 접수국 국민이 아닌 경우에는 외교관과 동등한 특권·면제를 향유한다.
㉡ 행정·기능직원과 그 가족
- 공관의 행정 및 기능직원은 그들의 각 세대를 구성하는 가족과 더불어, 접수국의 국민이나 영주자가 아닌 경우에는 외교관 및 그 가족과 동등한 특권면제를 누리다.
- 공무 이외의 행위에 대해서는 접수국의 민사 및 행정재판관할권으로부터 면제되지 않으며, 관세는 부임 시에 수입한 물품에 한하여 면제된다.
㉢ 역무직원 : 접수국의 국민이나 영주자가 아닌 공관의 역무직원은, 그들의 직무중에 행한 행위에 관하여 면제를 향유하며 그들이 취업으로 인하여 받는 보수에 대한 부과금이나 조세로부터 면제되고, 사회보장가입이 면제된다.
㉣ 개인사용인 : 공관원의 개인사용인은, 접수국의 국민이나 영주자가 아닌 경우, 그들이 취업으로 인하여 받는 보수에 대한 부과금이나 조세로부터 면제되나 그 밖에는 접수국이 인정하는 범위에서만 특권과 면제를 향유할 수 있다.

② 시간적 범위(제39조)
㉠ 개시 시기 : 특권·면제의 향유 시기는 외교사절은 원칙적으로 부임차 접수국의 영역에 입국하였을 때이다. 이미 접수국 내에 있는 경우에는 그의 임명 사실이 접수국 외무당국에 통고된 때이다.
㉡ 종료 시기 : 특권면제는 그가 접수국에서 퇴거하거나 또는 퇴거에 필요로 하는 상당한 기간이 만료했을 때에 소멸한다. 외교관의 '공적행위'에 대한 면제는 그 직무종료 후에도 계속된다. 그러나 직무수행과 관련이 없는 행위는 특권면제의 종료 후에는 접수국의 재판관할권으로부터 면제되지 않는다.

③ 장소적 범위(제40조)
㉠ 접수국 : 접수국의 배타적 지배권이 행사되는 모든 영역에 미친다.

ⓒ 제3국
- 공적인 경우 : 외교관이 부임, 귀임 또는 본국으로 귀국하는 도중, 여권사증이 필요한 경우 그에게 여권사증을 부여한 제3국을 통과하거나 또는 제3국의 영역 내에 있을 경우에, 제3국은 그에게 불가침권과 그의 통과나 귀국을 보장함에 필요한 기타 면제를 부여하여야 한다(제40조 1항).
- 사적 여행인 경우 : 외교관은 사적으로 여행하는 경우 제3국에서 특권·면제를 향유하지 못하여 일반 외국인과 같은 대우를 받는다.

5. 영사

1) 의미와 성격

① 의미 : 파견국의 통상 및 경제상 이익과 파견국의 국민을 보호하기 위하여 외국에 주재하는 국제법상 국가의 기관이다.

② 성격 : 외교관계가 대표성을 띠고 있는 데 비하여 영사관계는 행정, 호적, 사증발급 등 순전히 기능적·행정적 성격만을 띠고 있다.

2) 연혁과 법전화

① 연혁 : 영사제도의 발단은 중세유럽의 상업도시에 특유한 기술적, 직업적 동업조합(길드)가 조합원 상호간의 분쟁을 재결하는 자치적인 재판관을 두었던 제도에서 엿볼 수 있다.

② 법전화 : 1963년 영사관계에 관한 Vienna 협약이 채택되었으며, 1967년 발효되었다.

3) 종류

① 전임영사(본무영사, 파견영사, 직무영사) : 영사의 사무를 그 본무로 하고 본국에서 파견되는 영사로 봉급을 받는 영사를 말한다.

② 명예영사 : 접수국에 거주하는 자 중에서 선임하여 영사의 사무를 위임하는 영사(파견국, 접수국, 제3국의 국민도 가능)를 말한다.

4) 계급

'영사관계에 관한 Vienna 협약'은 총영사(consul general), 영사(consul), 부영사(vice consul), 대리영사(consular agent)로 구분한다.

5) 석차

① 상이한 계급 : 총영사 > 영사 > 부영사 > 대리영사
② 동일한 계급 : '인가장 발급일'이 기준이 된다.

6) 파견과 접수

(1) 파견

① **영사기관의 설치** : 영사관계의 설정은 국가간의 합의에 의한다. 외교관계의 설정은 영사관계 설정에도 동의한 것으로 간주한다.

② 파견국은 임의로 영사기관장을 임명하고 그 자격을 증명하는 성명, 종류, 계급, 관할구역 및 기관소재지를 기재한 위임장을 휴행하여 파견한다.

③ 상급영사는 국가원수가, 하급영사는 외무부장관이 위임장을 교부한다.

(2) 접수

① 영사기관장은 파견국의 외교사절을 통하여 접수국의 국가원수(또는 외무부장관)에게 위임장을 제출한다.

② 위임장을 접수한 접수국은 국가원수 또는 외무부장관의 이름으로 인가장을 발급한다.

③ 접수국의 인가를 받으면 정식 접수가 성립하고 영사직무가 개시된다.

④ 신생국의 영사에 대한 인가장 수여는 묵시적 국가승인에 해당한다.

7) 직무 내용

① 자국 및 자국민의 이익보호
② 통상관계·우호관계촉진
③ 정보수집
④ 여권·사증의 발급
⑤ 파견국 국민에 대한 원조
⑥ 선박·항공기감독
⑦ 제공중사무
⑧ 기타 직무

8) 특권·면제

(1) 전임영사기관에 관한 특권·면제

① **불가침권**

㉠ 공관

- 접수국은 파견국의 동의를 받는 경우를 제외하고 전적으로 영사기관의 활동을 위하여 사용되는 영사관사의 부분에 들어가서는 안 되나 화재 또는 신속한 보호조치를 필요로 하는 기타 재난의 경우에는 영사기관장의 동의가 있은 것으로 추정될 수 있다(제31조 2항).
- 영사임무수행에 방해가 되는 것을 피하고, '신속, 충분 및 유효한 보상'을 지불할 것을 조건으로 하여 영사기관의 공관이나 재산 등을 접수국이 자국의 국방 또는 공익사업을 위하여 수용할 수 있다(제31조 4항).

ⓒ 공문서
- 영사기관의 공문서·서류 및 공용통신문은 일시·장소에 관계없이 언제나 불가침이나 사문서는 불가침이 아니다.
- 영사행낭은 개방 또는 억류할 수 없으나 영사행낭 속에 공용통신문, 서류 또는 물품을 제외한 기타의 것이 포함되어 있다고 믿을 만한 중대한 이유를 접수국의 권한있는 당국이 가지고 있는 경우에 동 당국은 그 입회하에 파견국이 인정한 대표가 동 행낭을 개방하도록 요청할 수 있다. 동 요청을 파견국의 당국이 거부하는 경우에 동 행낭은 발송지로 반송된다.

② 과세의 면제 : 파견국 또는 파견국을 대표하여 행동하는 자가 소유자이거나 또는 임차인으로 되어 있는 영사관사 및 직업 영사기관장의 관저는 제공된 특별의 역무에 대한 급부로서의 성질을 가지는 것을 제외한 기타의 모든 형태의 국가, 지역 또는 지방의 부과금과 조세로부터 면제된다.

③ 자국민과의 통신 및 접촉
ⓐ 영사관원은 파견국의 국민과 자유로이 통신·접촉할 수 있으며, 파견국의 국민도 동일한 자유를 가진다.
ⓑ 파견국의 영사관할구역 내에서 파견국의 국민이 체포되는 경우, 재판을 위해 구금 또는 유치되는 경우 또는 기타의 방법으로 구속되는 경우에 그 국민이 파견국의 영사기관에 통보할 것을 요청하면 접수국의 권한있는 당국은 지체없이 통보하여야 한다.
ⓒ 영사관원은 구금, 유치 또는 구속되어 있는 파견국의 국민을 방문하며 또한 동 국민과 면담하고 교신하며 또한 그의 법적대리를 주선하는 권리를 가진다.

(2) 영사관원(consular officer)의 불가침

① 신체의 불가침
ⓐ 전임영사관은 중대한 범죄의 경우에 권한있는 사법당국에 의한 결정에 따르는 것을 제외하고, 재판에 회부되기 전에 체포되거나 또는 구속되지 않는다.
ⓑ 영사관원에 대하여 형사소송절차가 개시된 경우에 그는 권한있는 당국에 출두하여야 한다.
ⓒ 재판에 회부되기 전에 영사직원을 체포하거나 또는 구속하는 경우 또는 동 영사직원에 대하여 형사소송절차가 개시되는 경우에 접수국은 즉시 영사기관장에게 통고하여야 한다. 영사기관장 그 자신이 그러한 조치의 대상이 되는 경우에 접수국은 외교경로를 통하여 파견국에 통고하여야 한다.

② 재판(사법)관할권의 면제
ⓐ 형사 및 행정 재판관할권 : 영사관 및 직원은 직무수행상의 행위에 대해서만 형사 및 행정 재판관할권으로부터 면제된다(제43조 1항).
ⓑ 민사재판관할권 : 영사관 및 행정·기능직원은 직무수행상의 행위에 대해서만 민사재판관할권에서 면제되나 직무수행상의 행위에 관한 것이라도 사인자격으로 체결한 계약의 민사소송, 자동차·선박·항공기 손해에 대한 제3자가 제기한 소송은 면제되지 않는다(제43조 2항).
ⓒ 증언 : 원칙적으로 증언거부는 불가하나 예외적으로 직무수행상 행위에 관한 증언의무나 공용통신문 등의 증거제출 의무는 없다.

③ 명예영사
ⓐ 신체의 불가침권은 인정되지 않으며, 명예영사의 가족이나 행정·기능직원의 가족에게는 특권·

면제가 인정되지 않는다.

ⓒ 공관의 불가침권은 인정(명예영사를 장으로 하는 공관)되지 않으나, 공문서와 서류의 불가침권은 인정된다.

④ **외교관과 영사** : 다수의 국가들은 외교업무와 영사업무를 외교담당 부처(외무부, 국무부)에서 함께 운영하고 있는데 외교관이 영사업무를 수행하더라도 외교관으로서의 특권면제를 유지하며, 반면 영사가 외교업무를 수행하더라도 외교특권면제를 주장할 권리가 생기는 것은 아니다.

(3) 특권·면제의 포기

① 파견국은 영사관원에 대해 신체의 불가침, 재판관할권의 면제 및 증언의무에 관한 특권·면제를 포기할 수 있다.

② 포기는 모든 경우에 명시적으로 행해져야 하며, 접수국에 대해 서면으로 통고해야 한다.

③ 재판관할권의 면제의 포기는 당해 소송의 판결의 집행에 관한 면제의 포기를 의미하지 않으며 판결의 집행에 관한 면제의 포기를 위해서는 별도의 포기를 필요로 한다.

6. 군대[1]

1) 의미

국가의 독립권위 및 안전을 유지할 목적으로 설치·유지하는 실력적 국가기관으로 외국에 주류하는 경우에는 대외적 대표기관의 성격을 가진다.

2) 주류외국군대의 법적 지위

① 1국의 군대가 타국의 동의를 얻어 그 국가에 주류할 때에는 그 군대는 국제법상 일정한 특권과 면제를 인정받는다.

② 보통 당사국 간에는 주류하는 외국군대 및 그 구성원의 법적 지위 등에 관한 사항을 규정하는 조약을 체결하게 되는데 이런 조약을 주류외국군지위협정(SOFA)이라 부른다.

③ 중요 협정으로는 1951년의 북대서양조약기구 당사국 간의 외국군대지위협정(NATO 협정), 1960년의 주일미군지위협정, 1966년의 주한미군지위협정(1967년 발효) 등이 있다.

3) 형사재판관할권

(1) 관할권 행사

① **파견국 전속적 관할권** : 파견국이 평시에 전속적 관할권을 행사할 수 있는 범죄는 파견국의 안전에 대한 범죄를 포함하여 파견국 법률에 의해서만 처벌될 수 있는 범죄이다.

② **접수국 전속적 관할권**

---

[1] 이병조·이중범, 국제법신강

㉠ 접수국이 전속적 관할권을 행사할 수 있는 범죄는 접수국의 안전에 대한 범죄 등 접수국 법률에 의해서만 처벌될 수 있는 범죄이다.

㉡ 한미협정에 의하면 미군당국이 한국당국에 전속적 관할권의 포기를 요청하면 적절한 경우 한국당국은 이를 포기할 수 있으나 미군당국은 그러한 포기요청을 최대한 자제해야 한다.

(2) 관할권의 경합과 1차적 행사권

① 파견국의 1차적 행사권

㉠ 관할권이 경합하는 경우 파견국이 1차적 행사권을 행사할 수 있는 범죄는 파견국 군대의 재산, 안전에 관한 범죄 또는 그 구성원 등의 신체·재산에 관한 범죄와 공무집행 중의 작위 또는 부작위에 의한 범죄이다.

㉡ 공무집행 중

- 의미 : '공무집행 중'의 의미에 대해 한미협정에서는 공무의 의미를 공무의 기능상 요구되는 행위에만 국한시키고 있으며, 특정 임무수행을 위해 요구되는 행위로부터 실질적으로 이탈하면 통상 그 자의 공무 밖의 행위를 뜻한다고 규정하고 있다.
- 판단의 증거 : 공무증명서는 1차적 관할권을 결정하기 위한 사실의 충분한 증거가 되며, 공무집행 중 여부의 판단은 대체로 파견국 군당국이 발행하는 증명서에 의해 결정된다. 이에 대해 접수국의 이의가 없으면 파견당국이 1차적 관할권을 행사한다.
- 한미협정에 의하면 공무증명서는 합의수정되지 않는 한 최종적이나 한국당국은 미군의 공무증명서에 대해 토의·질의 또는 거부할 수 있으며, 미군당국은 한국당국이 제기하는 어떠한 의견에도 정당한 고려를 해야 한다.

② 접수국의 1차적 행사권 : 파견국의 1차적 행사권의 대상이 되는 범죄 이외의 범죄에 대해서는 접수국이 1차적 행사권을 가진다.

③ 1차적 행사권의 포기 : 1차적 행사권을 가진 국가가 행사권을 포기하면 타방이 관할권을 행사할 수 있다. 이 경우 1차적 행사권을 포기하기로 결정한 국가는 이 사실을 타방에게 가능한 한 신속히 통고하여야 한다.

4) 민사재판관할권

외국군대 구성원 및 고용원의 손해배상책임과 관련한 민사재판관할권은 대체로 접수국이 행사한다. 민사재판관할권에서는 경합문제가 발생하지 않는다.

7. 국제기구의 특권·면제 : UN의 특권과 면제에 관한 협약[1]

1) 법원

1946년 UN 총회 결의에 의해 'UN의 특권과 면제에 관한 협약'(Convention on the Privileges and Immunities of the United Nations)이 채택되었다.

---

[1] 김대순, 국제법론 제20판

2) 내용

(1) 재판관할권 면제

① UN과 그 재산 및 자산은 모든 소송으로부터 면제된다. UN 자신과 UN 재산에 대해서는 절대적 면제가 부여되며, 국가와 국가재산에 대해 형성되고 있는 제한적 면제이론은 적용되지 않는다.

② UN 사무총장과 사무차장들은 국제법에 따라 외교사절에게 주어지는 재판관할권의 면제를 향유하며, 그들의 배우자와 미성년의 자녀도 마찬가지이다.

③ 다른 UN 직원은 물적 면제만을 향유하는데, 이들은 공적 자격으로 행한 구두 또는 서면에 의한 진술 및 모든 행동에 관해서만 소송으로부터 면제된다.

④ UN을 위한 임무를 수행하는 직원 이외의 전문가에게는 그 임무에 관련되는 여행에 드는 시간을 포함하여, 임무 기간 중 직무를 독립적으로 수행하기 위하여 필요한 면제가 주어지며, 임무수행 중에 행한 구두 또는 서면에 의한 진술 및 행동에 관한 면제는 그 자가 UN의 임부에 더 이상 종사하지 않게 된 경우에도 계속해서 주어진다.

⑤ UN 회의에 참석하는 회원국대표들은 외교관과 거의 동일한 면제·특권을 향유한다. 단, 소송으로부터의 면제는 단지 공적 행위, 즉 그 임무수행 중 및 회합장소로의 왕복여행 중에 대표자의 자격으로 행한 구두 또는 서면에 의한 진술 및 모든 행동에 대해서만 적용되며, 개인수하물에 관해서는 관세가 면제된다.

(2) 면제의 포기

① UN 사무총장은 직원 및 전문가에게 주어지는 면제가 사법의 진행을 저해하고 있으며 또한 UN의 이익을 침해하지 않고 포기될 수 있다고 생각하면 그들의 면제를 포기할 권리뿐만 아니라 의무를 갖는다.

② 사무총장의 경우에는 안전보장이사회가 그 면제를 포기할 권리를 갖는다.

③ UN 회원국도 UN 사무총장, 직원, 전문가의 면제 포기에 상응하여 자국 대표의 면제를 포기할 권리 및 의무를 갖는다.

(3) 기타 특권·면제

① UN의 공관은 불가침이다.

② UN의 재산과 자산은 어디에 소재하는 그리고 누가 보유하고 있건 관계없이 수색, 징발, 몰수, 수용 및 기타 모든 형태의 간섭으로부터 면제된다.

③ UN의 문서는 어디에 소재하든, 불가침이다.

④ UN은 직접세와 관세로부터 면제되며, UN 직원은 봉급에 대한 과세로부터 면제된다.

8. 국가선박과 국가항공기

1) 국가선박

(1) 군함

① **의미** : 해양법협약 제29조에 따르면 "군함"이라 함은 어느 한 국가의 군대에 속한 선박으로서, 그 국가의 국적을 구별할 수 있는 외부표지가 있으며, 그 국가의 정부에 의하여 정식으로 임명되고 그 성명이 그 국가의 적절한 군적부나 이와 동등한 명부에 등재되어 있는 장교의 지휘 아래 있으며 정규군 군율에 따르는 승무원이 배치된 선박을 말한다.

② **지위**

㉠ 불가침권 : 연안국 당국은 함장의 동의없이 함내에 들어갈 수 없다. 군함은 보통범죄인에 대해서는 비호권을 갖지 못하므로 이의 인도요청에 불응하는 군함에는 퇴거를 요청할 수 있다. 그러나 정치범에 대해서는 위험의 중대성과 긴급성을 요건으로 비호할 수 있다는 견해가 있다.

㉡ 특권면제
- 군함은 기국영해에서는 물론 공해상에서 기국의 관할하에 있다.
- 타국영해에서 군함은 연안국의 모든 민·형사재판관할권으로부터 면제된다.
- 국제항행해협에 해당하는 타국영해에서 통과통항권을 갖는다.
- 군함은 타국의 내수에 허가 없이 통항하거나 입항할 수 없으나 타국의 내수에 일단 통항 또는 입항이 허가되어 군함이 타국의 내수 또는 항구에 있는 동안에는 특권·면제를 누린다.

③ **승무원의 지위** : 일반적으로 승무원이 연안국의 동의를 얻어 상륙하여 공무집행 중에 행한 범죄에는 면제가 인정되나 공무 외의 범죄에 관하여는 연안국의 재판관할권이 인정된다.

(2) 공선

① **의미** : 국가가 관리 또는 운영하는 선박으로 정부의 비상업적 역무에만 종사하는 선박을 말한다.

② **지위**

㉠ 공선은 기국영해에서는 물론 공해상에서도 기국의 관할하에 있다.

㉡ 타국영해의 항해에 관하여 공선은 사선과 마찬가지로 무해통항권을 가지며 국제항행용해협에서는 통과통항권을 가진다.

㉢ 공선은 타국영해에 있는 경우 연안국의 재판관할권으로부터 면제된다.

2) 국가항공기

(1) 군용항공기

① **의미** : 군의 지휘·명령을 받는 군무 종사자의 지휘 하의 군사적 역무에 종사하는 항공기를 말한다.

② **지위**

㉠ 군용항공기는 허가 없이 타국영공을 비행하거나 타국영역에 착륙할 수 없으나 타국의 국제항행용 해협을 허가 없이 상공비행할 수 있다.

㉡ 타국의 허가를 얻은 경우에는 다른 규정이 없는 한 외국군대에 대해 관례적으로 인정되는 것과 같은 특권·면제를 갖는다.

㉢ 고장 또는 기상관계로 인해 불시착하거나 항공규칙위반 또는 위법행위로 인하여 강제착륙이 요구된 군용항공기는 특권·면제를 인정받지 못한다.

(2) 공항공기
    ① **의미** : 군용항공기 이외의 국가관리하에 국가역무에 종사하는 항공기를 말한다. 중요한 항공기로는 경찰용··세관용··우편용이 있는데 이 중 특별한 지위가 인정되는 것은 경찰용··세관용 항공기뿐이고 그 밖의 다른 공항공기는 사항공기로 취급된다(시카고국제항공협약 제3조).
    ② **지위**
        ㉠ 공항공기가 자국영역 및 공해·공공(公空)에 있을 때는 본국관할하에 있다.
        ㉡ 공항공기는 허가 없이 타국영공을 비행하거나 타국영역에 착륙할 수 없으나 국제항행용 해협은 허가 없이 상공비행할 수 있다.
        ㉢ 공항공기는 어떤 경우에도 타국영역에서 군용항공기와 같은 특권·면제를 향유하지 못한다.

7

국가책임

제1절 서론

1. 국가책임(State Responsibility)의 개념

① **의미** : 일반국제법상 국가의 행위에 의하여 범하여진 국제법 위반에 대한 책임을 말한다.

② **국가책임의 발생 근거**

    ㉠ 직접침해(direct injury) : 국가가 타국가에 대하여 손해를 가하는 경우를 말한다.

    ㉡ 간접침해(indirect injury) : 국가가 작위나 부작위로 인하여 외국인에게 손해를 입히는 경우를 말한다.

2. 기본 원칙[1]

(1) 개별적 책임추구의 원칙

① **의미** : 자국의 국제위법행위에 대해 피해국만이 국제책임을 추구할 수 있다는 원칙이다.

② **최근 경향** : 강행규범의 인정 및 국제범죄개념의 등장으로 피해를 입지 않은 제3국이나 국제공동체가 책임을 추궁하는 경우도 상정하는 것이 가능해졌다.

(2) 민사책임의 원칙

① **의미** : 국내법에서는 위법행위가 민사상 불법행위와 형사상 범죄로 명확히 구별되나 국제법에서는 그러한 분화가 이루어지지 않아 국제법에서의 책임추궁은 주로 국내법상 민사책임의 추궁과 유사한 형태를 취하는 것을 말한다.

② 2001년 ILC가 채택한 초안에는 국제범죄개념이 삭제되었다.

(3) 책임능력의 원칙

① **의미** : 국제위법행위의 주체는 국가이며 국가책임은 책임능력을 전제로 한다는 원칙으로, 완전한 주권국가는 책임능력도 완전하나 행위능력이 제한된 반주권국가는 책임능력도 제한된다는 것이다.

② 연방국가의 구성국에 대해서는 연방이, 종속국에 대해서는 종주국이, 피보호국에 대해서는 보호국이 책임을 진다.

---

[1] 이병조·이중범, 국제법신강

3. ILC의 법전화

(1) 국제위법행위로 인한 국제책임

① ILC는 1980년 제1부 '국제책임의 연원'을 잠정채택했다.

② ILC는 1996년 일단 국가책임 규정에 관한 잠정 초안을 채택했으며, 이 초안의 특징은 국제위법행위의 내용을 국제범죄와 국제불법행위로 구분했다는 것이었다.

③ 1997년 특별보고자로 지명된 J. Crawford는 국제범죄의 개념을 삭제하고 2001년 최종 초안을 완성했고 ILC의 승인을 받아 UN 총회에 보고되었다.

④ 2001년 협약 초안은 이 분야 국제관습법을 집대성하고 새로운 국제관습법의 방향을 제시하는 것으로 간주되고 있다.

(2) 국제법상 금지되지 않은 해로운 결과에 대한 책임(위험책임)

① 1978년 이래 '국제법상 금지되지 않은 해로운 결과에 대한 책임'을 다루어 1990년 초안을 제출했다.

② 1997년 ILC는 초안 작업이 개념적·이념적 어려움과 조약명의 적절성 등 여러 어려움이 있음을 인정하고 금지와 국제책임을 분리하여 논의하기로 결정하였다.

③ ILC는 '유해한 활동으로부터의 월경손해의 금지'라는 부제로 금지에 관한 문제를 먼저 다루기로 하여 2001년 최종 협약안을 채택하였다.

제2절 국가책임의 발생 요건

1. 국가행위

(1) 국가기관의 행위

① **원칙**: ILC 국가책임 협약 초안 제4조에 따르면 모든 국가기관의 '직무상' 행위는 국제법상 그 국가의 행위로 간주된다. 이는 그 기관이 입법, 행정, 사법 또는 기타 다른 기능을 수행하는지 여부, 그 기관이 국가조직상 어떠한 위치를 차지하고 있는지 여부, 그 기관의 성격이 중앙정부기관 또는 지방정부기관인지를 불문한다.

② **내용**

㉠ 국가원수의 행위: 국가원수는 국가의 최고기관으로 국제법상 국가를 대표하므로 국가원수의 행위는 당연히 국가에 귀속된다.

㉡ 입법기관의 행위: 입법기관이 국제법에 위반된 법률을 제정하거나 국제법상의 의무이행에 필요한 법률을 제정하지 않는 경우 국가책임이 발생한다.

㉢ 행정기관의 행위: 행정기관이 외국인에 대한 공채상환의 거부, 조약상 권리의 부인, 신체·재산·명예의 위법한 침해나 일반적으로 허용되는 행위를 금지하여 손해를 발생케 하는 경우 국가책임이 발생한다.

㉣ 사법기관의 행위: 사법기관이 외국인에 대하여 사법상의 보호의 거부(사법거부)를 야기하는 행위를 하는 경우 국가책임이 발생한다.

사법거부에 해당하는 것	소송불수리, 사법절차의 비효율성, 심리의 부당한 지연, 판결의 지연이나 불공정한 재판절차, 명백히 불공정하고 편파적인 재판, 유죄판결의 부집행, 부당한 사면 등
사법거부에 해당되지 않는 것	오판, 증거채택의 거부, 간첩에 대한 즉결처분, 군사법원에 의한 재판, 재심사유의 제한, 판결 후 그 집행의 해태 및 지연, 재판관할권 판단의 오류 등

㉤ 지방자치단체의 행위: 지방자치단체의 고유 사무도 국가사무의 일종이므로 자방자치단체가 국제법을 위반하면 국가책임이 발생한다.

㉥ 공공단체의 행위: 국내법에 의해 공권력행사를 위임받은 모든 단체의 행위는 국가기능의 행사로 보아 국제법상 국가에 귀속된다. 여기에는 국가가 국내법에 의해 권한을 위임하고 국가가 그 행사를 통제하는 모든 공법인(예: 국립은행, 정부투자기업 등)이 포함된다.

③ **국가기관의 직무상 행위**

㉠ 원칙: 국가기관원의 직무상 행위는 국제법상 당해 국가의 행위이므로 국가행위에 해당한다.

㉡ 권한 외 행위: 국가기관 또는 정부권한(공권력)을 행사하도록 권한을 위임받은 개인 또는 실체의 행위는 그 기관, 개인 또는 실체가 그 자격으로 행동하는 경우, 그 행위자가 자신의 권한을 넘어서거나 또는 지시를 위반한다고 하더라도, 국제법상 그 국가의 행위로 간주된다.

(2) 외국, 국제기구 및 통제국의 행위

① **원칙** : 국가는 스스로의 행위에 대해서만 책임을 지므로 자국 영역상에서 행해진 외국 또는 국제기구의 행위는 당해 국가에 귀속되지 않는다.

② **자국통제 하의 타국국제법 주체의 행위**
  ㉠ 1국이 외국으로부터 인원을 지원받아 자국통제 하에 운영하는 경우, 당해 인원은 통제국의 공무를 수행하는 것이므로 그 행위는 당해 통제국에 귀속된다.
  ㉡ 피보호국 또는 종속국의 행위는 당해 행위를 통제하는 보호국 또는 종주국에 귀속된다.
  ㉢ 1국의 행위가 타국에 강제에 의해 행해진 경우 당해 행위는 이를 강제한 국가에 귀속된다.

(3) 사인의 행위

① **원칙** : 개인이 국가를 대리하지 않고 순수한 사인으로서 행동하는 경우 이는 국가기능행사와 아무런 관련이 없으므로 당해 행위는 국가에 귀속되지 않는다. 국가기관원이 사인자격으로 행동하는 경우에도 마찬가지이다.

② **사인행위와 관련된 국가책임**
  ㉠ 국가책임의 발생
   - 사인의 행위로 인해 외국인의 피해가 발생하는 경우 국가는 그 사인의 행위 자체에 대해서는 국가책임을 지지 않지만 그러한 사인의 행위와 관련하여 국가의 책임이 발생할 수 있다.
   - 국가가 사전에 외국인의 피해 발생을 막기 위해 상당한 주의(due diligence)를 기울이지 않은 경우, 또는 사후적으로 외국인에게 적절한 국내적 피해구제(local remedy)를 제공하지 않은 경우에 국가는 책임을 지게 된다.
  ㉡ 책임의 성질 : 사인의 행위에 대해 국가가 책임을 지는 경우 이것은 사인의 행위에 대해 국가가 대신 책임을 지는 것이 아니라 국가 스스로의 행위(피해방지의무 불이행, 사후 피해구제 불이행)에 대해 국제책임을 지는 것이다.

③ **사실상의 기관(de facto organ)의 행위**
  ㉠ 개인 또는 집단의 행위는 그들이 그 행위를 수행함에 있어서 사실상 한 국가의 지시를 받거나 그 지시 또는 통제 하에서 행동하는 경우 국제법상 그 국가의 행위로 간주된다.
  ㉡ 개인 또는 집단이 공적기관의 부재 또는 직무수행이 불가능한 때, 정부권한(공권력)의 행사가 요구되는 상황에서 사실상 그러한 권한을 행사하는 경우(예: 천재지변 등 국가기능 마비 시 인명구조작업 등), 그러한 사인 또는 사인단체의 행위는 국제법상 국가의 행위로 간주된다.

(4) 반란단체의 행위

① **원칙** : 국가에 반기를 들고 일어난 반란단체의 행위는 국가에 귀속되지 않은 것이 원칙이며, 이 경우 국가책임이 발생한다면 반도의 행위를 사전에 방지하지 않았거나 사후에 진압하지 않는 국가의 부작위에 대해 책임을 지는 것이다.

② **교전단체 승인 전** : 영역국은 반도의 행위를 통제할 의무가 있어 반도의 행위로 인해 외국 또는 외국인의 권리가 침해된 경우 반도의 행위를 방지·진압하지 못한 데 대해 책임을 진다.

③ **교전단체 승인 후** : 교전단체로 승인받은 반란단체는 자신의 행위에 대해 스스로 책임을 지게 된다.

④ 승리한 반란단체
- ⊙ 반란단체가 내란에서 승리하여 기존 중앙정부를 대신하여 신정부를 구성한 경우 내란 중 반란단체의 모든 행위는 신정부에 귀속된다. 또한 국가계속성의 원칙에 따라 신정부는 구정부의 모든 행위에 대해 책임진다.
- ⓒ 반란단체가 승리하여 일부 영역에 신국가를 창설한 경우 반란단체의 내란 중 행위는 신국가에 귀속된다.

(5) 국가가 인정한 행위

국가로 귀속될 수 없는 행위일지라도 국가가 문제의 행위를 자국의 행위로 인정하고 수락하는 경우, 그 범위 내에서는 국제법상 그 국가의 행위로 본다.

2. 행위의 위법성

(1) 의의
① 국가행위가 국제의무와 일치하지 않아 국제의무위반이 성립할 때 위법성이 발생한다.
② 국제의무를 위반하는 국가행위는 국제관습법, 조약 등 그 위반된 의무의 원천과 관계없이 위법성을 가지며 국제위법행위를 구성한다.

(2) 위법성의 판단 기준
① 국가책임은 국가의 국제법상 의무위반에 대해서만 책임을 지는 것이고 국제예양 등의 위반에 대해서는 국가책임이 성립하지 않는다.
② 국제법을 위반하지 않으면 국내법 위반만으로 책임이 발생하지 않으며 국내법 위반이 없더라도 국제법상 의무를 위반하면 책임이 발생한다.
③ 의무위반의 발생 시기
- ⊙ 국가의 의무위반은 행위 당시에 당해 행위가 국제법 위반인 경우에만 발생한다.
- ⓒ 의무위반의 연장
  - 계속적 성격을 갖지 않는 행위는 그 영향이 계속되어도 당해 행위가 행해진 때 국제의무위반이 발생한다.
  - 계속적 성격을 갖는 행위는 당해 행위가 계속되고 의무위반이 지속되는 전체기간 동안 국제의무위반이 연장된다.
  - 국가에게 특정 행위에 대한 방지의무가 있으면, 당해 행위의 발생으로 국제의무위반이 발생하고 당해 위반상태가 지속되는 동안 연장된다.
- ⓒ 복수의 행위로 이루어진 위반 : 전체로서 불법인 일련의 작위 또는 부작위를 통해 이루어지는 국제의무위반은 다른 행위들과 함께 불법행위를 구성하기에 충분하면 의무위반이 발생한다.

(3) 고의·과실

① 국가책임이 성립하기 위해서는 국가의 고의 또는 과실이 있어야 하는가에 대해서 견해가 대립한다.
② ILC 초안에서는 고의·과실이라는 요건을 아예 규정하지 않고 있다.

(4) 손해

ILC는 손해발생의 국가책임 요건 여부는 개별 조약의 내용에 달린 문제이므로 국가책임의 일반적인 요건을 다룬 ILC 초안에서는 다룰 필요가 없다고 보아 규정하지 않았다.

3. 위법성 조각 사유

① ILC 협약 초안에는 피해국의 동의, 자위, 대응조치, 불가항력, 조난, 긴급상황을 위법성 조각 사유로 명시하고 있다.
② UN의 집단적 강제조치도 위법성 조각 사유에 포함된다.

관련조문

제20조 [동의]
한 국가가 타국의 행위실행에 대해서 한 유효한 동의는 그 행위가 그 동의의 범위 내에서 실행되는 한, 전자의 국가와 관련하여 그 행위의 위법성이 조각된다.

제21조 [자위]
국가의 행위가 국제연합헌장과 합치되는 합법적 자위조치에 해당한다면, 그 국가행위의 위법성이 조각된다.

제22조 [국제위법행위에 대한 대응조치]
국가의 행위가 제3부 제2장에 따른 타국에 대한 대응조치에 해당하는 경우, 그 범위 내에서는 타국에 대한 국제의무와 합치되지 않는 국가행위의 위법성이 조각된다.

제23조 [불가항력]
1. 행위가 불가항력, 즉 그 상황에서의 의무 이행을 실질적으로 불가능하게 만드는 국가의 통제를 넘어서는 저항할 수 없는 힘 또는 예상하지 못한 사건의 발생에 기인한 경우에는 국제의무와 합치되지 않는 국가행위의 위법성이 조각된다.
2. 다음의 경우에는 제1항은 적용되지 아니한다.
    (a) 불가항력의 상황이 이를 원용하는 국가의 행위에만 의하거나 또는 다른 요소와 결합된 행위에서 기인하는 경우 또는
    (b) 당해 국가가 그같은 상황발생의 위험을 수락한 경우

제24조 [조난]
1. 행위자가 위난 상황에 처하여 자신이나 그의 보호 하에 맡겨진 다른 사람들의 생명을 구하기 위한 다른 합리적 방법이 없는 경우, 당해 국가의 국제의무와 합치되지 아니하는 국가행위의 위법성이 조각된다.
2. 다음의 경우에는 제1항이 적용되지 아니한다.
    (a) 위난 상황이 이를 원용하는 국가의 행위에만 의하거나 또는 다른 요소와 결합된 행위에서 기인하는 경우 또는
    (b) 문제된 행위가 그에 상당하거나 또는 더욱 커다란 위험을 발생시킬 우려가 있는 경우

제25조 [긴급상황]
1. 긴급상황은 다음의 경우를 제외하고는 국가의 국제의무에 합치되지 아니하는 행위의 위법성을 조각시키기 위한 사유로 원용될 수 없다.
   (a) 그 행위가 중대하고 급박한 위험으로부터 국가의 본질적 이익을 보호하기 위한 유일한 방법이고
   (b) 그 행위가 의무이행의 상대가 되는 국가나 국가들 또는 국제공동체 전체의 본질적 이익을 심각하게 훼손하지 않는 경우
2. 긴급상황은 어떠한 경우에도, 다음의 경우에는 국가의 위법성을 조각시키기 위한 사유로 원용될 수 없다.
   (a) 문제된 국제의무가 긴급상황의 원용 가능성을 배제하는 경우 또는
   (b) 그 국가가 긴급상황의 발생에 기여한 경우

제26조 [강행규범의 준수]
본 장의 어느 부분도 일반 국제법상의 강행규범에 따라 발생하는 의무와 합치되지 않는 어떠한 국가행위에 대해서도 위법성을 조각시키지 않는다.

제27조 [위법성 조각사유 원용의 결과]
본 장에 따른 위법성 조각 사유의 원용은 다음 사항에 영향을 미치지 않는다.
   (a) 위법성 조각 사유가 더 이상 존재하지 않는 경우, 그 범위 내에서 문제된 의무의 준수
   (b) 문제된 행위로 인하여 야기된 모든 실질적 손실에 대한 보상 문제

4. 제3국의 국가책임

(1) 원조국

제3국이 특정국에 의한 국제위법행위의 행사를 원조한 경우 ① 제3국이 국제위법행위의 상황을 알고 있고, 또한 ② 당해 행위가 제3국에 의해 행사되면 국제위법행위가 된다면 제3국은 당해 원조행위에 대해 국가책임을 진다.

(2) 통제국 또는 강박국

① 특정국을 제3국이 통제하고 있는 경우 특정국이 행한 국제위법행위에 대해 제3국이 국가책임을 진다.
② 종속국의 국제위법행위에 대해서는 종주국이, 피보호국의 국제위법행위에 대해서는 보호국이, 피점령국의 국제위법행위에 대해서는 점령국이 각각 책임을 진다.
③ 제3국이 강박에 의해 특정국으로 하여금 국제위법행위를 행하게 한 경우에는 제3국은 당해 국제위법행위에 대해 국가책임을 진다.

제3절 국가책임의 해제

1. 외교적 보호

(1) 외교적 보호권(right of diplomatic Protection)의 의미

국가가 외국에 주재하고 있는 국민(재외국민)이 재류국으로부터 부당한 대우를 받거나 불법하게 권리 침해를 받고 있는 경우에 재류국에 대해 적절한 구제를 요구할 수 있는 권리를 말한다.

(2) 외교적 보호권의 성질

① **Vattel의 의제** : Vattel은 외국인에게 피해를 입힌 자는 간접적으로 그를 보호할 권리가 있는 국가를 침해한 것이라고 주장했다.

② 외교적 보호권은 국가 자체의 권리이지, 국가가 피해자인 재외국민의 권리를 대리하여 행사하는 것은 아니다.

③ 국가의 권리인 탓에 개인은 이를 포기할 수 없으므로 양허계약(concession)에 Calvo 조항이 있는 경우에도 국내적 구제를 이용한다는 약속인 점에서는 유효하나, 본국의 외교적 보호권을 배제하려는 의도라면 무효이다.

④ PCIJ의 Mavrommatis 양허계약 사건 판결과 ICJ의 Barcelona Traction, Light and Company 사건 판결을 외교적 보호권이 국가의 권리임을 확인하고 있다.

(3) 법전화 작업

ILC는 2006년 제58차 회기에서 "외교적 보호에 관한 규정 초안"을 채택했다.

(4) 행사 요건

① 국내적 구제완료의 원칙(exhaustion of local remedy rule)

㉠ 의미 : 외국의 행위로 인하여 자국민에게 손해가 발생한 경우에 사인이 그 외국의 국내법상 구제 방법을 동원한 후가 아니면, 본국은 외교적 보호권을 행사할 수 없다는 원칙으로서 명문의 규정이 없어도 인정되는 국제관습법상 확립된 원칙이다.

㉡ 근거

- 이 원칙은 위법행위가 발생한 국가에게 국내법을 통한 시정의 기회를 부여하며, 사인의 분쟁이 곧바로 국가간의 분쟁으로 비화하는 것을 방지하기 위한 원칙이다.
- 국내적 구제의 원칙은 조약에 의하여 배제할 수 있으나, 다만 ICJ는 ELSI 사건(1989년)에서 국내 구제수단 완료는 국제관습법의 중요한 원칙이기 때문에 동 원칙의 적용은 조약에 '명시적으로' 규정된 경우에만 배제될 수 있다고 판시하였다.
- 국가는 외국인과의 계약을 통해서도 국내구제완료원칙을 포기할 수 있다.

㉢ 내용 : 피해자는 자신에게 적용가능한 모든 행정적·사법적 구제수단을 모두 다 시도해야 한다

(제14조 2항). 소송의 경우 최상위 법원에서까지 판단을 받아야 한다.
ㄹ) 한계 : 일정한 상황에서는 국내적 구제의 완료가 요구되지 않는다(제15조).
- 자발적 관련성(voluntary link) : 동 원칙은 피해자와 외국 사이에 자발적이고 의식적이고 의도적인 관련성이 인정되어야 하므로, 자기의 의사에 반하여 외국에 연행된 경우나 불가항력으로 외국의 영역에 들어가 손해를 입은 경우에는 적용되지 않는다.
- 동 원칙은 국내적 구제수단이 이용 가능하고(available), 실현가능하며(obtainable), 유효한 (effective) 것이어야 하기 때문에, 상급심에서 사실심리를 하지 않은 경우, 원판결의 파기를 기대할 수 없는 경우, 구제를 기대하기 어려울 정도로 반대의 판례가 확고히 확립되어 있는 경우, 구제절차가 유책국에 의해 불합리하게 지연되고 있는 경우, 재판관의 편견 등으로 인한 '재판의 거절'이 있는 경우에는 동 원칙은 적용되지 않는다.
- 그러나 단순히 승소 가능성이 낮다거나 비용이 너무 부담스럽다거나, 구제절차가 어렵고 복잡하다는 이유만으로 국내적 구제완료 절차가 면제되지 않는다.
ㅁ) 국제실행
- 판례 : PCIJ의 마브로마티스(Mavrommatis) 사건 판결(1924년), PCA의 암바티엘로스(Ambatielos) 사건 판결(1956년), ICJ의 인터한델(Interhandel) 사건(1959년)과 ELSI 사건(1989년) 판결 등이 있다.

관련판례

인터한델 사건(1959, ICJ)

① **사건 요약** : 1942년 미국이 자국법인 대적통상법에 따라 인터한델사의 주식을 몰수하자 스위스가 인터한델사는 독일 기업이 아니라 스위스회사라고 주장하여 미국과 스위스 간 분쟁이 발생하였다. 1957년 스위스가 ICJ에 제소한 직후에 미연방대법원은 재심의 필요성을 인정하여 사건을 지방법원에 되돌려 보냈다.
② **판례 요지** : ICJ는 스위스가 미국에서의 국내구제절차를 완료하지 않은 채 제소하였다고 판단하여 스위스의 청구를 기각하였다. 외교적 보호권을 행사하는 경우 국내구제완료의 원칙은 국제관습법상 확립된 원칙임을 확인하였다.

마브로마티스 양허계약 사건(1924, PCIJ)

① 손해를 입은 자국민에 대한 외교적 보호권은 국제법상의 원칙이며, 국내구제절차를 완료한 후에도 분쟁이 해결되지 않은 경우 외교적 보호권 행사가 인정된다.
② PCIJ는 1914년 이전에 체결된 양허계약의 효력을 유지한다고 규정한 로잔조약을 영국과 팔레스타인이 위반하였다고 판시했으나 마브로마티스가 실제로 손해를 입은 사실은 인정되지 않는다는 이유로 손해배상 청구는 기각하였다.

② 국적에 관한 행사원칙
㉠ 국적국에 의한 행사 : 자국민이 입은 피해일 것
- 개인의 피해에 대해서는 국적국만이 외교적 보호를 행사할 수 있으며, 누가 국민인가는 1차적으로 해당국의 국적법에 따라 결정된다.

- ICJ의 노테봄 사건은 리히텐슈타인과의 진정한 연계(genuine link)를 인정받지 못하였기 때문에 결국 리히텐슈타인은 노테봄에 대해서 외교적 보호권을 행사할 수 없었다.
- ILC 외교보호초안에는 국적국의 정의에서 ICJ의 노테봄 사건의 '진정한 유대'의 필요성을 규정하지 않았다.

ⓒ 국적계속의 원칙
- 의미 : 외교적 보호를 받기 위해서는 권리이익의 침해시부터 외교적 보호권을 행사할 때까지 동일국적을 가져야 함을 말한다. 자연인의 피해뿐만 아니라 법인의 피해에 대한 국제청구에 있어서도 동일하게 적용된다.
- 선박운항과 관련된 피해가 발생한 경우 국적과 관계없이 모든 선원, 선박 소유자, 다른 승선자, 화물 등을 기국에 연결된 하나의 단위로 간주하여 선박 기국이 외교적 보호를 행사할 수 있으며, 선원의 국적국 역시 외교적 보호를 행사할 수 있다(제18조).

ⓒ 이중국적자
- 제3국에 의한 권리침해 : 이중국적자에 대해서는 그중 어느 국적국이라도 제3국에 대한 외교적 보호를 청구할 수 있다. 이중국적국이 공동으로 외교적 보호권을 행사할 수도 있다(제6조).
- 이중국적국 상호간 : 1930년 국적법 저촉에 관한 헤이그협약은 이중국적국자 소속국 상호간에는 외교적 보호를 행사할 수 없다고 규정했다(제4조). 그러나 ILC 외교보호초안 제7조는 이중국적국의 경우 우세한(predominant) 국적국은 타방 국적국을 상대로 외교적 보호를 행사할 수 있다고 규정하고 있다.

② 무국적자 및 난민 : ILC 외교보호초안 제8조는 무국적자와 난민의 경우 합법적인 상시 거주국이 이들을 위한 외교적 보호를 행사할 수 있다고 규정하고 있다.

⑩ 기업과 주주
- 기업의 경우 통상 그의 등록지법 국가를 국적국으로 보며, 주주들의 국적국이 아닌 기업의 국적국이 외교적 보호를 행사한다.
- ICJ는 회사가 등록지국에서 소멸된 경우나 등록지국 자신이 가해자이며 주주로서는 자신들의 국적국 외에는 별달리 의존할 국가가 없는 경우에는 주주의 국적국도 외교적 보호를 행사할 수 있을 가능성을 인정했다.

2. 직무보호

(1) 의미

국제기구의 공무원이 국제불법행위로 인하여 손해를 입은 경우, 그 소속 국제기구가 직무라는 인연에 기하여 그 배상을 받도록 국제책임을 추구하는 것을 직무보호라고 부른다.

(2) 내용

외교적 보호는 국적(nationality)이라는 인연에 근거한 것이고, 직무보호는 직무(function)라는 인연에 근거하고 있다는 것이 다를 뿐, 국제책임의 실현방식 및 절차는 외교적 보호와 같다.

(3) 외교보호와 직무보호의 경합
① 양자가 경합할 때 어느 쪽이 우선하는지 결정해 주는 원칙은 존재하지 않는다.
② ICJ 역시 한쪽에 우선권을 부여한 적이 없으며 양자의 충돌은 상식과 선의, 혹은 협정에 의해서 개별적으로 해결되어야 한다.

3. 국가책임해제의 방법

(1) 일반원칙
① ILC의 국가책임협약 초안에 의하면 유책국은 우선 그 위법행위(계속적 성질을 갖는 국제위법행위인 경우)를 중지해야 할 의무가 있으며, 필요시 재발 방지의 확약이나 보장을 해야 한다(제30조).
② 유책국은 피해에 대해 완전한 배상의무를 지며, 이때의 피해란 국제위법행위로 인한 물질적 또는 정신적 손해 모두를 포괄한다(제31조).
③ 동 초안에 의하면 그 국가는 (손해) 배상(reparation)을 통하여 국가책임을 해제해야 할 의무가 발생하며, 피해국은 후술하는 배상의 3가지 유형 중 어느 하나 혹은 결합적으로 적용하여 완전한 배상(full reparation)을 받을 수 있다.

(2) 원상회복(restitution)
① 의미 : 국제위법행위가 발생하지 않았더라면 당연히 존재했을 상태로 회복하게 하는 방법이다.
② 원칙적인 방법으로서 불법행위의 취소, 불법몰수재산의 반환, 불법 점령한 지역으로부터 군대를 철수시키는 행위 등과 같이 국제위법 행위가 행해지기 전의 상태를 실현하는 방법이다.
③ 원상회복의 가능성이 존재하는 경우에는 원상회복을 해야 하며, 그것이 법률상·사실상으로 불가능한 경우에는 손해배상으로 해야 한다.

> **관련판례**
>
> ### 호르죠 공장(Chorzow factory) 사건(1927, PCIJ)
>
> ① 배상의무와 신의성실의 원칙은 국제법상 일반원칙이다. 어떤 약정위반도 배상의무를 부담하며 자기의 불법행위로 상대방의 의무이행이 방해된 경우 그 불이행을 문책할 수 없다.
> ② 국가책임의 해제 방법은 원칙적으로 원상회복이며 원상회복이 불가능한 경우에는 손해배상으로 만족해야 한다. 그 배상의 범위는 당시 가격의 보상뿐만 아니라 원상회복에 상당한 금전보상 기타 손해배상을 포함한다.
> ③ 사인(私人)의 행위와 관련된 국가책임은 사전방지 의무와 사후구제를 해태한 데 대한 국가 자신의 부작위책임이며(자기책임설), 사인(私人)이 입은 손해라도 배상은 국가손해에 대한 배상이다.
> ④ 국내법원의 판결은 국제법원의 판결을 무효로 할 수 없다.

(3) 금전배상(compensation)

① 의미 : 국제위법행위에 기인하는 손해에 대해 원상회복이 불가능하거나 불충분한 경우 또는 원상회복이 가능하더라도 특히 당사국의 합의에 의해 금전으로 지급하는 방법이다.

② 직접손해와 간접손해

㉠ 국제위법행위로 인해 직접 발생한 손해에 대해서는 이론이 없으나 간접손해, 특히 보통 기대될 수 있는 상실이익(기대이익)의 배상에 대하여는 견해가 대립한다.

㉡ 협약 초안은 '금전배상은 확정될 수 있는 범위 내의 상실이익을 포함하여 금전적으로 산정될 수 있는 모든 손해를 포괄한다'(제36조항)고 규정하고 있다.

㉢ 국제재판에서는 일반적으로 국제위법행위와 손해의 인과관계가 명확하게 증명되는 경우에는 직접손해뿐 아니라 간접손해에 대해서도 배상을 인정한다.

㉣ 간접손해가 국제법상 처음 문제된 것은 '中立'에 관한 사건인 알라바마 중재 사건에서였으며, 이후 코스타리카 패킷 중재 사건, 나우릴라사태 중재 사건 등이 있다.

㉤ 손해의 발생에 관하여 피해자 측에 과실이 있는 경우와 손해뿐 아니라 이익도 발생한 경우에는 이를 참작해야 한다.

㉥ 완전한 배상을 확보하기 위하여 필요한 경우에는 지급되어야 하는 원금에 대한 이자를 지급하여야 한다. 배상이자는 손해발생 시부터 배상지급 시까지의 이자이다.

관련판례

알라바마(AJabama)호 사건(1872, 중재재판)

① 영국은 자신들이 건조한 상선이 남군에 의해 군함으로 전용되리라는 것을 알면서도 자국의 국내법상 이를 금지할 법령이 없었다는 이유로 항변하였으나, 중재재판소는 국가는 자신의 국제위법행위를 정당화하기 위해 자신의 국내법을 원용할 수 없다고 하여 국제법상 중립국 의무를 위반한 영국의 배상책임을 인정하였다.

② 중재재판소는 위법행위와 간접손해의 인과관계를 인정할 수 없다고 결론을 내렸고 결국 미국도 이 부분에 대한 청구는 취하하였다.

③ 이 사건은 국제분쟁의 사법적 해결, 특히 중재재판의 발전에 크게 기여하였으며 이후 중재재판은 국제분쟁의 유력한 해결 방법으로 평가되기에 이르렀다.

---

(4) 사죄(satisfaction : 사죄받는 측에서는 만족)

① 국제위법행위에 책임이 있는 국가는 원상회복이나 손해배상이 이루어지지 않을 경우 피해국에게 만족을 제공하여야 한다(제37조 1항).

② 만족은 손해와의 사이에 비례성을 갖추어야 하며 위반국을 모독하는 형태로 취해서는 안 된다.

③ 만족(satisfaction)을 통한 책임해제방법으로는 사죄, 유감표명, 의무위반의 인정 혹은 상징적 손해배상, 징벌적 손해배상, 관계자 처벌 등을 들 수 있다(제37조 2항).

④ ICJ는 Corfu해협 사건 판결에서 당해 재판소에 의한 주권침해선언 자체가 적절한 만족(appropriate satisfaction)의 일종이라고 판시했다.

(5) 강행규범의 중대한 위반

① 모든 국가는 강행규범에 따른 의무의 중대한 위반을 합법적인 수단으로 종료시키기 위해 협력할 의무를 진다.

② 어떤 국가도 강행규범의 중대한 위반으로 발생한 상황을 합법적이라고 승인한다거나 그러한 상황 유지를 원조하거나 지원해서는 안 된다(제41조). 중대한 위반이란 대규모적이거나 조직적인 의무 불이행을 의미한다(제40조 2항).

(6) 책임추구권

① **의미** : 국가의 모든 국제위법행위는 국제법상의 의무위반이며 이는 타국의 직접·간접의 권리침해를 수반하므로 피해국은 위법행위국에 대해 책임을 추구할 권리가 있다.

② **책임추구의 주체** : ILC 초안은 책임추구의 주체인 피해국을 다음과 같이 규정하고 있다(제42조).

　㉠ 당해 국가 또는 그 국가를 포함한 국가집단, 더 나아가 국제공동체 전체에 대한 의무의 위반이어야 한다.

　㉡ 그 의무위반이 당해국에게 영향을 미치거나 장래 이행의 의무를 부담하고 있는 기타 다른 국가들의 지위를 급격하게 변경하는 성격을 갖는 것이어야 한다.

③ **피해국에 의한 청구의 통지**

　㉠ 피해국은 위반국에게 책임추구의 주장을 통지하여야 한다(제43조 1항).

　㉡ 이때 피해국은 위반행위가 계속되는 경우 이를 중지하기 위해서 위반국이 취해야 할 조치와 보상의 형태를 특정할 수 있다(제43조 2항).

④ **책임추구권의 상실** : 피해국이 동 청구를 적법하게 포기하였거나, 오랫동안 행사하지 않은 경우 책임추구권을 상실한다.

⑤ **복수피해국** : 동일한 국제위법행위로부터 피해를 받은 복수의 국가는 당해 의무위반국에 개별적으로 책임추구를 할 수 있다(제46조).

⑥ **복수위반국** : 수개의 국가가 동일한 국제불법행위에 대해 책임이 있으면 각 국가는 동 행위와 관련해서 책임을 진다(제47조 1항).

⑦ **피해국이 아닌 국가로부터의 책임추구(제48조)**

　㉠ 요건

　　- 위반된 의무가 당해 국가를 포함한 국가집단에 대해 부담하는 것이고 그 의무가 국가집단의 이익을 보호하기 위해 수립된 경우, 예를 들면 지역적 비핵화 조약을 어느 한 당사국이 위반한 경우가 이에 해당한다.

　　- 위반된 의무가 국제공동체 전체에 대해 부담하는 의무인 경우, 이른바 대세적 의무이다.

　㉡ 각 개별국가는 국제공동체의 일원으로 의무 위반국에게 책임을 추궁할 수 있다.

　　- 다만 이들 국가는 손해배상을 요구할 수는 없으며 피해국을 위한 배상의무를 이행하라고 요구할 수는 있다.

4. 대응조치(대항조치, countermeasures)

(1) 의의

① **의미** : 대응조치는 타국의 국제위법행위를 중지시키고 손해배상을 추구하기 위해 비례적·일시적으로 행하는 국제위법행위를 말한다.

② **취지** : 대응조치는 피해국이 그들의 권리를 옹호하거나 의무위반국과의 법적관계를 회복하려는 조치로서 제한적으로 인정되는 것이다.

③ 대응조치는 오로지 적법하게 대응조치를 취하는 국가와 의무위반국 간의 관계에서만 위법성을 조각할 수 있다. 따라서 대응조치로 인하여 발생한 타국(제3국)의 권리에 대한 침해는 정당화되지 않는다.

(2) 목적과 한계(제49조)

① **목적** : 피해국은 국제위법행위에 대한 책임이 있는 국가가 초안 2부에서 규정된 의무를 이행하도록 권유할 목적으로 대응조치를 취해야 한다.

② **한계** : 대응조치는 일시적인 국제의무의 불이행에 한정되며, 대응조치는 가능한 한 의무이행의 회복을 허용하는 방법으로 취해져야 한다.

(3) 영향을 받지 않는 의무(제50조)

① 대응조치는 다음의 의무에 영향을 주지 않는다.
  ㉠ UN 헌장에 의한 무력위협 또는 행사를 금지할 의무
  ㉡ 기본적 인권의 보호 의무
  ㉢ 복구를 금지하고 있는 인도적 성격의 의무
  ㉣ 기타 일반 국제법상 강행규범 하에서의 의무

② 대응조치를 취하는 국가는 다음의 의무이행으로부터 면제되지 않는다.
  ㉠ 자국과 의무위반국 사이에 적용 가능한 분쟁해결 절차상의 의무
  ㉡ 외교관과 영사 및 공관과 문서의 불가침을 존중할 의무

(4) 비례성

대응조치는 국제위법행위와 권리의 심각성을 고려하여, 발생한 피해와 비례성을 갖추어야 하며 대응조치가 지나치면 피해국 자신이 국제위법행위를 행한 게 될 것이다.

(5) 요건(제52조)

① **선행조건**
  ㉠ 의무위반국에게 위법행위를 중지하고 또 이미 발생한 위법행위에 대해서는 손해배상을 해주도록 요구해야 한다.

ⓒ 의무위반국에게 대응조치를 취하기로 한 결정을 통고하고 교섭(협상, 협의)를 제의하여야 한다.
② 정지조건
ⓐ 국제위법행위가 중지되고 또한 분쟁이 당사국들에게 구속력있는 결정을 할 수 있는 재판소에 계류중인 경우에는 대응조치를 취해서는 안 되며, 이미 대응조치를 취했다면 부당하게 지체함이 없이 중단되어야 한다.
ⓒ 분쟁이 재판소에 계류 중이라는 것은 재판소가 사건을 다룰 상태에 있는 경우만을 지칭한다.

(6) 종료
① 대응조치는 위반국이 국제위법행위와 관련하여 초안 2부의 의무를 이행하면 즉시 종료되어야 한다.
② 국가는 너무 오랜 기간 대응조치를 취할 권리를 행사하지 않음으로써 이 권리를 포기한 것으로 간주될 수도 있다.
③ 대응조치는 일반관습법상의 제도이며, 국가들은 상호간에 이것의 적용을 수정 또는 배제하기로 합의할 수도 있기 때문에 대응조치는 잔여적 구제책이라고도 한다.

8

국제분쟁의
평화적
해결

제1절 비재판제도에 의한 분쟁 해결

1. 재판 이외의 평화적 해결[1]

1) 직접교섭
① **의미** : 분쟁당사국이 직접 만나서 상호대화를 통하여 타협하고 분쟁 해결의 합의점을 찾아 분쟁을 해결하는 방법을 말한다.
② **성격** : 가장 간단하고 효과적인 해결방법이며 UN헌장(제33조 1항)에서도 제1차적 해결방법으로 규정하고 있다.

2) 주선과 중개
① **주선(good office)** : 제3자가 분쟁을 해결하기 위해 사무적 편의(회담 장소, 통신 등)를 제공하는 것을 말하며 분쟁의 내용에는 개입하지 않는다.
② **중개(mediation)** : 제3자가 분쟁당사국의 분쟁을 해결하기 위하여 사무적 편의를 제공하면서 분쟁 내용에까지 관여하여 타협에 노력하는 것을 말한다.

3) 국제심사(사실심사)
① **의미** : 제3자(국제사실심사 위원회)가 분쟁의 원인이 된 사실을 명백히 조사하여 분쟁 해결을 도모하는 것을 말한다.
② **연혁**
  ㉠ 1899년 제1차 만국평화회의에서 러시아의 제안으로 '국제분쟁의 평화적 해결에 관한 조약'에서 심사제도가 처음으로 도입되었다.
  ㉡ 1904년 러시아와 영국 간의 도거뱅크 사건이 국제심사에 의해 원만히 해결되었다.
  ㉢ 1907년 제2차 만국평화회의를 통해 보다 상세화되었고, 20세기 초반 미국에 의해 Bryan 조약의 형태로 크게 활용되었다.
③ **담당자** : 사실심사를 행하는 기관은 국제사실심사위원회이다. 이 위원회는 분쟁이 발생한 경우에 당사국 간의 사실심사조약이라는 특별한 합의에 의해 설치된다.

4) 국제조정
① **의미** : 독립된 지위에 있는 제3자가 분쟁을 심사하고 해결조건을 작성하여 분쟁당사국에 권고하여 분쟁을 해결하는 방법을 말한다.
② **성격** : 조정제도는 형식적인 측면에서 사법재판과 가장 유사한 형태의 분쟁 해결방법이지만 조정의 결과는 법적 구속력이 없다.

---

[1] 이병조·이중범, 국제법신강

③ **담당자** : 조정은 국제조정위원회에서 행하며 국제조정위원회가 사실문제와 법적 문제를 다룬다.

④ **효력** : 조정에서의 결정은 법적 구속력이 없고 분쟁당사국이 수락함으로써 비로소 효력이 발생한다.

2. UN에 의한 정치적 해결방법

1) 분쟁의 평화적 해결 대상

① **중대한 분쟁** : UN에 부탁되는 분쟁은 대체로 국제평화에 영향을 미칠 중대한 성격의 분쟁에 국한된다.

② **정치적 분쟁** : UN은 원칙적으로 모든 분쟁을 해결할 수 있으므로 정치적 분쟁은 물론 법적 분쟁도 해결할 수 있다.

③ **국제적 분쟁** : 국가 간의 분쟁 또는 국가와 국제기구 간의 분쟁인 국제적 분쟁만 UN에 부탁될 수 있으며, 본질적으로 어느 국가의 국내관할권에 속하는 사항은 배제된다.

2) 안전보장이사회에 의한 해결

(1) 서설

① 안전보장이사회는 국제평화와 안전유지에 관한 1차적 책임을 담당한다.

② 안전보장이사회에서 관할할 수 있는 분쟁은 분쟁의 계속이 국제평화와 안전의 유지를 위태롭게 할 우려가 있는 경우이다.

(2) 분쟁 해결 부탁

① UN 헌장 제33조에 의거한 분쟁의 평화적 해결방법에 의한 해결에 실패한 경우에 있어서 분쟁당사국이 부탁하는 경우

② 유엔 회원국인 제3국이 부탁하는 경우

③ 총회가 안전보장이사회에 주의를 환기한 경우

④ 사무총장이 안전보장이사회의 주의를 환기한 경우

⑤ 안전보장이사회가 자발적으로 분쟁을 조사하는 경우

(3) 조사와 권고

① **조사** : 안전보장이사회는 우선 부탁된 분쟁 또는 사태에 대한 조사처리 여부를 결정한다. 이사국이 분쟁당사국인 경우에는 표결에서 제외된다.

② **권고** : 안전보장이사회는 조사 결과 부탁된 문제가 국제평화와 안전을 계속 위협할 우려가 있다고 판단되면 그 문제의 해결을 위한 적당한 절차 또는 방법을 당사국에 권고한다.

3) 총회에 의한 해결

(1) 총회의 권한 확대

① **중간위원치 설치(1947년, 소총회)** : 상임이사국의 거부권 남용방지책으로 등장했으나 1952년 이후 휴회하였다.

② **평화를 위한 단결결의(Acheson 결의, 1950)** : 상임이사국의 거부권 남용 방지책으로 등장하여 집단적 조칙의 권고, 병력유지의 권고, 평화감시위원회의 설치, 집단조치위원회의 설치 등을 결의할 수 있다.

③ **총회 권한의 2차성** : 안전보장이사회가 헌장상의 기능을 수행하고 있는 동안에는 총회는 이 분쟁 또는 사태에 관하여 안전보장이사회의 요청이 있는 경우 외에는 권고를 할 수 없다.

④ **총회권한의 포괄성** : 안전보장이사회의 분쟁처리는 국제평화와 안전에 관한 사항에 제한되나 총회의 분쟁 처리는 일반적 복리 또는 국가간의 우호관계를 해할 염려가 있는 경우도 가능하다.

(2) 분쟁해결 부탁

① 분쟁당사국이 부탁하는 경우
② 유엔 회원국인 제3국이 부탁하는 경우
③ 안전보장이사회가 부탁하는 경우
④ 총회가 자발적으로 분쟁을 조사하는 경우

(3) 조사와 권고

① 총회는 안전보장이사회처럼 분쟁을 조사할 수 있고, 조정자 또는 중개자로서의 역할을 할 수 있으며, 그러한 목적을 위하여 상설적 또는 임시적인 기관을 설치할 수 있고 분쟁의 해결절차 또는 해결조건을 권고할 수 있다.

② 총회 권고의 효력은 법적 구속력이 없다.

제2절 국제재판에 의한 분쟁해결

1. 중재재판

1) 중재재판의 의의

① 의미 : 분쟁당사자들에 의해 선정된 중재관이 분쟁당사국들이 합의하여 정한 절차규칙에 따라 법에 근거하여 강제력을 가진 판결을 내림으로써 분쟁을 해결하는 제도를 말한다.

② 연혁
  ㉠ 근대적 의미의 중재재판제도는 1794년 영국과 미국간에 체결된 Jay 조약이 그 기원이다.
  ㉡ 남북전쟁 중 영국의 중립의무위반 여부에 관한 1872년 알라바마호 중재 사건의 중재재판을 계기로 비교적 격식을 갖춘 재판제도로 발전하였으며, 1899년 헤이그협약의 규정에 의해 1901년 상설중재재판소(PCA)가 창설되었다.
  ㉢ 1928년 국제연맹총회에 의해 '중재재판의 일반조약'이 채택되었으며, 이 조약을 바탕으로 중재재판에 관한 많은 양자조약과 지역조약이 체결되었다.

2) 특별(임시)중재법원

(1) 의미

국제분쟁을 재판하기 위하여 분쟁당사국 간의 중재재판조약에 의해 개설되는 법원을 말한다.

(2) 중재재판소의 구성

① 분쟁당사국의 합의에 의해 구성되므로 일정하지는 않으며, 재판부의 구성은 대개 3명 또는 5명이 기준이 되나 단독 재판관에 맡기는 경우도 있다.

② 양 분쟁 당사국이 동수의 재판관을 추천하고 합의를 통해 제3국인을 선임하고 그에게 재판장의 역할을 부여한다.

③ 중재재판에서는 재판관을 통상 Judge라고 칭하지 않고 Arbitrator라고 부르며 재판 결과는 Judgement보다 Award라고 부른다.

(3) 관할 및 재판준칙

① 관할
  ㉠ 당사국간 합의만 성립되면 어떠한 분쟁도 중재재판에 회부될 수 있다.
  ㉡ 회부방식은 분쟁 발생 이후 특별협정을 통해 중재재판에 회부될 수도 있고 중재재판 회부를 사전에 조약으로 합의할 수도 있다.

② 재판준칙 : 재판준칙은 당사국 합의로 정하며, 필요하다면 국내법도 준칙으로 활용될 수 있다.

(4) 중재재판의 절차

일반적으로 분쟁당사국 간의 중재 합의에 의해 통상 기본적 사항들이 결정되지만, 세부 사항들은 중재재판소가 절차규칙을 결정하도록 위임된다.

(5) 중재판결(award)의 효력

당사국간에 별도의 합의가 없는 한 최종적이며, 당사국을 법적으로 구속한다.

3) 상설중재법원(PCA)

(1) 의미

① 국제분쟁을 재판하기 위해 1899년의 헤이그협약에 의해 1901년에 설치된 상설의 중재법원을 말한다.
② 상설의 의미는 재판소의 상설화가 아니라 법관명부가 예비적으로 비치되어 있어 분쟁발생 시 분쟁당사국이 이 명부 속에서 중재법관을 선임하여 법정을 구성하는 것이 용이함을 의미한다.

(2) 구성

① **중재법원**
  ㉠ PCA는 당사국이 임명한 각각 4명 이내의 법관 전원으로 재판관 명부가 구성된다.
  ㉡ 동일한 법관이 수개 국으로부터 임명될 수 있으며 임기는 6년이고 재선될 수 있다.
② **재판정** : 분쟁당사국 사이에 구체적 사건을 재판할 재판정은 분쟁당사국이 분쟁을 법원에 부탁할 경우에 법원의 법관명부에서 일정수의 법관을 선정하여 구성한다.

(3) 관할 및 재판준칙

① **관할** : PCA의 관할을 원칙적으로 당사국에 한한다.
② **재판준칙** : 보통 중재재판에 적용할 준칙은 중재약정에서 정한다.

(4) 재판절차와 효력

① **재판절차** : 중재재판절차는 중재약정에 의해 분쟁당사국이 합의해야 한다.
② **효력** : 정식으로 선언되어 분쟁당사국에게 통고된 재정(award)은 확정적이며 최종적이다. 재정은 분쟁당사국에만 법적 구속력이 있다.

4) 중재재판과 사법재판의 비교[1]

① **재판기관의 상설독립성** : 사법재판은 직접 분쟁당사국의 의사에 의존하지 않는 독립된 재판기관에 의한 판결이나, 중재재판은 분쟁이 발생할 때마다 분쟁당사국 자신이 선택한 중재법관으로 구성되는 재판기관에 의한 재판이다.
② **재판준칙** : 중재재판은 재판준칙을 당사자들의 합의에 의하여 결정하나, 사법재판에서는 원칙적으로 객관적인 국제법을 재판의 준칙으로 한다.

---

[1] 이병조·이중범, 국제법신강

③ 응소의무 : 원칙적으로 중재재판이나 사법재판이나 분쟁 당사자에게 응소의 의무가 없으나 사법재판에서는 분쟁당사국이 선택조항을 수락한 경우 응소의 의무가 있다.

④ 판결의 집행력
  ㉠ 양자 모두 판결의 효력은 법적 구속력을 갖는다는 점에서 공통점이 있다.
  ㉡ 사법재판에서는 판결의 이행이 확보되지 않을 때 당사국의 통보에 의해 안전보장이사회는 이행을 보장하기 위한 권고·조치를 할 수 있는 반면에 중재재판에서는 재정의 이행을 보장하기 위한 규정이 없다.

관련판례

레인보우워리어(Rainbow Wanior) 호 사건(1986, 중재)

① 사건 요약 : 1985년 7월 프랑스의 핵실험에 반대하는 환경단체 그린피스 소속 레인보우워리어 호가 뉴질랜드의 항구에서 프랑스 비밀정보국 요원들에 의해 폭파·침몰되어 1명이 사망한 사건이 발생했다. 1986년 UN 사무총장의 중재안에 따라 프랑스는 뉴질랜드에 배상금을 지불하고 체포된 요원들을 폴리네시아의 하오섬에서 3년간 수감하기로 했다. 그러나 프랑스가 요원들을 질병치료와 임신 등을 이유로 프랑스로 귀환시켜 프랑스와 뉴질랜드간 분쟁이 다시 발생하여 중재재판소가 구성되었다.

② 판례 요지
  ㉠ 프랑스는 질병과 임신을 이유로 불가항력과 조난에 의한 위법성 조각을 주장했으나 중재법원은 이를 인정하지 않았다. 의료처치 이후에도 수감자를 다시 섬으로 복귀시키지 않은 것은 협약 위반이다.
  ㉡ 재판부는 3년 형기의 도과하였음을 이유로 불법행위 중단 명령을 내리지 않았고 금전배상 명령도 내리지 않았다. 다만 양국간 관계 개선을 위해 프랑스 정부가 200만 달러 이상을 기부하는 기금 설립을 권고하였다.

5) 외국인의 투자보호[1]

(1) 양자간투자협정(BIT : bilateral investment treaty)

① 서설 : 외국인 투자자들이 개도국에 대한 투자 시 국유화를 우려하기 때문에 관련 국가들이 양자간 차원에서 투자보호협정을 체결하는 경우가 증가하고 있다.

② BIT의 적용 범위 : BIT의 적용 범위는 체약국의 투자, 국민, 회사 그리고 영토를 정의하는 조약규정에 의해 결정된다.

③ 대우의 최소 기준
  ㉠ 대부분 BIT에서는 내국민대우를 규정하여 투자유치국은 타방체약국 국민 또는 회사의 투자를 자국의 국민 또는 회사의 투자보다 불리하지 않은 대우를 하고 있다.
  ㉡ 많은 BIT에서는 최혜국대우 조항을 담고 있는데 그 결과 조약에 의해 보호받는 투자자는 투자유치국이 제3국 국민이나 회사의 투자에 부여하는 대우와 동일한 대우를 받고 있다.

④ 국유화로부터의 보호 : 국유화는 공적인 목적을 위하여, 비차별적 방식으로, 보상을 지급하고, 일정 형식의 사법심사를 규정하면서 행해지는 경우에만 허용된다.

---

[1] 김대순, 국제법론 제20판

⑤ **무력충돌 또는 국내요소로 야기된 손실에 대한 보상** : 오늘날 대부분의 BIT는 국가간 무력충돌이나 국내소요로 야기된 손실에 대한 규정을 포함하고 있다.

⑥ **분쟁 해결** : BIT 조약규정과 관련된 국가 간 분쟁은 우선 협의 또는 외교적 방법에 의한 평화적 방법을 시도하고 이러한 시도가 실패한 경우에만 분쟁은 구속력있는 임시(특별)중재재판에 회부된다.

(2) ICSID

① **서설**

1965년 IBRD는 국가와 타국 국민간의 투자분쟁해결에 관한 협약을 채택하였으며 이 협약에 의거하여 개인과 타국정부 사이의 투자분쟁을 심리하기 위해서 투자분쟁 해결을 위한 국제본부(ICSID)가 설치되었다.

② **기구론**

㉠ 본부는 상설기관으로서 행정이사회와 사무국을 두고 있다.

㉡ 조정인패널과 중재인패널을 구성하기 위해 각 체약국은 각 패널에 4명을 지명할 수 있는데, 이들은 반드시 자국민일 필요는 없다. 그리고 의장은 각 패널에 10인을 지명할 수 있는 데, 각 패널에 지명된 자들은 각기 다른 국적을 가져야 한다.

㉢ 패널구성원의 임기는 6년이며 연임할 수 있다. 그리고 한 사람이 양 패널에 복무할 수 있다.

③ **본부의 관할권**

㉠ 본부의 관할권은 '한 체약국과 타방체약국의 국민' 간의 투자 관련 분쟁에 대해서만 미친다. 따라서 투자자는 자신이 투자한 국가의 국적을 가져서는 안 된다.

㉡ 분쟁당사자들이 분쟁을 본부에 부탁하기로 서면으로 동의하여야 한다. 그러나 일단 당사자들이 이같이 동의한 경우에는 어떤 당사자도 자신의 동의를 일방적으로 철회할 수 없다.

④ **조정절차** : 투자자나 체약국은 사무총장을 통하여 투자분쟁을 조정위원회에 부탁할 수 있다.

⑤ **중재절차** : 투자자나 체약국은 사무총장을 통하여 분쟁을 본부 후원 하의 중재재판소에 부탁할 수 있다.

⑥ **본부 중재재판의 준거법** : 중재재판소는 우선 당사자들이 선택하는 법규칙을 적용하여야 한다. 그러나 그같은 선택이 없는 경우에는 재판소는 '분쟁체약 당사국의 국내법과 국제법규'를 모두 적용하여야 한다.

⑦ **본부 중재재판소의 배타적 관할권** : 분쟁당사자들이 협약 하의 중재재판에 동의하면 이것은 달리 규정한 바가 없는 한 일체의 다른 구제수단을 배제하는 것으로 간주된다.

(3) MIGA

① **서설** : IBRD는 1985년에 다국간투자보증기구설립협약(Convention Establishing the Multilateral Investment Guarantee Agency)을 채택하였는데 1988년 협약 발효와 함께 다국간투자보증기구가 운영되고 있다.

② **MIGA의 목적** : MIGA의 목적은 외국인의 개도국 투자를 증대하는 것이며 사인의 대개도국 투자가 비상업적 위험에 처하면 일종의 보험을 제공하는 것이다.

③ **기구론** : MIGA는 총회, 이사회, 그리고 한 명의 사무총장(President)과 직원(Staff)으로 구성된다.

④ **보증대상 투자자** : MIGA는 MIGA 회원국의 국민인 자연인, 혹은 회원국에서 설립되었거나 그 곳에 주영업소를 가지고 있는 법인, 혹은 자본의 대부분이 회원국의 회사나 국민의 손에 있는 법인만을 보호대상으로 한다.
⑤ **보증대상 투자** : MIGA 협약은 여러 형태의 투자를 보호하고 있는데 주된 목표는 외국인의 직접투자이지만, '주식투자'와 '주식보유자가 기업체에 제공하거나 보증하는 중장기 대부'도 포함된다.
⑥ **보증대상 위험** : MIGA 협약은 송금의 제약, 수용 및 유사조치, 정부계약의 위반, 전쟁이나 내란으로 인한 손실 등 네 가지 중요한 '비상업적 위험'을 규정하고 있다.
⑦ **분쟁 해결** : 보증계약에서는 MIGA와 투자자 사이의 일체의 분쟁을 최종해결을 위해 중재에 부탁할 것을 명시하는데 대체로 ICSID 중재가 선택된다.

2. 사법재판_상설국제사법재판소(PCIJ)

① **출범과 해산** : 국제연맹규약 제14조는 연맹 이사회가 국제재판소의 설립 추진을 담당하도록 예정하고 있었으며, 상설국제사법재판소(PCIJ) 규정이 1920년 연맹 총회에서 채택되어 PCIJ는 1922년 2월 15일 공식 출범하였으며, 1946년에 해산되었다.
② **재판소의 구성** : 판사는 세계 주요 문명형태와 주요 법체계를 대표한다는 전제하에 연맹 총회와 이사회에서 선출하기로 합의하였다.
③ **PCIJ의 법적 성격** : PCIJ는 연맹에 의해 탄생했으나 법적으로 연맹 내부의 기관은 아니었고, 연맹 회원국이 자동으로 PCIJ 규정의 당사국이 되지도 않았다.
④ **관할** : PCIJ는 원하는 모든 국가에게 개방되었으며, 선택조항을 통해 사전에 강제관할권을 확보할 수 있었다.

3. 사법재판_국제사법재판소

1) 재판관의 구성

(1) 정규재판관

① ICJ는 임기 9년의 15명의 판사로 구성되며, 판사는 덕망이 높은 자로서 각국가에서 최고법관으로 임명되는데 필요한 자격을 가진 자 또는 국제법에 정통하다고 인정된 법률가여야 한다.
② 동일국가 출신은 한 명씩만 선출될 수 있고, 재판관단은 세계의 주요문명형태 및 법체계를 대표하도록 안배되는데 결국 대륙별 인원 할당이 되고 있다.
③ **재판관의 선출**
  ㉠ 총회와 안보리에서 절대다수표(재적과반수)를 얻은 자가 선임되는데 안보리의 선거에서는 상임이사국의 거부권이 적용되지 않는다.
  ㉡ 판사는 3년마다 5명씩 선출되며 재선 가능하고, 보궐선거로 당선된 판사는 전임자의 잔여기간만 재직한다.

④ 판사는 자국을 대표하지 않으며, 본국과는 독립적으로 활동하기 때문에 자국이 당사국인 재판사건에도 참여한다.
⑤ ICJ의 판사는 재직 기간 중에 외교관의 특권과 면제를 누리나, 임기 중에는 정치적 또는 행정적인 어떠한 임무도 수행할 수 없으며, 또는 전문적 성질을 가지는 다른 어떠한 직업에도 종사할 수 없다.

(2) 국적(임시, 수시, 특별) 재판관(ad hoc judge)

① 의미 : 특정 사건에서 ICJ에 정규 국적재판관이 없는 당사자 일방 또는 쌍방이 오로지 당해 사건의 심리에 참여시킬 목적으로 선임하는 재판관을 말한다.
② 내용
  ㉠ 국적재판관 임명은 그 국가의 권리이지 의무가 아니며, 반드시 자국민을 임명해야 할 필요는 없다.
  ㉡ 국적재판관제도는 전원재판소뿐만 아니라 소재판부에서도 적용된다.
  ㉢ 동일 이해관계를 가진 당사자가 다수인 경우, 이들은 모든 규정의 목적상 단일 당사자로 간주된다.
  ㉣ 양 당사국이 국적재판관을 임명하면 재판부는 최대 17명이 될 수 있다.

2) 인적관할권

① 의미 : 인적 관할권이란 ICJ가 재판할 수 있는 당사자를 말한다.
② 내용
  ㉠ 국가만이 소송을 제기할 수 있다.
  ㉡ 모든 UN 회원국은 자동적으로 ICJ 규정당사국이 되어 ICJ 재판에서 당사자 능력을 획득한다.
  ㉢ UN 비회원국은 안보리 권고와 총회 결정으로 ICJ 규정당사국이 될 수 있다.
  ㉣ UN 비회원국이면서 ICJ 비규정당사국은 안보리가 제시하는 조건을 수락하면 소송당사자가 될 수 있다(제35조 2항).

3) 물적 관할권

(1) 의미

물적 관할권이란 ICJ가 재판할 수 있는 사항에 대한 관할권을 말한다.

(2) 특별협정의 체결

① 의미 : 이미 분쟁이 발생한 경우 국가들이 분쟁을 재판소에 부탁하기로 양자간에 합의함으로써 재판소의 관할권을 수락하는 것을 말한다.
② 국가들은 분쟁 발생 후 이를 재판소에 부탁하기 위한 특별협정(compromis)을 체결할 수 있는데 이 특별협정에는 분쟁의 주체와 당사자들을 명시한다.

(3) 확대관할권(forum prorogatum)

① 의미 : ICJ에서 응소의무가 없는 국가가 피소당했어도 관할권 불성립의 항변을 포기하고 소송에 참여할 의사를 표시하면 재판이 진행되는데 피소국의 일종의 사후동의에 의한 관할권 성립을 말한다.

② 확대관할권이 성립하기 위한 피소국의 행동에는 특별한 형식을 요구하지 않으며, 명시적으로 관할권을 수락하는 의사표시를 할 수도 있고, 관할권 성립에 동의한 것으로 해석되는 행동을 통해서 묵시적으로 표시될 수도 있다.

(4) 약정관할권

① **의미** : 일정한 국가들이 그들 사이에 일어날 수 있는 특정 분쟁을 일방당사국이 ICJ에 제소하게 되면 타방당사국이 의무적으로 재판에 응할 것을 미리 약정함으로써 발생하는 관할권을 말한다.

② **구분**
  ㉠ 조항에 의한 약정 : 각국이 조약을 체결할 때 조약의 해석 또는 조약에서 일어나는 일정한 문제에 관한 분쟁을 조약당사국 중의 어느 일방이 ICJ에 제기할 수 있게 하는 조항을 삽입하는 방법을 말한다.
  ㉡ 조약에 의한 약정 : 각국이 그들 사이의 특정한 분쟁을 ICJ에 제기하는 것을 사전에 약속하는 특별협정을 체결하는 방법을 말한다.

(5) 선택조항에 의한 관할권

① **의미** : ICJ규정 제36조 2항은 규정당사국이 이 조항을 수락할 수도 수락하지 않을 수도 있는, 즉 당사국의 선택에 달려있기 때문에 선택조항이라 한다.

② **적용사항** : 조약의 해석, 국제법상의 문제, 국제의무위반이 되는 사항의 존부, 국제의무위반에 대한 배상의 성질 또는 그 범위이다.

③ **수락 방법**
  ㉠ 일방적 선언으로 하는바, 일정한 유보를 붙일 수도 있고, 기한부 또는 조건부로 할 수도 있으나, 선택조항 중 일부를 택하여 할 수는 없다.
  ㉡ 선택조항은 후일 철회하거나 변경할 수도 있다.
    - 한국은 아직 수락선언을 하지 않았으며, 과거 선택조항을 수락했던 프랑스는 1974년, 미국은 1985년에 이를 철회했다.
  ㉢ 선택조항을 수락하면 수락선언서를 UN 사무총장에게 기탁해야 한다.

④ **수락 효과**
  ㉠ 선택조항을 수락한 국가는 ICJ 규정 제36조 2항에서 열거하는 4가지 사항에 관한 분쟁에 대하여 응소의무가 발생하여, 이러한 분쟁을 타방당사국이 ICJ에 부탁하면 응소하여야만 한다.
  ㉡ 응소의무는 선택조항을 수락한 국가와의 관계에서만 발생하고 이를 수락하지 않은 국가와의 관계에서는 발생하지 않는다.
  ㉢ 자동유보 : 국내문제를 ICJ 관할권에서 배제시키면서 국내관할사항인가 아닌가를 유보국 자신이 결정하겠다는 내용의 유보를 말하며, 이는 관할권의 존부를 ICJ 스스로 결정한다는 규정(제36조 6항) 내용과 어긋난다는 비판을 받는다.

(6) 기타

① 과거 PCIJ의 관할권을 수락한 의사는 ICJ에서도 계속 인정된다.
② 제소 사건의 관할권 여부는 재판소가 결정하며, 관할권 성립 여부는 제소 시점을 기준으로 판단한다.

4) 권고적 의견(advisory opinion, ICJ의 자문기능)

① 의의
- ㉠ 의미 : 권고적 의견은 UN 기관이나 전문기관이 법적 문제에 대해 ICJ에 요청한 자문에 응해서 ICJ가 의견을 제시하는 것을 말한다.
- ㉡ 국제기구는 ICJ에서 재판사건의 당사자가 될 수 없으나 대신 법률문제에 관해 권고적 의견을 요청할 수 있다(제65조).
- ㉢ 국제기구만이 요청할 수 있으며, 국가나 개인은 권고적 의견을 요청할 수 없다.

② 권고적 의견의 요구 주체
- ㉠ 총회와 안전보장이사회(이들은 직접적으로 요구할 수 있음) 또는 총회의 허가를 얻은 기타의 유엔기관 및 전문기관이다.
- ㉡ 현재 총회와 안보리 외에 경제사회이사회 등 3개의 UN 기관과 15개 전문기구, 1개의 관련 기구(IAEA)가 권고적 의견을 요청할 자격을 인정받고 있다. UN의 주요기관 중에는 사무국만이 권한을 부여받지 못하고 있다.

③ 권고적 의견의 대상
- ㉠ 권고적 의견의 대상은 법률 문제에 국한되며, 구체적 사건과 거리가 있는 추상적 성격의 질문도 가능하다.
- ㉡ 총회와 안전보장이사회는 '어떠한 법적 문제'(any legal question)에 대해서도 권고적 의견을 요청할 수 있지만 기타 기관은 활동범위 안에서 발생하는 법적 문제에 대해서만 권고적 의견을 요청할 수 있다.

④ 거부 여부 : ICJ는 의견부여 요청을 반드시 수락할 의무는 없으며, 부여 여부는 재량사항이나 오직 긴요한 이유(compelling reasons)가 있는 경우에만 거부할 수 있다고 본다.

⑤ 의견 부여 절차
- ㉠ 재판 사건과 유사하게 진행되어 서면제출 단계와 구두변론 단계로 나뉘어 진행된다.
- ㉡ 특정 국가의 권리와 관계되는 사건인 경우 국적재판관이 임명될 수 있다.
- ㉢ 국가는 권고적 의견을 요청할 수 없지만 제기된 쟁점에 관해 서면 또는 구두로 의견을 진술할 수 있다.

⑥ 구속력 인정 여부 : 권고적 의견은 권고적 의견에 불과하나 이를 요청한 국제기구가 ICJ의 의견에 법적 구속력을 부여하기로 내부적으로 합의한다면 구속력이 인정될 수 있다.

5) ICJ의 재판절차

(1) 소송의 개시

소송의 제기는 특정사건을 재판에 부탁하기 위한 당사국간의 특별합의의 통고 또는 특정 사건을 재판에 부탁하는 일방당사국의 신청서 전달로써 이루어진다(제40조 1항).

(2) 선결적 항변(preliminary objection)

① 의미 : 본안절차에 앞서 ICJ의 관할권 부인을 목적으로 재판관할권 자체의 존부나 재판청구의 허용

성 여부를 다투기 위해 제기하는 항변을 말한다. ICJ 규정에는 없으나 ICJ 규칙에서는 명시적으로 인정하고 있다(ICJ 규칙 제79조 1항).

② 항변의 제기
㉠ 선결적 항변은 대개 피제소국이 제기하지만 경우에 따라서는 제소국도 제기할 수 있다.
㉡ 선결적 항변은 제소국의 준비서면이 제출된 후 3개월 이내에 제기되어야 한다.
㉢ 경우에 따라서는 분쟁당사국이 선결적 항변을 제기하지 않더라도 ICJ는 자발적으로 검토할 수 있으며, ICJ가 스스로의 판단에 따라 관할권 없음을 결정할 수 있다.

③ 항변 사유
㉠ ICJ의 관할권 성립의 근거를 부정하는 경우
㉡ 관할권 성립의 근거 자체는 부인하지 않으나, 현재의 분쟁이 그에 속하는 분쟁이 아니라는 주장
㉢ 관할권 성립의 근거도 인정하고 사건도 그에 속하는 것임을 인정하나, 다른 국제법 원칙에 근거하여 재판진행에 반대하는 주장

④ 선결적 항변이 제기되면 본안절차는 중단되고, 별개의 소송단계를 구성하는 일종의 재판 내의 재판이 개시되며, ICJ는 이를 우선적으로 판단함이 원칙이다.

⑤ 선결적 항변을 제기한 당사자가 원고가 되어 자신의 주장을 입증할 책임을 부담하며, 재판소는 당사자들의 견해를 듣고 재판소의 심의를 거친 뒤 선결적 쟁점에 대한 판결을 내린다.

⑥ 결정은 ICJ가 하며 본안 판결의 경우와 동일한 의결정족수를 필요로 하며, 제기된 선결적 항변 사유 중 하나라도 인정되면 그 사건에 대한 관할권이 부인된다.

(3) 재판부
① ICJ는 15인 전원으로 구성되는 전원재판부(full court)와 소규모 재판관단으로 구성되는 재판부가 있는데, 이를 소재판부(chamber)라고 한다.

② 소재판부
㉠ 특정부류 사건 재판부(special chamber)
- 특정 부류의 사건, 예를 들어 노동, 통과, 운수, 통신, 환경 등의 특수 분야에 대한 사건을 담당하기 위해 3인 또는 그 이상의 재판관으로 구성되는 소재판부가 수시로 설치될 수 있다(제26조 1항).
- PCIJ 이래 이 재판부에 재판이 회부된 경우는 없었으나, ICJ는 1993년 처음으로 7인의 판사로 구성된 환경담당 소재판부를 설치하여 2006년까지 유지했으나 현재는 더 이상 설치하지 않고 있다.

㉡ 특정사건 소재판부(ad hoc chamber)
- ICJ는 분쟁 양 당사국이 요청하는 경우 특정 사건만을 담당하기 위한 소재판부를 설치할 수 있다.
- 당사국의 의견을 바탕으로 선발한 소수의 ICJ 재판관으로 구성된다(제26조 2항).

㉢ 약식절차(간이소송 절차) 소재판부(chamber of summary procedure)
- 신속한 재판을 위해 매년 소장, 부소장을 포함한 5명의 판사로 설치한다.
- PCIJ 때부터 존재했던 제도이나 실제로는 거의 이용되지 않고 있다.

> **관련판례**
>
> ### 메인(Maine)만 사건(1984, ICJ)
>
> ① **사건 요약** : 천연자원이 풍부한 메인만 주변의 미국과 캐나다는 대륙붕 경계획정을 시도했으나 실패하고 양국 모두 200해리 어업수역을 선포하여 충돌하게 되었다. 양국은 합의를 통해 ICJ의 특별재판부(특정사건 소재판부)를 구성하고 메인만의 대륙붕과 상부수역에 대한 경계획정을 시도하였다.
> ② **판결 요지** : ICJ는 구체적 상황에서 모든 관계요소를 고려하여 형평의 원칙에 따라 판결하였으나 결과적으로는 캐나다에 다소 유리한 판결을 내렸다. 메인만 사건은 ICJ 규정 제26조 2항에 규정된 특정 사건을 위한 소재판부가 구성된 최초의 사례였다.

(4) 재판 진행(심리)

① ICJ의 공용어는 특별한 합의가 없는 한 영어와 불어로 한다(제39조).

② 당사국은 ICJ에서 대리인에 의해 대표되며, 보좌인 또는 변호인의 원조를 받을 수 있다. 재판소에서 당사국의 대리인, 보좌인 그리고 변호인은 그들의 직무를 독립적으로 수행하는데 필요한 특권과 면제를 향유한다(제42조).

③ 재판절차는 서면과 구두의 두 부분으로 구성된다.
   ⊙ 서면절차는 청구이유서, 반대이유서, 답변서 등의 소답(pleading)과 이들을 지지하기 위한 모든 문서 및 서류를 재판소 및 타방당사국에게 송부하는 것으로 이루어진다.
   ⓒ 구두절차는 재판소가 증인, 감정인, 대리인, 보좌인 및 변호인의 의견을 듣는 변론절차이다.

③ 재판소는 자발적으로 또는 일방당사자의 요청에 따라 증거수집을 위해 사건에 관련된 현장을 방문할 수도 있다.

④ ICJ의 관할권이 성립되면 일방 당사국이 출석을 거부하더라도 재판 진행은 중단되지 않는다. 불참이 타방의 자동적 승리를 의미하지는 않는다.

(5) 잠정조치(임시조치, 가보전조치) 명령

① **의미** : 청구취지의 대상인 권리가 급박하고도 회복 불가능한 위험상태에 놓여 있어 당사자의 권리를 보호하기 위해 필요한 경우 최종판결 이전에 재판소가 취하는 조치를 말한다.

② 잠정조치는 재판의 어느 단계에서도 신청할 수 있으며, 신청이 있으면 재판소는 이를 우선적으로 처리해야 한다.

③ **구속력 여부** : 잠정조치의 구속력 여부는 PCIJ 이래 논란의 대상이었으나 ICJ는 2001년 LaGrand 사건에서 규정의 대상과 목적에 입각하여 해석할 때 잠정조치가 법적 구속력이 있음을 처음으로 명확히 하였다.

> **관련판례**
>
> **라그란트(LaGrand) 사건(2001, ICJ)**
>
> ICJ는 미국이 '영사관계에 관한 비엔나협약'을 위반하였음을 인정하고 사형집행 정지의 가보전조치를 지시하였으며, ICJ 역사상 최초로 가보전조치의 구속력을 인정하는 판결을 하였다. 그러나 미국은 다음날 사형을 집행하였다.
>
> **브레아드(Bread) 사건(1998, ICJ)**
>
> ICJ는 사형집행정지의 가보전조치를 명하였으나 미연방대법원은 ICJ의 가보전조치 명령은 구속력이 없다고 판시, 사형이 집행되었다.

(6) 소송참가(third-party intervention)[1]

① **의미** : 제3국이 이미 시작된 소송에 참여하여 자신의 견해를 진술할 수 있는 기회를 얻는 것을 말한다. 소송참가는 구두변론 시작 전에 서면으로 신청함이 원칙이다.

② 사건의 결정에 영향받는 법률적 이해관계가 있는 국가가 신청하는 경우(제62조)

  ㉠ 사건의 결정에 의하여 영향받을 수 있는 법적 성질의 이익을 가지고 있다고 생각하는 국가의 소송참가 여부는 재판소의 허가결정이 있어야 소송에 참가할 수 있다.

  ㉡ 소송참가를 허락받은 제3국은 재판소에서 자국의 견해를 진술할 권리를 얻기는 하지만 그 자신 소송당사자는 아니기 때문에 재판소 결정에 구속될 의무를 부담하는 게 아니다. 김대순

③ 다자조약의 해석이 문제가 되어 해당 조약의 다른 당사국이 참가하는 경우(제63조)

  ㉠ ICJ 규정은 사건이 특별히 조약의 해석과 관련된 경우에 있어서 당해 조약의 당사자인 제3국의 소송참가를 권리로 인정하고 있다.

  ㉡ 부여된 조약해석에 관한 한 소송참가국에 대해서도 똑같은 구속력이 발생한다.

6) ICJ의 판결 효력과 집행

(1) 판결

① 재판소의 평의는 비공개이며 비밀로 한다.

② 모든 문제는 출석재판관의 과반수로 정하고 가부동수인 때에는 재판장 또는 그를 대리하는 재판관이 결정투표권(casting vote)으로 정한다.

③ 판결에는 판결이 기초하고 있는 이유를 기재하며, 판결에는 결정에 참여한 재판관의 성명이 포함된다. 판결(선고)은 공개된 법정에서 낭독한다.

④ (소수) 의견

  ㉠ 개별의견 : 재판관이 재판소의 과반수에 의한 결정과 판결주문에는 찬성하지만 그 찬성 이유가 다른 것임을 나타내기 위한 것이다.

---

[1] 김대순, 국제법론 제20판

ⓒ 반대의견 : 재판소의 과반수 의견과 판결주문을 찬성하지 않으며 그 이유가 무엇인지를 밝히기 위한 것이다.

⑤ ICJ 규정은 판례의 선례구속성(stare decisis)을 부정하는 명문규정을 두고 있으며(제59조), 판결은 강제적이며 종국적이며 기판력(res judicata)을 가진다.

⑥ **판결 해석**

　　㉠ 판결이 내려진 후 그 의미나 범위에 관해 분쟁이 생기는 경우 당사국은 재판소에 해석을 요청할 수 있다.

　　㉡ 해석 요청은 판결의 주문에 관련되어야 하며 판결의 이유에 대해서는 제기될 수 없다.

　　㉢ 재판소는 해석신청이 있으면 이에 응할 의무가 있다.

⑦ 재판소가 달리 결정하지 않는 한 당사자들은 각자가 자신의 소송비용을 부담한다.

(2) 재심

① **의미** : 재심은 판결 당시에는 몰랐던 새로운 사실이 발견되어 사건을 완전히 다시 심리하는 것을 말한다.

② **재심 청구요건**

　　㉠ 재심신청은 사실의 발견에 근거해야 한다.

　　㉡ 그 사실은 결정적 요소가 될 성격을 지녀야 한다.

　　㉢ 판결이 내려질 당시 재판부와 재심 청구국 모두 그 사실을 몰랐어야 한다.

　　㉣ 그 사실을 몰랐던 것이 과실에 기인해서는 안 된다.

　　㉤ 새로운 사실의 발견으로부터 6개월 이내 그리고 판결 시점으로부터 10년 이내 재심 청구가 이루어져야 한다.

(3) 판결의 집행

① 판결이 당사국에 대해 구속력이 있다고 하더라도 패소국이 스스로 이를 이행하지 않으면 재판의 실효를 거둘 수 없게 된다.

② **승소국에 의한 직접집행** : 패소국이 판결내용을 이행하지 않으면, 승소국은 1차적으로 패소국에 대하여 판결내용의 이행을 요구할 수 있고 패소국이 그 요구에 불응할 시에는 2차적으로 자력구제에 의하여 판결을 집행할 수 있다.

③ **안전보장이사회에 의한 집행** : 판결 후 패소국이 판결을 이행하지 않는 경우에는 승소국은 안보리에 호소할 수 있으며, 안보리는 필요하다고 인정하면 판결집행을 위하여 권고하고 또한 취할 조치를 결정할 수 있다(유엔헌장 제94조 2항).

9 국제경제법

제1절 국제경제법

1) 국제통화제도

(1) 의미

환율을 결정하고 국가간의 경비 및 자본거래를 원활하게 하며 국제수지 조정을 가능하도록 하기 위한 결제제도를 말한다.

(2) 브레턴우즈체제(Bretton Woods System) : 1941~1971

① **성립** : 1차대전 이후 새로운 국제통화제도를 모색하기 위해 1944년 7월 연합국 대표들이 미국 뉴햄프셔주 브레턴우즈에 모여 국제통화기금협정(브레턴우즈협정)을 채택하였다.

② **내용**

㉠ 미국의 달러화를 기축통화로 하는 금환본위제도로서 고정환율제도를 채택하였다.

㉡ 미국 달러화만이 금과 일정한 교환비율(금 1온스는 35달러)을 유지하고 이 비율로 달러와 금을 자유롭게 교환할 수 있으며 타국의 통화는 달러화와의 일정한 교환 비율을 유지함으로써 환율을 안정시키는 제도이다.

㉢ 브레턴우즈체제를 감시·운영하기 위한 국제통화기금이 1947년에 설립되었다.

③ **붕괴**

㉠ 1960년대 베트남 전쟁으로 인해 막대한 군비지출 등으로 미국의 국제수지가 악화됨에 따라 달러화의 국제신뢰도가 하락하게 되었다.

㉡ 달러 보유국들은 미국에 대해 금태환을 요구하게 되었고 국제외환시장에서 달러의 투매현상이 발생하게 됨에 따라 미국은 1971년 달러화의 금태환 중지를 선언하였다.

(3) 킹스턴체제(Kingston System) : 1976~현재

① **성립** : 1976년 자메이카 킹스턴에서 개최된 선진 10개국 국제통화회의에서 국제통화제도 전반에 관한 문제를 일괄 타결하였고 이후 킹스턴체제가 출범하게 되었다.

② **내용**

㉠ 변동환율제의 인정 : 일정한 원칙만을 IMF 협정에서 규율하고 그 범위 내에서 회원국들에게 경제여건에 맞는 독자적인 환율제도를 선택할 수 있게 함으로써 오늘날 대부분 국가에서 실시되고 있는 관리변동환율제도를 인정하였다.

㉡ SDR 본위제 : 금의 공식가격 및 금준비금 제도는 폐지하고 SDR에 실질적 교환가치를 부여하여 주요 지불수단으로 삼아 금 및 달러 부족에 따르는 통화위기를 제거하도록 하였다.

2) 국제통화기금(IMF)

① 연혁 : 1944년 6월 브레턴우즈에서 개최된 UN 통화재정 회의에서 채택된 국제통화기금협정에 의해 1945년 29개국이 서명함으로써 창설되었다.

② 목적(제1조)
  ㉠ 국제통화협력을 촉진하고, 국제무역의 확장과 균형 있는 성장을 조장하며, 환율안정을 도모한다.
  ㉡ 적절한 보장 조건 하에서 회원국들로 하여금 IMF의 일반재원을 일시적으로 이용할 수 있게 하여 국제수지의 불균형을 시정할 수 있는 기회를 제공한다.

③ 회원국
  ㉠ IMF 회원국은 제8조에 따라 회원국의 일반적 의무를 부담하는 '8조국'과 협정 제14조에 의한 과도적 조치를 취하고 있는 '14조국'으로 나뉜다(한국은 1988년 '8조국'으로 이행했다).
  ㉡ 회원국이 되면 분담금을 할당받게 되는데 분담금 중 25%까지는 IMF의 준비자금(SDR이나 IMF가 지정한 국가의 통화)으로 지불해야 하고 나머지는 각국의 통화로 지불해야 한다.

④ IMF의 기관 : 최고의사결정기관인 총회와 집행이사회, 잠정위원회, 사무국 등으로 구성되어 있다.

⑤ 의결
  ㉠ IMF는 가중투표제를 채택하고 있어 각 회원국은 자국의 쿼터에 비례하여 투표권을 갖는다.
  ㉡ 각국은 250표의 기본투표권과 보유주식의 10만 특별인출권마다 1표의 추가표가 주어진다.

⑥ SDR(특별인출권)
  ㉠ 의의
    - 1960년대의 달러의 불안과 유동성 부족 현상에 대처하기 위해 IMF의 준비자산을 보충할 목적으로 1968년에 체결된 스톡홀름협정에 의해 창설된 제도이다.
    - 각국의 투자액에 비례하여 일정액의 SDR 계좌를 설정하고 이 계좌에 기입한 국가들 간에 서로 상대방 앞으로 일정액을 기입함으로서 상호결제하는 수단이다.
  ㉡ 가치 : SDR의 가치는 회원국의 합의에 의해 결정하며 주요 국가 통화(미국 달러와 유로, 일본 엔, 영국 파운드, 중국의 위안화)의 가중평균치로 산정한다.
  ㉢ 결제수단 : SDR은 국제수지 적자나 흑자를 결제하기 위하여 중앙은행 간의 거래에만 이용되고 민간 상업 거래에는 이용되지 않는다.

3) 국제개발제도

(1) 의미

대출과 보증을 통해 관대한 조건으로 재정지원함으로써 개발도상국의 개발을 돕고 외국 투자를 확대하는 제도를 말한다.

(2) 국제부흥개발은행(IBRD)

① 연혁 : 1944년 설립되어 1946년부터 운영을 시작하였다.

② 목적
  ㉠ 제2차대전의 피해복구와 전후 경제부흥에 소요되는 대규모 장기자금의 공급을 목적으로 탄생하였다.

ⓒ 최근에는 대출과 보증을 통해 개발도상국의 개발을 돕고 외국투자를 확대하며 궁극적으로는 국제무역발전과 지불균형을 유지하는 데 치중하고 있다.
ⓒ IBRD는 상환전망이 확실하고 차입국 정부나 중앙은행이 상환을 보장하는 수익성 있는 생산적인 특정 프로젝트를 대상으로 융자를 실시한다.
③ **IBRD의 기관** : 최고의사결정관인 총회와 상무이사회, 총재, 사무국 등으로 구성된다.
④ **회원국** : 설립협정을 비준하고 IBRD가 부과하는 조건을 수락하는 IMF 회원국이다. 즉 IBRD에 가입하기 위해서는 우선 IMF에 가입해야 한다.
⑤ **의결** : 각 회원국은 250표의 기본적 투표권과 10만 달러에 해당하는 각 주당 투표권 1표씩 추가로 얻는다. 따라서 투표권 수는 당해 국가의 경제력을 나타낸다.

(3) 국제개발협회(IDA)
① 연혁
ⓐ 1950년대에 저개발국가들이 IBRD가 제시하는 조건을 충족하지 못해 대출을 받을 수 없게 되자 저개발국가들의 경제발전을 위해서는 좀더 관대한 조건의 대출이 필요했다.
ⓑ 1960년 미국의 발의로 IBRD 회원국들은 매우 특혜적 조건으로 저개발국가들에게 대출해 주기 위한 기관으로 IDA를 설립하였다.
② **회원국** : IDA의 회원국이 되기 위해서는 반드시 IBRD의 회원국이 먼저 되어야 한다.
③ **대출** : IBRD로부터 대출을 받을 재정적 능력이 없는 국가만 대출을 받을 수 있으며 IBRD로부터 대출을 받을 수 있게 되면 IDA를 졸업하게 된다.

4) 국제무역제도

(1) GATT 체제의 성립과 발전
① 전개 과정
ⓐ 1944년 44개 연합국은 IMF, IBRD의 발족에 합의한 후 국제무역기구(ITO)의 설립과 관세인하협상을 위한 GATT 제정을 추진했다.
ⓑ 1947년 GATT가 합의되었고 ITO는 설립되지 않았으나, 일부 국가들이 GATT의 우선 출범을 원하게 되자 1948년 23개국이 GATT의 잠정적용을 합의하였다.
ⓒ 1948년 ITO 헌장이 하바나에서 합의되었으나, 미국의 의회가 자유무역에 소극적인 태도를 취했기 때문에 ITO 협정 비준에 동의하지 않았고, 세계도 결국 ITO의 설립을 포기했다.
ⓓ GATT는 ITO 설립이 무산되면서 국제무역정책을 조정하는 역할까지도 수행하게 되었다.
② 한국은 1960년대 중반부터 수출주도형 경제개발 전략을 수립하게 되면서 GATT에의 참여가 불가피하였고, 1967년 4월 정식으로 가입했다.

(2) WTO체제의 성립과 발전
① 배경
ⓐ 1947년 설립된 GATT는 모든 분야의 상품교역을 규제하는 것을 목적으로 삼았으나 실제로는 공산품 무역에 대해서만 규제해 왔고 농산물 등 그 이외의 상품과 서비스 등 상품 이외의 분야에

대해서는 규제할 수 없었다.
- ⓒ 1980년대 신보호무역주의가 강화되면서 비관세조치가 남용되었고, 농산물, 섬유, 국제투자, 서비스, 지적재산권 등과 같은 무역이 증가했으나 GATT체제에서는 이들 분야에 대한 효율적인 규제수단이 미비했다.

② 우루과이 라운드(제8차)
- ㉠ 1986년 시작된 우루과이 라운드의 협상 대상은 관세, 비관세, 농산물긴급수입제한조치, 분쟁해결절차 등 과거 협상에서 다루었던 의제들뿐만 아니라 서비스, 지적재산권, 무역관련투자 등 15개 분야에 대한 새로운 의제들이 포함되었다.
- ⓒ 7년여의 협상 끝에 1993년 12월 15일 UR의 타결이 이루어짐으로써 무역협상위원회에서 117개 관련국(중국·알제리·파라과이 등 3개 비GATT 회원국 포함)들이 각 분야별 합의문을 포함한 최종의정서를 만장일치로 승인했다.
- ⓒ 최종의정서에 따라 각국은 1994년 2월 15일까지 국가별 이행계획서를 제출했으며, 동년 4월 15일 모로코 마라케시에서 개최된 UR 협상국 각료회의에서 최종의정서에 서명하고, WTO의 창설일자를 1995년 1월 1일로 결정하였다.

③ WTO 제4차 각료회의
- ㉠ 제4차 각료회의가 카타르의 도하에서 2001년 11월 14일 뉴라운드 협상의 출범을 내용으로 하는 각료선언문을 채택했다.
- ⓒ 각료회의에서는 2002년부터 3년간 뉴라운드협상을 진행하여 2005년 1월 1일까지 종료하기로 합의하였다.
- ⓒ 뉴라운드협상을 '도하개발아젠다'협상으로 명명하기로 합의하였다.
- ㉣ DDA 협상에서는 농업·서비스·공산품·반덤핑협정·보조금협정을 개정하고 투자·경쟁정책·무역원활화·정부조달투명성·일부 환경문제에 대한 협상을 일괄타결방식으로 진행하기로 하였다.
- ㉤ 2021년 현재까지 협상이 타결되지 못하고 있다.

제2절 WTO의 기본원리

1) 최혜국대우(MFN : Most-Favored Nation Treatment) 원칙

(1) 의의

MFN 원칙은 동종물품의 '수출입' 시 일국에 부여한 최고우대조치를 다른 모든 체약국에도 부여할 것을 요구하는 원칙을 말한다.

(2) 적용 범위

① GATT는 제1조에서 최혜국대우를 규정하고 있다. 회원국은 타국으로부터 수출입품에 대해 부여하고 있는 모든 편의, 호의, 특권 또는 면제를 다른 회원국들과 동종 상품을 수출입함에 있어서 즉시 그리고 무조건적으로 부여해야 한다.

② GATT에는 동종물품에 대한 정의규정을 두지 않고 있으며, 비슷한 개념이 산재되어 있으나, 이들 용어는 각 조문의 규율 목적에 따라 해석상 차이가 있다.

(3) 동종상품 및 직접경쟁 또는 대체상품의 구분(최원목)

① 상품성질설(Border Tax Adjustment(BTA) Approach)

전통적으로 GATT/WTO 패널이 취해 온 방법은 1970년에 제시된 '국경과세조정에 관한 보고서'에서 기술된 요소들을 심사한 후 같은 상품 여부를 판정하는 것이다. 동 보고서는 제품의 물리적 특성이나 성질, 제품의 최종 소비자 용도 및 소비자의 기호나 습관 등을 고려하여 '같은 상품 여부를 판단할 것을 제시하고 있다.

② 조치목적설(Aim and Effect Approach)

GATT 패널은 한때 국경과세조정 보고서에 기술된 요소 이외의 것에 의존하여 같은 상품 여부를 판정한 적이 있었다. 1992년의 '미국 주류 분쟁 및 1994년 미국 자동차 분쟁'이 그것이며, 이들 경우에 있어 패널은 해당 조치를 통해 미국 정부가 달성하고자 했던 '목적'을 결정적인 요소로 고려하였다.

③ 시장기반설(Market-based- Approach)

시장기반설은 상품이 거래되는 여건을 고려하지 않고 해당 상품이 같은 상품인지 여부를 추상적으로 판정하는 것은 무의미한 것으로 본다. 이러한 시장여건을 좌우하는 가장 결정적 요소는 해당 시장에서의 소비자들의 판단이며, 결국 대상 상품이 거래되는 시장에서 소비자들이 두 상품을 같은 상품이라 보는지에 따라 같은 상품 판정이 내려져야 한다고 보는 것이다.

④ GATT-WTO는 주로 상품의 최종용도, 상품의 물리적 특성과 품질, 소비자의 기호와 습관, 상품의 관세분류, 조치의 목적, 제품의 경쟁관계, 제조방법 등을 종합적으로 고려해 사례별로 동종상품 여부를 판단해 왔다.

(4) MFN 원칙과 예외조항

① **GATT 성립 당시부터 역사적으로 존재하던 일정한 특혜관세** : 영연방 국가, 프랑스공동체, 베네룩스 관세동맹 등
② GATT 제24조 지역무역협정(관세동맹, 자유무역지대)과 국경무역(인접국가 간의 일정한 교역)에서 MFN 예외가 인정된다.
③ 반덤핑관세와 상계관세 부과, 그리고 분쟁해결절차에 의한 정당한 보복조치도 결국 MFN의 예외와 같은 효과를 가진다.
④ GATT 제4부에 근거가 두고 있는 GSP도 개발도상국에 대하여 특혜를 주는 것이어서 MFN 원칙의 예외가 된다.
⑤ GATT의 일반적 예외조치(제20조), 국가안보로 인한 예외조치(제21조), Waiver 등

2) 내국민대우(National Treatment)원칙

(1) 의의

내국민대우원칙은 외국산 물품이라도 일단 수입이 완료된 후에는 자국산 물품과 동등한 대우를 하여야 한다는 것이다.

(2) GATT 제3조

① **제1항** : WTO 회원국이 수입품에 대해 부과하는 국내조치가 자국 상품을 보호하도록 적용되어서는 안 된다고 규정함으로써 내국민대우의무의 기본원칙으로 선언하고 있다.
② **제4항** : WTO 회원국의 상품이 다른 회원국에 수입될 경우 수입국 내의 동종 상품에 부여된 대우보다 불리한 대우를 받아서는 안 되며, 이러한 의무는 수입품의 국내 판매, 판매를 위한 제공, 구매, 운송, 소비를 위한 분배 또는 사용에 영향을 미치는 모든 법규 및 요건에 관하여 적용된다.
③ **제2항** : 수입품과 국내제품 간의 조세부과 문제에 있어서는 동종 상품관계 뿐만 아니고 '직접경쟁 또는 대체 상품관계'에 까지 내국민대우의무가 미치게 된다.

(3) 내국민대우원칙의 내용

① **내국세와 내국민대우원칙(제3조2항)** : GATT 가맹국은 수입품에 대하여 동종의 국내상품에 부과하는 것보다도 높은 내국세 기타 과징금을 여하한 방법에 의하여도 수입품에 부과하여서는 안 된다.
② **정부규제(governmental regulation)와 내국민대우원칙(제3조4항)** : 내국세 기타 각종 요금에 있어서의 차별 이외에 정부규제에 있어서의 차별대우를 금지하고 있다.
③ **혼합상품과 내국민대우원칙(제3조5항)** : 국내법 규제로 상품 구성성분의 일정량 또는 비율 이상 국산품을 사용하도록 강제하는 것을 금지하고 있다.

(4) 내국민대우원칙의 예외

① **정부조달(제3조 8항 1호)** : 상업적 판매 또는 상업적 판매를 위한 물품생산에 사용하지 않고 정부 목적으로 구매하는 상품의 정부기관에 의한 조달을 규율하는 법률, 규칙, 요건에는 적용되지 않는다고 규정함으로써 정부조달과 관련하여 국내상품을 우선적으로 구입할 수 있도록 하고 있다.

② 생산자보조금(제3조 8항 2호) : 국내생산자에 한하여 보조금을 지급하는 것은 허용된다.
③ 스크린쿼터제(제3조 10항 제4조) : GATT에는 국내제작 영화의 상영시간을 할당할 수 있음을 명시하고 있어 내국민대우원칙의 예외를 인정하고 있다.

제3절 WTO 설립협정과 분쟁해결제도

1. WTO 설립협정의 구성

1) WTO 설립협정

16개 조항의 협정 본문과 4개의 협정 부속서로 구성되어 있으며, 그 공식 명칭은 "세계무역기구 설립을 위한 마라케쉬협정"이다.

2) WTO 설립협정 부속서

(1) 부속서 1

① 부속서 1A : 상품무역에 관한 협정
- 1994년 GATT
- 농산물협정
- 위생 및 검역조치 협정
- 섬유 및 의류 협정
- 무역기술장벽 협정
- 무역관련투자조치 협정
- 반덤핑관세 협정
- 관세평가 협정
- 선적전검사 협정
- 원산지규정 협정
- 수입허가절차 협정
- 보조금 및 상계관세 협정
- 긴급수입제한 협정

② 부속서 1B : 서비스무역에 관한 협정(GATS)
③ 부속서 1C : 무역관련 지적재산권에 관한 협정(TRIPs)

(2) 부속서 2 : 분쟁해결규칙 및 절차에 관한 협정(DSU)

(3) 부속서 3 : 무역정책 검토제도(TPRM)

(4) 부속서 4 : 복수국 간 무역협정(PTA) - 현재 2개의 PTA 협정
① 정부조달

② 국제낙농
③ 국제우육
④ 민간항공기
- 국제낙농협정과 국제우육협정은 1997년 일반이사회 결정으로 삭제되었다.

3) WTO 협정과 부속협정의 관계

(1) 다자간 무역협정(Multilateral Trade Agreement : MTA)

① 부속서 1A, 1B, 1C, 부속서 2, 부속서 3의 17개 협정은 다자간 무역협정으로서 WTO 협정의 불가분의 일부를 구성하며, WTO의 전 회원국들에게 적용된다.

② 모든 회원국은 WTO 협정을 이행하기 위하여 동 협정에 위반되는 각종 국내법규와 무역장벽 및 기타 규제조치들을 개정하거나 폐지할 법적 의무를 부담한다.

(2) 복수국간 무역협정(Plurilateral Trade Agreement : PTA)

① 부속서 4의 4개(→2개)의 협정은 복수국간 무역협정으로서, 당해 협정을 수락한 국가들에게만 WTO 협정의 일부를 구성하여 적용된다.

② 동 협정의 당사국이 아닌 WTO 회원국은 동 협정상의 의무를 이행할 법적 의무가 없다.

2. 세계무역기구(WTO)

1) WTO의 설립 및 지위

① **설립(제1조)** : WTO는 WTO 설립협정에 의하여 1995년 1월 1일에 설립되었다.

② **지위(제8조)**

㉠ 법인격 : WTO는 법인격을 가지며 각 회원국은 WTO가 자신의 기능을 수행하는 데 필요한 법적 능력을 부여해야 한다.

㉡ 특권과 면제
- 각 회원국은 WTO가 자신의 기능을 수행하는 데 필요한 특권과 면제를 부여해야 한다.
- WTO 소속 직원과 회원국의 대표들에게도 WTO와 관련된 기능을 독립적으로 수행하는 데 필요한 특권과 면제를 부여해야 한다.
- 이러한 특권과 면제는 UN 총회에서 승인된 전문기구의 특권과 면제에 관한 협약에 규정된 내용과 유사하여야 한다.

2) WTO의 기능(제3조)

① WTO의 설립협정과 다자간 무역협정의 이행, 관리 및 운영을 촉진하고 그 목적을 증진하며 복수국간 무역협정의 이행, 관리 및 운영을 위한 틀을 제공한다.

② 회원국간의 다자간 무역관계에 관하여 그들간의 협상을 위한 장 및 협상 결과의 이행을 위한 틀을 제공한다.
③ 분쟁해결규칙 및 절차에 관한 협정을 시행한다.
④ 회원국의 무역정책 검토제도를 시행한다.
⑤ 세계경제 정책결정에 있어서의 일관성 제고를 위하여 IMF와 IBRD 및 관련 산하 기구들과 협력한다.

3) WTO의 조직구성(제4조)

(1) 각료회의

① **구성** : 각료회의(Ministerial Conference)는 모든 회원국의 고위급 대표로 구성된다.
② **회기** : 각료회의는 WTO 최고의 기관으로, 최소 2년마다 1회 이상 개최하도록 되어 있는데, 주로 회원국의 통상장관들이 참석한다.
③ **기능** : 각료회의는 WTO의 기능을 수행하게 되며, 다자간 무역협정의 모든 사항에 관하여 결정권을 가지는 최고의결기관이다.
④ **권한**
  ㉠ 사무총장의 지명권과 사무총장의 권한과 의무, 근무조건 및 임기에 관해 규칙을 채택할 수 있다.
  ㉡ 사무국 직원의 의무와 근무조건을 규율하는 규정, 일반이사회와 함께 WTO 설립협정과 다자간 무역협정의 유권적 해석을 채택할 배타적 권한, 회원국에게 부과되는 의무의 면제 부여, WTO협정의 개정 채택권, WTO 가입승인권 등이 있다.
⑤ **산하 위원회의 설치**
  ㉠ 각료회의는 무역개발위원회, 국제수지제한위원회, 예산·재정·관리위원회를 설치한다.
  ㉡ 각료회의에 부여된 위원회의 설립 권한에 의하여 일반이사회는 무역환경위원회와 지역협정위원회를 추가로 설치하였다.

(2) 일반이사회

① **구성 및 회기** : 일반이사회는 회원국의 대표로 구성되는데, 필요하다고 생각하는 시기마다 개최할 수 있다.
② **기능**
  ㉠ 각료회의의 기능 수행 : 일반이사회는 각료회의가 비회기 중인 경우 각료회의의 기능을 수행하며 자체의 의사규칙을 제정할 수 있다.
  ㉡ 분쟁해결기구의 임무수행 : 일반이사회는 WTO 분쟁해결협정에 규정된 분쟁해결기구(DSB)의 임무를 수행하며 분쟁해결기구는 자체적인 의장을 둘 수 있으며, 독자적인 의사규칙을 제정한다.
  ㉢ 무역정책검토기구의 임무수행
    - 일반이사회는 WTO 무역정책검토협정에 규정된 무역정책검토기구(TPRB)의 임무를 수행하며 무역정책검토기구는 자체적인 의장을 둘 수 있으며 의사규칙을 제정한다.
    - 무역정책검토기구는 회원국의 무역정책과 관련 제도 및 관행을 정기적으로 검토하여, 회원국이 무역상의 의무를 어떻게 준수하는지를 검토하고, 상품과 서비스의 무역을 방해하는 장벽에 관한 보고서를 작성한다.

- 무역정책검토기구는 WTO의 분쟁해결제도와는 별개로 수행되는 것이며, 법적 구속력이 없다.
- 각 회원국에 대한 검토 정도는 다자간무역체제의 기능에 미치는 개별 회원국의 영향에 따라 결정된다. 미국·일본·EU·캐나다 등 최대 교역국 4국은 2년마다, 5위에서 20위까지의 16개국은 4년마다, 여타 국가들은 6년마다 행하되, 최빈국은 그 기간을 연장할 수 있게 하였다.

③ **산하 이사회의 설치** : 일반이사회 산하에 상품무역이사회, 서비스무역이사회, 무역관련지적재산권이사회가 설치되었는데 각 분야별 이사회는 해당 협정의 운영을 감독하고 각 협정과 일반이사회에 의해 부여된 임무를 수행하며, 일반이사회의 승인에 따라 각각의 의사규칙을 제정한다.

(3) 사무국(제6조)

① WTO 사무국은 사무총장과 사무국 직원으로 구성된다.

② 사무총장은 각료회의에서 지명하는데, 각료회의에서 사무총장의 권한과 의무, 근무조건 및 임기를 정하게 된다. 사무국 직원의 임명과 그들의 의무 및 근무조건은 각료회의에서 정한 규칙에 따라 사무총장이 임명한다.

③ 사무총장 및 사무국 직원의 임무는 전적으로 소속국가와 독립하여 업무를 수행하는 초국가적인 성격을 가진다.

4) WTO의 운영

(1) 예산 및 분담금(제7조)

① **연간예산안 및 재정보고서** : 예산·재정·관리위원회는 사무총장이 제출하는 연간예산안 및 재정보고서를 검토하고 이에 대하여 일반이사회에 권고한다.

② **재정규정**

㉠ 제안 : 예산·재정·관리위원회는 WTO의 지출경비에 대한 각 회원국의 분담금의 비율과 분담금 체납 회원국에 대한 조치에 관한 사항을 포함하는 재정규정을 일반이사회에 제출한다.

㉡ 채택 : 일반이사회는 재정규정 및 연간예산안을 WTO 회원국의 반 이상을 포함하는 2/3의 다수결에 의하여 채택한다.

㉢ 납부 : 회원국은 일반이사회에서 채택되는 재정규정에 따라 WTO의 지출경비 중 자기나라의 분담금을 WTO에 신속하게 납부하여야 한다.

(2) 의사결정(제9조)

① **기본원칙**

㉠ 총의제 원칙 : WTO에서의 의사결정은 기존의 GATT에서 사용되었던 총의제에 의한 결정의 관행을 유지하는 것이 원칙이다.

㉡ 투표권 : 각 회원국은 하나의 투표권을 가지며 EU는 WTO 회원국인 EU 회원국의 수와 동일한 수의 투표권을 가진다.

② **WTO 설립협정과 다자간 무역협정의 해석 권한**

㉠ 각료회의와 일반이사회는 WTO 설립협정과 다자간 무역협정(MTA)의 해석을 채택하는 독점적인 권한을 가진다.

ⓒ 이러한 해석의 채택 여부에 대한 결정은 회원국 3/4 이상의 다수결에 의한다.
　③ 의무의 면제 결정
　　　㉠ 각료회의는 예외적인 경우에 WTO 설립협정이나 다자간 무역협정하에서 회원국이 부담하기로 되어있는 의무를 면제하기로 결정할 수 있다.
　　　ⓒ WTO 설립협정 본문에 대한 의무면제의 경우 : 각료회의는 면제요청을 90일 이내에 총의제에 의해 결정하되 90일 동안에 총의가 도출되지 않는 경우에는 회원국의 3/4 다수결로 결정한다.
　　　ⓒ 다자간 무역협정(MTA)에 대한 의무면제의 경우 : 부속서 1A, 1B, 1C의 다자간 무역협정(MTA) 및 그 부속서와 관련된 면제요청은 각각의 이사회에 제출되어 90일 이내의 기간 동안 검토된 후 각료회의에 그 보고서가 제출되어야 하며 각료회의의 면제 결정은 회원국의 3/4 다수결에 의한다.
　④ 복수국간 무역협정에 관한 결정 : 협정의 해석 및 의무면제에 관한 결정 등 복수국간 무역협정에 관한 결정은 동 협정이 정한 규정에 따른다.

(3) 협정의 개정(제10조)

WTO 회원국은 WTO 설립협정 본문이나 동 협정에 부속된 다자간 무역협정(MTA)의 개정을 발의할 수 있다.

　① WTO 설립협정 및 부속서 1의 다자간 무역협정의 개정
　　　㉠ 개정안의 제출 : WTO 회원국은 각료회의에 설립협정 또는 부속서 1의 다자간 무역협정의 개정만을 제출할 수 있고, 각각의 이사회도 각료회의에 자신이 감독하는 부속서 1의 다자간 무역협정의 개정안을 제출할 수 있다.
　　　ⓒ 개정안의 발효 : 모든 회원국이 수락해야 발효하는 경우(동 2항)
　　　　　- WTO 설립협정 본문 제9조(의사결정) 및 제10조(개정)
　　　　　- 부속서 1A 1994년 GATT 제1조(최혜국대우) 및 제2조(관세양허)
　　　　　- 부속서 1B 서비스무역협정 제2조 1항(최혜국대우)
　　　　　- 부속서 1C 무역관련 지적재산권협정 제4조(최혜국대우)
　　　ⓒ 회원국 2/3의 수락으로 수락한 회원국에만 발효하는 경우
　　　　　- WTO 설립협정 본문이나 부속서 1A, 1C의 개정으로서 회원국의 권리·의무를 변경시키는 성격의 개정
　　　　　- 부속서 1B 서비스무역협정 제1·2·3부(부속서 포함)에 대한 개정
　　　㉣ 회원국 2/3의 수락으로 모든 회원국에 대하여 발효하는 경우
　　　　　- WTO 설립협정 본문이나 부속서 1A, 1C의 개정으로서 회원국의 권리·의무를 변경시키지 않는 성격의 개정
　　　　　- 부속서 1B 서비스무역협정 제4·5·6부(부속서 포함)에 대한 개정
　② 부속서 2 및 3의 다자간 무역협정의 개정
　　　㉠ 개정안의 제출 : WTO 회원국은 각료회의에 개정안을 제출함으로써 부속서 2와 3의 다자간 무역협정의 개정을 발의할 수 있다.
　　　ⓒ 개정안의 발효 : 부속서 2의 분쟁해결규칙 및 절차에 관한 양해와 부속서 3의 무역정책검토에 대한 개정은 총의에 의한 각료회의의 승인에 따라 모든 회원국에 발효한다.
　③ 부속서 4의 복수국간 무역협정의 개정 : 각료회의는 특정 복수국간 무역협정(PTA)의 당사자인 회

원국들의 요청에 따라 총의제에 의하여 동 협정을 부속서 4에 추가하거나 삭제할 수 있는데, 복수 국간 무역협정의 개정은 이 협정의 규정에 따른다.

(4) 가입 및 탈퇴

① **가입의 자격** : WTO 회원이 될 수 있는 것으로는 국가와 독자적인 관세영역이 있는데 후자의 경우에는 자신이 대외무역관계와 WTO 설립협정·다자간 무역협정의 사항을 수행하는 데 있어서 완전한 자치권을 보유하고 있어야 한다.

② **가입 절차**

㉠ 원회원국의 요건(제11조) : WTO 설립협정의 발효일 당시 기존의 GATT 회원국 및 EU이면서 WTO 설립협정 및 다자간 무역협정을 수락하고, 1994년 GATT와 서비스무역협정에 자국의 양허 및 이행계획서를 1995년 1월 1일 이전에 제출하여 부속시킨 국가는 별도의 가입절차와 양허협상 없이 WTO의 원회원국이 된다.

㉡ 잠정 원회원국 : 원회원국의 요건 중 WTO 설립협정 발효일 당시 기존의 GATT 회원국 및 EU 국가이지만 위 두 번째의 요건을 WTO 설립협정 발효일(1995. 1. 1) 이후 2년 내에 충족시키는 경우 WTO의 회원국이 된다.

㉢ 신규회원국 : 신규가입은 별도의 양허협상이 필요하고, 각료회의는 회원국 2/3 이상의 다수결로 가입조건에 관한 합의를 승인한다.

③ **탈퇴** : 회원국은 탈퇴를 할 수 있는데, 이때에는 WTO 사무총장에게 서면으로 탈퇴 의사를 통보하여야 하며 탈퇴 통보가 WTO 사무총장에게 접수된 후 6월이 경과한 날로부터 발효한다.

(5) 유보

① **유보 제한규정**

㉠ WTO 설립협정 본문의 어느 조항에 대해서도 유보를 할 수 없도록 규정하고 있다.

㉡ 회원국은 WTO 설립협정의 본문 및 부속서 전체를 불가분의 일체로서 수락해야 한다.

② **부분적 유보** : 일부의 부속협정의 경우(기술장벽협정, 반덤핑관세협정, 수입허가절차협정, 보조금 및 상계관세협정 등)에는 그 협정에 명시된 범위 내에서 부분적인 유보가 허용되지만 모든 회원국의 동의를 조건으로 하고 있으므로 유보가 사실상 불가능하다고 볼 수 있다.

3. 국제무역 분쟁해결절차 : 부속서 2(DSU)

1) 개관

(1) 의의

WTO 국제 분쟁해결절차는 WTO 회원국 간에 발생하는 무역분쟁에 대하여 이를 해결하는 준사법적 분쟁해결절차이다.

(2) 적용범위

① WTO설립협정, 다자간 무역협정 : 부속서1, 부속서2, 복수국간 무역협정

② 반덤핑, 보조금 및 상계조치협정 등에 별도로 규정된 분쟁 해결절차는 동 국제 분쟁해결절차의 특별법적 성격을 갖는바, 이는 WTO 국제 분쟁해결절차에 우선하여 적용된다.

(3) 특징

① 다자간 분쟁해결절차(Multilateral System)의 우선 적용

② 국제무역 분쟁해결절차의 실효성 및 효율성 제고

③ 분쟁해결절차의 통합화 및 분쟁해결기구의 상설화

④ 개도국에 대한 분쟁해결절차상의 우대

⑤ 분쟁해결수단 및 목적의 합리화

⑥ 분쟁해결안 채택의 자동화로 인한 사법적 성격의 강화

(4) 분쟁해결기구(Dispute Settlement Body : DSB)

① 구성 및 임무

㉠ WTO의 일반이사회가 분쟁해결기구로 활동하므로 분쟁해결기구는 모든 회원국으로 구성된다.

㉡ 분쟁해결기구는 원칙적으로 관련 협정상의 협의 및 분쟁해결 관련 조항을 집행하고, 패널을 설치하여 패널 및 상설항소기구의 보고서를 채택하며, 판정 및 권고안의 이행상태를 감독하고 협정상의 양허 및 기타 의무의 중재를 허가하는 권한을 가진다.

㉢ WTO의 모든 분쟁해결절차는 공개하지 않는 것이 원칙이다.

② 의결

㉠ 분쟁해결기구는 기존 GATT의 전통에 따라 총의(consensus)로 의결한다.

㉡ '역총의제'의 채택 : 패널이나 상설항소기구의 판정이나 권고안을 의결할 경우

- 패널의 설치 여부
- 패널보고서의 채택 여부
- 항소보고서의 채택 여부
- 보복조치의 승인 여부의 결정

③ WTO 사무국 : WTO 사무국은 분쟁해결조치의 법적·역사적·절차적 측면에 관하여 패널을 지원하고, 회원국이 요청하는 경우 분쟁해결과 관련하여 회원국들을 지원한다.

(5) 분쟁해결의 법원(法源)

① 법원의 내용

㉠ WTO설립협정 부속서 2(DSU)

㉡ GATT 제22조와 제23조 및 이에 관한 기타 결정들

㉢ 각각의 다자간 무역협정상의 DSU에 대한 특칙 등

② GATT 제22조, 제23조와 DSU에 대한 관계 : 국내법적 체계로 설명하면 GATT 제22조와 제23조는 민사소송법에 해당하는 규범으로서 소송절차의 대강을 규정하고 있으며, DSU는 민사소송규칙에

해당하는 것으로서 종래 GATT의 관행으로 발전해 오던 분쟁해결절차의 세부사항을 규정하고 있다.

2) 분쟁해결 제기의 요건

(1) 당사자(인적관할권)

WTO의 분쟁해결절차의 당사자는 회원국이므로 국가가 아닌 개인이나 다른 국제기구는 분쟁해결절차의 주체가 될 수 없다.

(2) 제소의 사유(cause of action : GATT 제23조 a, b, c)

① WTO에 제소 사유

　㉠ GATT 1994상 의무의 위반

　㉡ GATT 1994에 위반하지 않은 조치의 적용(비위반)

　㉢ 어떤 다른 상황의 존재 결과로 GATT 1994상 이익의 무효화 또는 침해가 발생하거나 GATT 1994 목적달성의 저해가 있어야 한다.

② 여섯 가지 유형(3 X 2)의 분쟁

　㉠ GATT 1994 제23조는 여섯 가지 유형(3X2)의 분쟁을 예정하고 있다.

　㉡ GATT 분쟁은 의무위반이나 비위반으로 인한 이익의 무효화 또는 침해가 발생하는 경우가 대종을 이루며, 전자를 협정위반청구(violation complaint), 후자를 비위반청구(non-violation complaint)라고 부른다.

3) 국제분쟁 사법절차

(1) 국제분쟁 사법절차의 구성

① 국제분쟁해결을 위한 사법절차는 협의절차와 동 협의절차가 실패하는 경우에 개시되는 패널절차의 두 가지 형태로 구성된다.

② 협의는 분쟁해결절차의 필수적 절차이며 패널절차로 이행하기 위한 전제가 된다.

(2) 협의절차

① 협의의 요청 : 협의의 요청은 투명성의 확보를 위해 서면으로 해야 한다.

② 협의의 절차 및 시한

　㉠ 협의요청이 있을 경우에는(달리 합의하지 않는 한), 요청일로부터 10일 이내에 요청에 응하고 30일 이내에 협의에 임하여야 하며, 60일 이내에 분쟁해결에 실패하거나 60일 이전일지라도 협의 실패에 합의할 경우 패널의 설치를 요구할 수 있다.

　㉡ 부패성물품 관련 등 긴급한 상황에서는 요청일로부터 10일 이내에 협의에 임해야 하며, 20일 이내에 분쟁해결에 실패하는 경우 패널설치를 요구할 수 있다.

　㉢ 협의에 상당한 교역상의 이해관계가 있다고 인정되는 제3국은 분쟁당사국의 동의를 얻어 협의에 참여할 수 있다.

　㉣ 협의 과정에서 상대회원국이 개도국인 경우 특별한 고려를 하여야 한다.

(3) 패널절차

① 패널의 설치

　㉠ 패널설치의 요구 : 협의요청이 있었음에도 10일 이내에 답변하지 않거나, 30일 이내에 협의에 응하지 않거나, 60일 이내에 분쟁해결 협의에 실패할 경우, 협의 요청국은 DSB에 패널의 설치를 서면으로 요구할 수 있다.

　㉡ DSB의 패널설치 : 패널설치의 요청이 있는 경우에 총의로 부결되지 않는 한(역총의제), DSB의 다음 회기까지는 패널이 설치되어야 한다.

② 패널의 구성

　㉠ 패널위원으로는 정부인사뿐만 아니라 민간인사도 위촉될 수 있으며, 특히 국제무역법의 전문성을 명시한 것은 WTO 분쟁해결의 법적인 접근의 중요성이 강조된 것이다.

　㉡ 분쟁 당사국 또는 분쟁참가 제3국 정부의 회원국 국민은 분쟁 당사국들이 달리 합의하지 않는 한 관련 분쟁의 패널위원이 될 수 없다.

　㉢ 사무국은 자격을 갖춘 정부 및 비정부 인사들의 명부를 보유·관리한다.

　㉣ 패널은 분쟁당사자가 패널설치로부터 10일 이내에 5인의 패널위원으로 패널을 구성하는 데 합의하지 않는 한 3인의 패널위원으로 구성된다.

　㉤ 사무국은 분쟁 당사국들에게 패널위원후보들을 제안하며, 분쟁 당사국들은 불가피한 사유가 없는 한 이들 후보를 거부하지 못한다.

　㉥ 분쟁 당사국이 패널설치 후 20일 이내에 패널의 구성원에 대하여 합의하지 못하면 제소국의 요청에 따라 WTO 사무총장이 DSB 의장 등과 협의한 후 10일 이내에 패널구성원을 임명해야 한다.

③ 패널보고서의 작성·제출

　㉠ 위임사항의 결정 : 위임사항이란 분쟁당사국들이 패널이 수행할 임무로 위임하는 내용을 말하는데, 패널이 설치된 후 20일 이내에 분쟁당사국들이 위임사항을 합의하지 않는 한, 표준위임사항을 위임받은 것으로 본다.

　㉡ 패널의 조사활동 : 패널의 조사과정에서는 과학적·기술적 사항의 검토를 위해 전문가 검토그룹을 설치하여 그 보고를 청취할 수 있으며, 패널심의는 비공개로 진행한다.

　㉢ 패널보고서의 제출 시한 : 패널은 위임사항이 결정된 후 6개월(긴급한 경우 3개월, 불가피하게 연기되어도 9개월 초과 불가) 이내에 조사 결과의 보고서를 DSB에 제출하여야 한다.

　㉣ 잠정검토단계의 설정 : 패널은 최종보고서의 제출 이전에 분쟁당사국에 잠정보고서를 제시하여 일정기간 내에 의견을 표방할 기회를 부여하는 데, 분쟁해결절차의 비공개 원칙상 실질적인 이해관계의 존재를 주장하는 제3국에게는 잠정보고서를 제시하지 않는다.

　㉤ 최종보고서 : 패널이 결정한 기간 내에 분쟁당사국은 잠정보고서의 내용 중 자신이 지정한 특정 부분을 재검토해줄 것을 요청할 수 있으며, 잠정보고서에 대한 의견제출 기간 내에 분쟁당사국들로부터 아무런 의견이 제출되지 않는 경우 잠정보고서는 최종보고서로 간주되며, 즉시 모든 회원국에게 배부된다.

④ 패널보고서의 채택

　㉠ 검토 기간의 부여 : 패널보고서가 제출된 후 DSB는 패널 최종보고서를 회원국들에게 배부하여 20일간의 검토 기간을 부여한다. 즉, 배부(회람) 후 20일까지는 패널보고서는 채택을 위해 고려

되지 않는다.
- ⓒ 역총의에 의한 채택 : 일방 당사국이 DSB에 공식적으로 항소의사를 통보하거나 DSB가 패널보고서를 총의에 의해 채택하지 않기로 결정하지 않는 한, 동 보고서는 배부일로부터 60일 이내에 자동으로 채택된다.
- ⓒ 패널보고서의 효력 : 채택된 패널보고서는 법적 효력을 가진다.

⑤ 기타의 절차사항
- ⓐ 복수제소 : 둘 이상의 회원국이 동일한 사안에 대하여 패널의 설치를 요구하는 경우 이들 복수의 제소를 검토하기 위해 단일한 패널을 설치할 수 있다.
- ⓑ 제3국의 참여 : 패널이 담당한 분쟁 사안에 관하여 실질적 이해관계를 가지며 DSB에 그에 관한 통고를 한 회원국은 서면으로 자신의 입장을 개진할 수 있는 기회를 가진다.

(4) 항소절차 : 상설항소기관(Standing Appellate Body)

① 구성 및 기능
- ⓐ DSB는 항소를 심리하는 상설기관인 항소기관을 설치한다.
- ⓑ 항소기관은 항소업무를 관장하는 기관으로서 임기 4년인 7인의 위원(1회에 한해 연임가능)으로 구성하되, 그중 3인으로 구성되는 합의부가 특정사건을 심의한다.

② 심리 및 판정
- ⓐ 항소는 원칙적으로 패널보고서가 회원국들에게 배부된 날로부터 60일 이내에 분쟁 당사국만이 제기할 수 있고 그 심리의 대상은 패널보고서상의 법률문제 및 패널에서 제기된 법률해석에만 국한되며(법률심), 항소기관은 패널이 결정한 법률적 판정을 확정, 파기, 변경할 수 있다.
- ⓑ 항소기관은 항소 제기 후 60일 이내에 보고서에 의한 판정을 해야 하며 어떤 경우에도 90일을 초과할 수 없다.

③ 항소보고서의 채택 : 항소보고서는 회원국에게 배포된 후 30일 이내에, DSB가 이를 채택하지 않기로 총의에 의해 결정하지 않는 한(역총의제의 적용), 자동적으로 채택된다.

4) 국제분쟁 조정절차

(1) 주선·조정·중개절차

① 주선 등의 절차는 분쟁당사국의 합의하에 자발적으로 수행하는 절차로서 언제든지 요청·개시되고 종결될 수 있는 임의절차이다.
② 분쟁당사국들이 합의하면 주선 등의 절차는 패널절차가 진행되는 동안에도 계속될 수 있으며 사무총장은 분쟁해결을 돕기 위하여 직권으로 주선·조정·중개를 제공할 수 있다.

(2) 중재(arbitration)

① 의의
- ⓐ 중재는 분쟁당사국이 합의하는 제3자로 하여금 중재안을 제출하게 하고 그에 대하여 당사국이 복종하도록 하는 WTO체제 분쟁해결수단의 대체수단으로서 DSU에 의해 인정된다.
- ⓑ 중재는 대체적인 절차이며, 당사국들은 언제든지 중재절차를 이용할 수 있다.

② **기능** : 조약의 해석과 적용을 엄격하게 추구하는 전형적인 분쟁해결방법에 비해 분쟁 당사국들이 명백히 규정한 특정문제에 대하여 탄력적이고, 신속한 분쟁해결을 가능하게 하며, 그 결정은 법적 구속력을 가지므로 실효성을 확보할 수 있다.

③ **절차**

  ㉠ 중재회부 여부는 DSB에 특별한 규정이 없는 한 당사국의 합의에 의해 결정하며 이 경우 중재의 절차도 합의로 정하여야 한다.

  ㉡ 중재는 보통 사무총장이 임명하는 중재위원들에 의해 행하여지며, 개시일로부터 60일 이내에 종결되어야 한다.

  ㉢ 중재회부의 합의는 중재절차 개시 전에 회원국들에게 통보되어야 하고 중재판정의 내용도 DSB 및 관련 협정이사회나 위원회에 통보되어야 한다.

  ㉣ 분쟁당사자가 아닌 제3국은 분쟁당사국의 동의를 얻어야만 중재의 당사자가 될 수 있다.

④ **효과** : 중재판정은 당사국을 구속하는 법적 효력이 있다.

5) 분쟁해결을 위한 조치 : 개관

① 분쟁해결기구는 피제소국이 행한 분쟁의 원인 조치에 대하여 권고 또는 판정을 할 수 있다.

② **피제소국의 조치가 WTO 협정에 위반되는 경우** : 피제소국은 분쟁해결기구의 권고 및 판정을 이행할 의무가 있으며, 동 의무를 이행하지 않는 경우에는 보상 및 양허의 정지 등의 제재를 받도록 되어 있다.

③ **피제소국의 조치가 WTO 협정에 위반되지 않는 경우** : 피제소국은 분쟁해결기구의 권고 및 판정을 이행할 의무가 없기 때문에 보상 및 양허의 정지 등의 제재를 받지 않으며 당해 조치를 철회하지 않아도 된다.

6) 분쟁해결조치의 내용

(1) DSB의 권고 및 판정에 대한 이행

① **자국 입장의 통보** : 패소당사국은 패널 또는 항소보고서 채택일로부터 30일 이내에 개최되는 DSB 회의에 그 권고안이나 판정안의 이행 여부에 대한 자국의 입장을 통보하여야 한다.

② **이행을 위한 합리적 기간의 부여**

  ㉠ 권고안이나 판정안의 즉시 이행이 불가능한 경우 패소당사국은 이행을 위한 합리적인 기간을 부여받을 수 있다.

  - 패소당사국이 DSB의 승인을 받아 제의하는 기간
  - 권고나 판정의 채택 후 45일 이내에 당사국이 합의한 기간
  - 앞의 두 가지가 실패할 경우 권고나 판정 채택 후 90일 이내에 개시된 의무적 중재에서 결정된 기간

  ㉡ 패널이 설치된 날로부터 합리적 이행 기간의 확정시까지의 기간은 달리 합의하지 않는 한 15개월을 초과할 수 없다.

(2) 보상 및 보복(양허·의무의 정지)조치

① 의의 : 피제소국의 WTO 협정위반조치에 대하여 권고나 판정을 하였으나 패소당사국이 합리적인 기간 내에 자발적으로 그 권고안이나 판정안을 이행하지 않는 경우에는 잠정적·한시적인 조치로서 보상이나 보복(양허·의무의 정지)조치를 취할 수 있다.

② 보상
  ㉠ 보상의 의의 : 보상은 패소당사국이 보복조치를 피하기 위하여 승소국에 제공하는 부담을 말한다.
  ㉡ 보상의 절차 : 패소당사국이 합리적인 기간 내에 권고나 판정을 이행하지 않은 경우에는 승소국의 요청에 따라 합리적인 기간의 종료 이전이라도 상호수용이 가능한 보상안을 마련하기 위한 협상을 개시하여야 한다.

③ 양허 및 의무의 정지(진정한 의미의 보복조치)
  ㉠ 보복조치의 승인 요청
    - 합리적인 기간의 종료 후 20일 이내에 만족할 만한 보상에 대한 합의가 이루어지지 않을 경우, 그에 대한 보복조치로서 승소국은 DSB에 패소국을 상대로 하는 양허나 기타 의무적용의 정지에 대한 승인을 요청할 수 있다.
    - DSB는 승소국의 요청을 기각할 것을 총의로써 결정하지 않는 한 이행을 위한 합리적인 기간의 경과 후 30일 이내에 그러한 보복조치를 승인하여야 한다.
  ㉡ 보복조치의 범위
    - 패널이나 항소기관에 의해 협정위반, 이익의 무효화 또는 침해 사실이 인정된 동일한 분야에 우선적으로 보복조치를 취할 수 있다.
    - 동일 분야에의 적용이 비현실적·비효과적일 경우에는 동일 협정하의 다른 분야에 보복조치를 취할 수 있다.
    - 동일 협정하의 다른 분야에의 보복조치가 비현실적·비효과적일 경우 다른 협정하의 분야에 보복조치를 취할 수 있다.
  ㉢ 보복조치의 수준
    - 보복조치의 수준은 이익의 무효화 또는 침해의 수준에 상응(동등)하여야 한다.
    - 관련 협정이 보복을 금지하는 경우 DSB는 이를 승인해서는 안 된다.

④ 보복조치와 관련된 분쟁해결
  ㉠ 보복에 대한 피제소국의 이의신청과 사유 : 패소당사국은 제안된 보복조치의 범위나 내용을 결정함에 있어 WTO협정상의 원칙 및 절차를 준수하지 않았다는 이유를 들어 이의를 제기할 수 있다.
  ㉡ 중재절차에의 회부 : 패소당사국이 보복조치에 대하여 이의를 제기하는 경우에는 당해 이의의 타당성 여부 판단은 중재절차에 회부된다.

제4절 부속협정

1. 1994년 관세 및 무역에 관한 일반협정(GATT 1994)

1) 개관

① GATT 1994는 부속서 1A 상품교역협정의 핵심협정이며 다른 상품교역협정들은 GATT 1994의 개별 조항들을 좀 더 상세하게 규정한 것이다.

② GATT 1994 협정과 부속서 1A의 기타 상품교역협정 사이에 충돌이 있는 경우 기타 상품교역협정이 특별법으로 취급되어 우선적으로 적용된다.

2) GATT 1994의 구성

① GATT 1947

② WTO 협정 발효일 이전까지 GATT 1947 하에서 발효한 관세양허 및 가입의정서 등의 법률문서

③ 1994년 관세 및 무역협정의 해석에 관한 6개의 양해

④ 1994년 마라케쉬의정서(GATT는 1994에 부속된 문서이므로 상품교역에 관한 것이며, 여기에는 각국의 양허표(Schedule)가 첨부되어 있음)

3) 주요 내용

(1) 관세양허(제2조)

① 의의 : 관세양허란 회원국이 특정품목에 대해 일정 수준 이상의 관세를 부과하지 않겠다는 약속(commitment)으로 이 약속은 해당 국가의 양허표(Schedule)에 나타나 있으며, 그 결과 자국의 양허표에 기재된 관세율 상한선을 '양허세율'(bound rate)이라 하며 양허표에 명시된 품목을 '양허품목'이라 한다.

② 내용 : GATT의 체약국이 수입품에 대해 자국의 양허세율보다 높은 관세를 부과하게 되면 "수입품에 대해 관세양허표에 기재된 대우보다 불리하지 않은 대우를 부여해야 한다"는 GATT 제2조 상의 의무를 위반하게 된다.

③ 양허표의 수정 : GATT상의 관세양허의무의 수정을 가하려면 GATT 제28조에 따라 관세 재협상을 거쳐야 한다. 이 조항에 의하면, 3가지 방식의 관세 재협상이 가능하다.

  ㉠ 정기적 재협상 : 첫 번째 방식은 1958년 1월 1일을 기점으로 3년마다 관세양허율을 변경할 수 있는 정기적 재협상 방식이다.

  ㉡ 특별재협상 및 유보 재협상 : 특별한 사정이 있는 경우 체약국단의 승인을 얻어 수시로 행할 수 있는 특별 재협상 제도와 정기적 재협상 사이에 양허 변경을 행할 수 있는 권한을 미리 통보를 통해 유보한 경우 재협상할 수 있다.

④ 양허표와 상품분류 : 1952년 관세협력이사회(Customs Cooperation Council: CCC)를 설립하고 상품

분류의 국제적 통일을 꾀하였으며, 1988년부터 HS(Harmonized System)를 제정하여 시행하고 있다.

(2) 수량제한 금지원칙(제11조)

① 의의
㉠ 수입에 대한 수량제한(quantitative restriction) : 관세의 부과와 같이 인위적으로 수입가격을 올리는 것이 아니라, 수입가격과는 상관없이 수입품의 수량에 대해 직접적으로 제한을 가하는 조치이다.

㉡ 수입 쿼터(quota) : 수입 쿼터란 일정 기간 동안에 특정상품에 대해 정해진 수량(또는 가격)만큼만 수입될 수 있도록 한 일종의 행정명령이며 그 한도를 초과한 수입은 어떠한 가격에서라도 할 수 없게 되어 있다.

② 수량제한 금지원칙
㉠ GATT 제11조 1항은 "회원국은 다른 회원국 영역 상품의 수입, 다른 회원국 영역에 대한 상품의 수출 또는 수출을 위한 판매와 관련하여 쿼타나 수입허가 또는 기타 조치에 의거하거나를 불문하고 관세, 조세 또는 기타 과징금을 제외한 금지 또는 제한을 설정하거나 유지하여서는 안 된다."고 규정하고 있다.

㉡ 상품의 수출입할당, 수출입허가 등 수량제한적인 조치는 원칙적으로 허용되지 않으며 무역을 규제하려면 관세나 부과금을 통해서 해야 하며 수량제한 방식은 사용해서는 안 된다.

③ 예외
㉠ GATT 제11조 2항은 3가지 예외를 규정하고 있다.
- 식료품의 위급한 부족 또는 수출회원국에 불가결한 상품의 위급한 부족을 방지하거나 완화하기 위하여 일시적으로 적용한 수출금지 또는 제한을 허용한다.
- 국제무역에 있어서 상품의 분류, 등급 또는 판매에 관한 기준 또는 규칙의 적용상 필요한 수입 및 수출의 금지 또는 제한을 허용한다.
- 농산품과 수산품에 대하여 국내시장을 안정시키기 위한 정부의 조치를 집행하는데 필요한 한도 내에서 이러한 상품들에 대한 수량제한을 허용한다.

㉡ 국제수지의 보호를 위한 예외 : GATT 제12조는 국제수지의 보호를 위하여 수입 쿼터를 부과하는 것을 허용한다.

㉢ 긴급수입제한 조치에 의한 예외 : GATT 제19조에 의하면 수입 경쟁에 의하여 심각한 손해를 입거나 심각한 손해를 입을 우려에서 국내산업을 보호하기 위하여 긴급수입제한조치 특히 수량제한조치를 사용하는 것이 허용된다.

④ 수량제한의 비차별적용(제13조) : 쿼터 자체가 원래 차별적인 성격을 가지고 있는 것이기 때문에 수량제한에는 적용되지 않는 GATT 제1조와는 별도로 쿼터제 실시에 따른 최혜국대우원칙을 규정하고 있다.

(3) 국영무역(제17조)

① 국영무역(state trading)이란 체약국에 의해 설립되고 혹은 유지되는 국영기업 혹은 독점적 또는 특권적 권한을 부여받은 기업이 행하는 무역을 말한다.

② GATT는 국영무역을 행하는 것 자체를 부정하지는 않으나 그 폐해를 방지하기 위한 규정을 두고 있다.

(4) GATT 1994 제20조의 일반적 예외

① **전문(chapeau)** : 상기 예외조치는 동일한 조건하에 있는 국가간 자의적이거나 부당한 차별의 수단 또는 국제무역에 대한 위장된 제한을 가하는 방법으로 적용되어서는 안 된다.

② **10개의 구체적인 예외(specific exceptions)**
- 공중도덕을 보호하기 위한 조치
- 인간, 동식물의 생명, 건강을 보호하기 위한 조치
- 금, 은의 수출입에 관한 조치
- GATT에 반하지 않는 국내법령(관세의 시행, 특허권, 상표권 및 저작권의 보호 및 기만적 관행의 방지에 관한 법령 등 포함)의 이행을 확보하기 위한 조치
- 재소자의 노동상품에 관한 조치
- 미술적, 예술적, 고고학적 가치가 있는 국보의 보호를 위하여 적용하는 조치
- 유한 천연자원의 보호에 관한(다만 동 조치가 국내의 생산 또는 소비에 대한 제한과 관련하여 실시되는 경우에 한함) 조치
- 정부간 상품협정(commodity agreement)상의 의무에 따른 조치
- 국내 원료가격 안정계획에 의한 국내원료의 수출제한
- 지역적인 공급부족을 이유로 불가피한 조치

2. 1994년 GATT 제6조의 이행에 관한 협정(반덤핑협정)(조영진)

1) 반덤핑법의 기초이론

(1) 덤핑의 의의

① 1994년 GATT 제6조와 반덤핑협정은 한 나라의 상품이 정상가격(normal price)보다 낮은 가격으로 수출된 경우를 덤핑으로 정의한다.

② 덤핑이 존재하는지를 판단하기 위해서 수입국의 조사 당국은 문제가 되는 상품의 정상가격(normal price)과 수출가격(export price)을 비교하여야 되며 정상가격에서 수출가격을 뺀 값이 양(+)의 값인 경우 덤핑이 존재하고 그 초과분이 덤핑마진이 되며, 덤핑마진을 수출가격 대비 백분율로 표시한 값이 덤핑마진율이 된다.

③ **덤핑행위 자체의 위법성** : GATT는 제6조에서 일정한 요건에 해당하는 덤핑행위에 대해서만 반덤핑관세를 부과할 수 있다고 규정하고 있으므로 GATT 법상 덤핑행위 그 자체가 위법한 것은 아니다.

(2) 반덤핑법(상계관세법)의 성격

각국이 반덤핑법 등을 보호무역주의적으로 운용함에 따라 덤핑 등에 대한 규제보다도 오히려 각국의 반덤핑법 및 상계관세법 자체를 규제하는 것이 오늘날의 국제적 반덤핑규범 및 상계관세 규범의 목적으로 보아야 한다는 견해가 유력하다.

2) 실체적 요건

(1) 덤핑사실의 존재

① 덤핑의 법적 개념 : 덤핑은 수출가격이 정상가격보다 낮을 경우에 존재한다.

② 정상가격의 결정기준

㉠ 수출가격과 정상가격을 비교하여 덤핑이 존재하는지 여부를 판단할 때, 보통 동종상품의 수출국에서의 시장가격이 정상가격이 되고 이 가격과 수출가격을 비교하여 수출가격이 낮은 경우 덤핑이 존재한다고 본다.

㉡ 정상적인 거래에 의한 동종상품이 판매가 수출국에 존재하지 않는 경우, 또는 수출국의 특별한 시장 상황이나 소규모 판매로 인하여 적절한 비교가 곤란한 경우에는 제3국으로의 수출가격이나 조사 당국이 계산한 구성 가격이 정상가격이 된다.

③ 수출가격 : 정상가격과 비교하는 수출가격은 수입자가 지불한 또는 지불해야 하는 가격으로 일반적으로 수출자가 보고한 실제 수출가격에 기초하여 결정한다.

(2) 국내산업에 대한 실질적 피해 등의 존재

① 피해의 개념 : 1994년 GATT 제14조와 반덤핑협정은 피해를 구체적으로 정의하는 대신 '피해가 국내산업에 대한 실질적 피해(material injury)와 실질적 피해의 우려, 또는 국내산업 확립의 실질적 지연을 의미한다'고 규정하고 있다.

② 2개국 이상으로부터 수입된 상품이 동시에 덤핑조사의 대상이 된 경우 조사 당국은 수입상품으로 인해 발생하는 피해의 효과를 누적적으로 평가할 수 있다.

(3) 인과관계

덤핑과 피해 간에는 인과관계가 있어야 하는바, 덤핑 이외의 다른 요소로 인해 발생하는 피해는 당해 수입품에 귀속시켜서는 안 된다.

3) 절차적 요건

(1) 조사의 개시(제소 적격의 문제)

① 조사 당국은 국내산업의 서면신청이 있는 경우 덤핑조사를 개시할 수 있고 특별한 상황에서는 직권에 의하여 덤핑조사를 개시할 수 있다.

② 조사신청을 지지하는 국내생산자의 총산출량이 조사신청에 대하여 지지 또는 반대의사를 표명한 국내 동종상품 생산자가 생산한 총생산량의 50%를 초과하는 경우 그 조사신청은 국내산업에 의해서 또는 국내산업을 대신하여 이루어진 것으로 간주된다. 그러나 조사신청을 명시적으로 지지하는 국내생산자의 총생산량이 국내산업에 의하여 생산된 동종상품 총생산량의 25% 미만인 경우에는 조사가 개시되지 않는다.

(2) 조사절차

① 이해당사자가 합리적인 기간 내에 필요한 정보를 제공하지 아니하는 경우 또는 조사를 중대하게 방해하는 경우에는 '입수가능증거'(Best Evidence Available: BEA)에 기초하여 판단할 수 있다.

② 조사 당국은 원칙적으로 조사대상 상품의 수출자 또는 생산자 각각에 대하여 이 개별적인 덤핑마진을 결정하여야 하지만, 관련된 수출자, 생산자, 수입자 또는 관련 상품의 유형의 수가 너무 많아

개별적인 결정이 불가능할 경우에는 통계적으로 유효한 표본을 사용하여 조사대상을 합리적인 수의 이해당사자나 상품으로 제한할 수 있다.

③ 조사절차에서 덤핑으로 인해 관련 국내산업이 피해를 입었다고 판단하는 경우에는 덤핑과 피해 여부에 대한 긍정적인 예비판정을 한다.

④ **조사절차의 중단**

　㉠ 조사 당국은 덤핑 또는 피해에 대한 증거가 충분하지 않다고 판단하는 즉시 조사신청을 기각하고, 절차를 신속히 종결한다.

　㉡ 덤핑마진이 최소허용수준이거나, 실제적 또는 잠재적인 덤핑수입량이나 피해가 무시할만한 수준이라고 결정하는 경우에도 즉시 절차를 종결한다.

　㉢ 덤핑마진을 수출가격 대비 백분율로 표시한 덤핑마진율이 2% 미만인 경우 최소허용수준에 해당하고, 한 국가로부터의 덤핑 수입물량이 수입국의 동종상품 수입량의 3% 미만이고, 개별적으로 덤핑 수입물량이 3% 미만인 국가들의 덤핑 수입물량이 총체적으로도 7%를 초과하지 않는 경우 그 수입량은 일반적으로 무시할만한 수준으로 본다.

⑤ 덤핑조사를 개시하면 조사 당국은 통상적으로 1년 이내에 조사를 종결하여야 하고, 어떠한 경우에도 조사 기간이 조사 개시 후 18개월을 초과하여서는 안 된다.

4) 반덤핑조치의 종류

(1) 잠정조치

① 덤핑이 존재하고 덤핑으로 인하여 국내산업에 피해가 초래되었다는 예비판정이 있는 경우 조사 당국은 잠정조치를 부과할 수 있다.

② 잠정조치는 잠정적으로 산정된 덤핑마진을 초과하지 않는 범위에서 잠정관세 또는 가급적이면 현금예치나 유가증권과 같은 보증금 지급의 형태를 취할 수 있으며, 가능한 한 짧은 기간 동안 적용되어야 한다. 잠정조치는 덤핑조사 개시일로부터 60일 이내에는 부과되지 않으며, 4개월을 초과하여 부과되어서는 안 되나, 관련 거래에서 상당한 비중을 차지하는 수출자의 요청이 있는 경우 6개월까지 부과할 수 있다.

(2) 가격인상 약속

수출자가 가격을 인상하거나 덤핑가격으로의 수출을 중지하겠다고 약속하고 조사 당국이 덤핑으로 인한 피해가 제거되었다고 판단하는 경우 조사 당국은 덤핑조사를 정지하거나 종결할 수 있다.

(3) 최종판정과 반덤핑관세

① **반덤핑관세의 부과** : 덤핑조사를 통해 반덤핑관세 부과에 필요한 모든 조건이 충족된 경우, 당국은 반덤핑관세를 부과할 것인지 여부와 반덤핑관세액을 어느 정도 부과할 것인지 여부를 결정한다.

② **확정관세 부과 및 관세의 소급 적용**

　㉠ 확정관세(잠정조치 포함)의 부과는 일정한 예외를 제외하고는 부과 결정이 효력을 발생한 후 소비용으로 반입된 상품에 대해서만 적용된다(불소급원칙).

　㉡ 최종판정에서 조사 당국이 피해가 있다고 결정하는 경우와 피해의 우려가 있고 만약 잠정조치

가 없었다면 덤핑으로 인한 피해가 발생하였을 것이라고 결정하는 경우에 반덤핑관세는 잠정조치가 부과된 기간에 소급하여 적용될 수 있다.

③ **반덤핑관세의 평가** : 반덤핑관세는 덤핑조사에서 정해진 덤핑마진을 초과해서 부과하면 안 된다.

④ **재심(review) 및 반덤핑관세 부과의 종료**
　㉠ 조사 당국은 직권으로 또는 이해당사자의 신청에 따라 반덤핑관세를 계속적으로 부과할 필요가 있는지를 검토하는데 이러한 검토를 상황변화재심 또는 중간재심이라고 한다.
　㉡ 자동실효조항(sunset clause) : 반덤핑관세는 덤핑으로 인한 피해를 상쇄하는데 필요한 기간 동안 필요한 정도 내에서 부과되어야 하며 부과일로부터 5년 이내에 소멸하는 것이 원칙이다.

3. 보조금 및 상계조치에 관한 협정(보조금협정)(이재민)

1) 보조금의 정의

① WTO 보조금협정은 1979년의 보조금 Code와는 달리 보조금 자체에 대하여 최초로 명문의 정의규정을 두고 있다.

② WTO 보조금협정은 제1조에서 정부 또는 공공기관의 재정적 기여로 인하여(GATT 협정 제16조에서 규정하는 바와 같은 소득 또는 가격지지로 인한 경우 포함) 수혜자에게 혜택이 주어지는 경우를 보조금으로 규정하고 있다.

2) 보조금의 구성요건

① **정부에 의한 재정적 기여**: 정부로부터의 재정적 기여는 정부로부터 민간기업으로 재정적 지원이 전달되었는가 여부에 관한 것이다.

② **경제적 혜택**: 정부로부터 재정적 지원의 이동이 발생하여 "정부에 의한 재정적 기여" 요건을 충족하더라도 이와는 별도로 그러한 이동의 결과 민간기업에 대하여 "경제적 혜택"이 부여되었는가 여부에 대한 독립적인 검토가 필요하다.

③ **특정성**
　㉠ 보조금은 특정적(specific)일 경우에만, 즉 특정 산업 및 기업을 대상으로 하는 경우에만 보조금 협정의 규율대상이 된다.
　㉡ 수출 보조금과 수입대체 보조금과 금지 보조금은 그 자체로서 특정성을 지니고 있는 것으로 평가된다.
　㉢ 보조금의 수혜가 종업원 수 또는 기업의 규모와 같이 중립적이고 경제적이며 객관적 기준과 조건에 따라 자동적으로 정해지며 이러한 기준과 조건이 엄격히 준수되는 경우에는 특정성이 없다.

3) 보조금의 구별

(1) 금지 보조금(Prohibited subsidy)

① 신호등분류법상 빨간불에 해당하는 보조금으로 동 협정 제3조는 ⓐ 법률상 또는 사실상 수출실적에 따라 지급되는 보조금, 즉 수출 보조금과 ⓑ 수입품 대신 국내상품의 사용을 조건으로 지급되는 보조금, 즉 수입대체 보조금을 금지 보조금으로 규정하고 있다

② 금지 보조금은 협정발효 후 3년 이내에 철폐하여야 한다.

③ 금지 보조금에 대한 구제절차로서 상대국은 DSU의 특칙으로서의 성격을 갖고 있는 보조금협정 상의 다자적 절차를 이용하거나 국내법인 상계관세법을 이용하여 금지 보조금에 대한 상계관세를 부과할 수도 있다.

(2) 조치가능 보조금(actionable subsidy)

① 신호등분류법상 노란불에 해당하는 것으로 보조금협정은 조치가능 보조금에 대해서는 명확한 정의를 제시하지는 않고 있으나 동 협정 제5조에서는 ⓐ 타방 회원국의 국내산업에 대한 피해, ⓑ 특정성 있는 보조금 지급에 따른 양허 혜택의 무효화 또는 침해, ⓒ 타방 회원국의 이익에 대한 심각한 손상과 같은 부정적 효과를 발생시키는 일방 회원국의 보조금을 의미하는 것으로 규정하고 있다.

② 금지 보조금에 대한 구제절차와 같이 WTO에 제소하든지 국내의 상계관세법에 기초하여 상계관세를 부과할 수 있다.

(3) 허용 보조금(non-actionable subsidy)

허용 보조금에는 연구개발 보조금, 낙후지역개발 보조금, 및 환경 보조금이 있었다. 그러나 동 규정의 연장을 둘러싼 회원국 간 의견 차이로 인하여 명시된 시한인 1999년 12월 31일까지 보조금 위원회가 허용 보조금 규정의 적용 연장에 대한 합의에 도달하지 못함으로써 2000년 1월 1일자로 동 조항들은 그 적용이 만료되었다.

4) 상계관세 조사 및 부과

(1) 개관

① 보조금을 교부받은 상품이 자국 시장으로 수입되어 국내산업에 실질적 피해를 초래한 경우, 수입국인 WTO 회원국은 자국 시장 보호를 위하여 이러한 수입상품에 대하여 적절한 대응조치를 취할 수 있다. 이러한 대응조치를 상계조치라고 통칭한다.

② 상계조치의 가장 대표적인 형태는 보조금 액수에 상응하는 상계관세를 수입품에 대하여 부과하는 방법이다.

(2) 상계관세 조사절차

① **조사절차의 개시** : 상계관세 조사는 국내 관련 산업이 자국 조사 당국에 청원서(petition)를 제출하거나 조사당국이 독자적으로 조사를 시작하는 직권조사가 있다.

② **조사과정** : 조사가 개시되면 조사 당국은 먼저 피조사국 정부와 기업에 대하여 질문서를 송부한다.

(3) 잠정조치 및 약속

① 잠정조치

ⓐ 보조금이 존재하고 보조금을 받은 수입품으로 인하여 국내산업에 피해가 존재한다는 긍정적 예

비판정이 내려지고, 관계당국이 조사 기간 중에 거래되는 피해를 방지하기 위하여 필요하다고 판단하는 경우에 잠정조치가 적용될 수 있다.

ⓒ 잠정조치는 보조금액으로 잠정산정된 금액의 현금예치 또는 유가증권에 의하여 담보되는 잠정 상계관세의 형태를 취할 수 있다. 잠정조치는 조사개시일로부터 60일 이내에는 적용되지 않고, 잠정조치의 적용은 가능한 한 단기간에 한정되며 4개월을 초과하지 않는다.

② 약속

㉠ 보조금 지급에 대한 조사절차는 만족스러운 자발적인 약속 접수 시 잠정조치나 상계관세의 부과 없이 정지하거나 종료될 수 있다.

ⓒ 수출회원국 정부가 보조금의 철폐나 제한 또는 보조금의 효과에 관한 다른 조치를 취하는 것에 동의하거나, 조사 당국이 보조금에 의한 피해효과가 제거되었다고 납득할 수 있도록 수출자가 가격을 수정하는 데에 동의하는 경우 잠정조치나 상계관세의 부과 없이 정지하거나 종료될 수 있다.

(4) 최종판정과 상계조치

① **최종판정** : 현지실사 후 조사 당국은 여타 관련 자료를 최종 검토하고 이해 당사자의 의견 진술을 청취한 후 최종판정을 내리게 된다.

② **상계조치** : 최종판정에서도 보조금 판정이 내려지는 경우 상계관세 부과는 최종 확정되게 되며 원칙적으로 이때부터 5년간 피조사국이 수출하는 동 상품에 대하여 상계관세가 부과된다. 5년이 경과하면 일몰재심이 시작되어 상계관세 부과조치의 지속 여부를 결정하게 되기 때문이다.

5) 구제절차

① 최종판정으로 상계관세를 부과받게 된 피조사국 정부 및 기업이 조사당국의 이러한 결정이 부당하다고 판단하는 경우 두 가지의 구제수단을 강구할 수 있다.

② 하나는 상계관세 부과국의 국내법원에 조사당국의 상계관세 최종판정에 대하여, 사법심사를 신청하는 것이며, 또 다른 하나는 피조사국 정부가 조사 당국의 결정을 WTO 분쟁해결기구에 제소하는 것이다.

4. 긴급수입제한조치에 관한 협정(Safeguard : SG 협정)(손기윤)

1) 의의

① 긴급수입제한조치 또는 세이프가드조치라 함은 일정한 외국상품의 수입이 급격히 증가함에 따라 국내 관련 산업이 심각한 피해를 입거나 입을 우려가 있는 경우에 그 수입을 제한하는 조치이다.

② 긴급수입제한조치는 덤핑·보조금 지급과 같은 불공정무역행위에 대하여 발동하는 것이 아니라 공정한 수입에 대해 규제조치를 발동하는 것이므로 이는 한시적으로 발동하여야 하며, 또한 규제국은 관련 수출자에 대해 협의와 보상을 하여야 한다.

③ 긴급수입제한조치의 가장 중요한 근거는 국내산업의 구조조정을 위한 일시적인 구제조치를 부여하는 데 있다.

2) 발동요건

(1) 수입 증가

① 절대적 또는 상대적 수입 증가

㉠ 수입품의 증가는 절대적인 증가 또는 상대적인 증가 모두 해당된다. 이때 상대적 증가란 조사대상 기간에 조사대상 수입품의 물량은 감소하였지만 국내 시장에서 차지하는 비중(시장점유율)이 증가한 경우를 의미한다.

㉡ SG 협정은 AD 협정 및 상계관세협정과는 달리 동종물품(like product) 이외에 직접 경쟁적인 물품(directly competitive product)을 생산하는 국내산업도 피해판정에 있어서 고려의 대상이 된다.

② 예상하지 못한 상황 : 조사 당국은 단순한 수입 증가가 아니라 예상하지 못한 상황의 발생과 수입국 의무사항의 발효로 인하여 수입이 증가하였다는 것을 증명하여야 한다.

(2) 심각한 피해

① 수입 증가 요건이 충족된 이후에 조사 당국은 수입품과 국내산업이 심각한 피해를 입었거나 입을 우려가 있다는 것을 증명하여야 한다.

② 구체적으로 조사 당국이 반드시 검토하여야 할 요소들은 수입품의 증가율과 증가액, 수입품의 국내시장 점유율, 판매, 생산, 생산성, 시설 가동률, 이윤과 손실 및 고용수준이다.

③ SG 협정상의 '심각한 피해'(serious injury)는 중대하고 전반적인 손상을 의미하는 것으로 반덤핑협정 및 상계관세협정상의 실질적 피해(material injury)보다 훨씬 엄격한 개념이다.

(3) 인과관계

조사 당국은 증가한 수입품과 심각한 피해와의 인과관계를 객관적인 증거에 기초하여 판정하여야 한다.

3) 세이프가드 조치의 부과

(1) 기본 원칙

① 세이프가드조치 부과 시 적용해야 할 원칙으로서 조치의 범위에 관한 것과 비차별 원칙이 있다.

② 세이프가드 조치는 비차별적으로 부과되어야 하며 최혜국대우 원칙이 적용되어야 한다.

(2) 조치 형태

① 세이프가드 협정에 따르면 잠정 세이프가드 조치의 경우에 관세인상 형태만 가능하며 확정 세이프가드 조치의 경우에 수량 제한조치를 취할 수 있다고 규정하고 있다.

② 확정 세이프가드 조치의 경우에 수량제한조치 이외에 WTO 회원국이 적절하다고 판단하는 어떠한 형태의 조치를 취할 수 있으며 수량제한조치, 관세인상 이외에 관세율할당 등을 부과하고 있다.

③ 쿼터 형태로 수입품의 수량을 제한하는 경우에 쿼터를 수출국 간에 배정해야 한다.

(3) 부과 기간과 점진적 자유화

① 세이프가드 조치는 최장 4년 간 부과할 수 있다.

② 일정한 조건 하에서 부과 기간을 연장할 수 있으며 그 조건들은 ㉠ 세이프가드 조치가 심각한 피해를 방지하거나 구제하기 위하여 계속 필요하고, ㉡ 국내산업이 조정 중에 있어야 한다는 것이다.

③ 잠정조치 기간과 최초 부과 기간을 포함하여 최장 8년간 부과할 수 있으며 세이프가드 조치를 취하는 수입국이 개발도상국인 경우에는 최초 부과 기간을 연장하여 총 10년간 부과할 수 있다.

(4) 잠정 조치

① 잠정 세이프가드 조치는 최장 200일간 취할 수 있으며 잠정 조치의 부과 기간은 세이프가드 조치 총 부과 기간에 포함된다.

② 잠정 조치는 관세인상만 가능하며 증가한 수입품이 심각한 피해를 유발하거나 유발할 우려가 없다는 판정이 내려지는 경우에 징수된 관세인상분을 즉시 환급하여야 한다.

(5) 동일한 상품에 대한 유예기간

이미 세이프가드 조치가 부과되었던 상품에 대해서 또다시 세이프가드 조치를 부과하려는 경우에 과거 부과 기간과 동일한 기간이 경과하여야 가능하며 유예기간은 최소 2년이다.

4) 보상 및 보복

(1) 보상

① 세이프가드 조치는 수출국의 공정무역에 대하여 제한조치를 취하는 것이므로 조치의 부과를 제안하거나 연장하는 경우에 수입국은 규제대상인 수출국에 대하여 적절한 보상을 하여야 한다.

② 보상을 위한 양자협의 개시 후 일정한 기일 내에 합의를 도출하지 못한 경우에 수출국들은 보복조치를 취할 수 있다. 그러나 세이프가드 조치가 수입품의 절대적 증가의 결과로 취해지고 동 조치가 세이프가드 협정에 합치하는 경우에 최초 3년간 보복조치를 취할 수 없다.

(2) 개도국 우대조항

① 세이프가드 협정은 개발도상국을 우대하는 조항을 두고 있다.

② 개도국 우대조항은 개도국이 수출국인 경우와 수입국인 경우로 나눌 수 있다.

㉠ 개도국이 수출하여 세이프가드 조사대상이 된 경우에 해당 개도국의 수출액이 해당 수입국의 조사대상 상품의 총수입액에서 차지하는 비중이 3% 미만이라면 동 국가로부터의 수입품은 세이프가드 조치대상에서 제외된다.

㉡ 개도국이 수입국인 경우에 선진국에 비하여 세이프가드 조치를 더 오랜 기간동안 부과할 수 있다. 선진국의 경우 세이프가드 조치 최장 부과 기간이 8년인데 개도국은 2년을 추가하여 최장 10년간 부과할 수 있다.

5. 농업에 관한 협정(배정생)

1) 협상의 배경

① GATT 체제에서는 농산물교역에 대해서 농업 및 농산물의 특수성 때문에 여러 가지 예외를 두어 GATT의 기본원칙이 적용되지 못하였다.

② GATT 제11조는 수량제한 금지원칙을 규정하고 있으나, 일정한 조건하에서 농산물에 대한 수입제한조치가 허용되고 GATT 제16조에서는 농산물에 대한 보조금 지급이 광범위하게 허용되는 등 GATT 규범 자체의 예외가 인정되어 농업과 농산물에 대한 통상관계는 크게 왜곡되게 되었다.

③ GATT의 일반적 예외규정인 제20조에 근거한 식품의 위생·안전을 이유로 하는 수입규제조치가 농산물의 교역에 중대한 장애가 되었다.

2) 농업협정의 구성과 내용

농업협정은 전문과 본문 13개 부와 총 21개 조로 구성되어 있으며, 5개의 부속서를 첨부하고 있다. 농업협정의 내용은 크게 시장접근, 국내보조, 수출보조, 수출금지 및 제한, 개도국과 최빈개도국에 대한 특별 및 차등대우, 농업위원회의 약속이행 검토 및 분쟁해결 등으로 구분할 수 있다.

3) 농업협정의 주요 내용

(1) 시장접근

① '예외 없는 관세화'에 의한 시장개방을 기본원칙으로 하고, '관세상당치'를 이행 기간 동안 인하하여야 한다.

② 특정 주요 농산물에 대해서는 관세화를 유예하여 시장접근에 대한 예외를 인정한다.

③ 관세화 품목 중 기준연도(1986~1988)의 수입량이 국내소비량의 3% 미만인 농산물에 대해서는 최소시장접근(Minimum Market Access: MMA)을 인정한다. 즉 수입이 없거나 미미한 품목에 대해서는 이행연도 초기에는 1986~1988년의 국내소비량의 3%를 최소시장접근으로 보장하되 이행최종연도에는 5%까지 확대해야 한다.

④ 관세화 품목 중 기준연도(1986~1988)의 수입량이 국내소비량의 3% 이상 품목에 대해서는 현행시장접근(Current Market Access: CMA)을 취한다. 즉 관세화 품목 가운데 기준연도(1986~1988)의 수입물량이 국내소비량의 3% 이상인 품목에 대하여는 기준연도의 수입량을 적어도 그대로 보장하고 현행의 낮은 관세를 부과해야 한다.

⑤ 이행기간 동안 관세화한 농산물 중 수입량이 급증하거나 수입 가격이 크게 하락한 경우 수입국의 생산자를 보호하기 위하여 특별 세이프가드(special safeguard) 조치를 발동할 수 있다. 특별 세이프가드 조치를 취한 후 늦어도 10일 이내에 WTO 농업위원회에 그러한 사실을 고지하여야 한다. 농업협정상의 특별 세이프가드는 세이프가드협정상의 세이프가드 조치와 동시에 취해질 수 없다.

(2) 국내 보조(Internal Support)

① 국내 보조금은 그 지급되는 보조금이 생산 및 무역에 미치는 영향에 따라 허용대상 보조금과 감축

대상 보조금으로 분류하되, 허용대상 보조금의 기준을 충족시키지 못하는 모든 국내 보조금을 감축대상 보조금으로 간주하고 있다.

② 허용대상으로 분류된 농업 보조금은 지속적인 지원이 가능하며, 감축대상 보조금의 경우도 지원이 불가능한 것이 아니라 감축약속 범위 내에서 신축성 있는 지원이 가능하다.

③ 또한 보조금 감축은 감축대상 보조에 한하여 일정 기간 동안 점진적으로 균등 감축하되, 감축 수단으로 '보조총액측정치'(Aggregate Measurement Support: AMS)를 이용하여 감축한다. 수출 보조금은 모두 감축대상 보조금에 해당되나, 국내 보조금 중 감축대상 보조금에 비하여 감축의 폭이 훨씬 크다.

(3) 수출 보조(Export Subsidy)

① 수출 보조금은 수출 농산물에 지급되는 정부의 보조로서 재정지출금액과 수출물량을 동시에 감축하여야 한다.

② 농업협정에 따른 감축 대상 수출 보조금
  ㉠ 수출이행을 조건으로 한 정부의 직접보조
  ㉡ 정부 및 정부대행 기관에 의한 저가수출
  ㉢ 수출농산물에 대한 유통비용 지원
  ㉣ 수출농산물에 대한 국내운송비 지원
  ㉤ 수출상품의 원료 농산물에 대한 보조금 등

(4) 수출금지 및 제한

수출제한 등은 일반적으로 금지되지만 식료품 또는 수출체약국에 필수적인 산품의 위급한 부족을 방지하거나 완화하기 위하여 일시적으로 적용한 수출금지 또는 수출제한은 금지되지 않는다.

(5) 개도국과 최빈개도국에 대한 특별 및 차등대우

① 개도국에 대한 우대조치는 국내보조 및 관세의 감축폭과 감축기간, 허용보조 등에서 선진국보다 유리한 대우를 인정하는 것이다. 구체적으로 감축률은 선진국의 2/3 수준까지 낮은 수준이 허용되고 감축 약속에 대한 이행기간은 10년으로 하며 최소허용 보조수준을 농산물 총생산액의 10%까지 인정하였다. 한편 최빈개도국에게는 감축 약속의 이행이 요구되지 않는다.

② 농업협정 제5부속서
  ㉠ 농업협정 제5부속서는 개도국의 주요 전통 농산물에 대해 일정한 조건하에 관세화의 예외를 인정하여 10년간(즉, 2004년까지)의 관세화 유예를 허용하였다.
  ㉡ 제5부속서에 따르면 10년째 되는 해에 그 특별대우를 연장시킬지에 대한 협상을 개시 및 완료하여야 한다. 아울러, 이렇게 관세화 유예를 연장하는 경우 그에 대한 보상으로 추가적인 양보를 하도록 규정하고 있다.

6. 위생 및 식물위생 조치의 적용에 관한 협정(검역 조치에 관한 협정, SPS 협정)(김대원, 오선영)

(1) 배경
① 식품안전 및 공중보건과 관련된 위생 및 검역조치는 WTO 회원의 국내규제 중 가장 중요한 영역의 하나이고 국가간 무역의 증진으로 인해 갈수록 그 중요성이 더해지고 있다.
② 농업협정은 제14조에서 위생 및 검역조치에 대하여는 별도의 협정으로 규율한다고 규정하여 SPS 협정이 탄생하였다.

(2) 적용 범위
SPS 조치는 식품에서 기인하는 인간과 동물의 건강상 위험과 질병 또는 병충해로 인한 인간, 동물 및 식물에 대한 위험을 보호하기 위한 조치를 말한다.

(3) 주요 내용
① 협정상 SPS 조치란 해로운 물질로부터 인간, 동물 또는 식물을 보호하기 위해 취해지는 조치를 말한다.
② SPS 조치는 중앙정부뿐만 아니라 중앙정부 이외의 국가기관에 의해서도 실시될 수 있다.
③ 조치의 목적은 건강보호와 직접 관계되지 않고 단지 소비자에게 정보를 제공할 목적의 조치는 SPS 조치라고 볼 수 없다.
④ SPS 부속서 A상의 조치는 회원국 역내 조치만을 규정하고 있으므로 어떤 회원국의 국내보건기준의 역외적용은 SPS 조치로 볼 수 없다.
⑤ 내외국 상품에 대한 차별적인 조치뿐만 아니라 비차별적인 조치도 SPS 조치에 포함된다.
⑥ SPS 협정이 발효되기 전에 이미 존재하였고 계속되고 있는 SPS 조치도 SPS의 적용대상이 된다.

(4) SPS 협정의 기본원칙
① 필요성(Necessity)의 원칙 : 회원국은 위생 및 식물위생 조치가 인간, 동물 또는 식물의 생명 또는 건강을 보호하는 데 필요한 범위 내에서만 적용되도록 보장해야 한다.
② 과학적 정당화 요건(Scientific Justification) : SPS 조치는 과학적 원칙에 근거하고 충분한 과학적 증거 없이는 유지되지 못한다.
③ 자의적이거나 정당화되지 않는 차별 또는 무역에 대한 위장된 제한 금지 : 개별 회원국들이 채택한 SPS 조치는 자의적이거나 정당화되지 않는 차별 또는 국제무역에 대한 위장된 제한을 가져서는 안 된다.

(5) SPS 조치의 조화(Harmonization)
① 개별 SPS 조치는 관련된 국제기준, 지침 또는 권고(국제기준)이 있는 경우, 이에 기초해야 한다.
② 회원국들은 국제기준보다 높은 수준의 보호 정도를 갖는 SPS 조치를 취할 수 있는 권리가 있다. 하

지만 이러한 권리는 무제한의 것이 아니라 과학적 정당성이 있거나 '위험평가'에 관한 규정을 충족한 경우에만 원용될 수 있다.

(6) 사전주의 원칙

과학적인 증거가 불충분한 경우에도 건강상의 위험을 차단하기 위해 회원국이 SPS 조치를 취해야 할 경우가 있음은 충분히 예상할 수 있고, 따라서 SPS 협정은 일정한 조건하에서 과학적 증거가 불충분한 경우 잠정조치를 취할 수 있음을 규정하고 있다.

(7) 동등성의 인정

만약 수출국이 자신이 택한 SPS 조치로 수입국이 정한 보호 수준을 달성할 수 있음을 객관적으로 입증한다면 해당 회원국은 자국의 조치와 다른 회원국의 조치를 자국의 것과 동등하게 인정해줘야 한다.

7. 무역에 대한 기술장벽에 관한 협정(TBT 협정, 표준화협정)(김민정)

1) 배경 및 특징

① 비관세장벽으로서의 기술장벽은 1979년 도쿄라운드에서 처음으로 논의되어 1979 년 TBT Code를 채택한 바 있다.
② WTO 무역기술장벽 협정은 회원국이 정당한 공공정책 및 표준화 목적을 달성하기 위하여 기술규정, 표준, 적합성 평가절차를 시행할 수 있는 주권적 권리를 보장한다. 그리고 회원국의 의도와는 상관없이 조치가 사실상 차별적이거나 불필요한 수준으로 무역을 제한하지 않도록 규율한다.

2) 협정의 적용 범위

(1) 대상 조치

① 무역기술장벽협정은 공산품과 농산물을 포함하는 모든 상품에 적용된다.
② 기술규정 : 적용가능한 행정규정을 포함하여 상품의 특성 또는 관련 제조공정방법(process and production method: PPM)이 규정되어 있으며 그 준수가 강제적인 문서로 정의된다. 그리고 기술규정은 상품 및 제조공정방법에 적용되는 용어, 기호, 포장, 표시 또는 상표부착요건을 포함하거나 전적으로 이들만을 취급할 수 있다.
③ 표준(standard) : 규격, 지침 또는 상품 특성 또는 관련 PPM을 공통적이고 반복적인 사용을 위하여 규정하는 문서로서, 인정된 기관에 의하여 승인되고 그 준수가 강제적이지 않는 문서로 정의된다. 그리고 기술규정과 마찬가지로 표준도 상품 및 제조공정방법에 적용되는 용어, 기호, 포장, 표시 또는 상표부착요건을 포함하거나 전적으로 이들만을 취급할 수 있다.
④ 적합성 평가절차(conformity assessment procedure) : 기술규정 또는 표준의 관련 요건이 충족되었는지를 결정하기 위하여 직접적 또는 간접적으로 사용되는 모든 절차로 정의되며, 표본추출, 시험 및 검사, 평가, 검증 및 적합보증, 등록, 인증과 승인 등을 포함한다.

(2) 대상 기관

무역기술장벽협정은 중앙정부기관의 행위를 주로 규율하지만, 지방정부기관과 비정부기관도 규율한다.

(3) 적용 대상

서비스를 제외한 공산품과 농산품을 포함한 모든 상품에 적용되나 농산품의 경우, SPS가 적용되는 부분은 TBT의 규율대상에서 제외되며 정부조달 관련 기술장벽도 TBT가 아닌 정부조달협정이 적용된다.

(4) 시간적 범위

무역기술장벽협정 이행은 동 협정의 발효 시점과 관계없이 현재 시행되고 있는 조치와 향후 시행할 모든 조치에 대해 적용되는 것으로 이해되고 있다.

(5) 여타 WTO 협정과의 관계

정부기관의 소비 및 구매 물품 조달요건에 적용되는 기술표준은 정부조달협정이 적용되며 무역기술장벽협정이 적용되지 않는다.

3) 무역기술장벽협정의 주요 규정

(1) 비차별 원칙

① 무역기술장벽협정은 무역기술장벽을 제거하고 방지하기 위하여 GATT/WTO 기본 원칙인 최혜국대우와 내국민대우를 적용한다.

② 동 협정은 WTO 회원국이 기술규정, 표준 및 적합성 평가절차를 준비, 채택 그리고 적용할 때 수입상품에 대하여 자국산 동종상품 또는 그 밖의 국가를 원산지로 하는 동종상품보다 불리하지 아니한 대우를 부여하여야 한다고 규정하고 있다.

(2) 불필요한 무역제한금지 원칙

무역기술장벽협정은 불필요한 무역제한을 목적으로 혹은 그러한 효과를 갖는 기술규정, 표준, 적합성 평가절차를 준비, 채택, 적용하지 않을 의무를 규정하고 있다.

(3) 국제표준과의 조화 원칙

① 국제표준 관련 기본 규정

㉠ 무역기술장벽협정은 기술규정, 표준, 적합성 평가절차에 대해 관련 국제표준이 존재하거나 그 완성이 임박한 경우 그러한 국제표준 혹은 관련 부분을 회원국의 기술규정, 표준 또는 적합성 평가절차의 기초로 사용할 것을 기본적으로 규정한다.

㉡ 가능한 한 광범위한 범위에서 국제표준과 조화시키기 위해 회원국 자신의 자원 범위 내에서 최대한의 역할을 다할 것을 규정하고 있다.

㉢ 개도국이 처한 개발 및 무역 어려움을 고려하여 국제표준 사용을 촉진하고 국제표준 제정에 참여할 수 있도록 지원하고자 무역기술장벽협정은 회원국 특히 개발도상국의 요청이 있는 경우 국제표준기관 활동에 개도국이 참가할 수 있도록 조언하고 합리적인 조치를 취할 것을 규정하

고 있다.

② **국제표준의 비효과성 또는 부적절성**: 관련 국제표준이 존재하더라도 그 표준이 기술규정의 목적과 수단에 비추어 효과적이지도 적절하지도 않다면 그러한 표준을 기초로 하여 사용하지 않아도 된다.

(4) 동등성 인정과 상호인정

협정에 따르면 다른 회원국의 기술규정이 자국의 기술규정과 다르지만 자국 기술규정의 목적을 충분히 달성한다고 납득하는 경우 다른 회원국의 기술규정을 자국의 기술규정과 동등한 것으로 수용하는 것을 적극 고려할 것이 장려되고 있다.

(5) 기술지원 및 개도국 대우

회원국이 개발도상국의 특별한 어려움을 고려하고 지원하도록 무역기술장벽협정은 개발도상국에 대한 기술지원과 특별하고 차등적인 대우를 보장하고 있다.

8. 무역관련 투자조치에 관한 협정(TRIMs 협정)(표인수)

1) 배경

1980년대 중반 이후 외국인의 직접투자(FDI)가 국제적으로 급격하게 증가하면서 각국 정부는 자국의 산업을 보호하고, 외화유출을 막기 위해 외국인 직접투자에 대한 다양한 형태의 제한을 가하였다. 이러한 제한 조치는 내국민대우원칙 및 수량제한 금지원칙을 위배함에 따라 국제투자문제가 본격적으로 GATT 차원에서 거론되기 시작했다.

2) TRIMs의 주요 내용

(1) 구성

TRIMs 협정문은 총 9개의 조항과 1개의 부속서로 구성되어 있으며, 협정문에서는 무역관련 투자조치에 대한 명확한 정의를 하고 있지 않다.

(2) TRIMs 협정에서 금지하는 무역관련 투자조치 일반사례

① GATT 1994 제3조 제4항(내국민대우: National Treatment)에 위배되는 사례

㉠ 현지 부품조달의무(Local Content Requirements) : 특정품목, 특정물량 혹은 금액 또는 국내 생산량이나 금액의 일정 비율을 정하여 국산품 또는 국내 조달 물품을 구매토록 하거나 혹은 사용을 강제하는 조치

㉡ 수출입균형의무(수입연계제도)(Trade Balancing Measures) : 해당 기업의 수출물량이나 금액만큼 수입품을 구매하거나 사용하도록 하는 조치

② GATT 1994 제11조 제1항(수량제한의 일반적 폐지)에 위배되는 사례

㉠ 외환구입제한(Foreign Exchange Restrictions) : 기업의 수입대금 지급을 위한 외환구입을 당해

기업의 외화획득액과 연계시킴으로써 국내생산에 필요한 물품의 수입을 제한하는 조치

ⓒ 수출제한(Export Restriction) : 수출 시 특정품목, 특정물량 혹은 금액을 정하거나 또는 국내생산량이나 국내생산금액의 일정 비율을 정함으로써 기업의 수출이나 수출을 위한 판매를 제한하는 조치

ⓒ 수출입균형의무(수출입연계제도)(Trade Balancing Measures) : 해당 기업의 국내생산에 사용되는 물품의 수입을 그 기업의 수출물량이나 금액만큼 제한하는 조치

(3) 적용 대상

① TRIMs 협정은 투자조치 중 무역에 직접적으로 영향을 주는 상품교역에 한정하여 적용된다.
② 보조금 등 인센티브, 간접적인 조치, 종전투자에 대한 조치, 기술이전의무, 외국인 지분참여제한제도, 포트폴리오투자 등은 본 협정의 규율대상에서 제외되므로 TRIMs 협정의 적용 대상은 극히 제한적이다.
③ 예외 : TRIMs 협정은 적용 예외에 관한 별도의 규정을 두지 않고 GATT의 예외조항이 그대로 적용된다고 규정하고 있다.

9. 1994년도 GATT 제7조 이행에 관한 협정(관세평가협정)(이환규)

1) 배경

① 수입물품에 부과하는 관세는 과세표준에 관세율을 곱하여 산정하게 되므로 아무리 다자간 협상을 통하여 관세율을 낮춘다고 하여도 과세표준을 자의적으로 높게 산정하면 그 실효를 거두기 힘들다.
② 1979년의 관세평가협정은 9개의 협정 중 가장 성공적인 협정이어서 WTO의 관세평가협정도 1979년의 협정을 거의 그대로 이어받고 있다.

2) 주요 내용

(1) 관세평가의 의미

관세평가란 수입품에 대해 종가세의 관세를 부과하는 경우에 과세표준으로 되는 수입품의 관세가격을 결정하는 것을 말한다.

(2) 원칙

관세평가협정은 1차적으로 거래가격을 수입품에 대한 관세평가방법으로 이용하도록 하고 있다. 거래가격은 수입국에 수출 판매되는 상품에 대하여 구매자가 판매자에게 실제로 지불했거나 지불할 가격을 말한다.

(3) 예외

① 수입품의 관세가격을 동 물품의 거래가격으로 결정할 수 없는 경우에 대비하여 협정은 네 가지 선

택적 평가방법을 도입하고 있다.
② 우선, 수입품의 거래가격을 산정할 수 없는 경우에 동일한 수입국에 수출을 위하여 판매되며, 평가대상 상품과 동시 또는 거의 동시에 수출되는 동종동질상품의 거래가격이 관세가격이 된다.
③ 동종동질상품의 거래가격을 산정할 수 없는 경우에는 해당 상품과 동일 수입국에 수출을 위하여 판매되며, 평가대상 상품과 동시 또는 거의 동시에 수출되는 '유사상품'의 거래가격이 관세가격이 된다.
④ 상기 방법에 의해서도 거래가격을 산정할 수 없는 경우에 적용되는 관세가격은 공제가격이다. 공제가격이란 당해 수입품이나 동종동질 또는 유사상품이 수입국 내에서 판매되는 경우 그 가격을 기준으로 수수료, 이윤, 수입국 내 통상운임, 보험료, 관세, 내국세, 기타 비용 및 부과금 등을 공제한 가격을 말한다.
⑤ 공제방식에 의해서도 수입품의 관세가격을 결정할 수 없는 경우에 생산비에 생산자의 이윤 및 기타 관련 경비 등을 가산한 산정가격이 과세가격이 된다.
⑥ 관세평가협정에 의하면 관세평가의 순서는 위와 같지만, 수입자의 요청이 있는 경우에는 산정가격을 공제가격보다 우선 적용할 수 있다.

10. 원산지규정에 관한 협정(Agreement on Rules of Origin)(강준하)

1) 배경
① **원산지규정** : WTO 원산지규정 협정에 의하면 원산지규정이란 물품의 생산 국가를 결정하기 위하여 회원국이 일반적으로 적용하는 법령 및 행정결정 등을 말한다.
② GATT 체제 하에서는 국제적으로 통일된 원산지규정의 부재로 자국의 국내산업 보호를 위한 원산지규정을 제정, 시행함으로써 원산지규정이 수입제한적 효과를 발생시켰기에 UR에서 협상의제로 채택했다.

2) 특혜 원산지규정과 비특혜 원산지규정
특혜 원산지규정은 FTA 또는 GSP 등 특혜관세를 부여할 목적으로 사용되며, 비특혜 원산지규정은 특혜관세 부여 이외의 목적인 최혜국대우, 반덤핑, 상계관세, 세이프가드 적용, 원산지표시, 통계자료 작성 등의 목적을 위하여 사용된다.

3) 원산지 결정기준
① **완전생산기준** : 완전생산기준이란 물품의 재료 및 생산공정이 전부 한 국가에서 생산되거나 이루어진 경우에 해당 국가를 원산지로 인정하는 기준이다.
② **실질적 변형기준** : 실질적 변형기준이란 해당 국가에서 제조·가공공정 등을 거쳐 물품이 생산되는 경우에 그 국가를 원산지로 인정하는 기준이다. 실질적 변형이 발생했는지를 판단하는 지표는 여러 가지가 있는 데, 세번변경기준, 부가가치기준, 주요공정기준 등이 있다.

⊙ 세번변경기준 : 원재료의 세번과 최종물품의 세번을 비교하여, 세번이 변경된 경우에 실질적 변형이 일어났다고 보는 기준이다.

ⓒ 부가가치기준 : 물품의 생산 가공공정에서 발생한 부가가치가 일정 수준 이상인 경우 원산지를 인정하는 기준이다.

ⓒ 주요공정기준 : 물품의 생산·가공과정에서 특정한 공정이 수행된 경우 실질변형을 인정하는 기준이다.

11. 선적전검사(유선봉)

1) 선적전검사의 의의

선적전검사(Preshipment Inspection : PSI)란 국제매매에 있어서 수입국 정부로부터 위임받은 민간전문검사기관이 물품을 선적하기 전에 수출국 현지에서 검사하는 활동을 말한다.

2) 선적전검사제도와 무역왜곡현상

① 선적의 지연 및 수출자에게 추가적 비용발생
② 수출자의 비밀영업정보의 누출
③ 검사기준 및 절차상 투명성의 결여
④ 부적합한 가격검증 방법 이용
⑤ 국가 및 수출자에 대한 차별
⑥ 선적전 검사기관의 결정에 대한 이의 절차제도의 결여 등

3) 정의 및 적용 범위

① 정의 : 선적전검사협정은 선적전검사활동을 "사용회원국의 영역으로 수출되는 물품의 품질, 수량, 환율 및 금융 조건을 포함한 가격 및 또는 관세분류의 검증과 관련된 모든 활동"이라고 정의하고 있다.

② 적용 범위(Coverage) : 선적전검사협정은 "선적전검사활동이 사용회원국에 의하여 제약된 것이나 위임된 것이거나를 불문하고 회원국 내에서 이루어지는 모든 선적 전 검사활동에 적용된다"고 규정하고 있다.

4) 사용회원국의 의무

① 무차별(Non-discrimination) : 사용회원국은 선적전검사활동이 무차별적인 방식, 즉 실행절차와 기준이 객관적이며 이러한 활동에 영향을 받는 모든 수출자에게 동등하게 적용되는 방식으로 실시되는 것을 보장하여야 한다.

② 정부의 이행 요건(Governmental Requirements) : 사용회원국은 자국의 법률, 규정 및 이행요건

과 관련된 선적전검사 과정에서 내국세 및 규제에 관한 내국민대우가 준수되도록 보장하여야 한다.
③ 검사 장소(Site of Inspection) : 사용회원국은 검사결과보고서의 발급 또는 비발급 노트를 포함한 모든 선적전검사활동이 물품이 수출되는 관세 영역에서 수행되도록 보장하고 만일 물품의 복잡한 특성이나 양 당사국의 합의에 의하여 수출국의 관세 영역에서 검사가 이루어질 수 없는 경우에는 물품이 제조된 관세 영역에서 수행되도록 보장하여야 한다.
④ 표준(Standards) : 사용회원국은 수량 및 품질검사가 구매계약에서 규정된 표준에 따라 수행되고 만일 그러한 표준이 없는 경우에는 관련 국제표준에 따라 수행되도록 보장하여야 한다.
⑤ 투명성 : 사용회원국은 선적전검사활동이 투명한 방법으로 수행되도록 보상하여야 한다.
⑥ 영업비밀정보의 보호 : 사용회원국은 선적전검사기관이 검사과정에서 입수한 모든 정보 중에, 이미 공표되었거나 제3자가 일반적으로 입수 가능하거나 공공의 영역에 있지 않는 한 영업비밀로 다루도록 보장하여야 한다.

12. 수입허가(유선봉)

1) 수입허가의 정의

수입허가란 수입국 관세영역으로의 수입을 위한 선행조건으로서 관련 행정기관에 신청서나 기타 서류 제출을 요구하는 수입허가제도의 운영에 사용되는 행정절차를 말한다.

2) 회원국의 의무

회원국들은 수입허가절차의 운영과정에서 발생할 수 있는 무역왜곡을 방지하고 개도국의 경제적 필요성을 고려하면서 수입허가제도를 시행하기 위하여 사용되는 행정절차가 GATT 1994의 관련 규정에 일치하도록 보장하여야 한다.

3) 정보의 사전공표 및 회원국간 논의기회 제공

각 회원국은 수입허가를 신청하는 개인 또는 회사의 요건, 신청기관, 접촉해야 할 행정기관, 허가요건에 따라야 할 물품의 목록 등 신청서 제출절차에 관한 규칙과 정보를 정부와 무역업자가 인지할 수 있도록 수입허가위원회에 통보하고, 동 위원회에 통보된 매체에 의하여 공표하여야 한다.

4) 신청양식 및 절차의 간소화

수입허가 신청양식과 갱신양식은 가능한 한 간소하여야 하며, 수입허가제도의 적절한 기능을 위하여 반드시 필요한 서류와 정보는 신청시에 요구되어야 한다.

5) 자동 수입허가(Automatic Import Licensing)

자동 수입허가란 일정 요건 충족시 모든 신청에 대하여 승인이 부여되는 것을 말한다.

6) 비자동 수입허가(Non automatic Import Licensing)

비자동 수입허가란 자동 수입허가에 해당되지 않는 것을 모두 지칭하는 것으로서 이 경우에도 일정 요건을 충족하여야 한다.

13. GATS(서비스거래에 관한 일반협정)(권현호)

1) GATS의 구성

① GATS에서는 서비스를 구체적 범위를 정하여 명시적으로 정의하지 않고 있으며 단지 4가지 서비스의 공급유형을 규정하고 있다.

② GATS는 모든 회원국에게 적용되는 기본의무를 포함하는 총 6부 29개 조문으로 구성된 협정 본문, 개별서비스 부문과 서비스 공급의 방식 및 제2조 면제에 관한 세부 내용을 규정한 8개의 부속서, 그리고 GATS 협상 당시 이루어진 각료결정 및 양해 등 세 개의 기본 축으로 구성된다.

2) GATS에서의 서비스 공급 유형

① **국경간 공급** : GATS는 서비스의 국경간 공급을 한 회원국의 영토로부터 그 밖의 회원국의 영토 내로의 서비스 공급으로 정의하고 있다.

예를 들어 전화와 같은 통신수단을 이용하여 외국의 변호사가 국내 기업을 상대로 법률자문을 하는 것이 여기에 해당된다.

② **해외소비** : 서비스의 해외소비란 서비스 소비자가 자국 영역 밖에서 서비스를 구매하거나 소비하는 경우를 말한다.

가장 일반적인 예로는 소비자가 다른 국가로 관광을 가거나, 유학을 위하여 다른 국가로 여행하여 현지에서 교육을 받는 경우 또는 외국 의료기관에 병을 치료하고자 환자가 외국 병원에 직접 가서 치료를 받는 경우 등이 해당된다.

③ **상업적 주재** : 외국 서비스 공급자의 상업적 주재란 서비스를 공급할 목적으로 하는 회원국 영역 내에서의 법인의 설립, 인수 또는 유지나, 지사나 대표 사무소의 창설 또는 유지 등을 통한 모든 형태의 영업적 또는 전문직업적 설립을 의미한다.

상업적 주재를 통한 서비스 공급은 예를 들어 은행이나 법률자문 또는 통신 등의 서비스를 제공하기 위해 투자를 통하여 직접 법인을 설립하는 것이다.

④ **자연인의 주재** : 한 회원국의 서비스 공급자에 의한 그 밖의 회원국 영토 내에서의 자연인의 주재를 통한 서비스 공급으로 정의된다. 서비스는 그 특성상 서비스 공급인력에 의해 현장에서 생산 판매되는 경우가 대부분이므로 GATS 상의 자연인의 주재는 상업적 주재와 밀접한 관련을 갖고 있으며, 중요한 비중을 차지하고 있다.

3) GATS의 주요 특징

① GATS는 특정 분야의 서비스만을 대상으로 하는 것이 아니라 일반적인 서비스무역 전체를 상정하고 체결된 최초의 다자간무역협정이라는 점에서 기존의 협정들과 구분되는 특징을 갖는다.

② GATS에서는 '무임승차'(free riding)를 우려하여 최혜국대우에 대한 광범위한 예외를 인정한다.
③ 양허표에 양허하는 서비스 분야는 긍정적 목록방식에 따르고 양허된 분야에 대해 외국인의 서비스 공급을 제한하는 조치, 즉 시장접근과 내국민대우에 대한 제한은 부정적 목록방식을 사용하는 절충적 방식을 채택하였다.
④ 회원국은 GATS의 목적에 따라 점진적으로 보다 높은 수준의 자유화를 달성하기 위하여 WTO 협정 발효일로부터 5년 이내에 협상을 개시하고, 그 이후 계속해서 주기적으로 협상한다.

4) GATS의 적용 범위

GATS는 서비스무역에 영향을 미치는 '회원국의 조치'에 대하여 적용된다. 따라서 서비스 산업을 규제하는 회원국의 조치라 하더라도 서비스무역에 전혀 영향을 미치지 않는 조치에 대해서는 GATS가 적용되지 않는다.

5) GATS의 기본 원칙

① **최혜국대우원칙**
　㉠ GATS는 GATT와 마찬가지로 최혜국대우를 일반적 의무로써 모든 회원국에 적용되는 기본원칙으로 채택하였다.
　㉡ GATS의 최혜국대우는 "서비스무역에 영향을 미치는 회원국의 모든 조치를 다른 회원국의 동종 서비스 및 서비스 공급자"에게 적용된다는 점에서 차이를 보인다.
② **내국민대우(National Treatment) 원칙** : GATS의 내국민대우는 회원국의 일반적 의무가 아니라 '구체적 약속'(specific commitments)의 형태로 규정되어 있다는 점에서 GATT의 내국민대우와 차이를 나타낸다.
③ **투명성 원칙** : GATS의 투명성 원칙은 회원국의 조치에 대한 공표(publication), 통보(notification) 및 문의처 설치 등의 의무를 주된 내용으로 한다.
④ **개도국의 참여 증진** : 개발도상국인 회원국의 국제무역에의 참여 증진은 GATS 제3부(구체적 약속)와 제4부(점진적 자유화)에 따라 다른 회원국이 행한 구체적 약속을 통해 촉진된다.
⑤ **국내규제** : GATS는 국가의 정책목표를 충족시키기 위하여 자국 영토 내의 서비스 공급을 규제하고 새로운 규제를 도입할 수 있는 회원국의 권리를 인정하고 있다.
⑥ **인정제도** : GATS는 회원국이 특정 국가에서 습득한 교육이나 경험, 충족된 요건 또는 부여받은 면허나 증명을 인정할 수 있다는 원칙을 제시하고 있다.
⑦ **독점·배타적 서비스공급자 및 영업 관행** : 각 회원국은 자국 영역 내의 모든 독점 및 배타적 서비스 공급자가 관련 시장에서 독점 및 배타적 서비스를 제공함에 있어 최혜국대우와 구체적 약속에 따른 회원국의 의무에 일치하지 아니하는 방식으로 행동하지 않도록 보장할 의무를 진다.
⑧ **보조금** : 상품무역에서와는 달리 GATS에서는 보조금의 정의나 상계조치의 발동요건과 절차 등에 관한 구체적 규정이 없다.

6) GATS의 구체적 약속

① 시장접근

⊙ 각 회원국은 다른 회원국의 서비스 및 서비스 공급자에 대해 자국의 양허표 상에 합의되고 명시된 제한 및 조건 하에서 규정된 대우보다 불리하지 아니한 대우를 부여해야 한다.

⊙ GATS에서 시장접근방식은 명시적으로 기재하지 않는 서비스 분야는 자유화할 의무가 없는 '적극적 목록 방식'에 의한다. 그러나 자유화한 서비스 분야에 대해서는 시장접근상의 조건 및 제한을 양허표상에 명시적으로 기재하지 않는 한 기재된 제한조치 이외의 다른 조치들은 허용되지 않는 소위 '부정적 목록 방식'을 채택하였다.

⊙ 양허표상에 기재할 수 있는 제한조치의 유형
- 서비스공급자 수의 제한
- 서비스거래액 또는 자산총액제한
- 서비스 총 영업량 또는 총 산출량의 제한
- 총 고용인력의 제한
- 서비스공급기업의 형태제한
- 외국자본 참여에 대한 제한 등

② 내국민대우 : GATS의 내국민대우는 상품무역의 경우와는 달리 회원국의 일반적 의무가 아닌 구체적 약속의 형태로 규정되었다.

③ 추가적 약속 : 회원국은 가격, 표준 또는 면허 사항에 관한 조치를 포함하여 서비스무역에 영향을 미치는 조치와 관련하여 약속에 관한 협상을 할 수 있다.

7) GATS의 기본원칙에 대한 제한

① 긴급수입제한 조치 : 상품무역협정과는 달리 GATS는 긴급수입제한조치의 발동요건과 발동절차에 관한 구체적 기준을 규정하지 못하였다.

② 국제수지 보호를 위한 제한 : 국제수지와 대외 금융상의 심각한 어려움이 있는 경우, 구체적인 약속이 행하여진 서비스 무역에 대해 제한을 채택하거나 유지할 수 있다.

③ 정부구매 : 정부구매는 GATT의 경우와 마찬가지로 정부가 스스로의 사용을 위하여 구매하는 서비스에 대해서는 기본적인 GATS의 의무로부터 면제된다.

8) 양허표의 수정과 분쟁해결

① 양허표의 수정
회원국은 약속의 발효일로부터 3년이 경과한 후에는 언제라도 자국의 양허상의 어떠한 약속도 수정 또는 철회할 수 있지만 양허표를 수정하려는 회원국은 동 수정 또는 철회를 이행하고자 하는 날로부터 늦어도 3월 이내에 서비스 무역이사회에 그 의사를 통보해야 한다.

② 협의 및 분쟁해결
GATS에서는 분쟁해결과 관련하여 협의(Consultation)와 분쟁해결 및 집행 등 두 조항을 두고 있다. 그러나 동 조항들은 WTO 체제의 통일적 분쟁해결제도라는 큰 틀에서 이해되어야 하므로 여기에 명시되지 않은 사안에 대해서는 WTO 설립협정 부속서 2의 "분쟁해결규칙 및 절차에 관한 양해"가 적용된다.

14. TRIPs(무역관련 지적재산권협정)(김병일)

1) 개관

지적재산권의 국제적 보호는 기본적으로 세계지적재산권기구(WIPO)를 중심으로 논의가 진행되어왔다. WTO는 UR을 통해 무역 관련 지적재산권 보호에 관한 새로운 조약을 통해 WTO 부속서의 하나로 채택하여 그 활동 영역을 확장하였다.

2) 기본원칙

① **기존협약 존중원칙(제2조)** : TRIPs 협정은 산업재산권보호에 관한 파리협약, 문학·예술작품의 보호에 관한 베른협약, 연기자나 음반제작자, 방송사업자를 위한 로마협약, 집적회로에 관한 워싱턴조약 등 기존의 4개의 지적재산권규범들의 준수를 의무화하고 있어 기존의 지적재산권체제를 존중하고 있다.

② **내국민대우원칙(제3조)** : TRIPs 협정은 원칙적으로 WTO의 다른 협정과 마찬가지로 내국민대우원칙을 선언하고 있으며, 기존의 4개의 지적재산권협약에서 이미 그 예외가 인정된 경우와 TRIPs 협정 자체에서 그 예외를 허용하고 있는 경우에는 내국민대우원칙은 적용되지 않는다.

③ **MFN 원칙(제4조)** : TRIPs 협정은 원칙적으로 MFN 원칙이 적용된다고 규정하고 있으나 TRIPs 협정 이전에 이미 발효하고 있던 양자 또는 다자협정을 통하여 상호주의적 기초 위에서 GATT 회원국에게 부여된 바 있는 권리나 특권에 대하여는 적용되지 않는다.

④ **이익형량의 원칙**
　㉠ TRIPs 협정은 지적재산권의 보호수준이나 형태를 결정할 때에 지적재산권의 보호와 기타 정당한 이익을 비교형량하도록 하고 있다.
　㉡ 지적재산권의 보호와 집행은 기술혁신 등에 기여하고 기술지식의 생산자와 사용자에게 상호이익이 되고 사회 및 경제복지에 기여하는 방법으로 권리와 의무의 균형에 기여하여야 한다(7조)고 규정하고 있다.

3) IPR의 보호기준

(1) 개설

① TRIPs 협정은 국제무역의 왜곡과 장애를 축소하고, 지적재산권의 효과적이고 적절한 보호를 촉진하며, 지적재산권의 집행을 위한 조치가 국제무역의 장애가 되지 않도록 지적재산권을 집행하는 조치와 절차를 각 회원국이 확보할 것을 전문에서 규정하고 있다.

② 협정은 제1부에서 일반규정과 기본원칙을 밝히고 있는데, TRIPs 협정이 보호하는 지적재산권으로는 협정 제2부에서 저작권과 저작인접권, 상표, 지리적 표시, 디자인, 특허, 집적회로배치설계, 영업비밀 등을 두고 있다.

(2) 저작권

① **베른협약과의 관계** : WTO TRIPs 협정은 베른협약을 준용하고 있고 저작권의 보호범위는 표현에만

미치고, 아이디어, 절차, 운용방법, 수학적 개념 등은 제외됨을 밝히고 있다.

TRIPs 협정은 저작인격권을 그 보호의 대상에서 제외하고 있으며, 보호대상 권리를 원칙적으로 소급보호, 즉 발효 당시 존재하던 모든 대상물에 대하여 적용하고 있다.

② **컴퓨터프로그램의 보호** : TRIPs 협정은 컴퓨터프로그램이 베른협약에서의 '문학저작물'로서 보호된다고 규정하고 있다.

③ **데이터베이스의 보호** : 베른협약은 문학·예술'저작물'보호를 규정한 반면 TRIPs 협정은 데이터를 포함시켜 저작물에 국한하지 않았다.

④ **컴퓨터프로그램 및 영상저작물의 대여권** : 디지털 시대의 복제기술의 발달에 따른 대응책으로 TRIPs 협정은 대여권을 인정하고 있다.

⑤ **저작권의 보호 기간(제12조)** : TRIPs 협정은 사진저작물 및 응용저작물이 아닌 일반 저작물의 보호기간을 저작자의 생존 기간 동안 및 사후 50년을 기준으로 규정하고 있다.

⑥ **저작권의 제한과 예외(제13조)** : TRIPs 협정은 베른협약과 마찬가지로 저작권을 제한하는 요건을 매우 엄격하게 규정하고 있다. 특정되고 특별한 경우에 한하며 저작물의 통상적 이용과 저촉되지 않아야 하며 저작권자의 합리적 이익을 부당하게 해하지 않는 범위 내에서만 제한이 허용된다.

⑦ **저작인접권의 보호** : TRIPs 협정은 실연자와 음반제작자에 대해서는 그 실연 또는 음반제작의 다음 해부터 50년간 보호를 규정하고 있으며 방송사업자에 대해서는 방송되어진 다음 해부터 20년간의 보호를 규정하고 있다. 로마협약에는 존재하지 않았던 저작인접권에 대한 소급보호가 TRIPs 협정을 통해 도입되었다.

(3) 상표

① TRIPs 협정의 보호대상으로서의 상표는 성명을 포함한 단어·문자·숫자·도형요소 및 색채의 조합과 같은 표지 또는 그러한 표지들의 결합으로서 타 상품 또는 서비스와 상호 구별될 수 있는 표지이다.

② 회원국은 시각적으로 인식될 수 있는 상표만을 등록요건으로 요구할 수 있다. 또 상표의 보호 기간은 최소한 7년으로 하고 그 등록갱신은 무제한으로 인정하여야 한다.

③ 회원국은 등록된 상표의 권리자에게 권리자의 승낙 없이 상업적으로 권리자의 상품이나 서비스와 동일 또는 유사한 상품이나 서비스에 대하여 권리자의 상표와 동일하거나 유사한 상표를 사용하지 못하도록 할 수 있는 배타적인 권리를 부여해야 한다고 규정하고 있다.

④ TRIPs 협정은 상표권의 자유양도성을 인정하고 있으며, 강제실시권 허용은 불가능을 규정하고 있다.

(4) 지리적 표시

① TRIPs 협정에 의하면 지리적 표시란 "상품의 품질, 명성, 그 밖의 특성이 본질적으로 지리적 근원에서 비롯되는 경우 회원국의 영토, 또는 회원국의 지역이나 지방에서 생산되었다는 것을 알리는 표시를 의미한다"고 규정하고 있다.

② TRIPs 협정의 지리적 표시는 상품(goods)에 대하여만 인정된다.

③ 일반적 산품의 지리적 표시의 보호와 관련해서는 WTO 회원국은 공중의 오인을 유발하는 지리적 표시의 상표등록의 거절 무효화 및 그 사용을 금지하는 법적 수단을 제공하도록 하고 있다.

(5) 디자인

① TRIPs 협정은 독자적으로 창작된 신규성, 창작성이 있는 디자인의 보호, 허여되는 권리, 보호기간 등에 대해서 규정하고 있다.
② TRIPs 협정은 디자인의 보호요건으로서 신규성과 독창성을 요구하고 있는데, 공지된 디자인은 보호대상에서 제외된다.
③ TRIPs 협정은 제3자가 권리자의 동의 없이 보호디자인을 상업적 목적으로 제조, 판매, 수입하는 행위를 금지할 권리를 디자인권자에게 부여하고 있다.

(6) 특허

① **특허대상(제27조)** : TRIPs 협정은 신규성, 독창성, 산업상 이용가능성이 있는 발명은 보호하되 공서양속 등에 위반한 발명은 보호하지 않는다고 규정하고 있다.

② **허용된 권리(Rights Conferred)**
TRIPs 협정 제28조는 특허권을 배타적인 권리로 규정하고 있는데 특허대상이 물건(product)인 경우에는 제3자가 특허권자의 동의 없이 동 물질을 제조, 사용, 판매를 위한 제공, 판매, 판매목적으로 수입하는 행위들을 금지하고 있다.

③ **권리자의 승인 없는 기타 사용**
TRIPs 협정은 반도체의 경우를 제외하고는 강제실시를 부여할 수 있는 요건을 한정하지 않고, 대신에 강제실시를 발동할 때 부가하여야 하는 조건만을 규정하고 있다.

(7) 반도체집적회로

TRIPs 협정 회원국은 집적회로에 관한 지적재산권조약의 규정에 따른 보호를 제공하여야 한다는 일반적 규정을 두고 있다. 그 보호대상은 회로배치설계(layout-design), 보호되는 배치설계가 결합된 집적회로(integrated circuits) 및 그 집적회로가 포함된 최종제품에도 미치도록 하고 있다.

(8) 미공개정보의 보호

TRIPs 협정 제39조는 부정경쟁을 효율적으로 방지하기 위하여 영업비밀 및 정부에 제출한 자료를 보호하도록 규정하고 있다.

4) 분쟁해결

지적재산권이사회가 동 협약의 실시에 대한 전반적인 사항을 관장하고 있으나 분쟁해결은 DSB에 의하여 통일적으로 관장된다.

10

국제환경법

제1절 국제환경법의 원칙과 특징

1. 기본원칙

1) 영역사용의 관리책임원칙(리우선언 제2원칙)

① 의미 : 모든 국가는 자국의 영토를 타국영토 또는 타국의 권리에 해를 끼치는 방법으로 사용하거나 사용하도록 허가하여서는 안 된다는 원칙을 말한다.

② 판례

㉠ ICJ는 2010년 Pulp Mill on the River Uruguay 사건에서 국가는 자국 영역 내에서의 활동이 타국 환경에 중대한 피해를 야기하지 않도록 가능한 모든 수단을 다 해야 하며, 이러한 의무는 이미 환경에 관한 국제법의 일부로 확립되었다고 판결하였다.

㉡ 1941년 Trail Smelter 제련소 중재 사건 판결, 1948년 ICJ의 Corfu 해협 사건 판결, 1996년 핵무기 위협이나 사용의 적법성에 대한 ICJ의 권고적 의견에서도 동 원칙이 확인된 바 있다.

> **관련판례**
>
> **목스(mixed oxide : MOX) 공장 사건(2001, 중재재판)**
>
> ① 사건 요약 : 영국이 컴브리아주의 셀라필드에 새로운 MOX 공장시설의 설립을 허가하였다. 이 시설은 플루토늄 산화물과 우라늄 산화물의 혼합물을 포함하고 있는 사용된 핵연료를 산화연료 또는 MOX로 알려진 새로운 연료로 재처리하기 위해 설립되었다. 아일랜드 정부는 공장의 가동이 아일랜드해(Irish Sea)의 공해를 유발하며 공장으로의 방사능 물질의 수송과 관련하여 잠재적 위험이 있다고 주장하며 UN 해양법협약상의 중재재판을 요청하며 잠정조치명령을 국제해양법재판소에 요청하였다. 이 사건은 아일랜드가 요구하는 영국 핵연료 재처리 공장에 관한 정보를 영국이 북대서양해양환경보호협정(OSPAR) 9조에 의거하여 제공할 의무가 있는지 여부가 쟁점이 된 사건이다.
>
> ② 판례 요지
>
> ㉠ 국제해양법재판소는 양측에 대해 해양오염 관련 정보 등을 교환, 감시, 예방하기 위한 즉각적인 협의와 협력을 명령하는 잠정조치를 내렸다.
>
> ㉡ 재판부는 아일랜드가 요구하는 정보는 해양 상태에 부정적인 영향을 미칠 가능성이 있다는 점이 입증되어야 하나 아일랜드의 항변은 최대한 인정하더라도 막연한 영향을 미칠 수 있다는 것이지 부정적인 영향이라는 점을 입증하지 못했다고 지적하였다.
>
> ㉢ 영국은 소송 과정에서 2002년 여름까지 해당 시설에 대한 방사성 물질의 해양 반입·반출을 중단하기로 약속했다.

> **관련판례**
>
> **트레일 제련소(Trail Smelter) 사건(1941, 중재재판)**
>
> ① 국가는 자국 영토를 타국에 해롭게 하는 방법으로 사용해서는 안 된다는 국가의 영역관리책임이 일반국제법상 확립된 원칙임을 확인하였다.
> ② 사인의 행위에 대하여 상당한 주의의무를 결여한 경우 국가책임이 발생할 수 있으며, 따라서 캐나다는 트레일 제련소의 행위에 대해 국가책임을 진다.

2) 지속가능한 개발의 원칙(리우선언 제4원칙)

① 지속가능한 개발은 1987년 UN Brundtland 보고서에서 지속가능한 개발을 '미래 세대의 필요를 충족시킬 능력을 손상시키지 않으면서 현재 세대의 필요를 충족시키는 개발'이라고 정의하면서 일반화되었다.

② 내용

㉠ 세대간 형평(inter-generational equity) : 현재의 세대는 지구의 환경을 일정한 상태로 유지하여 미래 세대에 물려줄 의무가 있다.

㉡ 지속가능한 이용(sustainable use) : 자연자원은 재생 가능한 범위에서 이용하고 개발되어야 한다.

㉢ 형평한 이용(equitable use) : 자연자원의 이용은 개별 국가의 경제적 사정, 환경오염을 유발한 역사적 책임, 발전에 대한 상이한 필요성 등을 고려해 각국에 공평한 몫이 돌아가도록 해야 한다.

㉣ 환경과 개발의 통합 : 환경보호는 개발과정의 중요한 일부를 구성하며, 개발과정에서 같이 고려되어야 한다.

3) 공동의 그러나 차별적인 책임(common but differentiated responsibility)(리우선언 제7원칙)

① 의미 : 공동의 그러나 차별적인 책임이란 지구환경의 보호에 관해 모든 인류가 공동의 책임을 부담하지만, 구체적인 책임에 있어서는 각국이 오염을 유발한 정도와 능력에 따라 차별적인 책임을 진다는 것을 말한다.

② 이것은 선진국에는 강한 의무를 부담시키며 개도국에 재정지원과 기술이전 등을 해주는 형태로 발현되었다.

4) 사전주의 원칙(precautionary principle)(리우선언 제15원칙)

① 의미 : 심각한 환경피해의 우려가 있는 경우 과학적 확실성이 다소 부족해도 환경 훼손에 관한 방지조치를 우선 취해야 한다는 것을 말한다.

② 사전주의 개념은 1976년 독일이 제정한 연방생활방해방지법(임미시온방지법) 제5조에 규정된 Vorsorge-prinzip에서 유래되었다. Vorsorge-prinzip는 독일어로 '사전예방 원칙'을 말한다.

③ 사전주의 원칙을 규정한 최초의 국제환경조약은 '오존층 보호를 위한 비엔나협약'과 이에 대한 '오존층 파괴물질에 관한 몬트리올 의정서'이다. 이후 생물다양성 협약, 기후변화협약, 바이오 안전성에 관한 의정서(2000) 등에서 규정하고 있다.

5) 오염자비용부담의 원칙(Polluter Pays Principle : PPP)(리우선언 제16원칙)

① 의미 : 환경오염을 유발한 책임이 있는 자가 오염의 방지와 제거를 위한 비용을 담당해야 한다는 주장을 말한다.
② PPP 원칙은 상품이나 용역의 가격에 환경보호에 관한 비용을 포함시켜야 한다는 이른바 환경비용의 내부화를 내용의 핵심으로 한다.

6) 환경영향평가(리우선언 제17원칙)

① 의미 : 인간의 계획된 활동이 환경에 미칠 것으로 예상되는 영향을 평가하는 절차를 말한다.
② 환경영향평가는 1969년 미국의 '국가환경정책법'에서 규정한 것을 시작으로 많은 국가가 수용하면서 국제법에 도입된 제도이다.
③ ICJ는 2010년 Pulp Mill on the River Uruguay 사건과 2015년 Nicaragua v. Costa Rica 사건에서 계획된 산업활동이 월경 차원에서, 특히 공유자원에 대해 심각한 악영향을 초래할 위험이 존재하는 경우 환경영향평가를 실시하는 것은 이제는 일반국제법 상의 한 요건이라고 판결하였다.
④ 환경영향평가는 '유독성폐기물의 국가간 이동 및 그 처리의 통제에 관한 바젤 협약', '기후변화협약', '생물다양성협약' 등 다양한 국제환경조약에서 당사국의 의무로 수락되고 있다.

관련판례

Pulp Mills 사건(2010, ICJ)

① ICJ는 실체적 및 절차적 의무의 상호관계에 대해서 양자가 비록 연결되어 있지만 절차적 의무 위반이 곧 실체적 의무의 위반을 낳지는 않는다고 보았다.
② 협력의무로 크게 총칭할 수 있는 통지 및 협의할 절차적 의무와 관련하여 ICJ는 우루과이의 의무위반을 인정하였다. 하지만 절차적 의무 위반이 공장건설금지를 의미하지는 않는다고 보았다.
③ 결론적으로 우루과이는 절차적 의무만을 위반하였으며, 이에 대한 구제수단으로 ICJ는 위법행위확인이 만족을 구성한다고 보며 다른 형태의 구제수단은 부정하였다.
④ ICJ는 환경영향평가의무가 국제관습법상 의무라고 확인하였다.

7) 국제협력원칙(리우선언 제7, 18, 19원칙)

① 국제환경문제는 전 지구적 차원에서 진행되며, 해결 역시 전 지구적 차원의 협력을 통해서만 가능한 경우가 많기 때문에 많은 국제환경조약은 국가간 협력원칙을 규정하고 있다(리우선언 제7원칙).
② 환경적으로 해로운 자연재해나 긴급사태가 발생하면 당사국은 이를 다른 국가에 즉시 통보해야 하며, 피해의 감소를 위하여서도 협력해야 한다(리우선언 제18원칙).
③ 국경을 넘어 환경오염을 유발할 가능성이 있는 활동을 계획하고 있는 국가는 잠재적 영향을 받을 가능성이 있는 국가에게 해당 정보를 제공하고 초기 단계에서 이들 국가와 성실하게 협의해야 한다(리우선언 제19원칙).

2. 국제환경법의 특성

(1) 연성법의 중요성
① 분권화된 국제사회에서 Soft Law의 역할은 국제환경법 분야에서 특히 중요하다.
② 당장 법적 구속력을 부과하기 어려운 분야에서 장래의 행동지침을 제시하는 각종 선언, 행동계획, 권고 등은 효과적인 이행수단이며, 각국은 Soft Law에 담긴 원칙에 동의하면서 자국의 실정에 맞게 단계적으로 실현할 수 있다.

(2) 이원적 법형식
① 국제환경법은 우선 추상적 의무나 기본원칙 등 각국이 반대하기 어렵고 동의할 수 있는 내용만을 규정하는 기본조약을 먼저 채택하고, 구체적인 이행의무는 후속의 의정서나 부속서, 부록 등 다양한 형식의 후속협정을 통해 구체화하는 방식을 사용하고 있다.
② 오존층 보호를 위한 비엔나협약과 몬트리올 의정서나 기후변화협약과 교토의정서, 파리협정 등이 이러한 사례에 해당한다.

(3) 상호주의적 이행보장의 적용 불가
① 국제환경문제는 상호주의적 보장을 통한 대체나 문제해결이 불가능한 분야이다.
② 해양오염을 방지할 의무를 특정 국가가 위반했다고 하여 그 위반을 중지시키기 위해 자국도 오염방지 의무를 포기할 수는 없기 때문이다.

(4) 국제법의 선도적 역할
① 국제환경법은 범세계적 적용을 목표로 하는 국제법이 먼저 정립되고 이러한 국제법의 국내적 이행을 위한 국내법이 제정되는 방식으로 발전해왔다.
② 국제법이 국내법의 발전을 선도하는 형식이다.

(5) 비국가행위자들의 활발한 참여
① NGO나 거대 기업들이 국제환경법을 직접 정립할 수는 없으나 규범 내용의 결정에 적극적인 역할을 하고 있다.
② 환경의 보전과 보호는 상업적 이해와 충돌하기 때문에 각국의 거대 기업들은 자국 정부에 영향력을 행사함으로써 국제환경법 정립에 간접적으로 참여하고 있다.

(6) 조약상 의무의 보편화 경향
① 특정 국제환경법은 조약당사국에게 비당사국에 대한 특별의무를 부과함으로써, 비당사국이 당해 조약에 가입하지 않음으로써 불이익을 받게 하는 조항을 두고 있다.
② 또한 당사국에게만 우선적·특혜적 이익을 부여하는 조항을 두거나 국제환경법 위반을 국제범죄로 처벌하는 방법을 강구하는 추세에 있다.

제2절 국제환경법의 연혁

1. 유엔인간환경회의(일명 '스톡홀름회의')

1) 회의의 개최
① 1968년 UN총회의 인간환경회의 소집결의에 따라 1972년 스톡홀름에서 개최되었으며 이 회의에는 113개국 대표와 주요 국제기구로부터 총 1200명이 참석하였다.
② 인간환경선언과 109건의 권고를 포함한 인간환경행동계획을 채택하고 UN 환경계획기구(UNEP)의 설립, 세계환경일 지정(6월 5일), 제2차 UN 인간환경회의 개최, 핵실험금지 등의 4개 결의를 채택하였다.

2) 인간환경선언
① 전문과 26개 원칙으로 구성되어 있는데 비록 법적 구속력이 없는 '선언'에 불과하지만 국제환경법의 이념과 기본원칙을 천명하고 있다.
② 특히 원칙 21~26은 국제환경법이 일반 국제관습에 근거하고 있음을 선언하고 국제환경법 발전을 위해 국가들이 협력해야 한다고 규정하고 있다.

3) 인간환경 행동계획
환경 분야에서의 장래에 대한 행동지침으로서 5개 분야에 109개 항목의 구체적 권리로 구성되어 있다.
① 제1분야 : 인간거주환경의 계획·관리
② 제2분야 : 환경적 측면에서의 천연자원관리
③ 제3분야 : 국제적 오염물질의 파악과 규제
④ 제4분야 : 교육·정보·사회·문화적 측면에서의 환경보호
⑤ 제5분야 : 환경정책의 개발저해 방지

4) UN 환경계획기구(UNEP)
① 설립 : 스톡홀름회의 결의에 따라 제27차 UN 총회의 결의로 1972년에 발족하였다.
② 목적 : 목적은 인간환경의 보호·개선을 위한 국제협력을 촉진하는 데 있다.
③ 활동 내용 : 활동 분야는 인간거주·건강·복지, 토지·물·사막화 방지, 무역·경제·기술이전, 해양, 자연·야생생물·유전인자보호, 에너지, 환경평가, 환경관리, 교육·훈련원조·정보, 장래계획의 10개 항목으로 분류되어 있다.
④ 기관 : 관리이사회, 사무국, 기금 및 조정위원회로 구성된다.

2. UNCED(일명 '리우회의')

1) 회의의 개최

① 1992년 6월 브라질의 리우데자네이루에서 개최된 115개국의 국가정상 및 정부수반을 비롯한 178개국 정부대표가 참가한 역사상 최대규모의 국제환경회의였다.

② 동 회의의 결과 '리우선언'과 그 실행계획이라고 할 '의제 21(Agenda 21)' 그리고 열대림보호를 위한 '산림보호원칙'을 채택하였고, 회의 기간 중 서명을 위해 개방된 '기후변화협약'과 '생물다양성 협약'도 체결되었다.

2) 주요 내용

(1) 리우선언(환경과 개발에 관한 리우데자네이루 선언)

① 형식적으로는 스톡홀름선언의 정신을 승계했으나 내용 면으로는 매우 다른 개념과 환경 및 개발에 관한 포괄적 원칙을 도입하고 있다.

② 리우선언은 환경문제에 관한 행위 및 국제사회의 행위를 규율하는 전문과 27개의 원칙으로 구성되어 있으며 비록 법적 구속력은 없으나 선진국과 개도국간의 합의를 통해 이루어졌다.

③ 동 선언은 개도국의 주장인 인간중심의 환경, 주권적 자원개발계획, 빈곤퇴치, 개도국의 특수사정 고려, 환경을 구실로 한 부당한 무역규제불가, 차등적인 책임부담의 내용이 포함됨과 아울러 선진국이 주장하는 환경파괴예방조치, 오염자비용부담원칙, 환경영향평가제의 도입이 함께 규정되어 있다.

④ 리우 선언은 동반자 인식하에 환경과 개발의 조화, 지속적 개발을 위한 정치적·철학적 지침 제공하고 특정 분야별 행동지침은 의제 21에 위임하고 있다.

(2) 의제 21(Agenda 21)

리우선언의 실천을 위한 구체적인 행동지침으로서 스톡홀름회의의 행동계획에 비해 환경과 개발 분야의 현황·목표·이해방안을 구체적으로 확정하여 이행상황을 정기적으로 감시할 수 있도록 제도화한 것이 특징이며 지속적 개발위원회(CSD)의 설치를 결정하였다.

(3) 지속개발위원회(commission on Sustainable Development, CSD)의 설치

① UNCED 회의 결과의 이행상황을 검토, 감시하기 위한 기구로서 의제 21 제38장에 의하여 그 설치가 규정되어 유엔경제사회이사회 산하로 설립되었다.

② CSD는 또한 재정 및 기술이전의 상황과 관련하여 '의제 21'의 이행문제를 검토하도록 규정하고 있어 개도국의 입장에서 안전장치를 확보한 것으로 평가되었다.

(4) 산림의 보존과 개발에 대한 산림원칙(Principles on Forest)

① 1992년 리우회의 결과 채택된 것으로 정식명칭은 '모든 종류의 산림의 관리보존 및 지속적 개발에 관한 지구적 합의를 위한 원칙에 관한 법적 구속력 없는 유권적 성명'이다. 선진국과 개도국간의 첨

예한 대립을 절충한 합의로서 향후 체결될 산림에 관한 국제협약의 기초역할을 하고 있다.

② **선진국 입장** : 산림의 보존 측면을 강조하고 산림원칙이 각국의 보존의무를 부과하는 강제력 있는 법규범으로 발전해야 한다고 주장하였다.

③ **개도국 입장** : 자국 관할하의 산림과 생물다양성의 주권적 개발권리·재정지원·기술이전 및 무역장벽제거의 필요성 등을 주장하고 산림원칙의 법 규범화를 반대하였다.

④ 산림원칙은 선진국과 개도국의 입장을 절충한 것이므로 1995년 뉴욕에서 개최된 지속적개발위원회에서 1997년까지 산림협약의 제정을 목표로 정부간 토의기구를 구성하는 데 합의하였다.

제3절 분야별 국제환경 규범

1. 대기환경보호

1) 국경을 넘는 광역대기오염에 관한 협약(1979년, 제네바)

① 1960년대 이후 유럽에서는 산성비와 같은 광역적 대기오염원의 방출에 의해 커다란 환경적 피해가 발생했다.

② 대기오염에 의한 환경피해가 심각해짐에 따라 유럽국가들을 중심으로 광역적 대기오염을 억제하기 위한 국제적 노력이 전개되었다.

③ 1979년 광역적 대기오염원의 방출로 인한 환경적 피해를 억제하기 위한 국제적인 노력의 결과 채택된 협약이 바로 국경을 넘는 광역대기오염에 관한 협약이다.

④ UN 유럽경제위원회(UNECE)의 주관으로 채택되어 그 대상 범위가 유럽지역에 국한되어 있으나 대기환경을 다룬 최초의 다자조약으로서 당사국에 구체적인 의무를 부과하지는 않으나 대기환경보호의 기반을 마련한 데 그 의의가 있다.

2) 오존층보호 분야

(1) 오존층보호를 위한 비엔나협약(1985년, 비엔나)

① 의미 : 오존층파괴물질의 생산과 소비를 억제하여 오존층의 소실을 방지하기 위한 국제적 노력을 위해 채택된 협약이다.

② 오존의 역할과 소실

　㉠ 오존은 태양자외선과 산소의 작용으로 생성되고 염소산화물·브롬산화물 등과의 화학작용으로 파괴된다.

　㉡ 성층권의 오존은 태양에서 방출되는 파괴적 자외선을 흡수·차단하는 역할을 하기 때문에 인류의 생존을 위해서는 적정수준의 오존이 오존층에 유지되어야 한다.

③ 파괴물질 : 오존 파괴의 주범은 염화불화탄소(CFCs)와 할론 등의 물질이다.

④ 내용 : 협약의 목적은 오존층의 변화를 초래하거나 초래할 가능성이 있는 인간활동으로 인한 인간의 건강 및 환경에 대한 폐해를 방지하기 위해 적절한 조치를 취하는 데 있다.

(2) 오존층 파괴 물질에 관한 의정서(1987년, 몬트리올 의정서)

① 몬트리올 의정서는 오존층의 보호를 위해 파괴물질의 생산과 소비를 원천적으로 규제하고 비당사국에 대한 매우 엄격한 무역금지조항을 두어 환경문제와 산림·경제 및 무역문제를 직접 연계시킨 최초의 조약이다.

② 내용

　㉠ 1989년부터 CFCs의 생산과 소비를 1986년 수준으로 동결시키고 이후 단계적으로 절반 수준으

로 감축시킬 것을 요구다.
　　ⓛ 할론가스는 1992년부터 생산과 소비를 동결시킬 것을 요구했다.
　　ⓒ 비당사국으로부터 규제물질의 직접수입은 물론 규제물질을 사용해 생산된 물품의 수입도 금지시켰다.
　　ⓔ 개도국에 대해서는 10년간의 유예기간 부여와 아울러 규제조치를 준수할 수 있도록 재정지원과 기술이전을 보장하는 다자간기금을 설치·운영토록 했다.
　　ⓜ 평가패널의 연구결과에 따라 규제조치를 별도의 개정 절차 없이 당사국회의에서 수시로 조정할 수 있도록 하는 탄력적인 체제를 갖고 있다.

3) 기후 분야

(1) 기후변화협약

① 의미
　ⓖ 기후변화협약은 인류의 화석연료 사용으로 발생하는 이산화탄소와 몬트리올의정서에 의해 통제되지 않는 기타 모든 온실가스를 규율대상으로 하는 골격조약으로 전문과 26개 조문으로 구성되었다.
　ⓛ 국가간의 이해관계의 상충으로 인해 이산화탄소의 배출규제방법 및 시기 등 핵심적 사항을 규정하지 못하고 단지 기후변화방지에 노력한다는 일반원칙을 도출하는 데 그쳤다.

② 목적 : 기후체계가 위험한 인위적 간섭을 받지 않는 수준으로 대기 중 온실가스 농도의 안정화를 달성하는 것이다.

③ 주요 내용
　ⓖ 모든 당사국은 온실가스로 인한 기후변화를 완화시키기 위해 국가계획을 수립하고 실시하여야 한다.
　ⓛ 선진국은 온난화 가스의 배출량을 1990년 수준으로 동결하며 이를 위해 협약발효일로부터 6개월 이내 및 그 후 정기적으로 각국이 취한 정책 조치와 온난화 가스 배출량에 대한 정보를 교환해야 한다.
　ⓒ 지구 온실가스의 많은 부분은 선진국에 의해 배출되었다는 역사적 책임을 인식하고 선진국들이 기후변화와 그 부정적 효과에 대처하는 데 선도적 역할을 해야 한다(공동의, 그러나 차별적 책임원칙).
　ⓔ 선진국은 타당사국, 특히 개도국에게 협약시행을 위해 환경적으로 건전한 기술의 이전을 증진시키고 재정지원을 해야 한다.
　ⓜ 기타 : 사전주의적 조치의무(제3조 3호), 유보의 전면금지(제24조) 등

(2) 교토의정서

① 의미
　ⓖ 기후변화협약 당사국 회의에서 채택된 것으로 지구온난화를 유발하는 온실가스 배출량 감축의무에 대한 법적 구속력이 있는 국제적 합의이다.
　ⓛ 정식명칭은 '기후변화에 관한 국제연합 기본협약에 대한 교토의정서'이고 1997년 교토에서 채택

되었고, 2005년 발효되었다.

② **감축대상 온실가스** : 이산화탄소(CO_2), 메탄(CH_4), 아산화질소(N_2O), 수소불화탄소(HFCs), 과불화탄소(PFs), 육불화황(SF_6) 등 여섯 가지이다.

③ **내용**

㉠ 교토의정서는 선진국들의 감축대상인 온실가스 배출량을 2008년부터 2012년까지 1990년에 비해 최소 5%를 감축하기로 하고, 각국별로 차등적 목표치를 부과하였다.

㉡ 미국은 7%, 유럽연합국은 8%, 일본은 6%를 감축시켜야 했으나 미국은 비준하지 않았다. 한국은 감축의무가 없는 개도국으로 분류되었다.

④ **감축이행 수단**

㉠ 배출권거래(emissions trading) : 자국에게 할당된 온실가스 배출 쿼터보다 적은 온실가스만을 배출한 선진국의 경우 그 차이분을 배출 쿼터를 초과한 국가에게 매각할 수 있는 제도이다(제17조).

㉡ 공동이행(joint implementation) : 선진국 중 한 국가가 자본과 기술을 투여하여 다른 국가의 온실가스 배출 감축 노력을 지원할 경우 이때 감축된 배출량의 일부를 자국의 감축량으로 인정받을 수 있는 제도이다(제6조).

㉢ 청정개발체제(clean development mechanism) : 선진국이 개도국과의 공동이행을 통해 감축된 온실가스를 자국의 감축실적으로 인정받는 체제를 말한다(제12조).

㉣ 배출권 적립(banking system) : 선진국이 감축 이행기간 동안 실제 배출한 온실가스의 양이 당초의 허용량보다 적을 경우, 그 차이를 차기 이행기간 동안의 배출 허용량에 추가시킬 수 있는 제도이다(제3조 13항).

(3) **파리협정(Paris Agreement)**

① 교토의정서는 미국이 불참했으며, 국제협력도 원활치 않아 어려움을 겪고 있어 후속 조약의 필요성이 제기되었으며, 2015년 12월 파리에서 195개 기후변화협약 당사국들은 교토의정서를 대체하는 파리협정을 체결했다.

② **내용**

㉠ 장기목표

- 국제사회 공동의 장기목표로 산업화 이전 대비 지구 평균기온 상승을 2℃보다 상당히 낮은 수준으로 유지하는 것으로 하고, 온도 상승을 1.5℃ 이하로 제한하기 위한 노력을 추구한다.
- 다만, 목표를 달성함에 있어 각국의 다양한 여건을 감안하고, 공통의 그러나 차별화된 책임과 각국의 상이한 역량을 고려하도록 한다.

㉡ 감축

- 국가별 기여방안(NDC)은 스스로 정하는 방식을 채택하여, 5년마다 상향된 목표를 제출하되 공통의 차별화된 책임 및 국별 여건을 감안할 수 있도록 하였다.
- 감축목표 유형과 관련, 선진국은 절대량 방식을 유지하며, 개도국에게는 국별 여건을 감안하되, 부문별 감축 목표가 아닌 경제 전반을 포괄하는 감축 목표를 점진적으로 채택하도록 하였다.

㉢ 탄소시장 : 온실가스 감축목표의 효과적 달성을 위해 UN 기후변화협약 중심의 시장 이외에도 당사국 간의 자발적인 협력도 인정하는 등 다양한 형태의 국제 탄소시장 매커니즘 설립에 합의

하였다.
- ㉣ 이행점검 : 5년 단위로 파리협정 이행 전반에 대한 국제사회 공동 차원의 종합적인 이행점검(Global Stocktaking)을 도입하여 2023년에 이를 처음 실시하게 된다.
- ㉤ 적응
  - 온실가스 감축 뿐 아니라 기후변화에 대한 적응의 중요성에 주목하고, 기후변화의 역효과로 인한 '손실과 피해' 문제를 별도 조항으로 규정하였다.
  - 모든 국가는 국가적응계획을 수립하고, 이러한 적응계획과 이행내용 등에 대한 보고서를 제출하여 각국의 적응 정책, 이행사례 등에 대한 정보를 공유할 것을 명시하고 있다.
- ㉥ 재원 : 개도국의 이행지원을 위한 기후 재원과 관련하여 선진국의 재원공급 의무를 규정하고, 선진국 이외 국가들의 자발적 기여를 장려한다.
- ㉦ 기술 : 신기후체제에서 개도국이 감축 의무에 동참하는 것은 이에 필요한 기후기술 지원을 전제하고 있는 바, 기술의 개발 및 이전에 관한 국가들 간의 협력이 확대, 강화되도록 규정되었다.
- ㉧ 발효요건 : 파리협정은 55개국 이상, 글로벌 온실가스 배출량의 총합 비중이 55% 이상에 해당하는 국가가 비준하는 두 가지 기준을 충족하면 발효되는데 파리협정은 2016년 11월 4일 발효했다.
- ㉨ UN 사무총장은 파리협정의 수탁자가 되며, 파리협정은 그 어떤 유보도 할 수 없다.
- ㉩ 탈퇴 : 각 당사국은 파리협정이 자국에 대해 발효한 후 3년이 지나면 수탁자에게 서면으로 통고함으로써 언제든지 탈퇴할 수 있다. 탈퇴의 효과는 수탁자가 탈퇴 통고를 수령한 날로부터 1년이 만료되는 날에, 또는 탈퇴 통고에서 명시한 그보다 더 늦은 일자에 발생한다.

2. 생물다양성 보호

1) 생물다양성 협약

① 의미 : 인간의 활동으로 인한 생물종과 생태계의 파괴 현상을 방지하기 위해 체결된 협약으로서 전문과 42개조 및 2개의 부속서로 구성되었다.

② 목적 : 생물종의 다양성을 보존하고 유전자원을 지속가능하게 이용하여 그 이익을 공평하게 분배하는 것이 목적(제1조)이다.

③ 내용

㉠ 각 당사국은 생물다양성의 보전과 지속가능한 이용을 위해 협력해야 하며(제5조), 생물다양성의 보전 및 지속가능한 이용을 위해 국가전략·계획 및 프로그램을 개발해야 한다(제6조).

㉡ 당사국은 생물종 다양성의 요소개발 및 생물 다양성에 영향을 미치는 활동을 조사하고 감시해야 한다.

㉢ 당사국은 보호구역을 설치하는 등 제반조치로서 현지보존을 해야 하고, 유전학적 기원국 내에서 생물 다양성 요소의 현지외 보존을 위한 보존조치 및 보존시설 등의 설치·관리를 해야 한다.

④ 2000년 바이오 안전성에 관한 의정서(카르타헤나 의정서)

㉠ 현대 생명공학기술의 산물인 유전자 변형생명체가 생물다양성의 보존과 지속가능한 이용에 부

정적 영향을 미치지 않도록 보장함을 목적으로 하고 있다(제1조).

ⓒ 식품이나 사료로 직접 이용되거나 그 가공용 유전자 변형생명체에 대해서는 그 잠재적인 부정적 영향에 대한 과학적 정보와 지식이 불충분한 경우에도 수입국이 사전주의 원칙을 적용하여 이를 규제할 수 있도록 허용하고 있다(제11조 8항).

ⓒ 유전자 변형 생물체의 수입국은 제품 포장 등에 유전자 변형 생물체임을 표시하도록 요구할 수 있다(제18조).

ⓔ 한국은 2008년부터 의정서의 적용을 받았으며, 국내 이행을 위해 '유전자 변형 생물체의 국가간 이동 등에 관한 법률'을 제정했다.

⑤ 2010년 나고야 의정서

㉠ 유전자원의 이용에서 발생하는 이익의 공유를 추구하는 것을 내용으로 하는 의정서이다.

㉡ 나고야 의정서는 외국의 유전자원 또는 관련 전통 지식을 이용하려 하는 경우 이용자는 유전자원 제공국에게 사전통고·승인을 받아야 한다(제6조)고 규정하고 있다.

㉢ 유전자원의 이용과 후속적인 응용 및 상업화로부터 발생하는 이익은 그 유전자원의 원산국으로서 자원을 제공하는 국가와 이를 획득한 국가 사이에 상호 합의된 조건에 따라 공정하고 공평한 방식으로 공유할 것을 규정하고 있다(제5조 1항).

㉣ 한국은 2017년 나고야 의정서를 비준하고 이행을 위한 국내법으로 '유전자원 접근 및 이익공유에 관한 법률'을 제정하여 시행하고 있다.

2) 습지보호협약(Ramsar 협약)

① 습지는 각종 동식물의 서식지, 오염물질의 정화, 홍수·태풍·가뭄 현상의 조절, 해안 침식의 방지, 기후조절, 관광지로서의 기능 등 다양한 역할을 한다.

② 경제개발에 따른 습지 감소를 방지하기 위해 1971년 이란의 람사르에서 '물새 서식처로서 국제적으로 중요한 습지에 관한 협약(람사르협약)'이며 채택되었다.

③ 람사르협약은 동식물서식처 보호목적으로 채택된 최초의 협약이나 활동이 저조하다가 1990년대 들어 생물다양성의 원천으로서 습지의 중요성이 부각됨에 따라 주요협약으로 대두되었다.

④ 람사르협약은 각 당사국이 자국 내에서 생태학적·식물학적·동물학적·수문학적 견지 등에서 국제적으로 중요하다고 판단되는 습지를 지정해 이의 보존을 위한 계획을 수립하고 실행할 것을 요구한다.

⑤ 협약의 목표는 물새가 서식하는 세계적으로 중요한 습지를 국제적으로 보호하는 것이다.

⑥ 협약 당사국은 람사르 습지목록에 들어갈 1개 이상의 습지를 지정하여야 하며 국내습지에는 자연보호구(nature reserves)를 설치하도록 권고한다.

⑦ 한국은 1997년 가입 시 강원도 인제군 대암산 용늪을 습지목록에 등록시켰으며 국내입법으로 습지보전법을 1999년 제정하여 시행하고 있다. 2018년 현재 총 23개 지역이 보호대상 습지로 등록되었다.

3) 멸종위기에 있는 야생동·식물의 국제거래에 관한 협약

(1) 연혁

1973년 멸종위기에 있는 야생동식물종의 국제거래에 관한 워싱턴협약(the Convention on

International Trade in Endangered Species of Wild Fauna and Flora : CITES)이 체결되어 1975년 발효하였다.

(2) 협약의 내용

① 협약은 1,000여 종의 협약대상 동식물을 규제 정도에 따라 3개의 부속서에 나누어 등재하고 거래에 대한 수출·수입증명서 발급요건을 규정하고 있다.

② 부속서 1
   ㉠ 최고의 보호를 받는 것으로 거래로 영향을 받거나 받을 수 있는 코뿔소, 호랑이 등 현재 멸종위기에 처한 모든 종이다.
   ㉡ 부속서 1의 종을 국가간에 거래하고자 하는 자에게는 수출허가와 수입허가를 얻을 것을 요구하고 있다.

③ 부속서 2
   ㉠ 노루, 곰 등 현재 멸종위기에는 처해 있지 않으나 거래를 엄격하게 규제하지 않으면 멸종위기에 처할 수 있는 종과 이같은 종의 거래를 실효적으로 통제하기 위해 규제가 필요한 다른 종들이다.
   ㉡ 부속서 2의 종을 국가간에 거래하고자 하는 자에게는 수출허가가 요구된다.

④ 부속서 3
   ㉠ 가장 낮은 단계의 보호를 받는 것들로 각 당사국이 그 국가의 관할권 안에서 현재 규제를 하고 있고, 거래의 통제를 위하여 다른 당사국의 협력이 필요한 것으로 확인하는 종이다.
   ㉡ 부속서 3의 종을 국가간에 거래하고자 하는 자에게는 수출허가가 요구된다.

⑤ 각 당사국은 허가체제를 이행하기 위해 관리 당국과 과학 당국 설치가 요구된다.

⑥ 야생동물의 멸종을 막기 위해서는 일차적으로 그 서식지를 보호하는 것이 필요한데 CITES는 이 서식지의 보호에 대해서는 언급이 없다.

관련판례

일본 포경 사건(2014, ICJ)

① '과학적 연구를 목적으로 하는' 포경의 해석은 '과학적 연구'와 '목적으로 하는'에 대한 각각의 해석을 요한다. JARPA II 프로그램이 과학적 연구를 수반하더라도 동시에 과학적 연구를 '목적으로 해야만' 협약의 예외에 적용대상이 된다. JARPA II 프로그램은 그 포획 규모와 이행방식을 종합적으로 고려할 때 과학적 연구를 목적으로 하는 것으로 볼 수 없다.

② 일본 정부는 JARPA II 프로그램에 따라 부여된 포경 허가를 취소하고 향후 추가적 승인을 자제해야 한다.

3. 유해폐기물의 통제

1) 1989년 유독성폐기물의 국경을 넘는 이동과 그 처리의 통제에 관한 바젤협약

(1) 서설

1989년 스위스의 바젤에서 UNEP의 후원 아래 유독성 폐기물의 국경을 넘는 이동과 그 처리의 통제에 관한 바젤(Basel)협약이 채택되어 1992년에 발효되었다.

(2) 협약의 내용

① 유독성 폐기물의 정의

㉠ '폐기물'이란 국내법에 의해 처리되거나, 처리가 의도되거나 혹은 처리가 요구되는 물질이나 대상을 말하며 '처리'에는 매립·소각·수중투기와 같은 최종적 처리 외에 자원회복·재활용·재사용 또는 다른 용도 사용과 같은 작업이 포함된다.

㉡ 유독성폐기물은 수은, 납, 카드뮴 등 중금속 함유폐기물, 독성함유폐기물, 폐유 등 47개 품목이 있다.

② 규제조치

㉠ 금지되는 조치
- 남위 60도 이남 지역, 즉 남극지역에 대한 수출은 절대로 금지된다.
- 협약에 가입되지 않은 국가에 대한 수출은 금지된다.
- 국내입법으로 모든 폐기물의 수입을 금지한 국가에 대한 수출은 금지된다.
- 수출국이 판단하기에 폐기물을 환경적으로 건전하게 처리하지 못할 것으로 생각되는 국가에 대한 수출은 금지된다.

㉡ 규제하의 이동 : 폐기물의 국제적 이동이 허용되는 경우에도 수출국은 이의 이동 계획을 수입국과 경유국에 통지해야 하며, 수입국과 경유국이 이에 동의해야만 이동이 가능하다.

㉢ 비체약국과의 교역금지 : 협약국은 협약의 적용을 받은 폐기물의 경우 비체약국과의 수입·수출을 금지해야 하는데 예외적으로 그 교역이 양자적·다자적 또는 지역적인 협정에 의하여 이루어지는 것은 허용된다.

③ 당사국은 유독성폐기물의 불법거래를 범죄로 간주하고 이에 관한 처벌법규를 마련해야 한다.

④ 재수입 의무 : 유해 폐기물의 수출입이 계약조건에 따라 완료될 수 없는 경우에는 수출국은 환경적으로 건전한 처리방법이 발견되지 않는 한 수입국이 수출국 및 사무국에 통보한 때로부터 90일 또는 달리 합의하는 기간 내에 수출국 내로 그 폐기물을 재수입해야 한다.

⑤ 바젤 책임배상의정서

㉠ 1999년 바젤협약 제5차 당사국 회의에서는 유독성폐기물의 국가간 이동 및 그 처리에 기인한 손해에 대한 책임과 배상에 관한 의정서를 채택하였다(미발효).

㉡ 이 의정서의 목적은 불법거래를 포함해서 유독성폐기물과 기타 폐기물의 국가간 이동 및 그 처리에 기인한 손해에 대해 포괄적 책임체제와 충분하고도 신속한 배상을 규정하는데 있다.

ⓒ 바젤의정서는 유독성폐기물의 국제적 이동의 각 단계에 관여하는 사람들 즉 수출통지자, 처리자, 수입자, 재수입자에게 엄격한 또는 무과실 책임을 부과하고 있으며, 그 밖의 사람에게는 과실책임을 부과하고 있다.

2) 선박에 의한 오염방지

① 국가 간 물동량의 증가는 선박에 의한 해양오염의 가능성을 증가시켰고 이에 대비한 가장 기본적인 국제조약이 '1973년 선박으로부터의 오염방지를 위한 국제협약(MARPOL)'이다.
② MARPOL은 선박으로부터 고의적으로 배출되는 유류 및 여타의 유해물질로 인한 해양오염을 방지하는 한편, 사고에 의한 배출도 최소화하는 것을 기본목적으로 하고 있다.
③ 실질 내용은 6개의 부속서로 구성되어 있으며, 제1, 2 부속서는 모든 당사국에게 의무적으로 적용되나 나머지는 선택적으로 가입할 수 있다. 한국은 모든 부속서를 비준했다.
　ⓐ 제1부속서 : 유류에 의한 해양 오염
　ⓑ 제2부속서 : 유해액화물질에 의한 오염의 통제
　ⓒ 제3부속서 : 유해물질의 포장 등에 관한 통제
　ⓓ 제4부속서 : 선박오물에 대한 통제
　ⓔ 제5부속서 : 플라스틱과 폐기물 투기에 관한 통제
　ⓕ 제6부속서 : 선박으로부터의 대기오염방지
④ 구체적인 관리책임은 국제해사기구(IMO)가 담당한다.

3) 투기에 의한 오염 방지

① 투기에 의한 오염은 해양오염의 약 10%를 차지하는데 이를 방지하기 위한 목적으로 1972년 '폐기물 및 기타 물질의 투기에 의한 오염방지협약(런던덤핑협약)'이 체결되었다.
② 투기의 의미
　ⓐ 런던덤핑협약과 UN 해양법협약에서는 투기를 '선박, 항공기, 플랫폼 또는 인공구조물로부터 폐기물이나 기타 물질을 바다에서 의도적으로 처분하는 것과 선박, 항공기, 플랫폼 또는 인공구조물을 바다에서 의도적으로 처분하는 것'으로 정의하고 있다.
　ⓑ 파이프(도관)와 하수배출구 같은 육상오염원으로부터의 방출은 투기에 해당하지 않는다.
　ⓒ 선박 등의 통상적인 운영과정에서 발생하는 누출이나 사고에 의한 누출은 투기에 해당하지 않는다.
③ 내용
　ⓐ 제1부속서에 기재된 폐기물과 기타 물질의 투기는 절대적으로 금지되고, 제2부속서에 기재된 폐기물과 기타 물질의 투기는 사전특별허가를 필요로 하며, 기타 모든 폐기물과 물질의 투기는 사전일반허가를 필요로 한다.
　ⓑ 투기는 무해통항에 해당하지 않기 때문에 통과 중 이러한 행위를 하는 선박에 대해 연안국은 완전한 관할권을 행사할 수 있다.
④ 런던덤핑협약은 1996년 개정의정서를 통해 크게 강화되었다.

㉠ 1992년 리우회의의 노선에 따라 사전주의 접근법(approach)과 오염자 부담 접근법을 명문화하였다.
　　㉡ 1996년 의정서는 투기가 금지되는 물질을 부속서에 기재하는 런던덤핑협약의 방식을 거꾸로 하는 이른바 역리스트 방식을 채택하여 체약국들에게 제1부속서에 열거된 것을 제외하고는 일체의 폐기물이나 기타 물질의 투기를 금지시킬 의무를 부과하고 있다.

4. 핵폐기물에 관한 국제협약

1) 핵사고 조기 통고 협약

① 1986년 체르노빌 사고 이후 1986년 9월 26일 IAEA 비엔나 총회에서 '핵사고 조기 통고 협약'을 채택하였다.

② 내용

　㉠ 당사국이나 통제하에 있는 자의 핵활동과 관련한 사고 발생시, 방사능이 누출되거나 누출 우려가 있는 경우 영향받을 가능성이 있는 타국과 IAEA에 즉각 통고하여 방사능의 영향을 최소화하기 위한 정보를 신속히 제공해야 한다.

　㉡ 사고 발생 체약국은 영향을 받은 타체약국이 추가정보나 협의를 요구하는 경우 신속히 응답해야 한다.

2) 기타

IAEA는 1986년 9월 27일 '핵사고 조기 통고 협약'을 채택하던 날에 같이 '핵사고 또는 방사능 긴급사태시 원조에 관한 협약'을 채택하였고, 이후 1994년에는 '핵안전 협약'과 1997년에는 '사용 후 핵연료 관리의 안전과 방사성폐기물 관리의 안전에 관한 공동협약'을 채택하는 등 핵안전 관련 협약을 추가하고 있다.

11

무력충돌법

제1절 무력행사의 금지

1. 전쟁관의 변천

1) 정전론(차별적 전쟁관)

그로티우스는 '전쟁과 평화의 법'에서 정당한 전쟁의 원인이 무엇인지 찾고자 했으며, 방어적 전쟁(자기방위), 청구권 집행을 위한 전쟁(채무회수) 및 불법을 응징하는 전쟁(제재)를 위한 전쟁은 정당한 전쟁이고, 영토점령 및 상대국의 의사에 반하여 지배를 목적으로 하는 것은 부당한 전쟁이라고 주장하였다.

2) 근대의 무차별 전쟁관

① 19세기에 들어와서 무차별 전쟁관이 대두되었다.
② 제1차 세계대전을 통해 엄청난 인명피해가 발생하자 무차별 전쟁관을 부인하고 침략전쟁을 부정하는 차별적 전쟁관이 다시 등장하게 되었다.

2. 전쟁금지를 위한 국제적 노력

1) 계약상의 채무회수를 위한 무력사용의 제한에 관한 협약

1907년 헤이그 만국평화회의에서 채택된 '계약상의 채무회수를 위한 무력사용의 제한에 관한 협약'은 금전상의 채권 회수를 위해 채권자의 국적국이 무조건 무력을 사용해서는 안 된다고 규정하여 국가의 개전권을 제한했다.

2) 국제연맹규약

① 연맹가맹국 간에 국교 단절 우려가 있는 분쟁이 발생할 경우 곧바로 전쟁에 호소하는 행위가 금지되고, 당사국은 먼저 연맹 이사회에 의한 심사나 재판 등 사법적 해결을 시도할 의무를 졌다.
② 재판의 결과 또는 이사회의 보고서가 나오게 되면 3개월 이내에는 어떠한 경우에도 전쟁에 호소하지 못하도록 금지되었다.
③ 일방 당사국이 판결에 복종하면 타방 당사국은 전쟁에 호소할 수 없었다.
④ 전원 일치로 채택된 이사회의 보고서를 일방 당사국이 수락하는 경우에도 타방 당사국은 전쟁에 호소할 수 없었다
⑤ 결과적으로 국제연맹체제는 전쟁이 전면적으로 금지된 것은 아니었다.

3) 부전조약(不戰條約, 일명 Kellog-Briand Pact)

단 3개 조문으로 구성된 매우 간단한 이 조약은 당사국들이 국제관계에서 국가정책의 이행수단으로서의 전쟁을 포기하고, 국가간 분쟁은 평화적 수단에 의하여만 해결하기로 약속하는 내용이었다.

제2절 UN 체제하에서의 무력사용 : 집단안전보장체제

1. 무력사용금지 원칙

① UN은 국제사회에서의 무력사용을 일반적으로 금지했으며 예외적으로 헌장상 무력행사가 명시적으로 허용되는 경우는 자위권과 집단적 강제조치를 들 수 있다.

② 제2조 4항 : 모든 회원국은 그 국제관계에 있어서 다른 국가의 영토보전이나 정치적 독립에 대하여 또는 국제연합의 목적과 양립하지 아니하는 어떠한 기타 방식으로도 무력의 위협이나 무력행사를 삼간다.

③ ICJ는 1986년 니카라과 사건에서 무력행사금지 원칙이 UN 헌장이라는 조약상의 의무를 넘어 국제 관습법으로 확립되었다고 판결했다.

2. 유엔의 집단안전보장체제

(1) 의의

① 유엔헌장 제7장은 어떤 국가 또는 정치단체가 '평화에 대한 위협, 평화의 파괴 또는 침략행위'를 할 경우에 유엔 자체 또는 유엔의 권고로 회원국이 취하는 비무력적 또는 무력적 강제조치를 취할 수 있다고 규정하고 있다.

② 집단안전보장체제

㉠ 의미 : 개별국가 간 조약을 통해 집단을 구성하고 불특정침략국 발생시 집단적으로 제재하여 안전을 보장하는 체제를 말한다.

㉡ 사례 : LN, UN 등

* 북대서양조약기구(NATO)나 바르샤바조약기구(WTO) 등은 집단안전보장체제가 아니라 집단방위기구에 해당한다.

(2) 특성

① 집단적 안전보장체제의 강화 : 회원국들의 개별적 무력사용을 전반적으로 금지하고 안전보장이사회를 중심으로 한 집단적 안전보장을 강화하였다.

② 집행기관으로서의 안전보장이사회 : 국제연맹 이사회는 권고를 하는 의결기관에 불과했으나 안전보장이사회는 이러한 결의를 집행할 수 있는 집행기관의 의미도 띠고 있다.

③ 안전보장이사회의 의결 방식의 수정 : 국제연맹이사회의 의결방식은 전원일치제인 반면에, 안전보장이사회는 상임이사국의 거부권이라는 제한이 있으나 다수결방식으로 전환하였다.

④ 지역적 안전보장체제와의 조화 : 국제연맹과는 달리 국제연합은 지역적 안전보장체제를 수용하고 있다.

(3) 안전보장이사회의 집단적 강제조치

① 발동요건(제39조)

㉠ 안보리가 헌장 제7장에 따른 강제조치를 결정하기 위해서는 1차적으로 "평화에 대한 위협, 평화의 파괴 또는 침략행위의 존재" 여부를 판단해야 한다.

㉡ 평화에 대한 위협 : 가장 폭넓은 개념으로 국가간의 충돌을 전제로 하는 것이 아니며 민간 주민에 대한 고의적 공격이나 국제인도법과 국제인권법의 체계적이고 악의적이며 광범위한 위반은 국제평화에 위협이 될 수 있다. 안보리는 탈냉전 이후 이 개념을 확대하여 국제문제에 대한 개입을 확대하고 있다.

㉢ 평화에 대한 파괴 : 복수국가 간의 군사적 적대행위를 의미하는 경우가 보통이며, 1950년 북한에 의한 대한민국 침공, 1990년의 이라크의 쿠웨이트 침공 시 안보리는 평화의 파괴를 확인한 바 있다.

㉣ 침략 : 타국의 주권, 영토적 일체성 또는 정치적 독립을 침해하기 위한 무력사용을 의미하며, 1985년 이스라엘의 튀니지 내 PLO 본부 공격, 1990년 이라크의 쿠웨이트 공격 등을 침략행위로 인정했다.

② 예비적 조치

㉠ 평화의 유지 및 회복을 위한 권고(제39조)
- 안전보장이사회는 국제평화와 안전을 유지하고 또 회복하기 위하여 권고를 할 수 있는바, 권고의 내용으로는 무력적·비무력적 조치가 모두 가능하다.

㉡ 잠정조치(제40조) : 동 조항은 사태의 악화를 방지하기 위하여 제39조의 규정에 의하여 권고하거나 조치를 결정하기 전에 안전보장이사회는 필요하거나 바람직하다고 인정되는 잠정조치에 따르도록 관계 당사자에 요청할 수 있다라고 규정하고 있다.

③ 비무력조치(제41조)

㉠ 안전보장이사회는 제39조에 의한 사태를 인정한 후에는 권고 외에 비무력적·무력적 강제조치를 그 순서에 관계없이 결정할 수 있는바, 이러한 결정은 회원국에 대해 법적 구속력이 있다.

㉡ 비군사적 강제조치는 병력의 사용을 수반하지 않는 조치로서 경제관계 및 철도, 항해, 항공, 우편, 전신, 무선통신 및 다른 교통통신수단의 전부 또는 일부의 중단과 외교관계의 단절을 포함할 수 있다.

㉢ 가장 일반적으로 활용되는 방법은 무기 금수 또는 무역 제한 등의 경제 제재이며 최근에는 구체적인 특정 대상(특정 은행, 회사의 자산동결이나 거래금지, 특정 개인의 재산동결이나 여행금지 등)만을 목표로 하는 표적제재가 자주 활용된다.

④ 무력조치(제42조)

㉠ 안전보장이사회는 제41조에 규정된 조치가 불충분할 것으로 인정하거나 또는 불충분한 것으로 판명되었다고 인정하는 경우에는, 국제평화와 안전의 유지 또는 회복에 필요한 공군, 해군 또는 육군에 의한 조치를 취할 수 있다. 그러한 조치는 국제연합회원국의 공군, 해군 또는 육군에 의한 시위, 봉쇄 및 다른 작전을 포함할 수 있다.

㉡ 또한 헌장 제7장의 강제조치는 국내문제불간섭의무가 적용되지 않으므로(제2조 7항 단서) 국내적 상황에 대해서도 헌장 제7장 상의 요건을 갖춘 경우 강제조치를 취할 수 있다.

㉢ 안보리의 무력조치 결정은 동 결정의 표적이 된 국가에 대해서는 구속력이 있으며, 그 결과 동

국가는 자위권을 원용하거나 무력사용에 이르지 않는 복구에 호소하거나 혹은 안보리의 수권에 의거한 회원국의 무력사용에 대해 나중에 배상을 청구하는 것이 금지된다.
    ② 제42조에 의거한 안보리의 결정은 표적국가에 대해서는 구속력이 있는 결정이며, 무력사용을 수권받은 국가들에 대해서는 그것은 원칙적으로 헌장 제2조 4항에 의하여 금지된 무력사용을 법상 정당화하는 권고이다.

(4) 유엔과 지역적 안전보장체제(UN 헌장 제8장)

① 의의
  ㉠ 헌장 제8장은 국제평화와 안전의 유지에 있어서 지역적 조치에 적합한 사항을 처리하기 위해 지역적 협정이나 기관의 존재를 인정하고 있다(제52조 1항).
  ㉡ 지역적 협정이나 기관의 회원국은 해당 지역의 분쟁을 안보리에 회부하기 전에 지역적 협정이나 기관을 통한 해결에 노력해야 한다(제52조 2항).
  ㉢ 안보리 역시 분쟁의 지역적 해결을 장려한다(제52조 3항).
  ㉣ 또한 안보리는 자신의 강제조치를 적용하기 위해 적절한 경우에는 지역적 협정이나 기관을 이용한다. 단 안보리의 허가 없이는 지역적 협정이나 기관이 강제조치를 실시할 수는 없다(제53조 1항).

② 내용
  ㉠ 안전보장이사회의 사전허가를 필요로 하는 강제행동(enforcement action)(제53조)과 안전보장이사회의 사전허가를 필요로 하지 않는 집단적 자위권행사(제51조)가 중요한 의미를 가진다.
  ㉡ 다만 국제실행은 헌장 제51조에 기한 집단적 자위권행사가 압도적 다수를 점하고 있는 바, 그 이유는 동조에 의할 경우 안전보장이사회의 사전허가가 필요하지 않기 때문이다.
  ㉢ 집단적 자위권에 근거한 지역적 협정으로는 1949년 NATO, 1955년 바르샤바(Warsaw) 조약(1991년 7월 1일 폐기), 1953년 한미상호방위조약 등이 있다.

(5) 유엔의 평화유지활동(Peace-Keeping Operation: PKO)

① 의의
  ㉠ UN의 평화유지 구상은 강대국의 협력 하에 국제평화와 안전을 유지한다는 개념을 바탕으로 하고 있으나, 강대국 간의 대립으로 본래 의도했던 UN군은 탄생되지 못했고 UN은 이를 대체할 대안을 모색했는데 그 대안의 하나가 UN 평화유지활동이다.
  ㉡ 평화유지군에 의한 평화유지활동의 가장 중요한 기능은 평화유지와 분쟁예방이다.
  ㉢ 평화유지군은 분쟁 당사자간의 휴전을 감시하거나 완충지역을 장악해 분쟁의 재발이나 악화를 방지하거나 분쟁의 발생 가능성이 높은 지역에 예방적 차원에서 배치된다.
  ㉣ 평화유지활동을 집단안전보장의 변형 또는 유엔헌장 제 '6과 1/2'장(즉, 6장도 아니고 7장도 아닌 활동)이라고도 한다.

② PKO의 원칙
  ㉠ 동의의 원칙 : 평화유지군은 모든 관계 당사국의 동의 하에서 활동한다. 주둔중인 현지국이 철수를 요구하면 철수해야 한다.
  ㉡ 중립의 원칙 : PKF는 분쟁의 당사자가 아니며 대립되는 당사자 사이에서 중립적 위치를 유지해야 한다.

ⓒ 자위의 원칙 : 대체로 경무장만 하며 자위를 위해서만 무력을 사용해야 한다.
ⓔ UN의 지휘 원칙 : 각국이 제공한 PKF는 UN의 지휘 하에 활동하며 이들의 행동은 UN의 행동이 되며 원칙적으로 UN이 책임을 진다.

③ 법적 근거
ⓐ 안전보장이사회결의에 의한 평화유지활동 : 안보리가 평화유지활동을 할 수 있는 법적 근거는 헌장 제40조(안보리의 잠정조치)에 있고, 그 임무를 수행하기 위해 유엔평화유지군을 설치할 수 있는 법적 근거는 제29조(안보리의 보조기관 설치)에 있다고 본다.
ⓑ 총회결의에 의한 평화유지활동 : 법적 근거로는 총회는 헌장이 규정하고 있는 전반적인 사항에 대하여 토의와 권고를 할 수 있다는 헌장 제10조와 총회가 보조기관을 설치할 수 있다는 헌장 제22조를 들 수 있다.
ⓒ PKO는 1960년대 이후에는 모두 안보리의 결의에 의한 것이 보통이나, 최초의 PKO인 1956년 이집트에 파견된 '제1차 유엔비상군'(UNEF) 등은 총회의 결의에 의한 것이었다.

④ 역할의 확대
ⓐ 냉전 종식 이후에는 PKO의 임무가 다양한 분야로 확대되었다.
ⓑ 냉전 이후에는 여전히 당사국의 동의에 기초하고 있으나 활동의 목적이 유고슬라비아의 평화협정 집행과 같은 군사적 활동뿐만 아니라 NGO 등 다양한 민간활동을 포함하고 있으며, 합의된 분쟁의 정치적 해결안을 집행하기 위한 수단으로도 기능하고 있다.
ⓒ 냉전 이후의 PKF는 단순한 휴전이나 철군 감시에서 그치지 않고 신 정부 수립을 위한 선거 관장, 현지 행정기구 설립지원, 인권상황 감시, 난민송환 등 다양한 활동도 전개하고 있다.

관련판례

UN 군경비 분담 사건에 관한 권고적 의견(Certain Expenses of U. N Forces, 1962, ICJ)

① 사건 요약 : 수에즈운하 사태(1956)와 콩고내전(1960)에 파견되었던 UN 평화유지군의 경비 분담에 대해 일부 회원국이 이의를 제기하자 UN 총회가 권고적 의견을 요청한 사건이다.
② 판례 요지
ⓐ 국제기구는 설립조약의 목적 수행을 위해 조약에 명시적으로 규정된 권능은 물론 그 목적 달성에 필요한 묵시적 권능도 가진다(묵시적관할이론).
ⓑ PKO 활동 경비는 UN헌장 제17조상의 UN 경비이므로 회원국들에게 경비 분담의 의무가 있다.
ⓒ PKO 활동이 안전보장이사회의 전속 권한인 UN 헌장 제7장의 강제조치는 아니라고 하여 총회의 PKO 활동의 합법성에 대해 인정하였으나 직접적인 근거 규정은 밝히지 않았다.

---

3. 기타의 무력 사용

1) 무력 복구

자위가 현재의 그리고 특정한 무력공격에 반응하기 위한 행동인데 반해 무력복구는 국가가 타국의 위법행위를 중지시키거나 그러한 행위를 두 번 다시 못 하게 하려고 취하는 위법한 군사적 조치를 말한다.

2) 인도적 간섭과 보호책임

(1) 인도적 간섭(humanitarian intervention)

국적을 불문하고 제3국 내에 존재하고 있는 사람들의 신체나 재산을 구하기 위해 또는 그들을 중대한 침해를 입을 절박한 위협으로부터 구해내기 위해 그 제3국에 대해 무력을 사용하는 것을 말한다. 긍정설과 부정설의 대립이 있다.

(2) 보호책임(responsibility to protect : R2P)

2005년 UN 총회는 UN창설 60주년을 기념하여 세계정상회담을 개최하여 제노사이드, 전쟁범죄, 인종청소, 인도에 반하는 죄로부터 주민을 보호할 1차적 책임은 개별국가에 있으나 개별국가가 주민의 보호에 실패하고 평화적 해결수단이 적절하지 못할 경우 국제공동체는 안보리를 통해 집단적 조치를 취할 수 있음을 선언했다.

4. 국제테러에 대한 국제법적 대응

1) 개관

① 국제사회는 아직 테러리즘에 대한 포괄적 정의에 합의를 보지 못하고 있다.
② 일반적 정의를 도출하지 못하는 이유는 일방에서는 잔인한 테러리스트라고 비난받는 행위자가 타방에서는 자유의 투사로 칭송받기 때문이다.
③ 국제사회는 테러의 유형이나 목적별로 대상을 한정하는 세부적인 반테러 협약을 다수 성립시켰다.

2) 반테러 협약의 공통점

① 각 협약은 테러행위자의 신병을 확보하고 있는 당사국은 그를 기소하거나 처벌할 다른 당사국으로 인도할 것을 규정하고 있다.
② 각 협약의 당사국은 협약의 대상범죄를 범죄인인도의 대상에 포함시키며, 협약 자체를 범죄인인도의 근거로 삼는다.

3) UN과 테러

UN 안보리는 테러리즘을 국제평화와 안전에 대한 위협으로 규정하고 헌장 제7장에 근거한 강제조치를 발동하고 있다.

제3절 군비축소(disarmament)

1) 의미

disarmament는 군비철폐(또는 무장해제), 즉 모든 전쟁무기의 폐기를 의미하나 국제연맹규약 제8조는 국제협정을 통한 '군비의 축소와 제한'(reduction and limitation of armaments)에 초점을 맞추었으며 이에 따라 disarmament는 사실상 무기통제, 즉 군비축소 또는 제한을 뜻하는 것으로 의미가 변했다.

2) 미-소(러)의 군축협상

① SALT-Ⅰ 협정 : 미국과 소련은 1972년 전략무기제한협정인 SALT-Ⅰ와 탄도탄요격미사일제한협정인 ABM 협정을 체결했다.
② 미국과 소련은 1987년 중거리핵전력조약인 INF를 체결했으나 2019년 미국에 의해 폐기됐다.
③ START-Ⅰ 조약 : 1991년 미국과 소련 양국은 10여 년의 협상 끝에 전략무기감축조약을 체결했다.
④ SORT : 미국과 러시아는 2002년 전략공격무기감축조약을 모스크바에서 체결했다.
⑤ New START : 미국과 러시아는 2010년 START와 SORT를 대체하는 조약을 체결했으며 2011년에 발효했다.

3) 군축조약

(1) 핵군축

① 1963년 부분적 핵실험 금지조약(PTBT) : 1963년 대기권, 우주(외기권) 및 수중에서의 핵무기실험 금지를 목적으로 체결되었는데 이 조약에는 지하핵실험이 제외되어 있다.
② 핵확산금지조약(NPT)
  ㉠ 1968년 핵무기의 수평적 확산을 방지하기 위해 체결되었다.
  ㉡ 핵무기 비보유국은 의무의 이행을 검증하기 위해 국제원자력기구(IAEA)와 안전조치협정을 체결해야 한다.
③ 1996년 포괄적 핵실험 금지조약(CTBT) : 1996년 UN 총회는 일체의 핵실험 금지를 내용으로 하는 CTBT를 채택하였으나 현재까지 발효되지 않았다.

(2) 일정 공간에 대한 군축

① 남극조약 : 1959년 채택된 남극조약은 남극대륙의 영유문제를 동결시키고 남극대륙을 평화적, 과학적 활동의 장소로 지정하고 핵무기를 포함한 모든 무기의 실험과 그 밖의 일체의 군사적 이용을 금지하고 남극지역을 평화적인 목적에만 이용할 것을 규정하였다.

② **우주조약** : 1967년 채택된 우주조약은 핵무기 또는 기타 대량파괴무기를 운반할 물체를 지구궤도 또는 외기권에 배치하거나 천체에 설치하는 것을 금지하고, 군사기지의 설치, 무기의 실험 등 천체의 군사적 이용을 금지하였다.

③ **핵무기 및 기타 대량파괴무기의 해저에서의 설치금지조약** : 1971년 미소양국은 공해 해저에 핵무기와 그 밖의 대량파괴무기를 설치하는 것을 금지하는 조약을 체결했다.

(3) 비핵지대설치

① **중남미지역핵무기금지조약** : 1967년 체결된 조약으로 중남미국가들이 핵무기의 생산, 취급과 실험, 사용을 스스로 금지하도록 규정하고 있다.

② **남태평양비핵지대설치조약** : 1985년 호주, 뉴질랜드, 피지 등 6개국 및 2개 자치령간에 체결된 조약으로, 당사국의 핵폭발장치의 제조·취득·소유·관리의 금지, 핵폭발물의 배치금지, 핵폭발장치의 실험금지 등을 규정하고 있다.

③ **동남아비핵무기지대조약** : 1995년 아세안 국가들이 서명한 조약으로 역내회원국의 핵무기개발과 생산·반입 등을 금지하되, 평화적 핵이용은 허용하는 내용을 담고 있다.

④ **중동비핵지대선언** : 1991년 UN 안보리 5개 상임이사국은 파리에서 중동군축회담을 개최한 이후 채택한 선언에서, 모든 중동국가가 그들의 핵활동에 대한 국제적 통제를 수락하고 핵무기부품의 수입·생산을 금지해야 한다고 선언했다.

제4절 무력충돌법

1. 적용상의 문제점

1) 전쟁법의 기본정신

① **인도적 고려** : 전쟁법의 본질은 특정 상황에서 군사적 승리를 위해 필요하다고 해도 인도적 고려에 비추어 볼 때 해서는 안되는 일이 있다는 것이다.

② **군사필요의 원칙** : 교전당사국은 전쟁목적의 실현 즉 적을 정복하는 데 필요한 병력과 무기를 사용할 수 있다는 원칙이다. 다만 교전당사국은 해적수단의 선택에 있어서 무제한의 권리를 갖는 것은 아니다.

2) 적용상의 문제점

① **차별적 적용의 가부 문제** : 무력행사가 위법화된 오늘날 침략국과 희생국을 평등하게 대우하는 것이 일견 부당하게 보이지만 위 1949년 4개의 Geneva 협약 및 제1추가의정서는 '모든 상황에서'(in all circumstances) 평등하게 동 조약 등이 적용된다고 보고 있다.

② **내전** : 1949년의 4개의 Geneva 협약은 공통적으로 제3조에서 1국 내의 '국제적 성질을 갖지 않는 무력분쟁'에 동 조약이 적용된다고 규정하고 있다.

3) 총가입조항의 배제

① 총가입조항이란 교전당사국 중 1국이라도 전쟁조약에 참가하지 않았으면 그 조약은 모든 교전당사국에 적용되지 않는다는 것을 말한다.

② 제1차대전 이후의 조약에는 총가입조항을 삭제하는 경향이 있었는바, 1949년의 4개의 Geneva 조약은 조약의 당사국이 없는 경우는 조약의 당사국에만 본 조약이 적용된다고 규정하여 총가입조항을 배제하였다.

4) 전수론

① 전수론은 전쟁 중 교전당사국이 전쟁법을 준수함으로써 자국의 중대이익이 위험에 직면하는 예외적인 경우에는 전쟁의 필요가 전쟁법에 우선하여 전쟁법의 구속으로부터 벗어난다는 주장이다.

② 1949년 4개의 Geneva 협약 및 제1추가의정서는 '모든 상황에서'(in all circumstances) 동 협약 등을 존중하여야 한다는 규정을 두고 있어 전수론은 부정되고 있다.

5) 마르텐스 조항(Martens clause)

① 마르텐스 조항이란 1899년 제1차 헤이그 평화회의에서 러시아측 대표이며 당시 저명한 국제법학자였던 Fyodor F. Martens가 주장한 내용을 말한다.

② 마르텐스 조항에 의하면, 어떤 무기 또는 전쟁방식이 구체적으로 혹은 명시적으로 금지되지 않았더라도 교전자들이 문명화된 민족들 간에 수립된 관행, 인도의 법칙 및 공공양심의 요구가 적용된다는 것이다.

③ 전쟁법에서는 금지이론이 적용되지 않는다.

2. 전쟁개시와 전쟁의 종료

1) 전쟁개시

(1) 전쟁개시의 방법

1907년 '적대행위개시에 관한 조약'에서는 선전포고나 최후통첩, 적대행위의 개시에 의하여 전쟁이 개시되며, 중립국에 대한 통고는 중립국에 대한 대항요건으로 규정되어 있다.

(2) 전쟁개시의 효과

① 개전과 더불어 교전당사국은 서로 적대관계가 성립하고 이에 따라 개인과 재산은 적성(enemy character)을 가지나, 적국민에 대한 소권(訴權)의 소멸·정지, 재판의 불수리의 선언은 금지된다.

② 외교관계 단절 : 전쟁 개시와 함께 외교관계가 단절되는지는 불분명하나, 비엔나외교관계협약은 무력충돌이 발생하더라도 외교관이 안전하게 퇴거할 수 있도록 해야 하며 외교관계가 단절되고 무력충돌이 발생한 경우에도 공관의 재산과 문서를 보호해야 한다고 규정하고 있다(제44조, 제45조).

③ 전쟁(무력충돌)의 발발이 조약에 끼치는 영향도 불분명하나 무력충돌의 발생이 당연히 조약의 종료나 정지를 유발한다고 말하기는 어려울 것이다.

④ 통상관계가 당연히 금지되는 것은 아니나 보통 특별법을 만들어 통상을 금지하는 것이 보통이다.

2) 휴전협정과 전쟁종료

(1) 휴전협정

① 의미 : 교전당사국의 정부 또는 군지휘관의 합의에 의해 전투행위를 중지하는 것을 말한다.

② 성질 : 휴전협정은 보통 군사령관이 체결하는 양자조약으로서 약식조약에 해당한다.

(2) 휴전의 종류

① 정전(suspension of arms) : 단기간의 부분적 전쟁행위의 중지를 의미한다.

② 전반적 휴전(general armistice) : 교전당사국 간의 합의로 전 전투지역에서의 전투행위를 중지시키는 것을 말한다.

③ 부분적 휴전(partial armistice) : 특정 지역에서의 전투행위의 중지를 말하는 것으로 교전당사국의 군총사령관이 체결할 수 있다.

(3) 휴전의 종료

① 휴전은 협정에 규정된 기간의 만료나 해제조건이 충족되면 당연히 종료한다.
② **휴전조약 위반** : 육전규칙 제40조는 '일방교전당사국의 중대한 휴전협정위반이 있는 경우 타방교전당사국은 협정을 폐기할 권리를 가질 뿐 아니라 긴급한 경우에는 즉각적으로 전투를 개시할 수 있다'고 규정하였다.

(4) 한국정전 협정

① 한국정전휴전협정은 정식 명칭이 'UN군총사령관을 일방으로 하고 조선인민군총사령관 및 중국인민지원군사령관을 다른 일방으로 하는 한국 군사정전에 관한 협정'이다.
② **주요 내용**
  ㉠ 군사분계선을 중심으로 쌍방이 2km씩 후퇴하여 생기는 4km의 비무장지대를 설치한다.
  ㉡ 쌍방은 비무장지대 내에서 또는 비무장지대를 향하여 적대행위를 행하지 못하며, 군사정전위원회의 허가 없이는 군인 또는 민간인은 군사분계선을 통과할 수 없다.
  ㉢ 쌍방의 고급장교로 구성되는 군사정전위원회를 설립하며, 동 위원회는 협정 감독의 최고기관이다.
  ㉣ 중립국감시위원회를 설립하고 스웨덴, 스위스, 폴란드, 체코가 각각 임명하는 4명의 고급장교로 구성되며 협정에 규정된 감독, 감시, 시찰 및 조사를 행하고 그 결과를 군사정전위원회에 보고한다(체코와 폴란드 양국은 1993년 말에서 1994년 초부터 공석).

(5) 전쟁의 종료

평화조약의 체결이 가장 일반적인 전쟁종료의 방법이다.

---

3. 국제인도법

1) 교전자

(1) 의미

교전자란 전쟁을 수행하는 국가의 기관으로 무력에 의한 해적수단을 행사할 수 있는 전투행위의 주체인 동시에 객체인 교전자격을 가진 자를 말한다. 적군에게 체포되어도 포로 및 상병자의 대우를 받는다.

(2) 교전자의 범위

① 1907년의 헤이그 육전규칙에 의하면 교전자는 정규군과 비정규군으로 구별된다.
② **정규군**
  ㉠ 의미 : 국가법령에 의해 편성, 국가가 직접 통할하고 책임을 지며 외부에서 인식할 수 있는 기장을 착용한 군대를 말한다.
  ㉡ 구분: 적대행위에 직접 참가할 권리를 가진 전투원과 군종, 의무요원 등 의료 및 종교의 임무에 종사하는 비전투원이 있다.
③ **비정규군**

- ㉠ 의미 : 정규군 이외의 교전자로서 전시에 임시로 군무에 종사하는 자를 말한다.
- ㉡ 민병대(militia) : 민병은 평시에 수시로 훈련을 받고 전시에 소집을 받아 군무에 종사하는 자이다.
- ㉢ 의용대(volunteer corps) : 의용대는 전시에 국가의 위급을 구하고자 자발적으로 군무에 종사하는 자이다.
- ㉣ 군민병(partisan) : 아직 점령되지 않은 지방의 주민으로서 자발적으로 무기를 들고 침입군대에 투쟁하는 군중을 말한다.

④ 1977년 Geneva 조약 추가의정서는 점령지역 내에서 전개되는 '조직적 저항운동단체'에게 교전자격을 부여함으로써 군민병조항을 확장하였고, 그 결과 게릴라도 위 요건을 갖추는 한 교전자 자격을 가진다.

2) 적 전투원에 대한 대우 : 해적수단의 제한

① 적대행위에 관여하는 적 전투원의 살상은 합법이나 배신에 의한 살상행위, 항복해도 살려주지 않겠다고 선언하는 행위, 부상 또는 항복으로 전투력을 상실한 전투원에 대한 공격행위 등은 모두 금지된다. 또한 적국의 군대병원·의료시설·그 직원 및 환자는 공격대상이 되지 않는다.

② 전쟁포로는 인간적 대우를 받을 권리가 있고, 적극적인 적대행위가 종료한 후 지체없이 석방하고 송환하여야 한다. 병이 든 포로는 적대행위 종료 '전'에 송환되어야 한다.

3) 포로

(1) 포로의 자격

① 포로란 전쟁에 의하여 적대국의 권력 내에 들어와 군사적 이유로 자유를 상실하였으나, 국제법이나 특별규정에 의하여 일정한 대우가 보장되는 적 국민을 의미한다.

② 포로는 범죄인이 아니며 합법적인 군사작전에 참여했다는 이유로 처벌받거나 책임을 추궁당하지 않는다.

③ 전투원은 교전기간 중이나 공격개시 전의 작전 전개 중 무기를 공공연히 휴대하면 포로가 될 자격이 유지되나, 이를 위반하면 포로가 될 자격을 상실한다.

④ 군대의 구성원은 아니나 군대를 수행하는 자, 예를 들어 군용기의 민간인 승무원·종군기자·납품업자·노무대원 또는 군대의 복지담당 부대 구성원(비전투원)과 충돌 당사국의 상선 승무원이나 민간 항공기 승무원의 경우 적의 수중에 장악되면 포로자격을 갖는다.

⑤ 간첩활동을 하다가 적의 수중에 들어간 군대 구성원은 포로가 될 자격이 없으며, 용병 또한 포로 자격을 인정받지 못한다.

(2) 법원

1907년 헤이그 육전조약에서 처음으로 포로의 인도적 대우에 관한 규정이 마련되었고, 1929년 포로대우에 관한 조약을 경유하여 1949년의 제네바 제3조약이 체결되었다.

(3) 포로의 대우

① 포로는 체포한 국가의 관할(개인이나 군대의 관할이 아님)하에 있는 것이므로 억류국은 포로의 대

우에 관하여 책임을 져야 하며 복구의 대상이 될 수 없다.
② 포로를 억류하는 국가는 무상으로 포로를 급양해야 하며, 그들의 건강에 필요한 의료를 제공해야 한다.
③ 포로에게 일정한 노동을 부과할 수 있으나, 부사관 포로에게는 감독직만 요구될 수 있고, 장교에게는 노동을 강제할 수 없다. 제네바 협약은 포로에게 허용되는 노동의 종류를 열거하고 있으며 포로에게 군사작전과 직접 관계되는 노동을 요구해서는 안 된다. 포로 노동에는 임금이 지불되어야 한다.

4) 민간인의 대우
① 1907년 헤이그 육전규칙 제25조 및 1977년 제네바 제1추가의정서에 의하면 방어되지 않아 민간인적 성격을 보유하는 마을, 촌락, 거주지 또는 건물은 그 어떤 수단에 의해서 의해서도 공격 또는 포격해서는 안된다.
② 1977년 제네바 제1추가의정서는 '무차별 공격'을 금지하고 있으며, 전쟁수단으로서 민간인을 굶주리게 하는 것 그리고 식품가게나 식수시설과 같은 시민생활에 불가결한 목표물을 파괴하는 것을 금지하고 있다.

5) 무기의 제한
① 고통은 전쟁의 불가분의 일부이긴 하지만 400g 이하의 작렬탄(exploding buillets)과 소이탄(incendiary bullets)의 사용을 금지시킨 1868년의 St. Petersburg 선언 그리고 1899년의 Dumdum탄 금지선언 이래, 특별히 잔혹하거나 파괴적인 무기의 사용을 제한 또는 금지시키기 위한 시도들이 전쟁법규 발달의 한 특징이 되고 있다.
② 상대방이 합법적인 공격대상이라 하더라도 '불필요한 고통'을 주는 무기를 사용하는 것은 금지된다는 국제관습법규가 형성되었다.
③ 금지된 무기
　㉠ 불필요한 고통을 주는 무기(육전규칙 제23조 1항 e)
　㉡ 독 또는 독으로 가공한 무기(육전규칙 제23조 1항 a)
　㉢ 질식성 가스나 유독성 가스의 살포를 유일한 목적으로 하는 투사물(독가스금지선언 1항)
　㉣ 세균학적·생물학적독소무기
　㉤ 중량 400g 이하의 발사물로서 폭발성·소이성의 물질을 충전한 것
　㉥ 덤덤탄
　㉦ 화학무기
　㉧ 환경변경기술의 적대적 사용
　㉨ 특정재래식 무기
　㉩ 대인지뢰

4. 전통전쟁법[1]

1) 전시점령

(1) 의의

① 전시점령(belligerent occupation)이란 전시 중 일방교전당사국 군대가 타방교전당사국영역의 일부 또는 전부를 사실상 현실적으로 군의 권력하에 두는 것을 말한다.

② 전시점령에 관한 법원으로는 1907년의 육전법규와 제2차대전의 경험에서 확인된 부족한 점을 보충한 1949년의 '전시 민간인보호에 관한 제네바조약'이 있다.

(2) 효과

① **통치권 행사** : 점령국은 국제법규가 금지하고 있는 사항을 제외하고는 점령지의 질서유지를 위해 군사적, 현실적 통치권을 행사할 수 있다.

② **입법** : 점령국은 점령지의 질서유지와 군사상의 필요에 절대적인 지장이 없는 한 피점령국의 법령과 명령을 존중하여야 한다.

③ **사법** : 점령 당국은 사법에 관하여 점령지의 재판소를 존중해야 한다.

(3) 점령지 주민의 취급

① **주민의 기본권 존중** : 점령지의 주민은 점령군의 계엄령하에 서며, 주민은 점령군에 복종할 의무가 있으나 점령군은 주민의 생명, 신체의 자유 등을 보장해야 한다.

② 점령지 내의 사유재산은 몰수하지 못한다.

③ 점령군은 점령지의 질서유지와 군사상 필요성에 입각하여 일정한 범위 내에서 기본권의 제한 즉 교통기관의 단속, 우편의 검열, 무기소지의 금지, 언론기관의 통제 등을 할 수 있다.

2) 해상포획[2]

(1) 의미

해상포획(seizure)이란 전시에 있어서 교전국이 적의 선박이나 화물 또는 어느 중립국 선박이나 화물을 해상에서 포획하는 것을 말한다.

(2) 연혁

① **콘솔라토 델 마레주의** : 해상포획에 관한 가장 오래된 법규로 14세기에 작성되었는데 적선, 적화만을 몰수의 대상으로 하였다.

② **기국주의** : 네덜란드주의라고도 하며 선박의 국적에 따라 화물의 운명을 결정하는 입장으로 적선 내의 중립화는 몰수되지만 중립국 선박 내의 적화는 몰수되지 않는다.

[1,2] 이병조·이중범, 국제법신강

③ **적성감염주의** : 적선 내의 화물은 중립화라도 선박과 함께 몰수하고 중립국 선박이라도 적화를 적재하였으면 적화와 함께 몰수한다는 입장이다.

④ **파리선언** : 1850년 파리선언은 콘솔라토 델 마레주의와 기국주의를 혼합하여 적선과 적선 내의 적화만을 포획의 대상으로 하고 있다.

(3) 주요 내용

① **주체** : 해상포획을 행사할 수 있는 것은 교전당사국의 군함에 한한다.
② **객체** : 해전법규에 의하면 적선은 공·사유를 막론하고 포획권에 복종한다.
③ **적화** : 적화는 전시금제품에 해당되지 않는 한 적선 내에 있는 경우에만 포획·몰수된다.
④ **장소** : 포획권을 행사할 수 있는 장소는 공해와 교전당사국의 영해에 한하며, 중립국의 영해 내에서는 행사할 수 없다.
⑤ **절차** : 나포된 적선(敵船)과 적화(敵貨)는 적의 군함과는 달리 나포국의 당연한 소유로 귀속하지 아니하고, 나포국의 포획심판소(Prize Court)에 송치되어 심판을 받으며, 이 심판에 의하여 해상포획이 확정된다.

(4) 전시금제품

① 전시금제품(contraband of war)이란 군용에 공급되는 물품으로서 일방교전국에 공급되는 것을 타방교전국이 해상에서 그 운송을 방지할 수 있는 물품을 말한다.
② 전시금제품의 요건은 군용에 제공될 수 있을 것, 적성(敵性)목적지라 할 수 있다.
③ 전시금제품은 몰수되며, 일정한 요건에 해당하는 전시금제품의 수송선박도 포획될 수 있다.

3) 봉쇄

(1) 의미

봉쇄(blockade)는 교전당사국이 주로 해군력에 의하여 실력으로써 적국 또는 적국이 점령한 지역의 항구 혹은 해안의 전부나 일부에 대하여 외계와의 해상교통을 차단하는 것을 말한다.

(2) 유형

① **전시봉쇄와 평시봉쇄** : 전시봉쇄는 전쟁의 수행방법으로 행해지는 전쟁행위이며, 평시봉쇄는 전쟁의사 없이 평시에 복구수단으로 행해지는 봉쇄를 말한다.
② 평시봉쇄는 UN 결의 또는 개별국가의 자위권행사의 경우 이외에는 국제법상 위법한 행위에 해당한다.

(3) 성립요건

① **봉쇄선언** : 봉쇄가 성립하기 위해서는 봉쇄를 실시한다는 일방적 의사표시인 봉쇄선언을 필요로 한다.
② **봉쇄고지** : 봉쇄의 고지는 봉쇄를 결정하였다는 사실의 통지이다.
③ **봉쇄의 실효성** : 중립국 선박이 타방교전당사국의 해안에 도달하는 것을 실효적으로 저지하는 데

충분한 병력을 유지해야 한다.

④ **봉쇄의 공평성** : 봉쇄는 모든 중립국의 선박에 공평하게 적용되어야 한다.

⑤ **적국연안** : 봉쇄는 반드시 적국 또는 적국 점령지의 항구 및 연안에 대해서만 행해져야 한다.

(4) 봉쇄침파

① **의미** : 봉쇄침파란 유효하게 성립한 봉쇄선을 선박이 통과하여 봉쇄구역으로 출입하는 행위를 말하는 데, 이 경우 교전국은 당해 선박을 포획할 수 있다.

② **성립요건**

㉠ **봉쇄사실의 인식** : 봉쇄선을 중립국 선박이 통과하는 경우, 봉쇄사실을 알고서 봉쇄를 침파했어야 한다.

㉡ **봉쇄선의 통과** : 중립국 선박이 봉쇄선임을 알고서 현실적으로 그 선을 넘어서 봉쇄된 지역과의 교통을 목적으로 항행해야 한다.

㉢ **현행중** : 중립국 선박이 선포된 봉쇄선을 현재 통과중에 있지 않으면 봉쇄침파가 성립되지 않는다.

③ **봉쇄에 의한 해상포획권** : 봉쇄침파하는 선박과 선내화물은 적선·적화, 중립선·중립화의 구별이나 또는 전시금제품의 여부를 고려함이 없이 포획할 수 있다.

5. 중립제도

1) 의의

① 전쟁에 참가하지 않은 국가가 교전당사국에 대하여 갖는 법적 지위, 즉 전쟁에 참가하지 않은 국가와 교전당사국의 권리의무관계를 말한다.

② **형식적 의미** : 중립은 전쟁을 전제로 한 개념이며, 교전당사국에 대한 지위이기 때문에 제3국과의 관계는 평시관계이며 전쟁에 의해 영향을 받지 않는다.

③ **실질적 의미** : 중립은 무원조를 내용으로 하기 때문에 모든 교전당사국에 공평한 것이라고 할지라도 원조를 내용으로 하면 그것은 중립의 개념에서 제외된다.

2) 연혁

① 교전국에 대한 중립의 개념은 18세기부터의 무차별전쟁론자들에 의하여 주장되었다.

② 1856년의 파리선언은 중립에 관한 최초의 국제적 입법이다.

3) 중립의 개시와 종료

① **개시** : 중립은 전쟁을 전제로 하므로 중립의 시기는 전쟁의 개시와 관련하여 중립국이 전쟁의 사실을 인지한 때부터라는 것이 일반적 주장이다.

② **종료** : 중립은 전쟁의 종료시기에 종료한다.

4) 중립의무

① **묵인의무(duty of acquiescence)** : 전쟁법상 권리에 의거한 교전당사국의 행위를 중립국이 용인해야 할 의무를 말한다.

② **회피의무(duty of abstention)** : 중립국이 일방교전당사국에 대해 직접 또는 간접으로 전쟁수행에 관계되는 원조를 부여하지 않을 의무를 말한다. 예컨대, 교전국에 군수품을 매각해서는 안 된다.

③ **방지의무(duties of prevention)** : 중립국이 중립국 영역 내에서 교전당사국의 어느 일방도 중립법규에 위반되는 행위를 하지 못하도록 방지할 적극적 의무를 말한다.

5) 유엔과 중립

① 유엔이 안전보장이사회의 결정에 의하여 강제조치를 취하는 경우에는 회원국에게 법적으로는 중립의 여지가 없다.

② 모든 회원국은 안전보장이사회가 결정한 조치를 행함에 있어 상호원조를 제공할 의무를 부담하므로(제49조), 안전보장이사회가 강제조치를 행하고 있는 이상 모든 회원국은 중립의 지위에 있을 수 없다.

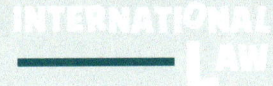